图书馆学人的研究路径与探索

周余姣◎著

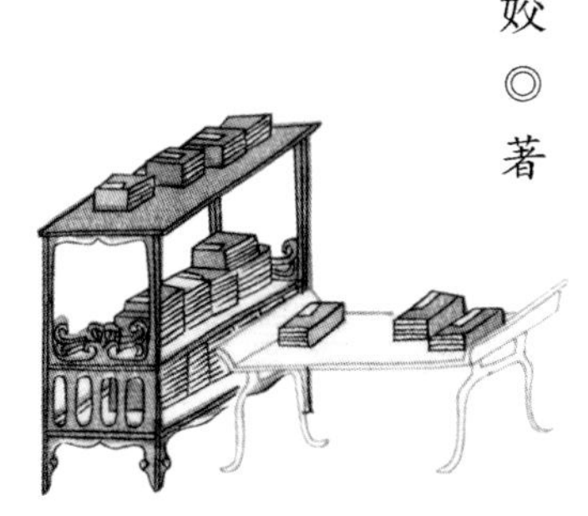

齊魯書社
·济南·

图书在版编目（CIP）数据

图书馆学人的研究路径与探索 / 周余姣著. -- 济南：齐鲁书社, 2024. 6. -- ISBN 978-7-5333-4969-1

Ⅰ. G251.6

中国国家版本馆CIP数据核字第20248K6S43号

策划编辑　孔　帅
责任编辑　李　珂
装帧设计　亓旭欣

图书馆学人的研究路径与探索
TUSHUGUAN XUEREN DE YANJIU LUJING YU TANSUO
周余姣　著

主管单位　山东出版传媒股份有限公司
出版发行　齊魯書社
社　　址　济南市市中区舜耕路517号
邮　　编　250003
网　　址　www.qlss.com.cn
电子邮箱　qilupress@126.com
营销中心　（0531）82098521　82098519　82098517
印　　刷　日照日报印务中心
开　　本　880mm × 1230mm　1/32
印　　张　12
插　　页　2
字　　数　280千
版　　次　2024年6月第1版
印　　次　2024年6月第1次印刷
标准书号　ISBN 978-7-5333-4969-1
定　　价　66.00元

前言

自2009年入读北京大学信息管理系后，笔者研究兴趣开始转向图书馆学人的研究。到2024年，算来已有15年了，积稿日多，渐成规模。2017年笔者申请了题为“国立北平图书馆学人群体研究”的国家社科基金一般项目，侥幸获中。经过6年的研究，课题于2022年10月顺利结项，同名结项成果也于2023年7月在齐鲁书社出版。限于篇幅，当时很多相关的研究成果未能收入该书中，留下不少遗憾。经再次整理之后，笔者发现这一主题的旧稿仍有不少，遂萌生结集出版的心思。

本书共分为五章。第一章是“图书馆学人的生平贡献研究”。本章主要选取了邓衍林、李文裿、张宗祥、单不庵、潘天祯为对象，探讨他们对图书馆事业的贡献。邓衍林先生久被忽略，笔者所写的这一篇可谓是邓衍林研究第一篇。后来在《中国图书馆学报》发表后，经南江涛老师运营的“书目文献”公众号的推送，邓衍林先生的子女联系到笔者，向笔者所在的天津师范大学进行了多次图书捐赠。为了回馈，笔者所在的单位也举办了两次邓衍

林先生纪念会议,进一步扩大了邓衍林先生的学术影响。李文椅、张宗祥虽此前已有同行进行研究,但从古籍保护角度进行研究的尚不多见。潘天祯先生曾参与《中国古籍善本书目》的编制,是子部的主编,其贡献被后人有所低估。本章主要是对一些被忽略的图书馆学家的研究。笔者希望借自己的微薄之力,使他们的贡献为学界所认知,不至于掩埋在历史尘烟中。

第二章是“图书馆学人的著述研究”。笔者的博士生导师王子舟教授曾数次强调“学术创新必先从学术史研究入手”,以及“重读近现代图书馆学典籍”的必要性,并曾指导笔者研究学术经典的形成机制。确如其所强调的一样,对于图书馆学人著述,应加以重点研读。本章选取了一些图书馆学人的代表作,如邓衍林的《中国边疆图籍录》、王重民的《中国善本书提要》、钱存训的《书于竹帛》、范腾端所编的金石书目、裘开明的《汉和图书分类法》等进行研读,并加以研究。陈训慈的《胶海逭暑日记》虽非其代表作,但其中包含珍贵的图书馆事业发展史料,且图书馆学人的日记不多见,故也附在此处。

第三章是“图书馆学人的往来信札研究”。作为社会人际网络中的个体,图书馆学人之间通过信件进行沟通,留下了很多手札。经过搜集、整理、识读和研究,潘景郑致陈鸿舜手札十三通、王重民致邓衍林信札五通、邓衍林往来书札九通、刘国钧等人致缪廷梁书札七通为学界所知，从中可见学人之间的交游情况，以及他们建立的学术情谊。这种研究难度较大，需要准确辨识手札的文字，然后结合其他资料进行考释，但学术价值较高，可以为学界提供第一手的研究资料。

第四章是“图书馆学人群体研究”。笔者虽曾出版《国立北平图书馆学人群体研究》的专著，但关于国立北平图书馆学人海外访学、“平馆学人”与《四库全书》之影印的主题文章未能收进，此次特意补入。另笔者也曾探讨中国图书馆学人所参加的一次影响深远的盛会——中华图书馆协会第三次年会。这一章从图书馆界多个重大历史事件中探讨图书馆学人群体的整体面貌，也是再次呼应笔者所做的“国立北平图书馆学人群体研究”。

第五章是“中西文化交流视野下的图书馆学人研究”。本章将研究视域放在中西文化交流上，对在中美图书馆事业中均做出重要贡献的华人图书馆学家钱存训、吴光清进行了研究，对美国图书馆学家巴特勒《图书馆学导论》的首次译介的史实予以澄清，也追溯了中美图书馆交流史上的一个重要事件“鲍士伟博士来华”，另还对美国国会图书馆馆长阿奇博尔德·麦克利什、美国图书馆学家兰开斯特进行了研究。2019 年 10 月—2020 年 5 月，笔者至美国华盛顿大学东亚图书馆访学，也算是在前辈的指引下，为中西学术交流走出的一小步吧！

近年来，图书馆学人研究渐成学界研究的热点，很多学者参与其中，如林红状的徐家璧研究、刘瑞忍的李文裿研究、陈润好的孙述万研究等。笔者一直说图书馆学界是一个很“深情”和“长情”的学术领域，只要你做出了贡献，后人会不断通过研究揭櫫你的贡献。当然笔者所做的，也是兴趣使然，是在师长友朋指导下做的一些探索。现结集出版，只为给自己留一个学术纪念，还希望读者以及同好者予以批评指正。

目　录

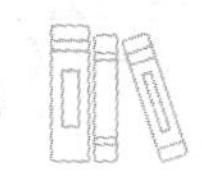

第一章 图书馆学人的生平贡献研究

第一节 亲承总理开窗牖

邓衍林(1908—1980),字竹筠,江西庐陵(今吉安)人,是我国重要的图书馆学家①、目录学家、参考咨询专家。在我国图书馆学学人分期中,他通常被视为"第二代学人",即"文华的一代"。② 他曾求学于武昌文华图书馆学专科学校、西南联合大学师范学院、美国哥伦比亚大学师范学院,参与创办云南昆明天祥中学并主持校务,曾先后任职于江西省立图书馆、国立北平图书馆、哈佛大学哈佛燕京图书馆、联合国秘书处等处。1956年响应国家号召,邓衍林冲破阻挠返国服务于北京大学图书馆学系,受到国家领导人的重视,曾被周总理接见过三次,引起图书馆界轰动。1957年他担任全国图书联合目录编辑组组长,领导和推动了我国的联合目录编制事业。目前国内尚无专文探讨其生平、著述和贡献,本节旨在为学界揭示一个被忽略了的图书馆学家——邓衍林。

---

① 王余光:《图书馆学史研究与学术传承》,载《山东图书馆学刊》2009年第2期。

② 程焕文:《百年沧桑 世纪华章——20世纪中国图书馆事业回顾与展望(续)》,载《图书馆建设》2005年第1期。

一、邓衍林生平

(一)早期求学与图书馆职业生涯

邓衍林早年家境贫寒[①],自南昌宏道中学[②]毕业后,于1927—1930年服务于江西省立图书馆,主要负责登记股事宜[③]。1930年他考取武昌文华图书馆学专科学校讲习班免费生(共14人)[④],为文华图专讲习班第一届学生,与喻友信[⑤]、舒纪维[⑥]等人同学,9月入读。邓衍林在文华就读期间就很关注编目问题,并积极向沈祖荣等师长请教,同学之间亦时常讨论切磋。[⑦] 此外,

---

① 《悼词》,见《图书馆学系刘国钧、邓衍林、陈鸿舜、李纪友、王重民等同志生平及悼词等材料》(北京大学档案馆档案),档号:GL0301991－0004,第16～18页。

② 宏道中学是基督教中华圣公会于1916年创办的一所教会学校。邓衍林在校期间即任该校事务员及该校附属小学的教员。1927年8月1日南昌起义时,该校曾是贺龙二十军指挥部。1988年,该校旧址设为"豫章民俗博物馆",向公众开放。

③ 实际上邓衍林自1927年9月起就开始辅助保管员陈作琛做图书整理工作,正式进入江西省图书馆的时间是1927年11月。见周建文、程春焱主编《江西省图书馆馆史(1920—2010)》,江西人民出版社2010年版,第2、265、317页。

④ 编者:《圕学免费新生与基金会之补助》,载《中华图书馆协会会报》1930年6月1日。

⑤ 喻友信,字鸿先,安徽芜湖人,曾赴美国哥伦比亚大学图书馆学院求学,后长期任职于上海东吴大学法学院图书馆。

⑥ 舒纪维,1915年生,安徽安庆人,曾任复旦大学图书馆主任(即馆长),后赴美国,肄业于芝加哥大学,任美国密歇根州立大学图书馆馆长。主要著作有《类书:中国古代参考著作》《论毛泽东:书面指南》《近现代中国作家笔名录》等。

⑦ 如他所记录的"去秋就学此间,偶与沈师祖荣谈及'别名编目'问题的困难,沈师亦深以为然,嘱衍林对于'别名'多加注意,并指示种种搜集方法,得益不少。然疏懒如我,迟迟进行。后沈师虽沉疴病中,尚以此事拳拳见询,衍林内疚实感不安,于是复将旧日所录者,重加厘定,终憾读书过少,搜集能力深感薄弱,遗漏在所不免……"邓衍林编有《别名真名对照表初试》,并最终撰成《中文编目法中的著者问题》一文,提出为著者编"著述卡"(邓衍林:《中文编目法中的著者问题》,载《文华图书科季刊》1931年第1期)。一直到20世纪50年代,邓衍林仍然认为以"著者款目"为主是符合国际标准的。其后邓衍林之同学舒纪维撰有《著述卡之商榷》(载《文华图书科季刊》1931年第2期)表达不同意见。也正是在邓衍林临毕业时,韦棣华女士不幸逝世。邓衍林所撰的《火葬》一文,记述了韦棣华女士葬礼的全过程。

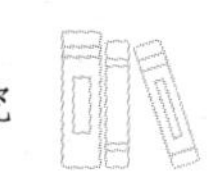

他还担任文华图专季刊社(毛坤为社长,钱亚新为副社长)的编辑股干事,负责"什说""消息""补白"类的编辑。[①] 1931 年 6 月毕业后,他先在国立北平图书馆阅览组工作,后于 1932—1937 年任参考组组员。在 1933 年中华图书馆协会第二次年会上,邓衍林提交了"建议省立图书馆应为全省最高行政执行机关,并保障其行政及行政经费独立案"[②]。1935 年 1 月 6 日,在北平图书馆协会该年度第一次常会上,他被选为北平图书馆协会执行委员(共 7 人)[③]。1936 年 1 月 5 日,北平图书馆协会是年第一次常会上,他被选为监察委员(共 5 人)[④]。1936 年 7 月 18—22 日,中华图书馆协会第三次年会在青岛举行,邓衍林作为国立北平图书馆参考组组员参加了这次会议,并与其他人一起提交了"请教育部保障图书馆服务人员并饬订颁待遇标准案"。青岛知名文史专家、青岛市图书馆原馆长鲁海记述了邓衍林对这次会议的印象:"他知我来自青岛后盛赞青岛,并对 1936 年学术会议记忆犹新,还能描绘迎宾馆之美。"[⑤]鲁海曾求学于北京大学图书馆学系(函授班),与邓衍林有师生之谊。

全面抗战爆发后,1937 年 12 月,邓衍林等 4 人奉副馆长袁同礼之命赶至长沙,后又转港。[⑥] 1938 年 1 月 5 日,邓衍林致函袁同礼,报告国立北平图书馆香港办事处工作情况以及与港大冯平山图书馆合作事宜。1 月 18 日,中华教育文化基金会(简称"中基会")执委会否决袁同礼南下主张,认为南下馆员

---

① 《湖北武昌私立文华图书科专科学校季刊社规程》,载《文华图书科季刊》1930 年第 3/4 期。

② 编者:《中华图书馆协会在平开会经过》,载《广州大学图书馆季刊》1933 年第 2 期。

③ 编者:《平圕协常会》,载《中华图书馆协会会报》1935 年第 4 期。

④ 编者:《北平圕协会本年首次常会》,载《中华图书馆协会会报》1936 年第 4 期。

⑤ 鲁海:《1936 年的全国图书馆年会》,载《青岛晚报》2007 年 9 月 16 日。

⑥ 徐家璧:《袁同礼先生在康扎期间之贡献》,载《传记文学(台北)》1966 年第 2 期。

“盲动”“无事可做”“乘此大皆裁汰”，欲遣散南下馆员，引发“1938 年初平馆南迁风波”。[①] 1 月 30 日，在港的邓衍林得知“中基会”态度后致函袁同礼，力陈图书馆南方工作的重要意义，言辞激切。他主张：“今南方工作者：（一）征集调查西南文献，因地制宜，就近搜集，当与保存文化暗合。（二）致力于‘工程参考书报’之征集……（三）调查‘中日抗战史料与国际舆论资料’……”[②]2 月 3 日，孙述万、邓衍林、徐家璧、颜泽霮、余霭钰 5 人继续致函袁同礼，力陈保留香港办事处的理由。[③] 经过一番争取，香港办事处等南方办事处得以保留。3 月 11 日，国立北平图书馆制定了《国立北平图书馆昆明办事处工作大纲（廿七年度至廿八年度）》，该大纲明确表示：采访方面，要征购西南文献和传拓云南石刻，等等；编目及索引事项方面，将由邓衍林编辑《西南边疆图籍录》和云南书目，袁同礼、万斯年编辑云南研究参考资料，等等。[④] 1938 年 8 月，邓衍林被派至昆明，协助西南联合大学图书馆参考组工作兼征求外国图书，同时在国立北平图书馆昆明办事处编辑《西南边疆图籍录》和云南书目等。[⑤]

---

① 张光润：《袁同礼与国立北平图书馆——以 1938 年初的平馆南迁风波为中心》，上海社会科学院 2012 年硕士学位论文。

② 北京图书馆业务研究委员会编：《北京图书馆馆史资料汇编（1909—1949）》，书目文献出版社 1992 年版，第 498～503 页。

③ 李致忠主编：《中国国家图书馆百年纪事 1909—2009》，国家图书馆出版社 2009 年版，第 27 页。

④ 北京图书馆业务研究委员会编：《北京图书馆馆史资料汇编（1909—1949）》，书目文献出版社 1992 年版，第 550～553 页。

⑤ 关于邓衍林在云南工作与生活的情形，限于资料，多不可考。目前仅见刘节（1901—1977）先生曾在其日记中，描述他在云南与陈寅恪、徐森玉、邓衍林等人餐叙之旧事。1939 年 1 月 13 日，“……中饭，寅恪师、森玉丈同邀至金碧路一西餐社午饭，森玉丈破费五元之多。承丈厚情，邀至寓所同住，省费不少，尤可感也！下午在丈所遇徐旭生先生及范九峰、邓衍林、万斯年诸旧友。晚间森玉丈又邀旭生先生及范、邓诸君同饮于小有天酒店，畅叙旧情，至足乐也”。（刘节著，刘显曾整理：《刘节日记（1939—1977）（上）》，大象出版社 2009 年版，第 11～12 页。）

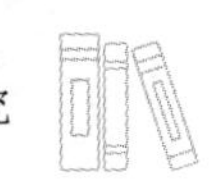

此外还承担“中日战争史料征辑会”中文组中文资料整理工作。[①] 与此同时，西南联合大学遵教育部令增设师范学院，以培养合格的中学教员为任务，黄钰生[②]任院长，查良钊[③]任训导长。1939 年，邓衍林入西南联合大学师范学院第二部教育学系就读，同年入学的还有龙炜[④]。

(二)创办并主持天祥中学

据 1990 年 5 月 2 日天祥中学五十周年校庆所立的“昆明天祥中学创建碑”介绍：1940 年 5 月 2 日，为弘扬江西籍爱国英雄文天祥的爱国主义精神，由“江西旅滇同乡会”出资，西南联合大学四位江西籍校友邓衍林、张德基、熊德基、刘伟[⑤]在昆明小西门内南城脚创建天祥中学[⑥]，确定了“北大之民主，清华之务实，南开之紧张活泼”的办校方针，办学精神为“民主治校”

---

① 赵其康：《北京图书馆变迁纪略》，见北京市政协文史资料委员会选编《文苑撷英》，北京出版社 2000 年版，第 87 页。

② 黄钰生(1898—1990)，教育学家、图书馆学家。湖北仙桃人，1915 年天津南开学校毕业，1919 年清华学校毕业赴美留学，获芝加哥大学教育学与心理学硕士学位。1925 年受聘于南开大学，历任哲学系教授、文科主任、学校秘书长，后任西南联大师范学院院长。抗战胜利后任天津教育局局长，新中国成立后任津沽大学师范学院院长、天津图书馆馆长等职。

③ 查良钊(1897—1982)，1918 年留学于芝加哥大学教育学院和哥伦比亚大学师范学院研究部。后任西南联合大学教授兼训导长。抗战胜利后，任昆明师范学院院长。1949 年赴印度出席联合国教科文组织的成人教育会议。1950 年应邀任德里大学中央教育研究院客座教授。1954 年到台湾，任台湾大学教授兼训导长等职。

④ 龙炜，女，湖南攸县人，曾任职于西南联大附中(即今云南师大附中)。见西南联合大学北京校友会编：《国立西南联合大学校史——一九三七至一九四六年的北大、清华、南开》，北京大学出版社 2006 年版，第 484 页。

⑤ 张德基担任过天祥中学教导主任。熊德基(1913—1987)，江西省南昌市新建区人，1937 年加入中国共产党，1939 年到昆明后进入西南联大，插班在师范学院史地系三年级。在校期间，他师从陈寅恪、向达、汤用彤等著名史学家，由于他年龄较大，同学们多尊称为老学长。1942 年他毕业于西南联大，后在多所高校与机构从事历史教学与研究工作并担任领导职务，是我国著名的历史学家，在天祥中学担任过教务主任。刘伟担任过天祥中学总务主任，后任云南省交通厅总工程师。

⑥ 1952 年更名为昆明市第十一中学，1985 年恢复天祥中学校名。

“严谨办学”“自由教学”“兼收并容”，校训是“紧张活泼”。建校前的第一次会议就是在钱局街土巷4号邓衍林家中召开的，最初校名为昆明私立建华补习学校[①]，1941年9月正式更名为天祥中学。邓衍林从西南联合大学师范学院教育系研究生毕业[②]后出任天祥中学第一任校长，任职时间是1941—1944年。

据“西南联大讲坛JT”公众号所登载的《西南联大校友创建的昆明天祥中学》记载：“他继承了联大办学精神，延揽人才，民主治校，团结教师，使之各显其能，各得其所，群策群力，办好学校。‘紧张活泼’的校训便是他提出的。当时经费自筹，校舍简陋，设备缺乏，生活艰苦，他不辞辛劳，四处筹款，改善办学条件，增加教师收入。”因办学资金极缺，1942年12月11日，天祥中学董事会董事长李子铸和校董兼校长邓衍林签订一份《天祥中学关于转租拓东路江西会馆给西南联大的函》，以换取部分租金[③]，这一函件至今仍保存在云南师范大学。在天祥中学的办学生涯中，共有西南联大的一百余名校友在此任教，闻一多、吴晗、华罗庚等西南联大教师也经常到天祥中学讲课，因此，教学质量极高。翻译家许渊冲将其誉为“天下第一中学”，并在日记中称赞邓衍林有蔡元培之风，是“难得的好领导”。[④] 这个中

① 王明坤：《历史记述的天祥中学》，见昆明市盘龙区政协文史资料委员会编《盘龙文史资料第21辑：盘龙纵横——献给盘龙区建区50周年》，中国文史出版社2006年版，第171～174页。

② 于乃义先生另说是“肄业”。原词为：“衍林好学不倦，又肄业西南联合大学……”见张一鸣选编《于乃义诗词选》(未正式出版)，第242页。

③ 北京大学、清华大学、南开大学、云南师范大学编：《国立西南联合大学史料：六：经费、校舍、设备卷》，云南教育出版社1998年版，第214～215页。

④ 许渊冲对邓衍林评价极高，他曾多次在回忆录中提及这位第一任校长。如说：“论英文他不如我，论数学他不如王浩，论物理他不如朱光亚；但他有点像汉高祖刘邦……邓校长也有北京大学蔡元培校长的民主作风，能使人尽其才，以校为家，乐而忘忧，直到今天，还是令人怀念。”见许渊冲《逝水年华》，生活·读书·新知三联书店2008年版，第130～131页。另见许渊冲《往事新编——许渊冲散文随笔精选》，海天出版社2012年版，第218页。

学共走出了朱光亚等7位院士，邓衍林将校训“紧张活泼”解释为“上课紧张，下课活泼”[①]。其后，同为江西籍的西南联大研究生章煜然、熊中煜[②]担任天祥中学的校长，保持了邓衍林的办学风格。邓、章、熊三位校长也成为天祥中学发展史上的重要核心人物，做出了突出贡献[③]。此外，1941年邓衍林还担任过西南联合大学师范学院院长助理[④]，其后还担任过西南联大师范学院专修科文史地组的教师。

(三)海外求学与联合国任职

1945年10月，邓衍林赴美，乘坐Ny1811轮船，留下的近亲属信息是其兄弟Mr. S. C. Teng[⑤]，其地址留的是“Tien Hsiang Middle School”(天祥中学)。邓衍林在美国哥伦比亚大学研究院深造，1946年获教育学硕士学位，在此期间曾在裘开明所主持的哈佛大学哈佛燕京图书馆短暂任职，代理的职务是“中文书技术助理”(Technical Assistant for Chinese Books)，该职务后由同样来自文华图专的童世纲(Tung Shih-kang)接替。[⑥] 1947年6月9日，联合国人事局人事招聘主管W.P.Barrent曾致函裘开明，让裘先生评估邓衍林能否担任联合国中文印刷品

---

① 黄蓓蓓：《许渊冲：诗译英法70年》，载《北京日报》2014年8月12日。

② 章煜然(1915—1980)，江西南城人，1941年进入天祥中学任物理课教师，1943年至1945年任教导主任，1944年至1947年担任校长。后转任其他大学、中学教师，终又返回天祥中学任教。他一生教了39年书，其中37年是在天祥中学度过的，对天祥中学贡献巨大。熊中煜(1920—1985)，江西新建人，1939年考入西南联大，1944年西南联大经济系毕业，1945年到天祥中学担任语文教师，后任会计主任、总务主任，1948—1955年担任天祥中学校长。在迁校、保护师生、成立校友会等方面做出了贡献。

③ 天祥中学校友会编：《天祥校友，群星灿烂》，云南大学出版社2000年版，第1～3页。

④ 北京大学、清华大学、南开大学、云南师范大学编：《国立西南联合大学史料：六：经费、校舍、设备卷》，云南教育出版社1998年版，第112页。

⑤ 邓衍林有一兄弟为邓海泉，不知是否为其英文名。

⑥ 程焕文编：《裘开明年谱》，广西师范大学出版社2008年版，第337页。

校对员一职。[①] 由于此种关系,吴文津认为邓衍林等人经裘开明教导过,有一定程度的师生之谊。[②] 我国曾有多位图书馆学家在联合国秘书处任职,如查修(Cha, Lincoln Hsiu)、严文郁。资料显示,邓衍林在联合国任职的时间是1946—1956年,职位是"会议事务部制版组中文校对(P—2)"。[③]

1948年6月中旬,邓衍林、徐家璧、孙云畴[④]等曾往大西洋城参加美国图书馆协会年会[⑤]。1950年6月17日,邓衍林与夫人钟韶琴(Teng Helen[⑥])从瑞士日内瓦登机,前往巴黎,二人留下的纽约地址是"144－23 Charta Rd.Jamaica.NY.",所持的是联合国护照。许渊冲在日记中记录了自6月19日起,陪邓衍林夫妇在巴黎游玩了4天。[⑦] 在美期间,邓衍林参加了反蒋介石政府独裁政治、要求民主、反对内战的进步活动。[⑧] 关

---

① 程焕文编:《裘开明年谱》,广西师范大学出版社2008年版,第353页。

② 吴文津、张寒露:《北美东亚图书馆的发展》,载《图书情报知识》2011年第2期。

③ 李铁城主编:《联合国里的中国人1945—2003》,人民出版社2004年版,第1129页。

④ 孙云畴(1917—2014),江苏高邮人,先考入北京大学,1939年毕业于西南联合大学,1942年到刘国钧主持的金陵大学图书馆工作,1947年入读美国哥伦比亚大学图书馆学院,获硕士学位,1950年受周恩来总理邀请回国,并应北京大学图书馆学专修科王重民主任邀请到该专修科任教,自1952年起任职于哈尔滨工业大学、郑州大学、华东师范大学,为图书馆学教育、管理等事业做出了贡献。他比邓衍林更早回国并在北大任教,据称是经其向王重民推荐,刘国钧才到北京大学图书馆学系任教的。其在郑州大学图书馆任职期间,主持了郑州中心图书馆的筹建工作和联合目录编制等工作。详见丁树筠《大家风范,图人楷模——孙云畴生平述评》,见苏全有主编《图书馆史沉思录》,中州古籍出版社2015年版,第123～131页。

⑤ 程焕文编:《裘开明年谱》,广西师范大学出版社2008年版,第384页。

⑥ 是其夫人钟韶琴英文名。邓衍林有两位夫人,第一任夫人为江西籍,姓袁,在天祥中学做管报纸的工作,据说矮小、文化程度不高但有趣。"文革"中被下放到传达室。见龙志毅著《失去的风景线》,贵州大学出版社2007年版,第54页。

⑦ 许渊冲:《往事新编——许渊冲散文随笔精选》,海天出版社2012年版,第218页。

⑧ 《悼词》,见《图书馆学系刘国钧、邓衍林、陈鸿舜、李纪友、王重民等同志生平及悼词等材料》(北京大学档案馆档案),档号:GL0301991－0004.第16～18页。

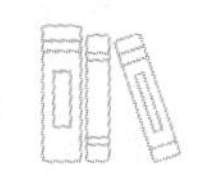

于邓衍林在联合国秘书处的10年任职经历，我们所知有限，还有待于更多史料的发现。

(四)回国奉献

1956年11月，邓衍林与夫人钟韶琴及两个孩子冲破阻碍回国①。在《幸福的回忆，深切的怀念》②一文中，邓衍林回忆了他与周总理三次见面时的情形。其中在1957年6月18日的回国人员座谈会上，邓衍林向周总理汇报了编制全国书刊联合目录的想法，得到周总理首肯。1958年8月9日在北戴河，周总理与邓衍林再度亲切交谈③，周总理询问了北京大学图书馆学系和图书馆事业的发展情况，并提出“要送书下乡”④以及“除编印全国所藏方志目录外，还要有系统地整理县志中及其他书籍中的有关科学技术资料”⑤等主张。事后，邓衍林均向图书馆界做了传达。邓衍林除担任北京大学图书馆学系副教授⑥，讲授《中文工具书使用法》课程⑦外，还曾任全国第一中心图书馆委员会委员和全国图书馆联合目录编辑组组长，为新中

---

① 钟韶琴：《海外赤子的知音——〈美洲华侨日报〉》，见全国政协文史资料委员会编《文史资料存稿选编第23辑(文化)》，中国文史出版社2002年版，第172～173页。

② 邓衍林：《幸福的回忆，深切的怀念》，载《图书馆工作》1977年第1期。

③ 武汉大学图书馆学系：《在北戴河接见邓衍林副教授的谈话(1958年8月9日)》，见《图书馆学基础理论研究资料选编：上》，武汉大学出版社1980年版，第73～75页。

④ 许京生：《周总理最早提出要“送书下乡”》，载《政府法制》2012年第35期。

⑤ 刘纬毅：《中国方志史初探》，载《文献》1980年第4期。

⑥ 1957年11月29日下午，北京大学图书馆学系刘国钧主持系务扩大会议，会议参加者有陈鸿舜、李严、魏香文、关懿娴、朱天俊，讨论邓衍林的评级，评级结果为副教授。见《系委会记录及全体会议记录一年的工作计划》，《北京大学图书馆学系长期案卷目录(1951—1964)》(北京大学档案馆档案)，全宗号：9，目录号：18，案卷号：23。

⑦ 《北京大学图书馆学系上课时间表(1959—1960学年第一学期)》，《北京大学教学行政处1959—1960学年课程表(第一学期)》(北京大学档案馆档案)，全宗号：13，目录号：3031959028，案卷号：30359028。

国的联合目录事业及目录学研究做出了重要贡献[①]。在教学中,他关心学生,1957级学生沈国强就曾回忆:"在校期间,我多次受到邓衍林教授的精心指导,决定攻读科技书目工作。"[②] 1960年1月21日,邓衍林与刘国钧、朱天俊、郑如斯、何善祥、关懿娴等人获得北京大学图书馆学系二等跃进奖金。[③] 1961年5—6月间,系里组织目录学研究对象的讨论,邓衍林发表了将图书、目录、读者统一作为整体活动来确定目录学研究对象的看法。[④] 1958—1964年,邓衍林还担任北京图书馆特约研究馆员。1979年7月13日中国图书馆学会第一次理事会上,邓衍林等49人被选为学术委员会委员。[⑤] 1980年4月30日,邓衍林因癌症逝世。5月14日,北京大学为其在八宝山革命公墓举行了追悼会。据称邓衍林晚年体弱多病,双耳全聋,并患有严重的冠心病,但仍积极翻译国外有用资料,主动介绍外国图书馆的经验[⑥]。

二、邓衍林著述

邓衍林的专长在参考咨询、目录编制等方面,其主要著述如下。

(一)《中文参考书举要》(初稿)

邓衍林的《中文参考书举要》(初稿),于1936年由国立北平图书馆印行。该书是在袁同礼的指示下编纂的,欲参考美国

---

① 编者:《邓衍林先生逝世》,载《图书馆学通讯》1980年第2期。

② 沈国强:《树根集——信息管理文集》,天马图书有限公司2002年版,编后记。

③ 《60年系评选先进单位及先进个人材料》,见《北京大学图书馆学系总支定期案卷目录(1953—1965)》(北京大学档案馆档案),全宗号:1,目录号:12,案卷号:17。

④ 北京大学通讯组:《北大图书馆学系讨论目录学的对象》,载《光明日报》1961年7月13日。

⑤ 编者:《学术委员会名单》,载《图书馆学通讯》1979年第2期。

⑥ 《悼词》,见《图书馆学系刘国钧、邓衍林、陈鸿舜、李纪友、王重民等同志生平及悼词等材料》(北京大学档案馆档案),档号:GL0301991-0004,第16~18页。

Mudge 的 *Guide to Reference Books* 及 Minto 的 *Reference Books* 二书之体例，将本国之参考书籍，一一撰为提要，但因费时较长，遂“先辑为长编，既便于各馆参考之助，且可先得各方之指示，撰作提要之异日可也”①。该书收参考书 1500 余种，每书著录仅记书名卷数、编撰人、出版时间、版本及出版者、目次等，未逐一撰写提要。编排上采用形式和内容两种分类法，形式上分为类书、字典、期刊、年鉴、会社、传记等类，其他类则从内容上以刘国钧的《中国图书分类法》进行分类。该书得到袁同礼指示义例并予以校订，国立北平图书馆之职员吴光清、严文郁以及莫余敏卿对该书的类例也有指示。

而与此同时，何多源 1934 年就开始编纂的《中文参考书指南》，于 1936 年 9 月由广州岭南大学图书馆出版，收录参考书 1300 余种。其增订本选录普通及专科参考书 2000 余种，并由谭卓垣、陈受颐、杜定友、严文郁等人作序，于 1939 年 4 月改由上海商务印书馆出版。何氏该著作的最大特点是：“每种各撰提要并间附评语，其中除百分之一、二未见原著外（其未见原著者，在书中多已分别注明），余均经编者详细检索者也。”②这无疑为该书的参考价值提供了保证。在何氏《中文参考书指南》增订本中收入了邓衍林所编的《中文参考书举要》一书。除了对该书的基本简介，何氏也做了一些评介。如“此目所收罗参考书甚为丰富，体例亦佳，但惜各书无提要耳”“至各书之取舍，亦颇有可商榷之处者”，并为之一一列举。此外，何氏还指出其分类之未当，“至各书分类亦间有欠妥者，如《国学论文索引》之不入杂志索引，而入文学类，《辞通》之不入韵目而入检字等是”。③

---

① 邓衍林编：《中文参考书举要（初稿）》，国立北平图书馆 1936 年版，自序。

② 何多源编著：《中文参考书指南》，岭南大学图书馆 1936 年版，自序。

③ 何多源编著：《中文参考书指南》，岭南大学图书馆 1936 年版，第 17～18 页。

大概因为何多源已有同名著作，后邓衍林未再修订其《中文参考书举要》（初稿），也未再增补提要。邓、何两位的参考书著作几乎是在同时问世，参酌的对象也均是美国的参考书著作，不同的是何氏之著作初稿收书数量不及邓氏之著作（少200余种），但贵在撰写提要。何氏后又有增订本，在收书数量上终超越邓氏。学界通常认为何著价值更大，而邓著“此书只印了五百份，影响不大，有些写工具书介绍的人也没有见到它”①。何邓之参考书著作，一南一北，这种“学术撞衫”现象在中国目录学史上亦可谓一段学术佳话。

（二）《北平各图书馆所藏中国算学书联合目录》

联合目录是将一个地区或一个国家的图书馆藏书按照主题或专题予以揭示，以促进馆际互借和资源共享。自1929年起，国立北平图书馆积极组织编纂各类联合目录，先后有1929年编制出版的《北平各图书馆西文书联合目录》（通常被视为第一部联合目录）、1931年《北平各图书馆西文书联合目录续编》、1933年曾宪三编《北平各图书馆西文期刊目录》、李德启编《满文书籍联合目录》等。② 实际上还有该馆1930年的《北平各图书馆所藏丛书联合目录》以及国立北平图书馆的前身北平北海图书馆1928年所编的《北平各图书馆所藏植物学书联合目录》《北平各图书馆所藏物理学书联合目录》《北平各图书馆所藏关系中国之西文书联合目录》（出版情况未详），等等。

邓衍林编、李俨③校的《北平各图书馆所藏中国算学书联合目录》于1936年由中华图书馆协会与北平图书馆协会合作刊印。此目录之编纂与完成，说来还是数学界与图书馆界合作

① 王恩保：《谈谈评介中文工具书的文献资料》，载《文献》1980年第1期。

② 李致忠主编：《中国国家图书馆馆史1909—2009》，国家图书馆出版社2009年版，第83～84页。

③ 李俨（1892—1963），字乐知，福建闽侯人，我国历史学家、中国古代数学史研究专家、中国科学史事业开拓者，著有《中国古代数学史料》《铁道曲线表》等多种。

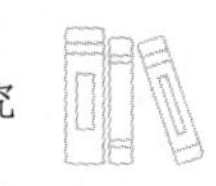

的一个佳话。1934 年，处于个人学术生涯高峰期的李俨有感于算书研究资料不全，十分不利，因见国立北平图书馆曾编有《北平市各图书馆英文联合目录》，认为此举甚便，因此致函袁同礼，请求国立北平图书馆调查各图书馆所藏中文算学书汇为一编，以利研究。袁同礼同意并委之邓衍林，嘱他道："北平各图书馆藏书甚富，所藏中算书籍类亦不少，且间有罕见之本，君盍记之。既有资于研究国算者之一助，且可略沾编纂中文书籍联合目录之尝试也。"① 邓衍林遂投入此中，"乃于馆中工作之余，抽暇着手调查，往来各馆提取书籍并核对撰人姓氏、出版年月，几费周章，前后经六阅月，方成此目，计调查图书馆共十九处，收录算书凡千余种，详加整理写定，费时几及一年……"② 该目录列有《各图书馆简称表》，分类以书名首字笔画分类，著录书名、卷数、著者、版本、馆藏地，采用互见形式著录同种但不同名书籍，个别书籍详列子目或加附注。《中华图书馆协会会报》的"新书介绍"栏目曾对该书予以推介："内容所举书名，虽限于北平一隅，然列举有一千余种，篇后并附有索引，颇资研究斯学之参考，现已出版。"③

数学史家李俨一生 40 余年从事铁路建设工作（直到晚年，即 1955 年才调入中国科学院历史研究所专门从事数学史的研究工作），只能利用工作之余从事中国算学史研究，他的研究有赖于资料的搜集。④ 1926—1934 年，李俨就自编多种算学目录

---

① 邓衍林编，李俨校：《北平各图书馆所藏中国算学书联合目录》，中华图书馆协会暨北平图书馆协会 1936 年版，引言。

② 邓衍林编，李俨校：《北平各图书馆所藏中国算学书联合目录》，中华图书馆协会暨北平图书馆协会 1936 年版，李序。

③ 中华图书馆协会：《中华图书馆协会第十一年度报告》，载《中华图书馆协会会报》1936 年第 6 期。

④ 吴文俊：《〈李俨钱宝琮科学史全集〉出版贺词》，载《自然科学史研究》1999 年第 4 期。

发表在《图书馆学季刊》上。1936 年，李俨受王云五先生嘱托编著《中国算学史》(该书亦是李俨的代表作之一)。在序中，李俨表达了对各图书馆等机构和人员的谢意，他说："中间材料插图之征集，曾经北平国立北平图书馆袁同礼，南京江苏国学图书馆柳诒徵，长安陕西省立第一图书馆张知道，北平研究院徐炳昶诸先生，法国巴黎国立图书馆，杭州浙江省立图书馆，上海中国科学社图书馆；日本三上义夫、小仓金之助两先生，及王重民、邓衍林、孙文青、章用诸先生之助。"[①]由此可见，李俨之图书馆情缘可谓深矣。与他合作者还有王重民，二人编校有《清代文集算学类论文》[②]。在这里，邓衍林、王重民起到了很重要的辅助科学研究的作用，恰可说明图书馆学"为人找书，为书找人"的宗旨以及为服务于这个宗旨所开展的目录编制工作。同样，1963 年身在美国的袁同礼编成了《现代中国数学研究目录》，可以说其目录编制工作实是其来有自。虽然邓衍林之目录也为数学史家严敦杰(1917—1988)指出一些脱漏之处，但正如严氏 1940 年 5 月 5 日致李俨信函中所说："于今故都沦亡之后(注：指抗日战争期间北平沦陷)，各图书馆书籍或遭兵燹而散佚，或随国府而西迁，得赖此编而见昔时面目，其功岂可没哉？而抚今视昔，不免有沧桑之感也。"[③]可知，该目录之保存文献之历史价值不可湮没。

(三)《中国边疆图籍录》

1932—1933 年度国立北平图书馆馆务报告中曾提及"本年度答复咨询耗时最久者为参谋本部以及国防设计委员会委

---

① 李俨：《中国算学史》，上海三联书店 2014 年版，序。

② 王重民著，李俨校：《清代文集算学类论文》，载《学风》1935 年第 2 期。

③ 韩琦、邹大海：《李俨、严敦杰往来书信(1940—1941 年)(一)》，载《自然科学史研究》2010 年第 1 期。

托调查关于边疆图书目录为最”[①]。可见,民国政府部门就曾委托国立北平图书馆编制边疆图书目录。1936年,朱士嘉、陈鸿舜编有《西北图籍——新疆》[②]等边疆图书目录。如前所述,全面抗战爆发后,邓衍林又倡议并承担西南文献和边疆图录两份目录的编制。其所编的《中国边疆图籍录》本拟在1939年出版,《中华图书馆协会会报》已有报道:“邓衍林,任职国立北平圕参考组有年,素喜搜访吾国边疆图籍文献,费时十载,近成《中国边疆图籍录》一书,现由商务印书馆付印中云。”[③]后因受战争影响,邓衍林以为毁于战火。新中国成立后,幸商务印书馆仍存有清样[④],遂于1958年出版。后台湾文海出版社1974年出版影印版。至于邓衍林所负责编制的另一目录——云南书目,现未得见,不知是否编成,或早已取消该书目的编制,因另有图书馆学家李小缘1937年所编的《云南书目》,收书3000余种[⑤],可谓已着先鞭。

《中国边疆图籍录》总计55万字,以全国边疆为范围,著录各种文献8000种。全书分为“一般论著”“边疆舆图”“中国边界关系”“西夏史料”“契丹及辽代史料”“金源史料”“元代史料”“明代边疆史料”“明倭寇史料”“丛书及期刊”“东北资料”“蒙古资料”“西北资料”“古西域资料”“西南资料”“西南各民族”“台湾”“海防资料”18大类[⑥]。各大类下或以时代先后分,或以实

① 国立北平图书馆编:《国立北平图书馆馆务报告:民国二十一年七月至二十二年六月》,国立北平图书馆1933年版,第29页。

② 全根先、陈荔京:《民国时期国家图书馆目录学论著编年》,载《国家图书馆学刊》2013年第3期。

③ 中华图书馆协会:《会员消息》,载《中华图书馆协会会报》1939年第6期。

④ 邓衍林编:《中国边疆图籍录》,商务印书馆1958年版,出版前记。

⑤ 王樵:《李小缘和〈云南书目〉》,载《云南社会科学》1988年第2期。

⑥ 笔者计类与林荣贵《〈中国边疆图籍录〉简介》计数不同,林氏计为35个最高档次的平行专目。笔者认为诸如“东北资料”后的“辽宁”“吉林”“黑龙江”等类目,其隶属关系明显,应予以区别。

际著作和存目分，或以地域划分后，再以时代先后分，或以一般著作和舆图类别划分。著录书籍先中文后日文，先列丛书本后列单行本，也著录满文书籍。书后还附有《书名索引》《著者索引》《笔画检字表》。本书将在第二章内对《中国边疆图籍录》进行专题研讨，此处不赘。

（四）《参考工作与基本参考书》与《参考工作与基本参考书讲授提纲》

《参考工作与基本参考书》[①]是邓衍林 1957 年 5 月在南京省市图书馆人员进修班的讲稿。该进修班是“第一届全国省市图书馆工作人员进修班”，由文化部社会文化事业管理局等 6 个单位联合举办，刘国钧、王重民、杜定友、陈鸿舜、邓衍林等担任教学任务[②]，共有来自全国各地的 78 位学员参加了进修班，修业时间为 3 月 15 日至 5 月 18 日[③]。该讲稿分为两大部分，第一部分是参考工作概论，分三章讲述，分别论述参考工作的意义和任务、内容与方法、组织和计划；第二部分是基本参考书，讨论参考书的特征和功用，并详细介绍字典、辞典和百科全书、年鉴和手册、历表和年表、地理志、地图、人物志、传记索引、姓氏类书、书目和索引等参考书之内容。

《参考工作与基本参考书讲授提纲》（以下简称《讲授提

---

① 皮高品编，邓衍林讲：《图书分类法/参考工作与基本参考书》，国家图书馆出版社 2013 年版。

② 担任本次研修班教学任务具体情况是：采访工作（陈鸿舜）、地方文献（杜定友）、科学新发展及科技书刊介绍（袁翰青）、古典文学（陈中凡）、现代文学（陈瘦竹）、分类原则与省市图书馆分类法问题（杜定友）、省市图书馆目录制度与目录组织问题（刘国钧）、普通目录学（王重民）、书目、索引编制法（吕绍虞）、参考工作与参考书（邓衍林）、马列主义目录学（李枫）、三大系统协调（汪长炳）、联合目录（钱亚新）、馆际互借（李钟履）。此外，苏联专家雷达娅同志根据采访、分编和书目参考工作等主要课程分别为学员作专题报告。可谓名流云集，盛会空前。见李钟履《第一届全国省市图书馆工作人员进修班开学》，载《图书馆学通讯》1957 年第 2 期。

③ 纪维周：《南京举办“省市图书馆工作人员进修班”》，载《图书馆工作》1957 年第 4 期。

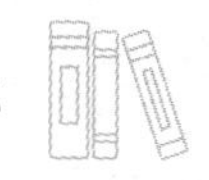

纲》)是邓衍林1957年8月在高等教育部图书馆工作人员进修班的讲稿,笔者所见的是手写油印本。邓衍林在"引言"部分有自注:本提纲系借用文化部今春在南京举办的省市图书馆工作人员进修班讲稿略加删节,该讲稿系以公共图书馆参考工作为对象,附此注明。在"引言"中,邓衍林说明:本课程的目的在协助高等院校和科学图书馆工作人员开展参考工作和掌握基本参考书的使用方法,以便图书馆为科学研究搞好服务。根据教研组的讨论,本课程的教材除了略述中文的主要参考书,以介绍外文参考书刊为重点讲述。① 该提纲分为三个部分:(一)大学科学图书馆参考工作概论;(二)基本参考书使用;(三)专科参考书选要。最后设有4个附录:(一)中文基本参考书选录;(二)欧美资本主义国家出版的外文基本参考书选录;(三)北京图书馆参考组出版的参考书目录(61种);(四)北京图书馆参考组答复读者咨询举例三则。另有湖北省图书馆1957年8月翻印的37页的同名打印稿,也标明是"省市图书馆工作人员进修班讲稿"。

这三份讲稿,虽然各有增删,尤其是《讲授提纲》相对简单(后半部分很多地方仅有纲目,没有更为细化的说明),但也补充了一些内容。通读三份讲稿,还是可以发现其中不乏邓衍林心得之处。如在论述目录和书目的区别时,邓衍林这样讲道:"目录(Catalogue)是具有时间和空间限制的,必须在特定的时间和地点可以找到某本书的目录;书目(Bibliography)是没有时间与空间的限制的……所以专门记载某一图书馆的藏书,叫馆藏目录,而不叫馆藏书目(这是我个人对于划分'目录''书目'两个名词涵义的意见)。"这种观点与杜定友是一致的。杜定友云:"目录所载以一时一地所藏为限,书目所载为泛指一切

① 邓衍林讲:《参考工作与基本参考书讲授提纲》,高等教育部1957年版,第1页。

之书或特种之书。”[①]在阐述书目参考的工作效率时，邓衍林要求：“参考工作馆员要养成勤于劳动，功成不居，累积而专，锻炼成家的作风。”在关于答复问题的基本限度上，邓衍林提及：“(1)不越俎代庖，(2)不鼓励懒汉，(3)注意保密。”[②]而在论述书目参考的劳动精神时，邓衍林说书目参考是：“一种生产性的劳动，积流成渠的劳动(由散漫到集中)，细水长流的劳动(由片段到积累)，科学工作的劳动(由广泛到专精)。”[③]

在第九章“书目和索引”中，邓衍林还阐述了“图书目录事业国家化和科学化问题”。在目录工作国家化方面，邓衍林提出有两个原则，第一个原则是消除书籍的散漫现象，要由散漫到集中，由文化部来计划；第二个原则是由片段到积累，目录工作要细水长流，然后要有组织地印刷卡片。而目录工作科学化问题上，邓衍林认为要研究目录工作组织化问题、标准化问题、经济化问题，并介绍了电子学和电子计算机在目录上的应用远景。[④]《讲授提纲》其后所附的“北京图书馆参考组答复读者咨询举例三则：(一)江苏某医生访问中国古代尸腊的资料；(二)读者问筌篌的资料；(三)中国建设杂志社问雪涛小说的作者和作者的年代”[⑤]，详细生动地展现了参考咨询工作的过程，非常有代表性。

张德芳在回忆中再现了邓衍林讲授该课程时的风采，他说：“邓衍林先生则是刚从美国回来，他讲参考咨询，却另是一

---

① 杜定友：《校雠新义(下)》，上海书店 1991 年版，第 16 页。

② 皮高品编，邓衍林讲：《图书分类法/参考工作与基本参考书》，国家图书馆出版社 2013 年版，第 60～69 页。

③ 皮高品编，邓衍林讲：《图书分类法/参考工作与基本参考书》，国家图书馆出版社 2013 年版，第 15 页。

④ 皮高品编，邓衍林讲：《图书分类法/参考工作与基本参考书》，国家图书馆出版社 2013 年版，第 60～69 页。

⑤ 邓衍林讲：《参考工作与基本参考书讲授提纲》，高等教育部 1957 年版，第 44～49页。

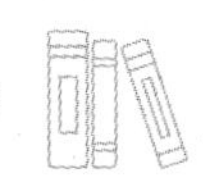

种风格，有问有答，师生互动，妙趣横生，获得满堂笑声、掌声。”①令人为之神往。

(五)邓衍林所编制的其他目录

1.《关于太平天国史料史籍集目》

清政府被推翻后，太平天国历史成为学界所关注的话题之一，相关研究也随之开展起来。② 但最初的研究受到很大局限，即“文献无征”，原因在于太平天国文献多被清政府禁毁。为了推进相关的研究，势必急需对残存的各种文献进行搜集整理。1925 年，日本学者内藤虎次郎(内藤湖南)发表《大英博物馆所藏太平天国史料》一文，引发国内学者赴海外求书的热潮。1935 年，我国图书馆学家王重民亦有《记巴黎国家图书馆所藏太平天国文献》③一文。邓衍林《关于太平天国史料史籍集目》就是在这样的历史背景下编制的。该集目分为五类，具体是：(一)太平天国旨准诏书总目所载 29 种，(二)其他史料(27 种)，(三)太平天国史籍(10 种)，(四)太平天国战役史料(43 种)，(五)杂录(40 种)，共收 149 种，成为当时极为珍贵的研究资料。每种下一般注明刊刻时间(太平天国纪年与公元纪年均加以标注)、文献特征(每页行数、每行字数、特殊格式如抬格、总页数)、馆藏地、题名信息、内容简介，部分加按语说明版本源流。有著者信息的加著者姓名，未经眼的书籍标“未见”。

萧一山 1935 年出版《太平天国诏谕》、1936 年出版《太平天国丛书》，郭廷以 1937 年出版《太平天国历法考订》，简又文 1944 年出版《太平军广西首义史》，其时太平天国的研究论著

① 张德芳：《兰台寻踪——三位已故的富有特色的图书馆学专家》，载《四川图书馆学报》2003 年第 1 期。

② 1934 年，陈独秀在狱中读到罗尔纲未刊稿《太平天国广西起义史》(1933 年修贵县志时撰，已佚)，特意托人请罗尔纲来南京与他晤谈，可见其时相关研究已然兴起。

③ 王重民：《记巴黎国家图书馆所藏太平天国文献》，载《图书季刊》1935 年第 2 期。

不断问世，而邓衍林所编的《关于太平天国史料史籍集目》可说正逢其时，为促进该领域的学术研究提供了支持。

2.《元太祖成吉思汗生平史料目录》

清道光、咸丰以来，文史学界均比较关注西北边疆史地以及蒙元史的研究，如 1934 年冯承钧就出版有《成吉思汗传》。1936 年邓衍林所编的《元太祖成吉思汗生平史料目录》，由中华图书馆协会印行，是迄今稀见的元太祖成吉思汗生平史料目录。该目录收集元太祖成吉思汗的生平史料，共收录中文书籍 29 种 55 个版本、论文 7 篇，日文书籍 5 种、论文 8 篇，西文书籍 34 种，是了解和研究成吉思汗的重要资料。

为资考证，该目录还加有一些按语，如对张相文与屠寄的论战予以备注说明："以上诸篇论文因皆张屠两氏讨成吉思汗陵寝问题：一在外蒙古说（屠寄），一在西夏河套说（张相文），所见虽各有不同，而引证之资料均有价值。"2009 年，尽管时间过去了 73 年，这份目录还被东方出版社编辑附在冯承钧的《成吉思汗传》之附录（初版并没有该附录）①中，以为参考，然而未标邓衍林姓名。新资料不断出现，相关研究成果日益增多，然而后人未再增订成吉思汗生平史料目录，70 余年后仍沿用邓衍林之目录，且未注明编者姓名，是否可以说明后人为学之日趋苟简呢？走笔至此，不禁让人汗颜。

三、邓衍林的联合编目思想及实践总结

（一）邓衍林联合编目之思想

1.联合编目之意义与制度保障

前文已说明，联合编目在国立北平图书馆已多有实践，相关目录也早经编制，邓衍林就曾编撰有《北平各图书馆所藏中

---

① 张振珮、冯承钧：《成吉思汗传》，东方出版社 2009 年版，第 265～273 页。

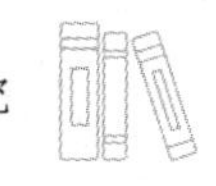

国算学书联合目录》。1956年，“向科学进军”的号角吹响，联合目录工作再度引起了学界的高度重视。1957年6月18日，在国务院召集的回国人员座谈会上，邓衍林记录了他与周恩来总理的谈话：“我说，回国后，虽然到了几个大城市看了看，但了解情况不多，据说美国《化学文摘》就进口了几十部……当总理听到一部文摘就花了一千多美元时，表示非常惊讶，随即问我多少份够用，我说四份，一份存北京图书馆，一份存科学院图书馆，一份存化学会，一份供复制……”[①]可见，在20世纪50年代，科技期刊诸如《化学文摘》之类的价格已经非常高昂。如何应对，已成为图书馆界必须要直面的问题。为节约经费，邓衍林再一次提出编订联合目录，以实现馆藏最大程度的共享，节约经费。而半个多世纪后，图书馆界仍然在为节约经费而群策群力，其困境之出路仍不外求联合以解决。[②]

对于联合目录之意义，邓衍林有清晰的认识：“是充分发挥图书馆资源和潜力，以便更好地为科学研究服务，是为国家总书目工作创造有利的基础条件，是使图书目录事业走向合作化、科学化和国家化的起点。”[③]1957年11月10日，国务院通过《人民日报》公布了国务院科学规划委员会制订的《关于图书协调、档案资料、仪器供应和化学试剂等协调改进方案》。《全国图书协调方案》所提出的主要工作是：一是建立中心图书馆，二是编制全国图书联合目录。在全国中心图书馆委员会下成立一个全国图书联合目录编辑组（于1957年11月13日正式成立），附设于北京图书馆（现为国家图书馆）内。邓衍林被任命为全国第一中心图书馆委员会委员和全国图书联合目录编

---

① 邓衍林：《幸福的回忆，深切的怀念》，载《图书馆工作》1977年第1期。

② 程焕文、黄梦琪：《在“纸张崇拜”与“数字拥戴”之间——高校图书馆信息资源建设的困境与出路》，见程焕文、刘洪辉、刘洪编《程焕文之问——数据商凭什么如此狼？》，国家图书馆出版社2016年版，第5～25页。

③ 邓衍林：《编制联合目录的几个基本问题》，载《图书馆学通讯》1957年第6期。

辑组组长,负责领导联合目录的编制工作,具体工作由北京图书馆李钟履主持[①],这为国家总书目的编订做好了基础工作,提供了机构和制度上的有力保障。

2.编制联合目录应注意的基本问题

国立北平图书馆一直将编订联合目录工作放在一个重要的位置,不仅在实践中编制联合目录,还在全国年会上予以倡导。1936 年 7 月 20 日至 24 日,中华图书馆协会第三次年会在青岛举行,会议讨论议题就有编制全国图书联合目录、推广馆际互借、统一图书分类法、编制全国善本书目和中国图书年鉴、统一索引检字法,等等。但在具体做法上,还缺乏深入的理论探讨。邓衍林在《编制联合目录中的几个基本问题》[②]一文中,除概括了联合目录的意义和功用,还提出了几个基本问题。

(1)明确类型问题。邓衍林在比较总结苏联、德国、英国、美国、瑞士、荷兰等国编制联合目录的经验后,认为应该采用苏联的全国性、重点计划式,即选择重点,分区进行,采用且清且整,联合汇报的方式,编制全国性的联合目录。这种方式固然与当时"向苏联老大哥看齐"有关,但从我国实际情况来看,我国图书馆事业主要集中在大城市,"选择重点,分区进行"也比较适合。

(2)著录范围问题。邓衍林认为期刊优先于书籍,外文书刊优先于本国出版的书刊。在书刊内容的选择上,不必采取"以全为尚"的办法,须予以精选。就当时的情况而言,期刊在信息传播和知识更新方面的作用已远超图书,对其优先著录是合乎科技界需要的。

(3)断代编制问题。邓衍林认为以资料的利用率作为资料分期的断代根据比较合理,并归纳出三个原则:先新后旧,断代

① 李钟履对联合目录工作贡献颇多,见敬文《怀念一位有成绩的图书馆工作者——李钟履先生传略》,载《图书馆学研究》1985 年第 6 期。

② 邓衍林:《编制联合目录的几个基本问题》,载《图书馆学通讯》1957 年第 6 期。

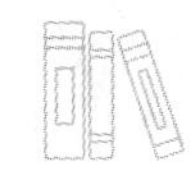

分期处理；外文期刊和书籍优先编制；本国书籍则断代分区编制。这样做到了旧书“断代分区”编制，新书“从此不乱”，外文书刊能“速战速决”。

(4)编制方式问题。邓衍林认为应采用“全面进行，分题选印”的折中办法，并建议用字顺目录，易于速成。

(5)整理旧书问题。鉴于北京图书馆、北京大学图书馆所藏古籍较多，积压严重，邓衍林认为应从这两个图书馆着手，并提出“著录应详明，分类可粗疏”的标准。

(6)外文书目录编制问题。邓衍林建议编印“外文书联合目录通报”，作为经常的联合目录补编和新书通报，还建议统一各馆新书通报的书目标准规格以代卡片汇报制。

总体上而言，邓衍林认为“标准化是科学化的基本条件”，为此，他对联合编目所涉及的问题均做了深入思考，也提出了可行的操作办法。虽然民国期间袁同礼所领导的国立北平图书馆在编制联合目录方面就多有实践，钱亚新也曾在 1957 年为第一届全国省市图书馆工作人员进修班撰写《联合目录》的讲稿①，但从理论方面对联合目录进行深入阐述和概括的，学界通常认为毛坤的《试论联合目录》和邓衍林的《编制联合目录的几个基本问题》论述得最为深刻和详尽(二人在文华图专也是师生关系)②，具有重要影响③，这两篇文献也成为“20 世纪重要文献、人物、事件”中重要“国内文献”的代表性篇章④。我

---

① 钱亚新：《我是怎样研究联合目录的？(写作生活之四)》，载《黑龙江图书馆》1987 年第 4 期。

② 周文骏、王红元编：《中国图书馆学研究史稿(1949 年 10 月至 1979 年 12 月)》，北京大学出版社 2011 年版，第 152 页。

③ 李东来、韩继章：《“全国图书协调方案”时期图书馆协同思想指导下的馆际协作的回顾与思考》，载《图书馆》2009 年第 5 期。

④ 范并思、邱五芳、潘卫等编著：《20 世纪西方与中国的图书馆学——基于德尔斐法测评的理论史纲》，北京图书馆出版社 2004 年版，第 336 页。

们也可以看到，其后所编制的联合目录，基本是按毛坤、邓衍林两文所拟定的方向进行的。

3.邓衍林对新中国联合编目实践之总结

1959年，邓衍林《联合目录工作的成就及其展望》①一文回顾了新中国成立后联合目录的开展成就。邓衍林统计，到1959年7月底全国所编全国性和地方性联合目录计79种，其中全国性的联合目录就占38种。其他的成就还有：《全国西文新书联合目录通报》于1958年6月创刊，分两辑编印，《解放前中文期刊联合目录》《全国西文期刊联合目录》已完成编辑，而《全国俄文期刊联合目录》和《全国日文期刊联合目录》正在积极编制，在专题联合目录的编制上也积累了丰富的经验——“以一个馆为基础，其他馆做补充”，并建立了卡片目录中心。邓衍林还分析了我国联合目录工作的体系和特点，并对我国联合目录工作予以展望：加强联系，分工合作；全面规划，统筹安排；确立制度，健全组织；改进工作方法，统一编目规格。文后附有全国性联合目录调查简表(初稿)。在邓衍林看来，联合目录的编制是一项永久性的事业，他希望成立一个永久性的机构，确立固定的编制人员，以更好地为科学研究服务。《联合目录工作的成就及其展望》一文是对1957—1959年间联合目录工作的全面总结。其时，正值各个领域“大跃进”，各方面工作斗志昂扬，后期虽不免有浮夸之风，但最初人们对工作的投入是值得肯定的。短短两年，全国图书联合目录编辑组就编制了多部目录，开展了大量的工作，对全国的联合目录工作进行了摸底、部署和规划，因其所取得的成绩，还被表彰为先进集体，

---

① 邓衍林：《联合目录工作的成就及其展望》，载《图书馆学通讯》1959年第11期。

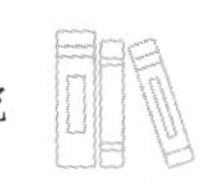

其事迹得到了介绍。[①]

这一时期是联合目录发展的高峰期，一直到1966年前，光北京图书馆就编制了不下20种联合目录和专题联合目录[②]。而全国图书联合目录编辑组自成立后总共编制300多种全国性和地区性的书刊联合目录，“文革”中停滞。1977年8月，全国图书联合目录工作组恢复工作，1980年成立了新的机构——全国联合目录工作协调委员会，延续了该工作组的工作。

四、邓衍林的学术特点及成就

(一)无私奉献，为研究者提供便利

个人总是受其所处的时代环境的影响，民国期间邓衍林对一些目录的编制，固然与当时以袁同礼为代表的国立北平图书馆学者所编制的300余种目录有关[③]，但其早期所编制的一些专门目录和联合目录，为其后来组织和领导联合目录事业奠定了基础。或有人说，邓衍林此种工作少发明多征实，均是为他人做嫁衣，不值一提，但其所秉承的正是国立北平图书馆的“甘为人梯的奉献精神”。早在1929年，国立北平图书馆对自己的定位就是：“本馆为行政机关而非研究机关，其性质与科学研究院迥不相同，故其事业不在研究本身，而在如何供给研究者之便利。”[④]可见，邓衍林一如其他图书馆学家一样，是“供给研究

---

① 全国图书联合目录编辑组：《在大协作中前进的全国图书联合目录工作——先进集体全国联合目录编辑组事迹介绍》，载《图书馆学通讯》1960年第3期。

② 李致忠主编：《中国国家图书馆馆史1909—2009》，国家图书馆出版社2009年版，第218～220页。

③ 全根先、陈荔京：《民国时期国家图书馆目录学论著编年》，载《国家图书馆学刊》2013年第3期。

④ 国立北平图书馆编：《国立北平图书馆馆务报告：民国十八年七月至十九年六月》，国立北平图书馆1930年版，第5～6页。

者之便利"理念的践行者。他在抗战期间所发表的《图书馆员与国防总动员》一文中,也表述了同样的观点。他说:"我们认为图书馆员与国防总动员的关系,除了投笔从戎去流血,和消极的组织战地团外,主要的工作是要总动员的搜集关于国家建设和国防资源之研究资料,随时准备一般学者研究便利之用,成为战时国防研究参考的中心工作,这是我们最大的使命。""我们图书馆员能够替科学家节省一分钟时间和精神,很便利地供给他们所需要研究参考资料,使他们的研究能够早一分钟成功,也许我们的前线可以少死伤一万人!"[①]其爱国的拳拳之心以及对图书馆员工作的深刻认识尽表无遗!

正如学者们所说:"编目就是要在书与人之间架起传递知识信息的桥梁,读者可以凭借它获得很多有用的资料,然后经过研究和升华,最终硕果累累,成为学者方家;而编目者却始终隐在幕后,默默无闻,无私奉献。"[②]我国地方志专家朱士嘉就曾表示对国立北平图书馆邓衍林等人的谢意,正是有了他们的帮助,朱士嘉得以充实其 1935 年编纂的《中国地方志综录》。[③]而实际上,在"供给研究者之便利"的同时,学者们也成就了自己的学术。民国期间,国立北平图书馆人才荟萃,从这里走出了一大批学者专家,如王重民、徐森玉、向达、钱存训、吴光清、贺昌群、谢国桢、刘节、赵万里、谭其骧、孙楷第、于道泉、邓衍林、万斯年、张秀民、刘修业、汪长炳、李钟履、吕绍虞,等等,不胜枚举,他们都有编制书目的人生经历。可见,"为人"与"为己"并不矛盾,目录编制工作意义大焉。地方文献专家于乃义表示,自己亦是受向达、万斯年、邓衍林等人感召,而立志终身

---

① 竹筠:《图书馆员与国防总动员》,载《中华图书馆协会会报》1937 年第 5 期。

② 李致忠主编:《中国国家图书馆馆史 1909—2009》,国家图书馆出版社 2009 年版,第 456 页。

③ 朱士嘉:《我所了解的袁同礼先生》,载《图书馆学通讯》1985 年第 3 期。

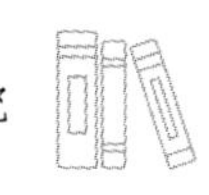

做一名资料员的。[①]

(二)锻炼成家,为学术发展备参考

参考咨询向来被认为是最有学问的图书馆工作,业内按顺序而列,有“一参考,二编目,三阅览”的说法。邓衍林在国立北平图书馆参考组任职近10年,编制了较多的书目,除以上正式出版的目录,作为国立北平图书馆参考组的唯一工作人员,1933—1934年他还编制了《馆藏西文化学书分类目录》《中国工程学书目》《馆藏教育杂志目录》《南洋问题书目》等目录,既有自然科学类的,也有社会科学类的,被誉为“全科参考职员”,“在民国参考咨询史上具有重要地位”。[②] 在参考咨询过程中,他积累了丰富的工作经验,并在实践工作中力主“勤于劳动,功成不居,累积而专,锻炼成家”的作风,并将书目参考视为“一种生产性的劳动,积流成渠的劳动(由散漫到集中),细水长流的劳动(由片段到积累),科学工作的劳动(由广泛到专精)”。诸如此类的心得应是其在长期实践过程中的切身体会。在提供参考咨询服务过程中,他还不忘撰写文章,积极进行图书馆学研究,这样“不仅可以提高自身参考咨询服务能力,还可以(提高)北平图书馆参考工作整体服务水平”[③]。遗憾的是,邓衍林在参考咨询方面的贡献尚未受到学界的重视。

如前所述,邓衍林在1957年的参考咨询课程讲授中,关于目录工作科学化的问题,他就认为要研究目录工作组织化问题、标准化问题、经济化问题,并介绍了电子学和电子计算机在

---

① 于乃义:《立志终身做一名资料员:学习前辈的有益经验举隅》,见中国图书馆学会论文摘要编辑组编《中国图书馆学会第一、二次科学讨论会论文摘要》,书目文献出版社1982年版,第123～125页。

② 蔡成普:《民国时期北平图书馆参考工作机构及人员述评》,载《河北科技图苑》2016年第1期。

③ 蔡成普:《民国时期北平图书馆参考工作探究》,载《农业图书情报学刊》2016年第7期。

目录上的应用远景。因他刚自美国回来，了解世界图书馆学界最新的研究动态，带回了较为前沿的信息，邓衍林借由课程讲授，播下了在目录上应用计算机以实现自动化的种子。遗憾的是，后来未见邓衍林公开发表相关的论述。20 世纪 70 年代中期，刘国钧开始对 MARC（机读目录）撰文介绍，成为我国“系统介绍、研究机读目录的第一人”①。前修未密，后出转精，这也是学术史上常见的现象。

（三）矢志不移，推动联合目录事业发展

1957 年 5 月 20 日、24 日文化部召开的图书馆学专家座谈会上，图书馆学家们满腔热情，提出了许多问题。② 邓衍林指出：“图书馆事业是一个没有得到照顾和缺乏营养的孩子。科学家需求资料急如星火，而各图书馆却人少、事多、房缺、书乱。图书馆担任着科学进军的第一线任务——大军未发，粮草先行，可是领导上并没给它提供条件，这是不合理的。”③1957 年的“全国图书协调方案”实施期间，图书馆学家多投入其中，邓衍林、毛坤、钱亚新等人都有专文论述联合目录的问题。联合目录研究，一时成为热点问题。邓衍林身为全国图书联合目录编辑组的组长，更是全力投入其中。因 1957 年在联合目录事业上的贡献，邓衍林被列为中国图书馆学史之“20 世纪重要人物”④。

---

① 周文骏、王红元编：《中国图书馆学研究史稿（1949 年 10 月至 1979 年 12 月）》，北京大学出版社 2011 年版，第 155 页。

② 记者：《担任科学进军第一线的任务，而人少、事多、房缺、书乱，图书馆事业存在着危机——北京图书馆学专家在座谈会上发出呼吁》，载《光明日报》1957 年 5 月 25 日。

③ 在其《参考工作与基本参考书》中，该问题被概括为“三荒”“二难”的现象。所谓“三荒”，即书荒、人荒、房荒；“二难”，是从整理上说的，即书有新旧之分和多少之别，也就是数量和质量的问题。

④ 范并思、邱五芳、潘卫等编著：《20 世纪西方与中国的图书馆学——基于德尔斐法测评的理论史纲》，北京图书馆出版社 2004 年版，第 341 页。

然而联合目录事业的开展绝非易事，需征集大量目录卡片，统筹规划众多图书馆参与，在分类法尚未统一的情况下，编例亦须考虑多种因素。我国图书馆众多，三大系统图书馆各有归属，为此，在高教部召开的"高等学校图书馆工作会议"上，邓衍林曾就图书馆"三军无统帅"的问题，呼吁统一全国图书馆领导机构①。他具体主张"应该拆除三系统图书馆各自为政的外墙，如由国家建立全国性国家目录中心研究机关，协调图书馆事业基本方针，编制全国性联合目录、索引，统筹外文书选购与分配，主持书刊调配、国际交换，推进图书馆学方法研究等"②。然而言易行难，编制联合编目谈何容易。就 1961 年所编成的《全国中文期刊联合目录(1833—1949)》来说，征集工作历时两年，又经编辑两年才出版，收录期刊 19115 种(包括补遗 951 种)，参与馆共 50 个。③ 尽管如此，全国图书联合目录编辑组仍然做了大量的编辑工作，如以《中小型图书馆分类表》的基本大类为基准，编就以《科学院图书馆图书分类法》为基础的《13 种分类法大类换算表》以供联合编目者参考。

经各方努力，产生的主要目录成果有:《全国西文新书联合通报》，分为"哲学社会科学部分"和"自然技术科学部分"两辑，全年各出 6 期;《全国西文期刊联合目录》及《全国西文期刊联合目录》(续编)，另还有各专题目录，如《矿业冶金工程联合目录》(草目，北京图书馆西文编目组 1958 年编)、《机械工程西文图书联合目录》(清华大学图书馆 1959 年主编)、《电机工程西文图书联合目录》(上海交通大学图书馆 1959 年主编)，等等。

---

① 周士群:《"三军无统帅"的状况何时了?》，载《图书馆工作与研究》1981 年第 2 期。

② 文津:《图书馆事业上存在的矛盾问题:文化部召开的图书馆专家座谈会记要》，载《图书馆工作》1957 年第 7 期。

③ 全国图书联合目录编辑组编:《全国中文期刊联合目录(1833—1949)》，北京图书馆 1961 年版，说明。

据1963年底统计，参与馆最多时达600余馆，1600余馆次，投入联合目录编制的人手，平均每一种为100人左右。新中国成立前共出版8部联合目录，自1957年全国图书联合目录编辑组成立到1963年底的7年中，全国性和地区性的联合目录出版了162种，尤其是全国和地区的19种新书通报更是以往所没有的。《全国西文新书联合通报》一共也出版了62期。[①] 这是我国图书馆学前辈们在联合目录事业上所建立的不朽功绩。

五、结语

除了以上所论的主要学术论著，邓衍林还做了一些编译工作。如译录日本学者长泽规矩也的《宋元刊本刻工名表初稿》一文，以供学人考订版本时参考。长泽规矩也精研我国目录版本之学，是最早系统研究刻工的学人。该文录有130种刊本，再按笔画对刻工进行分类统计，共列有约1500名刻工姓名。邓衍林将其翻译，在当时的国内产生了很大的影响，对沟通中日学术交流是大有裨益的。

邓衍林一生足迹遍及国内外多个学府与机构，主要从事图书馆事业、教育事业，其个人经历不可谓不丰富。一般认为，"邓氏一生从事图书馆教学和图书馆实际工作，有丰富的理论和实践经验，尤于目录学成就显著"[②]。其论述图书馆学与目录学关系的观点也有一定的参考价值。[③] 他兴趣广泛，在编制目录过程中对自然科学、社会科学均有所涉猎，包括文史古籍、经济、教育、边疆地理、化学、数学、工程，等等，确不负"全科参

---

① 全国图书联合目录编辑组（李希泌执笔）：《我国联合目录事业的发展》，载《图书馆》1964年第3期。

② 申畅、陈方平、霍桐山等编：《中国目录学家辞典》，河南人民出版社1988年版，第462页。

③ 鲍学根、秦铭、黄淑琴主编：《马克思主义哲学基本原理》，新华出版社1995年版，第192页。

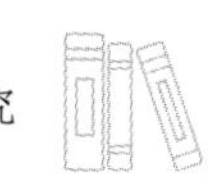

考咨询馆员”之誉，也是学界公认的“参考咨询专家”[①]。本节对邓衍林之生平、著述和贡献做了初步探索，关于邓衍林在目录编制、目录国家化、参考咨询方面的功绩，还值得进一步深入挖掘，又如在他于联合国任职以及北京大学图书馆学系任教方面还有一些空白，期待以后能做更深一步研究。

第二节 冷雪庵中理旧籍

一、李文祷生平简述

李文祷(1902—1947?)，又名文绮，字翰章，笔名引玉、冷衷、绮生、慕紫、梅心、飞归、梅子等，室名冷雪庵(盦)，河北大兴(今属北京)人。1918年11月1日进入京师图书馆(其后为国立北平图书馆)工作。[②] 在馆工作期间，曾担任阅览组组长。[③] 1932年起奉派调查河北省图书馆，先后调查通县实验城市民众教育馆图书部、杨村实验乡村教育馆图书部、天津市立第一图书馆、天津市立第一通俗图书馆、沧县第二中学图书馆、南皮县立通俗图书馆、东光县立普通图书馆、景县县立民众教育馆图书部，及天津广智馆第一女中、第一模范、第九师范、法商学院、女师学院、工业学院、第一师范、第一中学等各院校内图书馆，并写有调查报告《河北省立三学院图书馆视察记》《河北全省图书馆视察记》。此一调查对当时河北图书馆事业的发展具

---

① 吴晞:《图书馆史话》，社会科学文献出版社2015年版，第130页。

② 谭新嘉:《梦怀录》，载《文献》1982年第4期。

③ 国立北平图书馆编:《国立北平图书馆馆务报告:民国二十一年七月至二十二年六月》，国立北平图书馆1933年版，附录四第8页。

有极大的促进作用。

1935年7月，李文裿转任北平市立第一普通图书馆之馆长，为该馆的发展做出了重要贡献。1939年，因馆内藏有大批抗日书刊，李文裿曾被日本宪兵队拘留。1942年9月，李文裿从第一普通图书馆辞职。其早年在图书馆界十分活跃，但1947年后不知所踪。有学者指出其与日本学者武田熙共同编辑《北京文化学术机关综览》(新民印书馆1940年版)而为学界所不满。[①] 其一生中论著较多，辑有《冷雪庵丛书》，著有《中国书籍装订之变迁》《冷雪庵知见印谱录目》《中国体育图书汇目》[②]《李易安年谱》等。今人刘瑞忍对其之图书馆生涯与贡献有部分总结，刘劲松、李美又对其目录编制成就有所探讨[③]。事实上，李文裿研究兴趣广泛，对文学、图书馆学、目录学研究都有涉猎。其曾在京师图书馆善本书室工作了一段时间，“日沉湎于古本书籍中”，在古籍保护方面也有不少论著，现试对其在古籍保护方面的研究做一总结。

二、李文裿与古籍保护研究

(一)《冷雪庵丛书》之出版

李文裿字冷衷，其夫人名萨雪如。萨雪如曾编有《北平歌谣集》(署名李萨雪如，明社1928年版)、《北平歌谣续集》(1930)、《新标准初中国文》(署名李萨雪如，青梅书店1933年版)。夫妇二人俱有撰述，实为少见。或因为如此，各取二人名字中之一字，命名其书斋为“冷雪庵(盦)”。李文裿所辑丛书，亦名之为《冷雪庵丛书》。

---

① 屈梦君:《李冷衷其人与〈国学常识述要〉》，载《湖南科技学院学报》2017年第8期。

② 于震寰、李文裿编:《中国体育图书汇目》，青梅书店1933年版。

③ 刘劲松、李美:《民国时期李文裿的目录编制成就论略》，载《新世纪图书馆》2020年第1期。

1.《漱玉集》

《冷雪庵丛书》之一为《漱玉集》。1927 年初版，1931 年北平冷雪庵再版。1927 年版之封面由梁启超署检题签。内封由傅增湘题签，题为：壬戌(1922)长至日/漱玉集/藏园居士傅增湘。背面印：丁卯(1927)秋七月冷雪盦印行。目次为：序、题词、引用书目、易安居士像(易安居士三十一岁之照，冷衷重摹，像赞、题词)、易安居士年谱(大兴李文裿编)；卷一文存，收文五篇；卷二诗存，收诗十八首；卷三、卷四词存，收词七十八首；卷五外编，收志传、辨诬、轶事、诗词话、题咏等；萨雪如跋。

再版时内封背面印"中华民国二十年二月北平冷雪盦再版印行"。前有黄节《漱玉集序》、李文裿《漱玉集再版弁言》《漱玉集题词》，增订漱玉集目次为：引用书目；易安居士像；易安居士年谱；卷一文存，收文五篇；卷二诗存，收诗十八首；卷三、卷四词存，收词七十八首；卷五外编，收志传、辨诬、轶事、诗词话、题咏等；萨雪如跋。

该书用宣纸，线装，版心下有"冷雪庵丛书"字样①。顺德黄节(1873—1935)为之作序。黄节，初名晦闻，字玉昆，号纯熙，广东顺德人，近代诗人，北大教授。序中曰："壬戌(1922)岁暮，李君冷衷以所编易安居士《漱玉集》属予校定，乃取半塘老人刻本《漱玉词》，为签(笺)其同异多寡之数而归之。阅数月，冷衷搜集益富，成书五卷，复属序于予……冷衷引据诸书凡六十余种，而所得者仅此七十八首，非不见博而力劬，无如佚者不可复存也……冷衷异时读书，续有所得，当作补遗，岂其遂已邪？癸亥(1923)八月顺德黄节序。"②可见黄节曾用王鹏运(1849—1904，号半塘老人)《四印斋所刻词》本《漱玉词》一卷《补遗》一卷《附录》一卷来校李文裿本的《漱玉集》。尽管李文

---

① 郑新芳：《收藏李文裿编订〈漱玉集〉》，载《保定晚报》2011 年 11 月 6 日。

② 黄节：《漱玉集序》，见〔宋〕李清照撰，李文裿辑《漱玉集》，冷雪盦 1931 年版。

over
绮引书达60余种,但只得78首,黄节勉励他将来可继续加以补充。

李文绮在该书再版时亦有弁言:

> 岁癸亥(1923),余辑易安居士《漱玉集》既成,顺德黄晦闻先生校阅而序之。越三年丁卯(1927)始付铅椠。此三年中,虽日沉湎于旧籍,然易安居士之诗文词及遗事,竟无所获。戊辰(1928)以还,国立北平图书馆采访珍籍,罕见之书踵门求售者,不知凡几。因得旁搜群籍,于写本《全芳备祖》中得《鹧鸪天》一首,《岁时广记》中得逸句若干,均为前此所未见者。其他遗事及诗词文评,亦数十则,遂重为诠次,再付铅椠,亦片羽足珍之意也。或谓易安居士之诗文词久佚,不可复得,子之所辑,为数颇富,得勿以他人之作滥入以实篇幅乎?曰:凡所征引,俱已详其本源,为是言者,则余弗与之辩,亦不屑与之辨也。庚午(1930)冬十二月,大兴李文绮记于北平中海居仁堂。①

可见,李文绮凭借国立北平图书馆丰富的文献资源,尤其是以类书《全芳备祖》《岁时广记》为对象开展辑佚工作,辑出一些李清照之遗文逸句。但其未加以考辨,致使把部分伪作亦收入。经学者考证,该集所收词多为伪作。②

众多文人雅士参与到该书中,书中设有“漱玉集题词”部分。德清俞陛云(1868—1950)题《凤凰台上忆吹箫》,其叙其颠末为:“世传《漱玉集》,乃文津阁及四印斋本。李君冷衷更为搜辑,采书至六十余种。易安居士之文词及遗闻断句,备于是编。将付剞劂,索余题记,用集中许君鹤巢韵赋之……癸亥(1923)

① 李文绮:《漱玉集再版弁言》,见〔宋〕李清照撰,李文绮辑《漱玉集》,冷雪盦1931年版。

② 湖北省哲学社会科学联合会语文学会编:《李清照研究资料汇编》,湖北省哲学社会科学联合会语文学会1964年版,第99页。

夏五德清俞陛云题于乐静居。”①俞陛云为经学大师俞樾之孙，擅诗词，精通书法。福建侯官郭则沄（1882—1946）亦因“冷衷先生属题”，于癸亥（1923）端阳对冷雪盦本《漱玉词》有题词。郭则沄亦擅诗词，时隐居北京讲学。王念曾（1875—?）曾题一长诗，诗之前题曰：“冷衷先生新辑《易安居士全集》，授读一过，有感于怀，走笔作长谣题于卷端，时癸亥（1923）端阳前一日也。”②王念曾，字啸欧，亦为京津名士。从此亦可看出李文䄎与京津文化圈之交游状况，其与名人多有往来。

后有其夫人萨雪如所作跋文，叙其编撰经过为：“冷衷先生锐意搜辑，历时数月，引书至六七十种，易安居士之诗文词以及遗闻断句靡不备于是编，且根据诸书详加校勘，注其异同，用备考核，并编年谱，冠之卷首，厘为五卷，仍题名为《漱玉集》。虽不能尽复旧观，然欲探讨易安之诗文词及遗事者，得此亦可知其梗概矣。癸亥（1923）重阳萨雪如识。”夫妇同题，夫唱妇随，亦是一佳话。

李文䄎从 1922 年始编此书到 1930 年再版，历时多年。其所编之《李易安年谱》一卷亦于 1929 年出版。数年之中，李文䄎凭借国立北平图书馆丰富的馆藏，不断地做着搜辑的工作，从类书中爬梳资料，颇费辛苦。尽管该书中有部分是伪作，但仍有一定的参考价值。

2.《士礼居藏书题跋补录》

黄丕烈是我国著名的藏书家、版本目录学家。其喜好在藏书上作题跋，所作题跋，因学术价值较高，被称为“黄跋”。1919 年，缪荃孙所辑《荛圃藏书题识》出版，收黄丕烈题记 622 篇，依经、史、子、集排比，每书著录书名，记其行款及考证其授受源

① 〔宋〕李清照撰，李文䄎辑：《漱玉集》，冷雪盦 1931 年版，漱玉集题词。

② 湖北省哲学社会科学联合会语文学会编：《李清照研究资料汇编》，湖北省哲学社会科学联合会语文学会 1964 年版，第 93 页。

流，成为研究黄丕烈的重要资料。李文裿之《士礼居藏书题跋补录》于1929年铅印出版。封面题签为：士礼居藏书题跋补录/冷衷先生属/徐鸿宝署。徐鸿宝，即徐森玉，为版本目录学家。内封题：士礼居藏书题跋补录/己巳(1929)清明节傅增湘。背面印：己巳(1929)秋九月冷雪盦印行。李文裿在跋中叙述了其对黄丕烈题跋的整理过程，并叙其撰述缘由为："余近年获读旧籍秘笈，黄氏藏书时有经眼，偶见题跋缪氏未经著录者，随即抄存，久而成帙，爰为付印，名曰《补录》。倘异日续有所得，当作补遗……己巳(1929)中秋大兴李文裿记于北海庆霄楼。"该书含28篇题跋，含《博雅》十卷(明皇甫录本)、《后汉书》二卷(景宋钞本)等。

著名诗人、词人、古典文献专家钱仲联先生经对比后，认为李文裿之补录比其他辑录黄丕烈题跋者，多得《谗书》《淮海居士长短句》题识两篇。[①] 李文裿在辑录黄跋时，对前人的谬误也有所订正。如重录《淮海居士长短句》时按语为："《荛圃藏书题识》所著录第二段有脱句及颠倒。当时未见原书辗转抄传，故有此误也。"又《谗书》下按语为："《荛圃藏书题识》所著录脱'枚庵所抄'以下两则"等。[②]

何多源在《中文参考书指南》中记录该书的信息为：

> 士礼居藏书题跋补录　(清)黄丕烈撰　李文猗(裿)辑　民十八年　李氏冷雪盦铅印本　一六(〇)页　六角(邃雅斋)
>
> 此书所录之黄均题跋句缪氏《荛圃藏书题识》所未载者。[③]

---

① 吴兴文：《"黄跋"的魅力》，见吴兴文《书缘琐记》，海豚出版社2015年版，第96页。

② 来新夏主编：《清代目录提要》，齐鲁书社1997年版，第109～110页。

③ 何多源编：《中文参考书指南》，上海书店出版社1989年版，第187页。

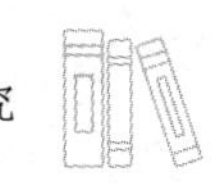

因李文裿编辑《士礼居藏书题跋补录》，伦明在《辛亥以来藏书纪事诗》中记李文裿为“读到人间未见书。千元百宋一廛居。感他冷雪庵中主，拾补潘江王缪遗”。下注释为：“李文旖(裿)于辛亥后辑印《士礼居题跋补录》。是书早有潘、江、缪、王四辑本，递相补益。潘郑庵(祖荫)初编有滂熹斋自刻本，江建赮(标)续编有灵鹣阁自刻本，缪筱珊(荃孙)初辑《士礼居藏书题跋记再续编》，有风雨楼印行本，继又汇章式之(钰)辈续辑之跋，合潘、江所辑，统编为《荛圃藏刻书题识》，有云轮阁自刻本。王欣夫(大隆)又辑补之，有学礼堂自刻本。文旖(裿)承四家之后，搜罗较难，而能裒然成册，非易事也。”[①]诚然，对“黄跋”之整理，一直是个学术热点。李文裿能在前人的基础上继长增高，颇为不易。

3.《续梅苑》十卷

《冷雪庵丛书》之第三种为《续梅苑》十卷。据该书的预告称：“宋黄大舆辑咏梅之词十卷名曰《梅苑》，自初唐迄南宋，著录者凡百数十家。宋本久已不获见，四库著录据明本，楝亭有原刻及影印本，清初有坊刻本，惟卷十均有脱落。本书除增补其脱落外，又续辑自南宋至清末之作，亦复十卷，仍沿其名曰《续梅苑》。此后古今名家咏梅之词，备于两编矣。”预告后注明已付印，但不知该书是否出版，笔者未能看到。按：《梅苑》十卷，有清康熙四十五年(1706)扬州使院刻楝亭十二种本，即预告中所称的“楝亭原刻”。

民国时期，编辑丛书出版的现象非常多见，李文裿也做了这种尝试。但目前据可见的资料来看，其所编的《冷雪庵丛书》明确出版的是两种，第三种《续梅苑》十卷不能确定是否已出版。从这几部书的子目的内容看，无论是“补”，还是“续”，均是

① 伦明等：《辛亥以来藏书纪事诗》，北京燕山出版社2008年版，第215页。

在前人基础上所做的补苴工作，谈不上是很大程度的创新，但可为后人开展研究提供参考资料。

(二)对中国书籍装帧、版本的考察

1.对中国古籍装订史之梳理

1929年，李文裿在《图书馆学季刊》上发表《中国书籍装订之变迁》①。他认为，我国书籍的装订，既实用，也非常有美术价值，但历来藏书家多关注版刻鉴赏，很少能注意装订一事。李文裿从自己在宋刊宋装上的两大发现出发——宋代书籍系直立插架、宋代书籍有分卷标记如字典上之字母，并分别以国立北平图书馆藏的宋刊《册府元龟》《欧阳文忠公全集》《文苑英华》《焦氏易林》为例来说明。继而从书籍制度之进步论装订之变迁，从竹书、木书、缣帛、纸以及不同的折叶方式来逐个分析。再以时代为经，以其变迁为纬，系统论述了唐及唐以前的韦编、丝编、卷轴、旋风装，宋至清的蝴蝶装、包背装、线装，晚近的线装、平装、精装等装订形制之衍变。文章还介绍了毛装、和装、高丽装、帙及四种函的制法，并着重论述了装订术，如衬纸镶衬、副叶封面、包角、订线、书衣、书签、书根等。② 该文从历史的角度予以分析，是我国一篇较早论述书籍装订技术的论文。尽管其基于宋刊宋装的两大发现，可能仅是个例，但仍不失为一种可贵的探索。

一年后，国立北平图书馆员工李耀南发表了《中国书装考》③，对此一问题继续探讨，分为上古至三代[八卦、三坟、竹书(典、简、策、篇、符、簿、籍)、木书(版、牒、牍、檄)]、秦汉至隋唐[帛书(缣帛、帙囊)、纸书(生纸、熟纸)、卷轴、折装(卷子本、

---

① 李文裿：《中国书籍装订之变迁》，载《图书馆学季刊》1929年第4期。

② 刘瑞忍：《李文裿的图书馆生涯、著述与贡献》，载《大学图书馆学报》2019年第4期。

③ 李耀南：《中国书装考》，载《图书馆学季刊》1930年第2期。

叶子)]、五代至炎宋[蝴蝶装、黄本、白本、装褫(装背、染古)]、元明清(包背装、线装)等时期。可见,此一问题得到了学者们的重视。李文裿之《中国书籍装订之变迁》多被当作参考研究资料收入《中国书史参考资料》(武汉大学图书馆学系,1980)、《图书印刷发展史论文集》(文史哲出版社,1982)中。如今古籍保护事业发展迅速,学界对古籍之装帧与修复分外重视,而近百年前李文裿等人的探索更显可贵。

2.对版本之考察

李文裿对古籍之版本亦作了极为全面的考察,在其《板本名称释略》①中,其对各种版本一一进行分析,非常详尽,主要罗列了写本、拓本、刻本三种版本类型。我国是雕版印刷术占主流的国家,传世的刻本类型极为丰富,因此李文裿又从版刻、刻板处所、印刷方法、印行情形、字体形式、装订形状、板框形式等角度予以考察,还从书籍的内容出发,共列了 85 种版本名称,并对它们进行了释义,是全面考察版本名称的一项研究。但部分名称也有不全,如既然罗列了"蜀本""闽本",却没有"浙本"之名,也没有"钤印本"等类型。

(三)对特种文献的研究

1.对《永乐大典》研究之总结

李文裿对《永乐大典》亦有一定的研究。其于 1940 年发表了《〈永乐大典〉志略》一文,从纂修之经过、内容之一般、缮校与书式、收藏与散佚、现存之卷目 5 个方面论述了《永乐大典》的存藏历史与现状②,较为全面。在《余记》中又转录了时贤所未见的关于《永乐大典》的记载,以增进研究者之兴味。该文与袁同礼的《〈永乐大典〉考》和李正奋的《〈永乐大典〉考》被视为"均是民国时期对《大典》进行综合介绍与研究的代表性文献,有重

---

① 李文裿:《板本名称释略》,载《图书馆学季刊》1931 年第 1 期。

② 李绮生:《永乐大典志略》,载《改造》1940 年第 3、4 期。

要的史料价值与参考价值”①。但其对《永乐大典》现存卷目的考察，有袁同礼等人的成果在前，此处多为引用。

2.对《四库全书》研究的关注

李文裿为河北大兴（今属北京）人，其对《四库全书》中之乡邦文献亦十分关注，曾编有《四库著录河北先哲遗书辑目》，共辑有 267 种。在该书目之后，李文裿述其原委如下：

> 右目之辑，原因有二：数载以还，河北设馆修志，将与以供艺文志之参考，一也。客岁长乡教馆时，与乡哲某君，话及四库中河北先贤之著述，因而辑成，以资统计，二也。钞辑既竟，置于箧中经年。顷中央有影印《四库全书》之议，偶而忆及，遂即刊布，以供同好。存目中之遗书，待访者正多，皆有赖于各圕勠力购藏焉。
>
> 库本著录之书，本目均齐格；存目之书，均低二格，从前人例也。②

可见该书目之编辑为时多年，直至 1933 年影印《四库全书》之议再起，李文裿才将之刊布。在此前后，类似的书目亦较多，如吴保障的《四库著录安徽先哲书目》(1931)、毛春翔的《四库著录浙江先哲遗书目》(1936)、陈监先的《四库著录山西先正遗书辑目》(1940)等。

此外，李文裿还撰有《四库全书目录类小序注》。《四库全书总目提要》中，各类均有类叙。史部目录类亦有一段小序，述目录之发展演变。此小序不足 300 字，李文裿为此段小序做注释，其在前言中提及“清代《四库全书》为一代巨制，有功于学术者实深，即以部居而言，久为图书分类者所宗。其总目提要，各

---

① 张昇编：《〈永乐大典〉研究资料辑刊》，北京图书馆出版社 2005 年版，前言。

② 冷衷：《四库著录河北先哲遗书辑目》，载《中华图书馆协会会报》1933 年第 2 期。

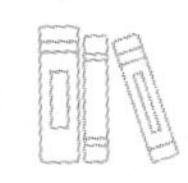

类冠以小叙，每部则更系以总叙，其中史部目录类叙，则不啻目录学之简史，间尝为之注释，以求读者之易解；间有异说，亦附以考证，非敢有驳前贤也”①。其注释共分为八小段，于人名、书名出注，并附以少量考证。

3.对印谱书目的编制

李文祷对印谱文献亦极重视，曾编有《知见印谱录目》。在该书目之前，其述其著述之旨为：“余幼嗜治印，十余年来迄无成就，然于治印之工具，则靡不注意及之。以印谱而言，入藏寒斋者已数十种，经眼于各图书馆及书肆之间者惟数亦不尠，辗转获见于各公私藏书目者尤多，因汰其重复，略加抉择，而成此目，名曰《知见印谱录目》，以备有志斯道及圕编目者之参考焉。”②该目收其知见印谱 468 种。

其后其出版有《冷雪庵知见印谱录目》③，该书由马衡题签，辑集元、明、清、民国的印谱 468 种，有编者序④。可见在种类上并没有增加。因系初次编辑，错漏难免，时燕京大学图书馆职员陆述文特作有《冷雪厂(庵)知见印谱录目读校记》指出，“或书名颠倒，或著者以字作名，或姓名缺如，或无卷册之数，或一谱前后俱录，或一人误作二人，至排列失宜”⑤，陆述文共校录了 91 种印谱。

在李文祷之《知见印谱录目》前后，有关的印谱书目有：叶铭《叶氏印谱存目》(1920)、罗福颐《印谱考》(1931)、冼玉清《粤东印谱考》(1936)、王敦化《古铜印谱书目》《印谱知见传本书

① 李文祷：《四库全书目录类小序注》，载《教育学报》1941 年第 8 期。

② 李文祷：《知见印谱录目》，载《中华图书馆学会会报》1933 年第 4 期。

③ 李文祷编：《冷雪庵知见印谱录目》，青梅书店 1933 年版。

④ 北京图书馆编：《民国时期总书目 1911—1949 文化科学・艺术》，书目文献出版社 1994 年版，第 223 页。

⑤ 陆述文：《冷雪厂知见印谱录目读校记》，载《燕京大学图书馆报》1934 年第 73 期。

目》(1940)和庞士龙《云斋旧藏善本印谱目忆录》(1940)等。李文祷所编制印谱目录一部分据其所藏,一部分依据馆中目录记载,是“知见目录”之一种。

三、结语

李文祷是较早进入京师图书馆(其后为国立北平图书馆)工作的馆员,曾非常关注古籍保护工作。其个人也藏书,光印谱就“入藏寒斋者已数十种”。其同事刘节(后为历史学家)因公去热河,曾拍摄避暑山庄文津阁图赠给李文祷。李文祷对古籍保护事业的贡献主要体现在对《冷雪庵丛书》的编撰出版、对古籍装订形制变迁和版本类型的考察、对特种文献《永乐大典》《四库全书》的研究以及对知见印谱书目的编撰等。但其所涉之范围颇广,涉及文史、图书馆学、目录学、古籍保护等领域,或可以“国学”(其还著有《国学常识述要》等)容纳之。由于其不能专注于某一领域,体现出“贪多务博,浅尝辄止”的为学特点,致使其学隐晦不彰。尽管如此,其积极进取的求索精神,仍让人敬服。

第三节　收拾余年作蠹鱼

张宗祥(1882—1965),原名思曾,字阆声,号冷僧,浙江海宁人。因其青年时期宗仰文天祥之精神气节,故改名宗祥。1918 年 12 月 20 日,教育部派张宗祥以部视学兼京师图书馆主任,任职 3 年。1950 年,张宗祥又受命担任浙江图书馆馆长,直到 1965 年去世。其一生中执掌过南北这两大图书馆,致力于古籍保护事业，贡献良多。学界对其整理中国古代文献的成就①、经验②和对古籍保护和修复教育的贡献③已开展了部分研究。现结合其《铁如意馆随笔》(亦称《手钞六千卷楼随笔》)、《铁如意馆手钞书目》等相关资料与文献，从古籍的原生性保护和再生性保护两个角度，再详细分析其对古籍保护事业的贡献。

一、古籍的原生性保护

"原生性保护"是对已经破损、脆弱不堪的古籍本身进行修复、处理，且严格控制古籍保存环境的温度、湿度，防止或减少微生物、灰尘等附着于古籍表面，最大限度降低保存环境产生的影响，以延缓古籍的衰老速度，从而延长其寿命的保护方式。④ 我们通常将古籍采访、编目、修复和保护都视为对古籍进行原生性保护的工作内容。

(一)古籍采访，扩大馆藏

1919 年张宗祥到京师图书馆任职后，虽然经费紧张，但仍巧妙安排，一方面请教育部颁发捐书奖章鼓励公私捐赠，一方面利用有限的经费，积极购买。该馆对其执掌期间所做的工作记录如下："八年一月，海宁张阆声(宗祥)先生以部视学，奉令兼本馆主任。张先生以绩学多才，居馆三年，废者兴，弊者革，克勤厥职，懋著勤能，鉴于馆藏图书之犹未备也，乃请部征取各

---

① 王亮：《张宗祥整理中国古代文献的成就》，见王学海主编，张宗祥书画院(纪念馆)编《张宗祥研究》，上海文艺出版社 2016 年版，第 88～91 页。

② 朱炜：《温故而知新：有感于张宗祥的馆藏古籍整理经验》，载《山东图书馆学刊》2013 年第 1 期。

③ 胡晓东：《千元皕宋皆经眼——从张宗祥到古籍保护与修复教育问题的思考》，载《流行色》2019 年第 9 期。

④ 马富岐：《浅论公共图书馆古籍文献的保护方法》，载《图书馆工作与研究》2015 年第 S1 期。

省官书局书，复通启各省图书馆学校及公私藏书家，征求文献，又请部颁捐书奖章以为之劝。启文典丽飞黄，阅者易感动；于是辇输典籍，以相赠遗者，不绝于途，流风至今不熄。是时，馆费虽不丰，而张先生综核节俭，月尝有余。尽以之购书，虽于珍本巨帙，未能及之，而为馆中应藏未备之书，则搜罗购入，得数百种。"①这是其在京师图书馆管理方面取得的成绩。

1950 年，时年 69 岁的张宗祥再次受命出任浙江图书馆馆长。该馆自抗战后，无组织章程，张宗祥乃"重为订定，分采编、阅览、推广、研究、总务五部。部设主任一人。本馆接收官书局及私家捐赠寄藏之板，凡书 200 余部，板 17 万，无地可贮，移一部寄存广化寺。租慈孝庵为藏板之处"②。宁波的李氏萱荫楼、南浔的刘氏嘉业堂、长兴的王氏诒庄楼、象山的陈氏缀学堂等江南著名藏书楼，都向浙江图书馆捐出了大量古籍善本。到 1952 年底，馆藏总数增加一倍以上，达到七十余万册，且新增部分多为线装古籍，当时审定为古籍善本的就有两万册。到 1960 年，馆藏突破百万大关。至张宗祥逝世的 1965 年，馆藏达到一百二十余万册③，大为增长。

在图书馆采访收藏方面，张宗祥亦有其独到的观点，在他看来："中国书籍，多不胜藏，图书馆大宜注意搜罗之法，断不可漫无限制。在一乡者，首一乡先哲之著作，次乃本县，有余力再多购他种书籍，至寻常子、史，则在所必备。在一县者，首一县

---

① 王祖彝：《1931 年 10 月 31 日京师图书馆回顾录》，见北京图书馆业务研究委员会编《北京图书馆馆史资料汇编（1909—1949）》，书目文献出版社 1992 年版，第 1205～1221 页。

② 张宗祥著，浙江省文史研究馆编：《张宗祥文集 铁如意馆诗钞 附冷僧自编年谱》，上海古籍出版社 2015 年版，第 261 页。

③ 徐洁：《分明岁月同奔马 收拾心情作蠹鱼——张宗祥先生与中国图书馆事业》，见西泠印社编，陈振濂主编《西泠印社 第 34 辑》，西泠印社出版社 2012 年版，第 27～28 页。

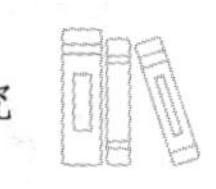

先哲之著作，及历来县志。推之一省，亦应先本省之志书，及先哲之著作。如此，则各自搜求，或少湮没之患……倘能照以上办法，每年在省图书馆中开一会议，将一年中各县、各乡收得之书，或有未刊之本，认为重要者，由省图书馆备款刊行，至若宋刊元椠，则归国立或特种图书馆收买。如此，则功分而事易成矣。”①其主张各地方图书馆应积极搜藏当地地方文献，这样全国加起来，文献就较为完备了。这与清人章学诚主张设立“志科”，搜集、保存方志资料的想法较为一致。而国家图书馆、地方图书馆应在收藏古籍的层级上有所分工，以便实行更好的保护。

（二）认真编目，拾遗补阙

傅增湘之所以派张宗祥到京师图书馆任职，缘于“傅沅叔先生（增湘）长教部，鉴于善本书目之不善，命予董之，遂请与赵君慰苍偕”②。即为订正缪荃孙所编之善本书目。为此，张宗祥“日拂拭灰土中，以求遗逸，检查旧目，修整残编，检校谬误。知缪艺风先生之目不可信，穷两年之力，成目四卷”③。本欲印行，因傅增湘辞职，失去资助来源，而未能印行。这份目录其接受鲁迅建议，抄了两份，一份保存在京师图书馆，一份保存在浙江图书馆。张宗祥订正了前人古籍编目中的部分错误。在检校古籍的二三年间，虽然其所钟爱的“钞校”时间减少，但“所见奇书，实为毕生最富之日”。在编目过程中，张宗祥还将一些善本拣选出来，给予了其应有的保护。如一部北宋刻的《文选》，仅存数卷，但字势古拙，疏密随意，然而“前主京师图书馆者，竟置之杂书堆中，不加装订，屏不录入善本”，张宗祥“熏沐出之尘

---

① 张宗祥著，浙江省文史研究馆编：《张宗祥文集 铁如意馆随笔 铁如意馆手钞书目》，上海古籍出版社 2015 年版，第 75 页。

② 张宗祥著，浙江省文史研究馆编：《张宗祥文集 铁如意馆诗钞 附冷僧自编年谱》，上海古籍出版社 2015 年版，第 241 页。

③ 张宗祥著，浙江省文史研究馆编：《张宗祥文集 铁如意馆诗钞 附冷僧自编年谱》，上海古籍出版社 2015 年版，第 241 页。

垢之中，登之选部之首”。[①] 其《京师图书馆善本书目》中，对《永乐大典》的卷数和册数详细记录，并认为该书保存古籍之功，较为详备，并预计全国所存，恐不过四五百册[②]。其也详细翻阅过《四库全书》，认为《四库全书》存在以下弊端：一是去取不精；二是苟且充数；三是不载书之所出；四是擅改卷数字句；五是书前《提要》，各阁不同。[③] 而《四库全书》中，有目无书有两种，即《日讲诗经解义》《老学庵续笔记》，也是张宗祥的发现。其对敦煌遗书的情况也做了摸底，如用纸、装帧形式、经卷内容等。这都是其在编目过程中拾遗补阙的独特发现。

后人总结其在此阶段的贡献为：“一是在整理敦煌写经七千余卷时，发现古人喜书素绢，实为爱用光纸之故。同时对中国古籍及其刻布流传、版本分目、分类管理做了系统研究。二是编写了《京师图书馆善本书目》，为后来研究者提供了一份极其珍贵的参考书目。三是校《嵇康集》。”[④]

除了编《京师图书馆善本书目》，其在主京师图书馆时，还曾派人赴北京北城嘉兴寺整理《嘉兴藏》，并编一目藏于寺中。1950 年，张宗祥还为其个人所抄现存之书编制了《铁如意馆手钞书目》，该目收书 295 部，按经、史、子、集、丛分类，其中经部 24 部，史部 100 部，子部 79 部，集部 89 部，丛书 3 部。该书目按类型划分为提要式书目，每书著录书名卷数、册数、撰人，或加撰人小传，或录书前序跋，或分析篇目，或考证内容，或记刊

---

① 张宗祥著，浙江省文史研究馆编：《张宗祥文集 铁如意馆随笔 铁如意馆手钞书目》，上海古籍出版社 2015 年版，第 21 页。

② 张宗祥著，浙江省文史研究馆编：《张宗祥文集 铁如意馆随笔 铁如意馆手钞书目》，上海古籍出版社 2015 年版，第 12～13 页。

③ 张宗祥著，浙江省文史研究馆编：《张宗祥文集 铁如意馆随笔 铁如意馆手钞书目》，上海古籍出版社 2015 年版，第 14 页。

④ 王学海主编，张宗祥书画院（纪念馆）编：《张宗祥研究》，上海文艺出版社 2016 年版，第 197～198 页。

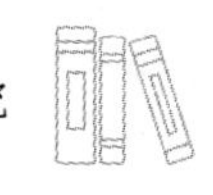

刻流传情况,或记录其底本、抄校经过以及装订情况等。篇幅长短不一,极为灵活。

(三)古籍修复,筑始立基

1918年傅增湘拟派张宗祥去办京师图书馆时,京师图书馆的现实状况为:“集外阁残遗、文津《四库》、敦煌经卷诸珍品及普通书籍而成,隶于教部。以次长任名誉馆长,派一人坐镇之。”①所藏珍本书籍虽多,但管理上存在很多问题,其颇有顾虑。傅增湘请其好友兼同事鲁迅敦促。鲁迅笑称其为“木瓜”,如此宝山,应及时去开发。张宗祥思考后对鲁迅提出:“不过有两件重要急事,必须你主管上司帮我忙,能办得通方好。方家胡同四面居民杂处,万一发生火警,无法抢救珍本,我意先做书箱一人能扛的,所有珍本存入箱内以防万一。造新屋是万万不可能的无稽之谈,此其一。许多古籍脱线、残破、裂口、虫蛀,如不大量修补,如何能行,我意须招至少三四个技工进馆修书,此其二。”②鲁迅称无问题,张宗祥遂答应赴任。

其到任后,这两件“急事”均得落实。“首先创建了装订修补部门,招了一批工人,张宗祥亲自授课讲解古籍装订的知识和技能要求,开展对馆藏古籍修补装订,对修补好的古籍还做了函套,将古籍装入函套。为了碰到万一时可以迅速抢运,还做了大批木箱,把珍贵古籍纳入木箱。由于进行了这些工作,对于京师图书馆古籍的保藏起了非常重要的作用。装订修补工作的创立,不仅节省了经费,而且使馆藏图书及时修补,对保护馆藏起到很好的作用。装订修补室的健全以及工人的技艺不断提高,不仅对本馆而且对全国图书馆都起到了示范作用,

① 张宗祥著,浙江省文史研究馆编:《张宗祥文集 铁如意馆诗钞 附冷僧自编年谱》,上海古籍出版社2015年版,第241页。

② 张宗祥:《我所知道的鲁迅》,见王学海主编,张宗祥书画院(纪念馆)编《张宗祥研究》,上海文艺出版社2016年版,第203~206页。

以至各省不少图书馆也仿照建立了装订修补室及时为本馆服务。装订室的工作一直继续着直到现在。"[①]这三年中,其与京师图书馆的同事关系较好,其中就有一名王姓装修工人,颇受其信任,也为其后组织人员到京师图书馆补抄《四库全书》奠定了基础。[②] 1921 年 2 月 1 日,由于人事变动,张宗祥从京师图书馆辞职。[③]

1950 年,张宗祥主管浙江图书馆后,同样建立了古籍修复室,聘请了古籍修复师袁良峰到馆工作,为现在浙江图书馆的古籍修复奠定了一定的基础。

(四)古籍保护,惜古有法

有此两段时间的主持馆务经历,张宗祥对古籍及古籍保护相关的工作均有了较深的认识。如其在论述书板之保存时,提到:"刻版能保存合法,寿亦五六百年。但多印则易刓,不印则易朽。年印三四十部,择通风高燥之处藏之,斯善矣。武英殿板,当时选材甚精,每板厚至寸余,皆红心枣木也,乾隆之后不复顾问,乃为侍卫苏拉冬日御寒薪火之用,孽哉。"[④]

这是对保存雕版较早的论述。当下,随着全国古籍普查工作的结束,对古籍雕版保护的重要性已达成共识。张宗祥对雕版保护的看法,当对后人有所启发。

此外,其对古籍用纸、装帧也有深刻的认识,他认为:"书之装潢,自卷子而蝴蝶,自蝴蝶而今之线装,弊尽矣。卷子读时、

---

① 焦树安:《国立北平图书馆学者传略:张宗祥 徐森玉》,载《国家图书馆学刊》2002 年第 1 期。

② 张宗祥:《补抄文澜阁〈四库全书〉史实》,见王国平主编《西湖文献集成 第 20 册 书院·文澜阁·西泠印社专辑》,杭州出版社 2004 年版,第 387～388 页。

③ 李致忠主编:《中国国家图书馆馆史资料长编(1909—2008)》,国家图书馆出版社 2009 年版,第 131 页。

④ 张宗祥著,浙江省文史研究馆编:《张宗祥文集 铁如意馆随笔 铁如意馆手钞书目》,上海古籍出版社 2015 年版,第 20 页。

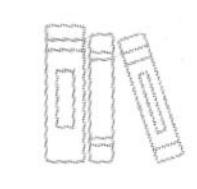

检时皆不便，蝴蝶装版心之字易损坏，且不易重装。释、道书，皆旋风装，翻阅时遇风，抽检时偶不慎，皆易损书。故线装行而其他诸法可废也。中国书之善甚多：一、纸之寿命最长。今所见晋、唐之纸，仍坚韧如故。二、可以屡装。三、质不甚重，在手批阅，久亦不疲。其病独不能竖藏耳。然叠藏而书尾能标字，检阅亦至便。即使抽检不慎，所伤亦仅在书之护叶，与书无伤也。予昔与钱念劬先生戏言，安得世界奇书，皆以中国纸印之、中国装装之，俾之长命，相与拊掌大笑。"①这是对中国古籍装帧史的简略概括，也是对中国古籍保护工作的充分肯定。现在一些有识之士，在用现代印刷技术出版自己的著作之外，还会利用传统的手工纸印制自己的著作，即希图著作更为"长命"。对于书的传世，张宗祥总结为："书之传世，大要可分三期：一、竹简漆书，难写而易坏；二、纸墨皆备，流传较广，然抄写之际，讹夺亦多；三、印刻，自此传布始远矣。自竹简以至刻印，历年久远，屡经兵火，毁亡之迹，世所共知。"②每一时期有其特殊的问题，可见张宗祥对中国书史也有一定的了解。

二、古籍再生性保护

"再生性保护"是利用现代化技术将古籍的内容复制或转移到其他载体上，从而让古籍文献长久保存下去的一种保护类型，主要有影印出版、缩微复制、古籍的数字化等手段。在古籍再生的新技术大规模应用以前，人们主要是采用手抄的形式以实现古籍再生的目的。

---

① 张宗祥著，浙江省文史研究馆编：《张宗祥文集 铁如意馆随笔 铁如意馆手钞书目》，上海古籍出版社 2015 年版，第 37～38 页。

② 张宗祥著，浙江省文史研究馆编：《张宗祥文集 铁如意馆随笔 铁如意馆手钞书目》，上海古籍出版社 2015 年版，第 18 页。

(一)组织补抄文澜阁《四库全书》,功在千秋

鉴于文澜阁《四库全书》不全,1924 年春天到 1924 年 12 月,时任浙江省教育厅厅长的张宗祥面向浙江实业界人士如张元济、孟苹、张泽民、张澹如、王绶珊、沈冕士等人募款,后军政界人士如卢永祥(字子嘉,捐 4000 元,为最多)、张暄初也开始捐赠。共募得银洋 16200 元,为抄书之款,以卢永祥、周庆云、沈氏三兄弟、张元济、徐棠捐款最多。其后众人公推张宗祥为总务干事,沈铭昌、沈宝昌、沈尔昌、姚煜、王体仁、张元济、徐棠、刘承干为评议干事,以周庆云为会计干事,吴宪奎为杭州稽核干事,吴震春为北京稽核干事,堵福诜(申甫)为监理。①

在张宗祥的组织下,1924 年 1 月 14 日,堵福诜带人从杭州出发,16 日到京。教育部派赫春林负责协调,浙江抄书人员受到了京师图书馆徐森玉(鸿宝)的热情接待。2 月 4 日着手抄写,写生达 210 人,校理 20 人,绘图、满文、篆隶 15 人。至 12 月 16 日将缺部、缺卷、缺页抄成。共抄书 210 种,4308 卷。另加此前在杭所抄,先后抄书 4497 卷,共 2046 册。此次抄书为继丁丙(松生)、钱恂(念劬)主持补抄《四库全书》后的第三次,被称为"癸亥补抄"。丁丙补抄时,只能根据传世的刻本和抄本抄,未能以四库本为底本抄,自光绪七年(1881)开始到光绪十四年(1888)结束。钱恂主持抄书时,抄得最精者有《西清砚谱》《离骚图》两种。"癸亥补抄"由张宗祥总其成,周庆云②(湘舲)专管经费,吴雷川驻守北京,处理重要事宜,堵福诜(申甫)(张宗祥弟子)专任监督抄校。动员缮写人员达 210 人,不问寒暑日夕,积二年之久,先后抄书 4497 卷,共 2046 册,重校丁丙兄

① 周庆云:《补抄文澜阁四库缺简记录》,见王国平主编《西湖文献集成 第 20 册 书院·文澜阁·西泠印社专辑》,杭州出版社 2004 年版,第 322 页。

② 周庆云(1864—1933),字湘舲,号梦坡,浙江湖州人。以盐业致富。热衷藏书,所藏书画、金石、古物颇多,热心公益文化事业。

弟抄本 213 种 5660 卷，共 2251 册，重抄 577 页。[①]

京师图书馆为此次抄书提供了较大的便利。为表感谢，抄书组向京师图书馆赠送了 300 元商务印书馆书券。[②] 京师图书馆部分馆员也参与其中，如担任校对的有爨汝喜、李耀南等，承担篆隶之职的有范腾端。可以说，他们共同弥补了古籍保护史上的一个遗憾，使文澜阁《四库全书》残而复完。

（二）日常抄书，甘作蠹鱼

张宗祥被誉为“圣手书生”，精于抄书。也被戏称为“打字机”，能日写小楷一万五六千字[③]。除了专门组织的补抄文澜阁《四库全书》等大型活动，在日常生活中，抄书亦是其生活方式之一。从其自编年谱[④]中，我们可以看到：

1914 年，33 岁，“政余，乃得从事钞校。同志者，周君豫材，时任社会教育司第一科长，赵君慰苍，贵州同年也，而不厂、蓬仙、子庚亦相继入京，任教职。旧友云集，有书相假，有疑相质，为乐殊甚”。

1916 年，35 岁，“予校《资治通鉴》……乃知元人所见，已非善本。而读书贵精校，又须得善本。自此，乃益用力于雠校及搜钞善本、孤本。是年，钞本已积三四百卷矣。迄至 57 岁，自汉口至桂林，始停钞写，计得书六千余卷。大概有书可借可钞，日得一卷。影钞者，三日得一卷。倘书主追索甚急，则夜以继日，约得二万四五千字。但性执，非手钞者，不愿也。同其事者，为赵君慰苍”。

---

① 焦树安：《国立北平图书馆学者传略：张宗祥 徐森玉》，载《国家图书馆学刊》2002 年第 1 期。

② 张宗祥：《补抄文澜阁〈四库全书〉史实》，见王国平主编《西湖文献集成 第 20 册 书院·文澜阁·西冷印社专辑》，杭州出版社 2004 年版，第 387～388 页。

③ 张珏：《张宗祥整理、校勘古书的简介》，载《图书馆学通讯》1983 年第 3 期。

④ 张宗祥著，浙江省文史研究馆编：《张宗祥文集 铁如意馆诗钞 附冷僧自编年谱》，上海古籍出版社 2015 年版，第 229～267 页。

1919 年,38 岁,“故两年时间,钞校时间,虽因而减少,所见奇书,实为毕生最富之日”。

1921 年,40 岁,“时欲以钞校古书籍,皆一生之业。故有联云:‘分明去日如奔马,收拾余年作蠹鱼’”。

1926 年,45 岁,《说郛》抄本得以出版,得版税二千金。

1927 年,46 岁,“寓沪上,日事钞校。得刘君翰怡所藏查东山先生《罪惟录》,乃知根据庄氏《明史》而成,惜为书估割裂、颠倒,遂整理、钞录此书,商务印书馆今亦付印矣”。

1932 年,51 岁,与汉上书友徐行可(恕)相交,手抄之书日富。

1934 年,53 岁,寓北平翠花街荣氏花园,与傅增湘临近,又向国立北平图书馆借抄珍本。

1935 年,54 岁,“搜得乡里逸书如朱一是《为可堂集》,陈之遴《浮云集》,管庭芬《花近楼丛书》等至夥,皆钞装成帙,可二巨箱”。

1937 年,56 岁,记校抄王充《论衡》与付商务印书馆出版之曲折事。

1938 年,57 岁,“屏居楼上,让楼下二室,钞书仍不辍”。

1940 年,59 岁,“入桂之后,无书可供钞校。入川之后,蒋慰堂(复璁)弟方任中央图书馆馆长,且搜购海内善本颇力。一二年来,获善本至夥,皆藏于白沙山间。入山既不便,借阅又因空袭之故,不敢尝试。时时寓目书录而已。企望山中,弥深饥渴”。

1944 年,63 岁,“钞正《董子》17 卷”。

1950 年,69 岁,“为馆中手钞吴子修(庆坻)先生《补松庐文稿》、细斋先生(吴士鉴)《含嘉室文存》入藏。手钞诸书,清理、编目竣事,所存者仅二千数百卷,目分五卷。一部托徐森玉君介绍出售,一部留馆中”。

1955 年,74 岁,抄校《国榷》。“因费半年之力,取抱经楼本用朱笔校补，过钞于衍芬草堂本之上，蝇头细字，夜以继日。今年功夫，十九耗之此书，然乡先哲巨著，得此以传，亦快事也。”

1956年，75岁，校写《越绝书》，校写《三辅黄图》及《焦氏易林》，写定《吹剑录》。

从以上可知，其自30余岁始以抄校为主业，直到晚年不辍，以此自遣。其多次总结其抄书生活，如其在抄《孟子外传》时，其按语为：“吴氏刻本，传者绝少，予于甲辰之秋，因传钞一册，此实为予钞书事业之首。自钞此书后，又十年，始日事钞校。至戊辰春，积卷二千，两眼花甚，遂不能影写。其终止之书，则《太和正音》也。己巳之冬，眼又重明，变花为近，天其或者怜予别无嗜好，故复许我钞书耶！此册极草草，然为钞书发轫之始，故亦携之行箧，未尝偶离。”①只要身体允许，即日事抄校，让后人颇为之感慨。又如其69岁时总结其抄校生涯称：“三十以后，方事雠校，与单不庵②、周君豫材（即鲁迅）、朱君蓬仙③等，从事古籍。自三十五岁起，赵慰苍④同年喜搜孤本，傅沅叔先生富于庋藏，予亦乐此不疲，如入宝山，无所不爱，钞校诸书，恒至夜以继日。至五十七岁，抗战军兴，始不能每日钞校；入川之后，若断若续，六十三岁后，竟未钞一书。”⑤其一生所抄之书，“竟抄校古籍六千余卷，原拟抄校八千卷，与丁氏八

① 张宗祥著，浙江省文史研究馆编：《张宗祥文集 铁如意馆随笔 铁如意馆手钞书目》，上海古籍出版社2015年版，第84页。

② 单不庵，初名恭修，又作不厂，名丕，字诒孙，号伯宽、角优，重考据，长训诂，为经史小学家。

③ 朱蓬仙（1881—1919），字宗莱，1900年赴日留学，为章太炎弟子，曾任浙江民政厅秘书，1915年执教于北京大学，1919年因病逝世。

④ 赵慰苍，贵州贵阳人，曾管教育部图书馆，喜聚书，早殁。其子士伟卖其书度日。伦明《辛亥以来藏书纪事诗》：“一三九赵慰苍：赵君有子惜早世，卖尽群书仍是贫。翟氏说文董论语，无人刻木恐沦湮。”

⑤ 张宗祥著，浙江省文史研究馆编：《张宗祥文集 铁如意馆随笔 铁如意馆手钞书目》，上海古籍出版社2015年版，第138页。

千卷楼相匹配,无如人生苦短耳,未竟其志。所抄之书,编有目录,名曰《铁如意馆手抄书目录》”[①]。为纪抄书事,其有一方“手钞六千卷楼印”。

(三)因抄结缘,为乐殊甚

在张宗祥抄书过程中,与钱恂、单不庵、鲁迅、傅增湘、徐恕等人结下了深厚的书缘。1914 年旧友相聚北京,“有书相假,有疑相质,为乐殊甚”。其在抄《南阳集》时曾记:“此书久佚,戊午在京师钞得此集,与念劬先生相与欣赏,盖念老久觅此书而不得者也。今念老墓有宿草矣!回忆三十年前,予年十九,单君不庵介念老至舍,在念老喜订忘年之交,在予屡获师承之谊。”[②]张宗祥与傅增湘亦因书结缘,如其在《鲒埼亭集》批本中记:“壬戌,予将赴浙,在傅沅叔先生娱莱室中,见一批本,详细考订,密字小注几满,或引证他书,或即据原书,纠正辨讹,多不胜举,此真谢山诤友也。惜匆匆即行,不及借过,至今为憾。”[③]“壬戌秋,奉命督浙学。临行,沅叔先生饯之娱莱室,案头有书估携来之明钞《说郛》,检阅一过,缺卷皆在。匆匆南下,不及借钞。沅叔先生至浙观潮,竟携至南方见假,得成全书。盛情高谊,感何可言!”[④]书生以书相交,共相抄读,亦是雅事一桩。

在其女张珏所写的《张宗祥整理、校勘古书的简介》[⑤]一文中,也记录了他不同时期抄录的书籍及其心得。如影抄古书,尤其是抄宋版书时,使抄本版式、行款、字数和原本尽量一致。

---

① 焦树安:《国立北平图书馆学者传略:张宗祥 徐森玉》,载《国家图书馆学刊》2002 年第 1 期。

② 张宗祥著,浙江省文史研究馆编:《张宗祥文集 铁如意馆随笔 铁如意馆手钞书目》,上海古籍出版社 2015 年版,第 67 页。

③ 张宗祥著,浙江省文史研究馆编:《张宗祥文集 铁如意馆随笔 铁如意馆手钞书目》,上海古籍出版社 2015 年版,第 83 页。

④ 张宗祥著,浙江省文史研究馆编:《张宗祥文集 铁如意馆随笔 铁如意馆手钞书目》,上海古籍出版社 2015 年版,第 99 页。

⑤ 张珏:《张宗祥整理、校勘古书的简介》,载《图书馆学通讯》1983 年第 3 期。

经其抄校的古书出版的有《说郛》《罪惟录》《越绝书》《洛阳伽蓝记》《国榷》《山海经图赞》《三辅黄图》《吹剑录全编》等。其中，张宗祥就曾应鲁迅的要求，抄录《说郛》和《嵇康集》。其抄书的来源，还来自陈垣、国立北平图书馆、国立中央图书馆等。通过抄书，其与众多喜欢抄校古籍的人结下了深厚的友谊，形成了一个抄书“朋友圈”。有些书也有赖于他的抄校，才形成完帙，如京师图书馆有《易林注》八卷，张宗祥在馆时，曾借蒋孟蘋的毛氏影写本抄之，补成全帙①。

除了在战乱中无书可抄，其余时间张宗祥均坚持抄书不懈。如其所述，其所抄之书本拟达八千卷，以与丁氏八千卷楼藏书相埒。奈何抄完六千卷时，在战乱中抄本损毁太半，只得两千余卷，所幸的是部分亦得以出版问世。在石印技术、珂罗版技术已广泛使用的时代背景下，坚持用这种传统的古籍再生方式传抄古籍，亦是十分难得。加上他本人是书法家，其抄本自有独特的价值，尤其是影抄本，价值更不可估量。这也是他自称的“此皆亲手写定，其中影写本之乌丝栏，亦皆亲手所画，后有得者，幸念其辛苦而珍藏之”②。

除了抄校书籍，张宗祥对他人利用现代影印技术复制古籍，也曾提出自己的观点。1919 年，影印《四库全书》之议又起，叶恭绰(誉虎)到馆征询张宗祥之意见。其谓:“与其全印，不如择印。倘择印，则不必石印，可以木刻。盖《一统志》《通志》诸正史之类，卷帙既繁，流传亦广，不必重印也。”③民国期

---

① 张宗祥著，浙江省文史研究馆编:《张宗祥文集 铁如意馆诗钞 附冷僧自编年谱》，上海古籍出版社 2015 年版，第 25 页。

② 张宗祥著，浙江省文史研究馆编:《张宗祥文集 铁如意馆诗钞 附冷僧自编年谱》，上海古籍出版社 2015 年版，第 137 页。

③ 张宗祥著，浙江省文史研究馆编:《张宗祥文集 铁如意馆诗钞 附冷僧自编年谱》，上海古籍出版社 2015 年版，第 242 页。

间，学界几次动议影印《四库全书》，由此可看出张宗祥对影印《四库全书》的观点。后商务印书馆张元济也到北京，二人商议时，张宗祥也请张元济“请以页数计算，某书若干页，则预约若干钱，庶几穷书生获读不经见之书”①。希望印书时考虑到穷书生的消费能力，尽量降低价格，后张元济所主持印行的《四部丛刊》确实也是这样进行的。

三、结语

张宗祥一生担任过京师图书馆、浙江图书馆两大馆的馆长，二馆均是古籍存藏的重要机构。他还通过组织到京师图书馆补抄文澜阁《四库全书》，将两馆联系在了一起。1945 年，文澜阁《四库全书》保管委员会设立，其还担任了保管委员会委员，常务委员为陈训慈、蒋复璁、顾树森，委员有徐青甫、竺可桢、余绍宋、贺世俊、张宗祥。其晚年，除了将其所藏文物捐献给国家，1957 年，张宗祥还将其藏书 2000 余册捐赠给家乡的海宁图书馆。这也与他倡导地方图书馆收藏地方文献的观点是分不开的。其关注古籍的存藏和保护，善抄书，精校勘，为古籍的原生性保护和再生性保护做出了其特有的贡献，在现代古籍保护史上留下了浓墨重彩的一笔。

第四节 萧山先生校勘勤

单不庵（1877—1930），又写为“单不厂”“单不广”，初名恭修，字诒孙，号伯宽，名丕，另还有不庄、角优、常惺之名。单不

① 张宗祥著，浙江省文史研究馆编：《张宗祥文集 铁如意馆诗钞 附冷僧自编年谱》，上海古籍出版社 2015 年版，第 242 页。

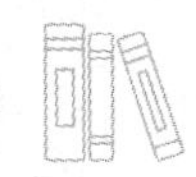

庵因原籍为浙江萧山，人称“萧山先生”，是民国时期知名的文史学者。其早年曾担任浙江双山学堂堂长，嘉兴秀水学堂、开智学堂教习，后又在新式学校浙江杭州第一师范学堂、嘉兴浙江省立第二中学等校任教，再任职于浙江省立图书馆、北京大学图书馆、中央研究院汉籍图书室等机构。门下弟子有曹聚仁、施存统、丰子恺等。1930 年 1 月 13 日，单不庵因患脑膜炎不幸逝世，终年 53 岁。因其早逝，学界对其生平与学术研究较少。本节拟介绍其生平概略，并以其与图书馆事业的四段书缘为着眼点，作一专题研究，以增进后人对其生平与贡献的了解。

一、“萧山先生”单不庵生平概略

(一)以孝闻名

单不庵父单恩培(字沅华)、伯父单恩溥(字棣华)均以治宋学闻名。因单不庵少年丧父，伯父棣华先生又仅有一女单士厘(1858—1945)，单不庵兼祧二房，为此堂姐单士厘与单不庵极为亲近。单士厘为钱恂(字念劬，1853—1927)夫人，二人对单不庵多有照拂。1894 年，年仅 17 岁的单不庵即在家中设馆授徒。1901 年补博士弟子员，获第一。1906 年 3 月，单不庵协助当时在日本考察宪政的堂姐夫钱恂编译政治书籍，在日本驻留半载。这是其难得的出国经历。

据其学生曹聚仁记述，单不庵曾“割股疗母疾”，当时被认为是大孝的行为[①]，因此以孝闻名乡里。

(二)“嘉兴三杰”

单不庵与蒋百里、张宗祥交好，曾有“嘉兴三杰”之誉。[②]

---

① 曹聚仁：《我与我的世界》，上海三联书店 2014 年版，第 133 页。

② 高健行：《篆纹桃李曾相映——记单不庵》，见顾国华编《文坛杂忆 全编 1》，上海书店 2015 年版，第 334～336 页。

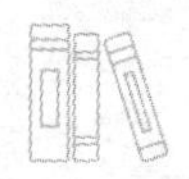

蒋百里述三人交往之事时，曾道："时塾中即闻有单伯宽者，讲道学，讲道学云者，含有作伪、不合时之义，非佳名也……而伯宽丁忧，又籍属绍兴，无由见。是岁冬，自上海辍学返，始躬访之。伯宽授余以《近思录》，余之知有宋学，伯宽教之也；冷僧（张宗祥）之识伯宽，余实介之。"[①]张宗祥在《述蒋君百里》中亦称："而百里又介予，与单君丕（不庵）为友，不庵治宋学，言必拱手，行必矩步，予苦之，不愿接见，强之再，卒成好友。"[②]张宗祥、单不庵二人时常互借抄校，如单不庵向张宗祥借其影宋本《隋书经籍志》作校勘[③]。

（三）胡适"最可敬爱的朋友"

单不庵擅考据学，长于校勘，与胡适相交，为其所重。《〈胡适文存〉第三集自序》中说及："又如单不庵先生的几篇文字（卷四，页四八九～五三一；卷七，页九五四～九五七；卷八，一〇九九～一一二一），是因为不庵死后他的遗文尚未收集印行，我把这些稿子收存在这里，纪念一个最可敬爱的朋友。"[④]

《胡适遗稿及秘藏书信》中亦收录有单不庵致胡适书信 7 通。其中的第 4 通用"浙江省立图书馆"用笺，落款时间为"十七、六、二一"，即 1928 年 6 月 21 日，此函主要内容是单不庵与胡适商讨欲将此前二人往返的 8 封书信附在文后发表的事。此前，单不庵曾向胡适约稿。1928 年 4 月 30 日，胡适致函单不庵，内容如下："不广先生：送上短文一篇，不知可充图书馆杂志的篇幅否？我对于校勘是外行，千万请老兄切实指正，其中引段玉裁的话，请代为一覆校。杨立诚兄处，乞代致意。前允代办西文参考书，因十分忙碌，竟未及去办，十分抱歉。适之。十

① 许逸云编著：《蒋百里年谱》，团结出版社 1992 年版，第 19 页。

② 曹聚仁：《将将之将——蒋百里评传》，新星出版社 2016 年版，第 134 页。

③ 张群：《张宗祥十二种影宋抄本考述》，载《图书馆研究与工作》2018 年第 6 期。

④ 胡适：《胡适文存 第三集》，首都经济贸易大学出版社 2013 年版，第 2 页。

七,四,卅。"[①]1928 年 5 月 7 日单不庵回书:"大著允登馆报,欣幸无已,敬谢敬谢。"此文当是胡适的《跋宋刻本〈白氏文集〉影本》[②],文末还附有胡适、单不庵往来论学书信 9 封(比原来二人讨论的 8 封书信又多 1 封),这些信函的时间是 1928 年 5 月 7 日至 7 月 20 日(该文于当年 8 月发表)。

在胡适《拟"整理国故"计划》中,其拟请单不庵整理欧阳修之书。[③] 二人曾撰有《宋元学案补遗四十二卷本跋》[④]。单不庵在该跋中述及:"这书本有适之一跋,考订已极明白。我既手钞一通,曾告适之,愿把这书与正编详细对照一下,作一长跋。因循两月,有志未逮。今适之催我交卷,我无法塞责,只得就钞书时所见到的写此短篇。将来也许能重做一篇。"[⑤]可见,二人交往频密,关系匪浅。笔者收集到胡适与单不庵往来书札 23 通,后续还将继续研究胡单之交谊。

二、单不庵的三段图书馆职业生涯

(一)初任浙江省立图书馆校理(1912—1919)

1912 年,钱恂出任浙江省立图书馆馆长。到任之后,钱恂及其夫人单士厘一同检点文澜阁《四库全书》,编成了文澜阁缺书目录。1915 年,钱恂主持补抄文澜阁四库全书("乙卯补抄"),请单不庵到馆担任校理。钱恂之弟钱玄同后在单不庵的追悼会上回忆,自民国元年(1912)到八年(1919),"先兄在北京

---

① 见北京歌德拍卖公司 2010 春拍古籍善本专场第 409 号拍品"胡适致单不庵书札"。

② 胡适:《跋宋刻本〈白氏文集〉影本》,载《浙江省立图书馆报》1928 年第 1 期。

③ 胡适:《拟"整理国故"计划》,见季蒙、谢泳选编《胡适论教育》,安徽教育出版社 2010 年版,第 271～274 页。

④ 胡适:《序跋:〈宋元学案补遗〉四十二卷本跋》,载《图书馆学季刊》1926 年第 3 期。

⑤ 单不广:《序跋:〈宋元学案补遗〉四十二卷本跋》,载《图书馆学季刊》1926 年第 3 期。

邀集浙江同乡，集资补钞，即请单先生在杭主持其事。单先生那时悉心搜求，以事补钞，又在旧书坊中买回太平天国以前窃售的旧抄也不少。他有时一边还兼着教课，但他的主要工作则全在图书馆方面。故此期可说是单先生最尽力于图书馆的时期”①。

其所补抄的书籍，具体不详，今可见其《跋补钞文澜阁书六种》②一文，补抄有：明黄道周《易象正》、明张次仲《待轩诗记》、清芮长恤《纲目分注拾遗》、宋岳珂《金陀续编》、宋朱翌《猗觉寮杂记》、清阎若璩《潜邱札记》。此为其与浙江省立图书馆之前缘。

（二）在北京大学担任教职并负责中文图书整理（1920—1925）

单不庵于1915年在杭州第一师范任教之时，即被视为“来自北京、上海的新思想正是沿着单不庵这位所谓守旧教员的人际网络，以我们难以察觉的方式将新文化迅速传递到地方。这位在地的硕学宿儒凭借其与北大新文化教授们的特殊关系，成为播撒新思想火种的‘普罗米修斯’”③。1919年，五四运动影响波及杭州后，单不庵因与其他教员意见不合而辞职。1920年，受胡适、钱玄同等人的引荐，单不庵离开杭州第一师范北上，到北京大学担任讲师，并与鲁迅、张宗祥往来，校勘古籍。1921年，北京大学图书馆分为中文、西文、古物美术三部，聘单不庵、皮宗石分主中西文书籍。单不庵始用四库分类法，大略弄出头绪。④ 1921年春天，单不庵送胡适一本《雪桥诗话续

---

① 钱玄同：《亡友单不庵》，载《大公报》1930年4月21日。

② 单不庵：《跋补钞文澜阁书六种》，载《国立北京大学国学季刊》1923年第3期。

③ 马楠：《“道学先生”门下出“新青年”——五四时施存统激进转向背后单不庵的影响》，载《南京政治学院学报》2016年第5期。

④ 范长江：《介绍北大图书馆——过去与现在》，见蓝鸿文《范长江记者生涯研究》，中国人民公安大学出版社2009年版，第8～10页。

集》,其中有胡适所需的一条《红楼梦》研究的材料,帮胡适解决了大问题。①

1922年3月21日,北京大学主办的《国学季刊》召开编辑部会议,胡适为主任编辑,单不庵为编辑之一。1922年6月5日,单不庵向北京大学研究所国学门赠《文渊阁志》3册。②1922年8月,单不庵由国文系讲师升任教授。③ 但有学者亦曾述及,其虽担任教职,但不受北大教授聘书。④ 1923年11月1日,北京大学设立图书委员会,顾孟余为图书委员会委员长,单不庵等6人为委员。

(三)再任浙江省立图书馆中文部主任(1927—1928)

1924年,单不庵自北京大学南归,被浙江省立二中聘为教员。1927年5月,杨立诚(字以明)任浙江省立图书馆馆长。6月,该馆改组,改设总主任一人,分中国文、外国文为二部,各设部主任一人。该年秋,单不庵复到浙江省立图书馆西湖分馆任中文部主任兼管文澜阁事务,并编《浙江省立图书馆报》,这是其与浙江省立图书馆的后缘。《浙江省立图书馆善本书目续编》曾载其借抄信息数条,如"本馆从单不庵先生借钞《杨慈湖先生石鱼偶记一卷》""单不庵先生钞《唐写本老子残本四种》""单不庵据文津阁本朱笔校《潜邱札记》眷西堂刊本异同于眉端"等。在此期间,单不庵请其弟子曹聚仁到该馆任职,负责整理和补充文澜阁中的《四库全书》等。⑤ 前已论述,单不庵曾向

---

① 王兆胜:《单不广送书》,见王兆胜《一生受用最是书:胡适的读书生活》,万卷出版公司2018年版,第134~135页。

② 《研究所国学门布告》,载《北京大学日刊(1045期)》1922年6月6日。

③ 蔡元培著,中国蔡元培研究会编:《蔡元培全集:第18卷 续编》,浙江教育出版社1998年版,第410页。

④ 郭建荣:《单丕:不接聘书的北大教授》,见郭建荣《涵容博大 守正日新——我眼中的北京大学》,社会科学文献出版社2013年版,第67~68页。

⑤ 田艳艳:《曹聚仁的图书馆生涯》,载《兰台世界》2013年第16期。

胡适约稿，并曾请胡适为其堂姐单士厘之《清闺秀艺文略》作序。单士厘之《清闺秀艺文略》在《浙江省立图书馆报》上发表了卷一[①]、卷二至卷五。在卷五末，单士厘谓："弟不庵为《浙江图书馆报》征稿于予，因手录一通，予之讹漏之处，知所不免，再有所得，以俟续编。戊辰夏钱单士厘，时年七十有一。"[②]1928年，单不庵因与馆长杨立诚关系不谐去职。二人不谐之具体原因不详，但1931年后，杨立诚因违规使用经费且管理不善被控免职并受惩戒。

(四)负责中央研究院古籍善本之编目(1929—1930)

1928年5月5日，傅斯年、顾颉刚、杨振声在致大学院蔡元培、杨铨的信中拟聘单不庵为通信员。1928年9月，傅斯年致蔡元培函中称："昨闻单不庵先生不能与浙江图书馆长杨立诚兄相得，愤而辞职赴萧山原籍。杨君本非有图书知识者，单先生不能处其下，理甚显也。单先生版本目录知识，此日中国，极为难得。……目下中央研究院买到邓家(邓邦述群碧楼)一批书，整理需人，此后中央研究院之图书馆，一切整理，必需专家，如单先生者，实难求得，未知可否聘为中央研究院之图书员，兼历史语言研究所编辑员？必有成绩，以喻人也！"[③]傅斯年此请求应得到了蔡元培的同意。1929年，单不庵担任中央研究院汉籍图书室主任，负责为古籍善本编目，其中当有群碧楼之书。邓邦述《群碧楼善本书录》卷六"《东牟集》十四卷"下有提要云："余初得此书，以为或从内府流出，以其钞写装潢皆非外间所有也。及书既鬻出，始于沪上晤萧山单不庵君，谓余《东牟集》乃文澜阁原本，余始恍然。不庵曾随丁氏整比文澜遗籍，故一见

---

① 钱单士厘：《清闺秀艺文略 卷一》，载《浙江省立图书馆报》1927年第1期。

② 钱单士厘：《清闺秀艺文略 卷五》，载《浙江省立图书馆报》1928年第1期。

③ 王汎森、潘光哲、吴政上主编：《傅斯年遗札 第一卷》，"中研院"史语所2011年版，第150～151页。

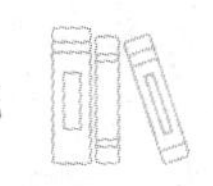

即能辨识。余虽屡至杭州，而从未一窥中秘，犹不免自哂孤陋矣。己巳(1929)四月，正闇补记。”[①]其中提到单不庵曾随丁氏整比文澜阁藏书，故“一见即能辨识”，可见其确曾参与整理。《国立中央研究院院务月报》曾载“单不厂先生逝世”要闻一则，内容如下：“本院汉籍图书室主任单不厂先生自去年四月初患病以来，经中西医诊治，均未见效，卒于本月十三日在沪寓逝世。先生为版籍专家，学识宏博，待人和蔼，平生专考学问，不治家产，死后仅余图书数千卷，别无长物。有子一，年尚幼。先生之死，不只本院之损失，亦我国学术界之不幸也，书此以志哀悼之感。”[②]从 1929 年 4 月初患病，到 1930 年 1 月辞世，单不庵在中央研究院任职较短，主要负责编纂宋元善本书目。因所编书目未署名，限于资料，其此段时间之工作成绩待考。

三、单不庵藏书之去向

(一)整体售归浙江省立图书馆

单不庵生前曾为浙江省立图书馆捐书，如捐赠史部 1 种 64 册，集部 4 种 8 册[③]，以及科学书 4 种 4 册[④]。单不庵逝世后，其子单大昕尚幼(后亦病殇)，家道艰难。其家中藏书，多是传自其父辈，由其夫人陈氏主张，售予浙江省立图书馆。1930 年 12 月 9 日，蔡元培曾就浙江省立图书馆收藏单不庵遗书一事，分别致信马叙伦、沈士远、胡适、马衡四先生：“顷接浙江教育厅长陈布雷先生来函，略谓：‘前承函嘱保存单不庵先生遗书。查是项书籍，共五十三箱，于本年五月间存入省立图书馆，并附书目一本；经点收保管，由该馆长缮就收据，交原代理人潘尊行君

---

① 邓邦述撰，金晓东整理，吴格审定：《群碧楼善本书录 寒瘦山房鬻存善本书目》，上海古籍出版社 2014 年版，第 203～204 页。

② 《本院要闻》，载《国立中央研究院院务月报》1930 年第 7 期。

③ 《本馆历年捐入书籍总报告》，载《浙江省立图书馆报》1927 年第 1 期。

④ 《本馆历年捐入书籍总报告二》，载《浙江省立图书馆报》1928 年第 1 期。

收执。相应函复’等语。特此转达,即希察照。”①1931 年 6 月 10 日,蔡又致函浙江省立图书馆杨立诚馆长:“萧山单氏遗书,闻已由贵馆保存。兹据单不庵先生之夫人来函,谓馆中允给代价一千五百元,渠意未满足,望加增至二千以外,请为转达云云。是项书价,既由贵馆估定,自属斟酌妥善;惟单夫人家境异常艰难,设非售书稍得善价,实不足以维生活。倘其书品尚佳,还希悯念遗嫠,略予优价,俾得自存,不胜厚幸。特为代达,诸候察裁。”②其夫人陈氏哺育幼子,鉴于生活来源有限,故而要求增价。杨立诚被免职后,1931 年 9 月 26 日,时任浙江省立图书馆馆长陈黻章就购单不庵遗书之事上报浙江省教育厅。11 月 27 日,时任浙江省教育厅厅长张道藩下令验收单不庵遗书五十三箱,准支付银一千六百元,并嘱“至购存书籍,应即妥为盖章编目,并连同书箧列入财产目录,其孤本善本,尤须什袭珍藏,以重文献”③。

1932 年,《浙江省立图书馆月刊》刊出单不庵遗像,并谓其遗书共有八千卷,多经其手校,已归浙江省立图书馆。④ 其遗书以一整体入藏浙江省立图书馆,未曾散佚,且多明本,实为幸事。据称,在其海宁家中,尚有《老子道德经校》《刘安节刘安上许横塘三先生年谱》《程伊川先生年谱》《宋代浙江学者小传》《二程学说》《明清间三大儒》《周浮沚先生年谱》《陈傅良先生年谱》八种。1936 年 11 月,杭州举办浙江文献展览会,有“单不厂手稿八种”参与展览。⑤ 今可见浙江图书馆藏清陈洪绶稿本

---

① 赵达雄:《近代名人与浙江图书馆》,载《图书馆研究与工作》2008 年第 1 期。

② 高平叔、王世儒编注:《蔡元培书信集:下》,浙江教育出版社 2000 年版,第 1288 页。

③ 《公牍辑要:乙、关于收购单故教授遗书之件》,载《浙江省立图书馆月刊》1932 年第 1 期。

④ 单不庵先生遗像,载《浙江省立图书馆月刊》1932 年第 10 期。

⑤ 顾志兴:《浙江藏书史》,杭州出版社 2006 年版,第 519 页。

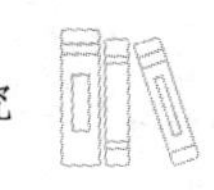

《筮仪象解》不分卷上有其 1928 年 7 月所作之题跋，认为该书“诠义平易，不涉术数，自有可传者在，不仅书法俊逸已也”[①]。该书入选《国家珍贵古籍名录》(名录编号 01291)。

单不庵喜抄校书籍。浙江图书馆今藏其重辑《说郛小品十二种》(抄本)1 种，另有单不庵抄本 8 种，分别是:《宋元学案补遗》四十二卷、《史记考证》七卷、《猗觉寮杂记》二卷、《慈湖遗书》十八卷《续集》二卷、《葆光录》一卷、《树萱录》一卷、《绍陶录》一卷、《坦斋通编》一卷，均被该馆列为善本。其藏书印有“单丕”(圆形)、“不厂藏书”(方形)等。单不庵一生从事的是传统学术的研究，尤精于校勘学。著有《宋儒年谱》《二程学说之异同》《宋代哲学思想史》等。

(二)其他存藏

单不庵逝世后，该年的 3 月 20 日，《北京大学日刊》第 2366 号起 6 次刊出王烈等 25 名教授发起的为单不庵举行追悼会的启事。3 月 30 日，北京大学及当时的北平教育界相关人士，在北京大学第三院为单不庵开追悼会，到会者有陈百年、马幼渔(裕藻)、马叔平(衡)、马太玄(马准)、钱玄同、钱稻孙、朱遏先(希祖)、沈兼士、林公铎(损)、杨遇夫(树达)、朱汇臣(洪)、陈君哲、赵万里等五十余人[②]。北京大学为其设立“单不厂教授遗著整理委员会”。1931 年 1 月 5 日，在胡适致张宗祥的信中提及“不庵遗著之征集，我极赞同，也愿附名发起。不庵的著作，最后的一部分为在研究院图书馆所编宋元本书目，有很精到的，当请孑民先生令人写副本”[③]。可见，张宗祥提议为单不庵

① 浙江图书馆编，曹海花主编:《浙江图书馆藏国家珍贵古籍题跋图录》，国家图书馆出版社 2017 年版，第 16 页。

② 何士骥:《单不庵先生追悼会纪事(续)》，载《北京大学日刊(2418 期)》1930 年 5 月 23 日。

③ 中国收藏家协会书画收藏委员会编:《凝聚的历史瞬间 庆祝新中国成立 60 周年 熊光楷 袁熙坤 张忠义特藏汇报展图集》，新华出版社 2009 年版，第 151 页。

编遗著，得到了胡适等人的支持。

但后来或限于各种条件，其遗著亦未曾整理出版，胡适在其文集中附录了二人论学之部分书信。据邱巍称："复旦大学图书馆古籍部还藏有一函单不庵的著作手稿。这些著作经过钱玄同简单整理，共计11册12种，即《清代学术小史》《文选记闻》《水经注校记》《方言约注》《庄子天下篇道家部分》《司马光论六家要旨(附唐王绩传)》《周礼轟说》《说苑人名考异》《颜氏家训集解两种》《选赋与史汉异文略释(上篇)》《典论》《荀子正名》。其中多有残稿，也有的杂有他稿。"[①]笔者查询复旦大学图书馆藏目录，查到"单不厂先生杂著十四种十四卷"，著录为单丕(不庵)纂钞，民国间稿本，1函11册，善本线装。笔者猜测经钱玄同整理的这批书，应当就是单不庵"遗著整理委员会"整理的产物。不知经何种途径，入藏了复旦大学图书馆。2019年复旦大学已整理出版了《复旦大学图书馆藏古籍稿抄珍本(第一辑)》，收入58种稿抄本，其后还将继续整理出版，笔者期待亦能早日见到单不庵的稿抄本行世。

还有部分可能是其早期售出或流出的书籍。如其赠给康爵手抄的郑厚《郑湘乡遗稿 附夹漈遗稿》，被康爵视为"名钞本"[②]。康爵据此撰写发表了《文澜阁丁氏补钞夹漈遗稿校勘记 用函海本艺海珠尘本校》[③]。孔夫子旧书网曾拍出其经藏的清代退补斋精刻本《读四书大全说》全六册一套。此书上朱笔批校极多，其后有单不庵所作题跋两则，一则为其评论陆陇其(字稼书)的观点——"《大学》一书之格致诚正修，犹《论语》之

① 邱巍：《吴兴钱家：近代学术文化家族的断裂和传承》，浙江大学出版社2009年版，第110～111页。

② 林素梅、尤小平：《化私藏为公藏的藏书家康爵》，载《福建师范大学福清分校学报》2009年第3期。

③ 康爵：《文澜阁丁氏补钞夹漈遗稿校勘记》，载《浙江省立图书馆报》1927年第1期。

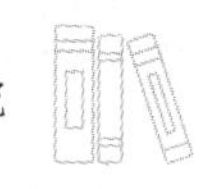

非礼勿视听言动也。稼书之言切其要矣。不庵 丙寅(1926)立夏后二日。”另一则为评论朱熹之观点——“《中庸》为儒门传授之心法,所言重体用而明心物,后世之心性一脉,全得法于此篇。朱子所谓此篇单传,实继孔氏之修心根本,而足可直视释门之诘矣。”①其稿本也有藏于天一阁的,如天一阁藏《萧山单不庵所著字书》一卷②。1922 年 2 月其赠予马鉴之《段氏说文注订》八卷、《说文新附考》六卷《附说文续考》一卷现藏于新加坡国立大学③。是否还有其他存藏,还有待进一步寻访。

四、结语

在新旧文化交替之际,单不庵仍然保留了旧文化学者之行事特点,割股疗亲,为人狷介,让人感叹。就其学术成绩一面,单不庵致力于乾嘉考据学的研究,述作较少。曹聚仁曾如此言道:“先师单丕(不庵)先生,他也是乾嘉考证学的学人。(他的生活方式,则是宋明理学家这一型的。)他的读万卷书,是了不得的,可是,他一生学问竟如英国史学家亚克敦(Lord Acton,阿克顿勋爵)一般……这蚂蚁一般勤劬的硕学,有了那样的教养,度着那么具有余裕的生活,却没有留下一卷传世的书。”④在另一处,曹聚仁同样表示了相同的看法:“至于单不庵师,他的渊博,那是无话可说了。时贤之中,读书之多,校勘之精,用心之细密,一时无两,比之古人,在阎百师、吴任臣之间。他持论过于谨慎,不敢独持己见,博而未通,却也并不迂拘。他自己

① 章建明:《萧山国学大家单不庵先生批跋——退补斋精刻本〈读四书大全说〉》,载于微信公众号“静古斋谱牒文史”。

② 周慧惠、刘云、袁慧:《天一阁藏清代珍稀稿本提要》,国家图书馆出版社 2019 年版,第 79~80 页。

③ 李国庆:《海外所见近代浙江藏书家印鉴考》,载《图书馆研究与工作》2022 年第 1 期。

④ 曹聚仁:《蒋百里评传》,东方出版社 2010 年版,前记。

操守很谨严，对人却很圆通。用旧话来说：‘古之人也，古之人也！’”[①]因单不庵治学严谨，所遵循亦为讲学先生之路径，本不以著述为务，又过于早逝，确实未能留下较多的著作。但其为学之态度，仍让人敬佩。曹聚仁曾有意将其藏书中之札记和考据文字整理以传世，但未能完成。但笔者认为，作为学者，读书、抄书、校书、捐书，亦可概见单不庵之书缘。学者之幸与不幸，只能留待后人评说了。

第五节 陋室汲古伴芸香

潘天祯（1919—2004），也常被误写为“潘天桢”，版本目录学家，曾担任《中国古籍善本书目》副主编，获突出贡献奖，为我国古籍整理和保护事业做出了重要贡献。目前《中国古籍善本书目》的主编顾廷龙、副主编冀淑英等人都获得了学界的普遍关注，但迄今尚未见研究潘天祯生平、著述与贡献的专文。笔者曾受命为《中国大百科全书》第三版中的潘天祯编写一人物介绍短词条，现依据可见的材料，拓展成篇，以概述其生平、贡献与学术成就。

一、潘天祯生平

（一）早年求学

1919年5月，潘天祯出生于四川省荣昌县（今重庆市荣昌区），岁余丧母，家贫，父亲靠经营小本生意为生[②]。1938年入

---

① 曹聚仁：《我与我的世界》，上海三联书店2014年版，第168页。

② 徐忆农：《潘天祯文集》编后记，上海科学技术文献出版社2002年版，第329页。

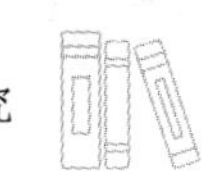

读成都府属联立中学（今四川省成都市石室中学），该校为当时的名校。1941年考入国立中央大学（时在重庆）历史系就读，师从著名历史学家贺昌群（1903—1973）先生，为其得意门生。师生二人为四川老乡，且为成都联立中学之校友。其时国立中央大学历史系的名师还有沈刚伯、韩儒林等。1945年贺昌群任系主任，同年潘天祯也毕业留校任历史系助教。该年贺昌群曾有诗《赠潘谈二君》，诗云："于今因见古人情，情如江海义如云。五更鼓角天初晓，三巴风雨送归人。"[①]此诗中的"潘"即潘天祯，"谈"即谈运泽（1921—?），二人当时均为国立中央大学历史系助教。谈运泽在校时师从韩儒林教授治蒙元史研究[②]，1950年后任职湖北省教育厅，曾为湖北教育学院图书馆负责人。在校期间，潘天祯还曾与昌彼得（后来成为我国台湾地区著名的版本目录学家）同学，二人时常饮酒，相处非常融洽[③]。1947年初，潘天祯受贺昌群指导写作的学术研究长文《东吴之开发与山越之关系》[④]发表，论述长江流域开发史上东吴平讨山越这一值得探讨的史实，展现了其在史学研究上的成绩。

（二）图书馆职业生涯

1950年2月27日，贺昌群被任命为国立南京图书馆馆长，3月到馆工作。潘天祯于1950年随其师贺昌群进入国立南京图书馆工作，开始其图书馆职业生涯。1954年，贺昌群北上，担任社科院图书馆副馆长，潘天祯仍留在南京图书馆工作，历任采访部兼特藏部副主任、参考研究部副主任、古籍部主任、副

---

① 贺昌群：《贺昌群文集第3卷 文论及其它》，商务印书馆2003年版，第628页。

② 谈运泽：《追忆三则》，见陈得芝、丁国范、韩朔眺编《朔漠情思——历史学家韩儒林》，南京大学出版社2000年版，第75～76页。

③ 沈津：《一掬笑容何处寻 千秋矩矱仰前型——怀念昌彼得先生》，见沈津《书海扬舲录》，广西师范大学出版社2016年版，第11～18页。

④ 潘天祯：《东吴之开发与山越之关系（一）》，载《读书通讯》1947年第131期。潘天祯：《东吴之开发与山越之关系（完）》，载《读书通讯》1947年第132期。

馆长等职。

1952 年，贺昌群曾发动人员将原中央图书馆运往台湾的善本书籍 13 万册编印成《国立南京图书馆善本书草目》八厚册备查[①]，这是该馆在古籍保护事业上的一件大事，虽古籍被运往台湾，但编成目录至少有目可查。1954 年春，潘天祯与王庸、邱克勤、钱亚新奉派前往北京学习、参观、取经，途经济南时参观山东省立图书馆，在北京时参观北京图书馆、中国科学院图书馆、人民大学图书馆等[②]。同年，国立南京图书馆改为省馆后，为减轻该馆藏书负担，中央文化部等上级机关指令该馆往外调书。该年 5 月，北京图书馆与南京图书馆共同拟定了《北京图书馆选提南京图书馆藏书计划草案》，共提取书籍 616300 册，其中大部分是近现代书刊，也有一定数量的古籍，提书工作于 1955 年 2 月结束。提书后造有目录清册 4 份，在清册末页署移赠机关南京图书馆，经办人潘天祯；受赠机关北京图书馆，经办人杨殿珣。[③]

1956 年 4 月，潘天祯任苏州图书馆馆长。7 月参加文化部留苏研究生考试，馆务由丁肇辙代理，11 月即调离。[④] 1958 年 9 月 1 日至 1960 年 4 月 30 日，潘天祯在北京文化学院第二期图书馆研究班学习，同学中有昌少千、李文谟等人。[⑤] 该研究班结束后，由潘天祯执笔，结合当时学习毛泽东著作的运动，写

---

① 乔象钟、许荏华：《著名史学家贺昌群先生》，见中央大学南京校友会、中央大学校友文选编纂委员会编《南雍骊珠：中央大学名师传略》，南京大学出版社 2004 年版，第 122 页。

② 钱亚新：《钱亚新别集》，南京大学出版社 2013 年版，第 305 页。

③ 《南京图书馆志》编写组编纂：《南京图书馆志（1907—1995）》，南京出版社 1996 年版，第 99 页。

④ 徐雁、许晓霞主编：《苏州图书馆百年回眸（1914—2014）》，古吴轩出版社 2014 年版，第 176 页。

⑤ 《湖北省图书馆建馆八十周年 1904—1984》，湖北省图书馆 1984 年版，第 196 页。

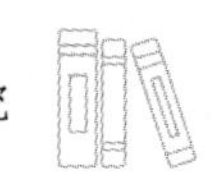

下《宣传毛泽东思想是图书馆工作者的首要任务》[①]一文。1960年，潘天祯参与点校《江苏省通志稿》，但遗憾的是该稿未获出版。[②] 1962年2月12日至21日，潘天祯陪同北京图书馆版本目录学家赵万里参观镇江、无锡、苏州等地的藏书与文博机构。赵万里在其《南行日记》有如下记录："潘天祯同志送我去车站。几天来，天祯同志对我工作上帮助，生活上照顾，真是无微不至。上车前，除向他致谢外，并请他回到南京后，向江苏省文化局周邨局长，南京图书馆汪长炳馆长、陈毅人副馆长代达谢意。"[③]1977年，潘天祯参与《中国古籍善本书目》的编纂工作，其时他刚刚做完胃切除手术不久。1979年至1984年，潘天祯担任南京图书馆副馆长[④]，工作更为繁忙。1979年7月13日，中国图书馆学会成立，潘天祯当选为中国图书馆学会学术委员会委员。自1980年起，潘天祯担任《中国古籍善本书目》副主编，负责子部的复审和定稿工作，后获"突出贡献奖"。

1983年10月18日，在庆祝汪长炳、钱亚新二老从事图书馆工作六十年的茶话会上，潘天祯回顾了二老的贡献后强调："我们应该学习二老热爱图书馆事业，数十年如一日为图书馆事业献出心血的工作精神；应该学习二老勇于探索，刻苦钻研，实事求是的治学态度。"[⑤]事实上，潘天祯也是这样做的。在南京图书馆保留的一份职员信息表上，"潘天祯"名字的后面写着

---

① 潘天祯：《宣传毛泽东思想是图书馆工作者的首要任务》，载《图书馆学通讯》1960年第6期。

② 诸葛计编著：《中国方志两千年通鉴（下）》，广西师范大学出版社2016年版，第819页。

③ 赵万里：《赵万里文集 第二卷》，国家图书馆出版社2012年版，第535页。

④ 南京图书馆编纂：《南京图书馆志续编（1996—2005）》，南京出版社2006年版，第156页。

⑤ 《祝贺汪长炳 钱亚新两同志从事图书馆工作六十年 南图、省学会举行茶话会》，载《江苏图书馆工作》1983年第4期。

"做事认真负责，但有浓厚的优越感"[①]。1987年潘天祯被评为研究馆员，全国图博六级。1992年享受国务院发放的政府特殊津贴，2000年享受有成就的老专家、老艺术家的特殊津贴。2001年初，自编文集《陋室存稿》，以《潘天祯文集》为名被收入"芸香阁丛书"和"南京图书馆百年文丛"出版。2004年1月6日，因胃癌抢救无效，潘天祯于江苏省人民医院病逝。[②]

从其生平看，潘天祯在国立中央大学接受的是严格的史学教育，师从名师贺昌群。毕业后除了担任短暂的史学教学工作，自1950年进入国立南京图书馆起，从事的都是与古籍研究相关的工作，他的学术人生与古籍二字是紧密联系在一起的。

二、潘天祯与古籍保护事业

如上所论，潘天祯的工作主要围绕古籍而进行，其与古籍保护相关的主要工作如下：

(一)担任《中国古籍善本书目》副主编

1975年10月，周恩来总理在病重期间通过吴庆彤做出指示——"要尽快地把全国古籍善本书总目编出来"。1977年4月，北京图书馆和上海图书馆进行编目试点工作，后又由上海、浙江、江苏等地进行联合试点工作，南京图书馆参与其中。1980年5月，由主编顾廷龙、副主编冀淑英和潘天祯领导的30多位编委在北京开始汇编工作。1981年1月，开始编印《中国古籍善本书目(征求意见稿)》，顾廷龙负责经部、史部，冀淑英负责集部和丛书，潘天祯负责子部。1983年4月21—28日，在安徽黄山召开《中国古籍善本书目》编委会主任扩大会议，潘天祯作了《中国古籍善本书目》复审工作报告，在这次会议上决定组成以主编顾廷龙、副主编冀淑英和潘天祯为首的10人定稿

---

① 韩雨霁：《南图晒出钱钟书当年的工资表》，载《现代快报》2017年12月2日。

② 《潘天祯先生逝世》，载《新世纪图书馆》2004年第2期。

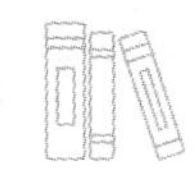

班子。为了做好定稿工作，北京图书馆的冀淑英、南京图书馆的潘天祯和沈燮元等在上海常住达三四年之久。[①] 三位主编都付出了极大的辛劳，如顾廷龙从 1977 年（74 岁）工作到 1995 年（92 岁），冀淑英从 57 岁工作到 75 岁，潘天祯从 58 岁工作到 76 岁。[②] 虽年老多病，但他们将精力尽瘁于斯，让人感佩。在整个编纂过程中，江苏省的工作是进展比较快的，做到了"对善本书逐本过堂，经二个人签字，验收严肃认真，保证质量"[③]。有记载：1979 年 4 月，潘天祯曾率领江苏省善本书验收小组到苏州市各馆验收。[④] 1986 年 10 月 23 日，潘天祯与沈燮元、宫爱东应邀参加《中国古籍善本书目》经部发行大会和编委会主任委员扩大会议。1994 年，《中国古籍善本书目・子部》出版。

潘天祯负责的子部为上下两册，内页有"一九九四年十二月上海古籍出版社出版"字样[⑤]。该书著录了 12294 种子部善本，分为总类、儒家类、兵家类、法家类、农家类、医家类、天文算法类、术数类、艺术类、谱录类、杂家类、小说类、类书类、释家类、道家类 15 大类，其下再分为各小类。各书之著录，按照《中国古籍善本书目》编例要求，先书名、次卷数、次编著注释者、次版本、次批校题跋者。[⑥] 丛书及汇编之书，子目均按照原书目录，依次胪列。书后附有藏书单位代号表和藏书单位检索表，

---

① 顾廷龙：《顾廷龙全集 文集卷 上》，上海辞书出版社 2015 年版，第 363 页。

② 骆伟：《春华秋实——记〈中国古籍善本书目〉的编辑工作历程》，载《图书馆论坛》2010 年第 6 期。

③ 谭祥金：《暂将总理遗愿化宏图——全国古籍善本总目编纂工作进入总编阶段》，载《图书馆学通讯》1980 年第 1 期。

④ 徐雁、许晓霞主编：《苏州图书馆百年回眸（1914—2014）》，古吴轩出版社 2014 年版，第 186 页。

⑤ 中国古籍善本书目编辑委员会编：《中国古籍善本书目・子部（全二册）》，上海古籍出版社 1996 年版。

⑥ 中国古籍善本书目编辑委员会编：《中国古籍善本书目（经部 1）》，上海古籍出版社 1986 年版，编例。

以利查找。一书有多个藏书单位的，一一标出。众所周知，编目工作备极辛劳，通过二十余年的努力，《中国古籍善本书目·子部》得以问世。自此，南京图书馆在子部古籍书目编制上奠定了学术地位，也培养了一批年轻人，如宫爱东等人。1994年，国家古籍整理出版规划小组所主持的《中国古籍总目》子部①的编纂仍由南京图书馆承担，并由宫爱东担任总目编纂委员会常务委员。

（二）倡议编辑《中国古籍现存书目》

1981年，中共中央发出《关于整理我国古籍的指示》，古籍整理与研究提上日程。南京图书馆的汪长炳先生结合当时的状况，也曾提出整理古籍刻不容缓②。1982年，《文献》杂志组织了一次关于古籍整理的笔谈，汪长炳和潘天祯在笔谈中倡议“充分利用有利条件，趁老一代人尚在的时机，由国家统一组织编成一部质量较好的《中国古籍现存书目》，为有计划整理古籍打好基础，为开展科学研究创造条件，为后代人查考准备工具，都是十分必要而且有可能实现的”③。而具体的设想是：“根据编辑《中国古籍善本书目》的经验，我们以为要着重解决好如下几个问题：一、在中央古籍整理规划小组强有力的领导下，要建立一个人数不多、作风正派、既懂古书编目业务、又有组织能力的专门班子，负责编目的具体组织工作；二、要大力培训一批具有一定历史文化知识、有比较顺利地阅读唐宋人文章的能力、基本上掌握古籍编目特点的干部队伍，各省都要有，这是保证编目质量，顺利进行工作的关键；三、由于历史原因或帝国主义的掠夺，我国古籍散佚在国外的不少，要通过各种渠道复制回国，寄存国外的要收回；四、邀请台湾省有关单位和有关人士参加编目，共同

---

① 中国古籍总目编纂委员会编：《中国古籍总目 子部》，上海古籍出版社2010年版。

② 汪长炳：《整理古籍刻不容缓》，载《江苏社联通讯》1982年第1期。

③ 汪长炳、潘天祯：《建议编辑〈中国古籍现存书目〉》，载《文献》1982年第1期。

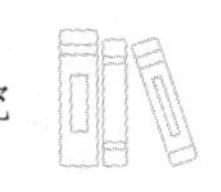

为编成一部比较完整的《中国古籍现存书目》贡献力量。"[1]该建议提到海外中华古籍的回归问题以及联合台湾的力量编目，非常有远见，但限于条件，当时未被采纳。直到1992年5月，在北京举行的第三次全国古籍整理出版规划会议上，与会者又提出应着手编纂《中国古籍总目》和《中国古籍总目提要》，并由国家古籍整理出版规划小组主持。2013年，《中国古籍总目》终得出版，汪长炳、潘天祯这一倡议才最终实现。2010年，我国启动海外古籍回归工程，不得不让人感叹二人的先见之明。

(三)为图书馆做好古籍及其他文献的收藏、保存和利用工作

1967年，南京图书馆得悉镇江一家造纸厂准备将各单位清理送交的大批旧书化为纸浆，即派潘天祯、纪维周、朱偰、杜信孚等4人前往挑选，后从堆积如山的旧书刊中，挑选出旧平装书、古籍等分装三卡车运回馆内整理入藏。[2] 潘天祯还曾为南京图书馆购买重要古籍多种，如1992年促成南京图书馆以40万元人民币购买苏州顾氏过云楼藏书，共500余部3000余册，并完成了该藏书的部分编目整理工作。[3] 实际上，1991年秋，南京图书馆即购得顾氏过云楼藏书541部。[4]

为做好古籍的保护工作，潘天祯1950年就关注过古籍修复工作，但没能获得上级的重视。"文革"后，潘天祯将邱晓刚引入古籍修复的领域[5]，并向修复国手张士达举荐邱晓刚、杨来京、毛俊义，使邱晓刚等得以成为张士达之关门弟子。现杨来京、毛俊义、邱晓刚已成为一代修复能手。

---

① 汪长炳、潘天祯：《建议编辑〈中国古籍现存书目〉》，载《文献》1982年第1期。

② 《南京图书馆志》编写组编纂：《南京图书馆志(1907—1995)》，南京出版社1996年版，第98页。

③ 叶建成：《过云楼》，江苏人民出版社2014年版，第173～174页。

④ 徐忆农：《宋绍定三年钱塘俞宅书塾刻本〈乖崖张公语录〉》，载《光明日报》2013年7月2日。

⑤ 邱晓刚：《张士达与〈蟫室老人文集〉》，载《国家图书馆学刊》2007年第4期。

在古籍利用方面，潘天祯为太平天国史料编委会提供的大量史料，成为建立太平天国纪念馆的基础资料。他还先后为农业遗产研究室、紫金山天文台、南京师范大学等多个学术研究机构和大专院校提供专题资料，受到广大研究人员好评。[①] 此外，对于其他文献利用需求，潘天祯也予以提供方便。1965 年 6 月 12 日，潘天祯协助农业机械文摘编辑室在其所编 1962—1965 年杂志、论文集目录上标注年份。[②]

三、潘天祯著述述略

潘天祯勤于笔耕，为文多为万字以上的长文，其论著多系从《中国古籍善本书目》等编目实践工作中认真思考、仔细推究而来。《潘天祯文集》收入了其大部分论文，翻阅该文集，可知其所关注的领域主要是书史、藏书史和印刷史等，有小中见大、考订精细、论据充足等研究特点。

（一）关于“明代无锡会通馆印书是锡活字本”论争

潘天祯治学严谨，不著一字空文，多考证之文，如考证无锡会通馆是锡活字，反复论证。早在 1958 年，印刷史专家张秀民先生在其《中国印刷术的发明及其影响》一文中提出：“至于明朝是否沿用锡活字印书，文献未详。不过《华燧传》有‘范铜板、锡字’一句，华氏会通馆除铜字外，似乎也铸过锡字。”[③]但限于

---

① 《江苏文化年鉴》编纂委员会编：《江苏文化年鉴 2004》，中国摄影出版社 2004 年版，第 218 页。

② 据孔夫子旧书网一份南京图书馆公函可知，农业机械文摘编辑室于 1965 年 5 月 21 日向南京图书馆发请求协助公函，南京图书馆请潘天祯代为处理。潘天祯于 6 月 12 日代拟回函，内容为：农业机械文摘编辑室：你室 5 月 21 日油印函和目录一份收到，根据你室要求，将我馆所藏 1962—1965 年有关杂志、论文集等的收藏年份注明，现随函寄还供参考，这些期刊收藏情况你室如印成联合目录，请寄一两份供我馆学习参考。此致 敬礼！馆启。

③ 张秀民：《中国印刷术的发明及其影响》，上海人民出版社 2009 年版，第 69～70 页。

资料，张先生未能坚持己说。潘天祯在参与《中国古籍善本书目》的过程中，对古代活字印本进行过一些探索。其认为："古代的铅活字印本，大致已经失传；至于锡活字印本，不但没有亡失，而且是我国现存的最古的汉文活字印本。"①其于1979年撰写的《明代无锡会通馆印书是锡活字本》一文，以四篇不同的华燧传记为主要论据，证明锡活字本的存在。该文发表后，张秀民先生曾与之往返商榷，潘天祯又著有《再谈明代无锡会通馆印书是锡活字本》《三谈明代无锡会通馆印书是锡活字本——答张秀民先生》二文反复申说。后还曾于2001年撰《四谈明代无锡会通馆印书是锡活字——华燧锡活字印书的探索始末》，并质疑缪咏禾《明代出版史稿》中的观点。但潘天祯的观点并未得到其他学者的认同，曹之认为"潘氏不因袭旧说，自成一家之言，精神可嘉，然有以下数端似可商榷"②，不赞同其说；同为《中国古籍善本书目》副主编的冀淑英也认为"华氏会通馆的印本为铜活字印本"③。

由于古代印刷的实物和工具较为缺乏，相关的研究只能凭借一些零星文字记载，学者们在此方面的研究要取得确证极为艰难。潘天祯曾对张秀民的《中国印刷史》提出较多问题④，张秀民曾予以回应⑤，潘天祯又予以再商榷⑥。上一代学者治学

---

① 潘天祯：《潘天祯文集》，上海科学技术文献出版社2002年版，第55页。

② 曹之：《中国印刷术的起源》，武汉大学出版社2015年版，第572页。

③ 冀淑英著，李文洁插图：《冀淑英古籍善本十五讲》，国家图书馆出版社2009年版，第168页。

④ 潘天祯：《唐、五代江苏印刷史料校释——读〈中国印刷史〉札记》，载《江苏出版史志》1992年第1期。

⑤ 张秀民：《对〈读《中国印刷史》札记〉的商榷》，见中国印刷技术协会、中国印刷及设备器材工业协会编《中国印刷年鉴1993—1994》，印刷工业出版社1994年版，第334～335页。

⑥ 潘天祯：《〈对读《中国印刷史》札记的商榷〉之商榷》，载《江苏图书馆学报》1999年版第6期。

严谨多类此，如张秀民先生对于雕版印刷开始于唐初贞观说，也曾在十年间通过再论、三论加补记的方式不断申说论证①。对于会通馆印书是锡活字本这一观点20余年的坚持，潘天祯也曾说明其心路历程："当时编辑怕引起争论，要求删掉，笔者未允。确如编辑所料，拙文发表二十多年来，获得许多学者关注，引起不少争论，笔者又写了《再谈》和《三谈》，现在面对的是《明代出版史稿》这部大著……笔者年逾八旬，体弱多病，查书也不方便，只能在陋室再写一点，作为《四谈》……"②当然，潘天祯也意识到"如果没有从华燧墓中发掘出当时的活字实物，或用现代科技检验出印本上的金属品种，讨论可以告一段落了"③。其治学的严谨、孜孜求证可见一斑。其指导的函授学生徐苏回忆了其指导论文时说的话："糊涂呀！研究要以论据说话，不是以推论说话。论文怎么能这样写，不作深入的研究，搜寻有说服力的实证，用统治者不重视劳动人民的发明创造这样的推论，就能作为活字印刷术发展缓慢之因的结论吗？你是混论文，而不是做论文！"④这充分体现出其治学的严谨态度。2007年，"南京图书馆百年文从"系列的同仁文集中，将潘天祯《明代无锡会通馆印书是锡活字本》⑤一文收入，可见学界同仁仍认可此文为其代表作。

（二）对汲古阁藏书的研究

明代的汲古阁在我国藏书与印刷史上占有重要的地位。

---

① 张秀民：《张秀民印刷史论文集》，印刷工业出版社1988年版，第32～50页。

② 潘天祯：《四谈明代无锡会通馆印书是锡活字——华燧锡活字印书的探索始末》，载《江苏图书馆学报》2002年第2期。

③ 潘天祯：《四谈明代无锡会通馆印书是锡活字——华燧锡活字印书的探索始末》，载《江苏图书馆学报》2002年第2期。

④ 徐苏：《把冷板凳坐热——一个图书馆员的感悟》，载《新世纪图书馆》2012年第12期。

⑤ 南京图书馆编：《南京图书馆同仁文集》，南京大学出版社2007年版，第232～238页。

该阁主人毛晋不仅藏书，而且还刻书、抄书，汲古阁成为我国文化史上的一个重要名词。有鉴于汲古阁在我国书史上的地位，潘天祯特别注意对汲古阁及相关人士的研究。他认为："明清之际，常熟毛氏汲古阁是我国突出的私家出版兼藏书事业的室名，历时约百年，中外鲜有。起万历之季，毛晋创业，迄顺治十六年晋卒，垂四十年。主要继承者是晋幼子毛扆，享高寿，终生从事校补家刻，访求传抄宋椠名抄达五十多年，至康熙五十二年卒，阁业始衰。可惜迄今无一部系统的汲古阁史，是我国书史的遗憾，有待补撰。"①为此他的研究涉及毛晋、毛扆等人的生平事迹、汲古阁藏书的去向、汲古阁本《说文解字》的刊印源流、《汲古阁珍藏秘本书目》研究等，较为深入。潘景郑在校订毛晋《汲古阁书跋》时，也曾为毛晋子孙搜辑部分遗文，曾搜辑毛扆二十六篇②。潘天祯在此基础上大力搜辑毛扆书跋，共得百篇，按四部排列，略加附注，注明出处，辨析出《诗经阐秘》等3种是伪跋。③ 这也是潘天祯在前人研究的基础上，对汲古阁研究的贡献。

对汲古阁的研究是书史和印刷史上的一项重要专题。如今，汲古阁相关的研究已引起较多年轻学者的注意，不少硕士学位论文以此为题，如赵鑫的《毛晋毛扆书跋研究》④，也有相关的研究被立为国家社科基金项目，如近几年的"汲古阁藏书、刻书、抄书研究""汲古阁刊刻集部书籍研究""汲古阁汇纪"等研究，假以时日，当可朝着潘天祯所谓的"系统的汲古阁史"前进了。

(三)对前人研究中错误的指谬

据徐忆农回忆："潘先生常说，有问题的东西才值得写，并

---

① 潘天祯：《潘天祯文集》，上海科学技术文献出版社 2002 年版，第 282 页。

② 〔明〕毛晋撰，潘景郑校订：《汲古阁书跋》，上海古籍出版社 2005 年版，序言。

③ 潘天祯：《潘天祯文集》，上海科学技术文献出版社 2002 年版，第 282～327 页。

④ 赵鑫：《毛晋毛扆书跋研究》，南京师范大学 2018 年硕士学位论文。

强调要从第一手材料出发，实事求是，不要人云亦云，更不要迷信所谓‘权威’的说法。他时常向我们介绍老一辈史学家陈寅恪、陈垣、顾颉刚等先生的治学方法，尤其赞赏陈寅恪先生主张的搞学术研究要有‘独立之精神’。”[①]诚如徐忆农所说，在潘天祯的学术论文中，多辨析考证之文。其另一篇重要学术论文是《扬州诗局杂考》。潘天祯于1982年春节开始起草该文，8月改稿，10月以中国图书馆学会第三次科学讨论会论文小册子形式印刷，论文编号为第59号。后正式发表在《图书馆学通讯》1983年第一期上。文中根据曹寅、李煦两家档案及有关史料，介绍了扬州诗局的始末及刻书情况，对所谓“殿版”“康版”作了考证，指出了金植、陶湘、谢国桢之误。[②] 1993年，潘天祯还曾撰写《〈扬州诗局杂考〉后记》，继续跟进该研究，前后历十余年。又如学界有观点认为“《萝轩变古笺谱》约早于《十竹斋笺谱》十九年”“《十竹斋笺谱》是受《萝轩变古笺谱》影响”，潘天祯经过认真分析，提出“在没有确凿证据以前，仅凭笺谱序年先后，将饾版与拱花的发明创造归之萝轩，显然证据不足；反之，认定应属胡正言，也欠更确切的证据”[③]。其他如对《容斋逸史》的作者洪迈进行订补[④]，在张静庐的基础上考订中国近代第一份女报——《女学报》[⑤]，商榷张秀民的《中国印刷史》[⑥]，质疑谢国桢仅凭天一阁藏本《杏花村志》扉页所钤印的“金陵十竹

---

① 徐忆农：《潘天祯文集》编后记，上海科学技术文献出版社2002年版，第328～329页。

② 《南京图书馆志》编写组编纂：《南京图书馆志（1907—1995）》，南京出版社1996年版，第235页。

③ 潘天祯：《潘天祯文集》，上海科学技术文献出版社2002年版，第116页。

④ 潘天祯：《潘天祯文集》，上海科学技术文献出版社2002年版，第22～34页。

⑤ 潘天祯：《潘天祯文集》，上海科学技术文献出版社2002年版，第196～200页。

⑥ 潘天祯：《潘天祯文集》，上海科学技术文献出版社2002年版，第35～54页。

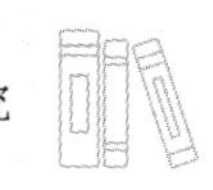

斋发兑”就认定“是书由金陵胡曰从十竹斋开雕刊刻”[①]的观点等。潘天祯心细如发，为学颇有老吏断狱之风，有疑处决不放过。在论文中，潘天祯主张言必有据。其行文中常见有“作为学术问题讨论可以，但不能作为印刷术发明时间的可靠根据”“作为旁证可以，仍不是直接的可靠证据”[②]。因此，在论述中，潘天祯也很注意提供证据，常道“因未见原书，不便讨论”。为此，他尽可能在其论文中提供相应的影印件以为说明。如其在探讨《题奏事件》时附录了“《题奏事件》乾隆三十八年版”“南图藏公慎堂活字印单张”几种活字影印件[③]，以为凭证。潘天祯还补充了对胡正言、毛扆的家世生平的研究，丰富了我国印刷史的人物研究。

潘天祯的这些研究，跟南京图书馆丰富的古籍特藏有很大的关系，如该馆的馆藏精品有明活字印本《璧水群英待问会元》、明活字本《晏子春秋》、清道光二十七年翟金生泥活字印本《仙屏书屋初集诗录》等；明代彩色套印版画的代表作《十竹斋书画谱》、清芸叶盦刻六色套印本《杜工部集》、明万历四十八年闵齐伋刻三色套印本《楚辞》等；明汲古阁刻本《筠溪牧潜集》七卷、“汲古主人”递藏的明代抄本《乐府雅词》三卷《拾遗》二卷以及中国最早的妇女报纸《女学报》等[④]。由此也可看到，研究必须建立在文献的基础上，不能有任何投机取巧的想法。

四、结语

关于潘天祯先生的著述，辛德勇曾评价“个别学者如江苏的潘天桢(祯)先生，虽然提出过很好也很重要的新见解，但却

---

① 潘天祯：《潘天祯文集》，上海科学技术文献出版社 2002 年版，第 108～122 页。

② 潘天祯：《〈对读《中国印刷史》札记的商榷〉之商榷》，载《江苏图书馆学报》1999 年第 6 期。

③ 潘天祯：《乾隆、嘉庆年间所印日报〈题奏事件〉的发现》，载《文物》1992 年第 3 期。

④ 南京图书馆编：《南京图书馆记忆》，南京大学出版社 2007 年版。

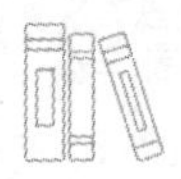

根本不被撰述通论性著述者特别是那些研究印刷史和版本史的大专家所理睬”①。这也是让人比较遗憾的地方。笔者认为可能跟潘先生所做的研究多是纠谬,未能建立系统的体系以及总体上著述相对较少有一定的关系。充当“学术警察”,固然可以纠谬拨乱,但于系统建立自己的学术体系有所妨碍。总体著述相对较少,是因为潘先生非常严谨,分外注意个人学术论文与集体产物的分界线,正如他所言:“工作上的问题,和有关同志共同处理,所写材料,不辑入此稿。工余探索的问题,苟有所得,写成小文,与学界交流,虽尝尽绵薄,实不足与言著作。”②“《书目》(指《中国古籍善本书目》)乃集体编辑,理当统一著录,参加工作者有不同意见,可以保留,但不能各行其是,这和学术讨论是两回事。”③经这样严格的筛选,属于个人著述的部分自然相对较少。尽管如此,潘先生的一些学术考证,如对汲古阁本《说文解字》刊刻情况的推测,也获得了学者的认同。④ 在完成编制《中国古籍善本书目》子部之余,在一些学术问题上自出机杼,坚持自我,潘先生独立的学术精神、严谨的学术态度给后人留下了深刻的印象。

自 2007 年“中华古籍保护计划”实行以来,我国的古籍整理与保护事业蒸蒸日上,对古籍整理与保护做出了突出贡献的人物理当引起研究者的注意。巧合的是,《中国古籍善本书目》的两位副主编,冀淑英为赵万里(字斐云)的弟子,潘天祯为贺

---

① 辛德勇:《咸丰九修〈昆陵徐氏宗谱〉与中国古代的铜活字印本问题》,见宫晓卫主编,韦力执行主编《藏书家 珍藏版 11－13 合订本 上》,齐鲁书社 2014 年版,第 119～120页。

② 潘天祯:《潘天祯文集》,上海科学技术文献出版社 2002 年版,自叙。

③ 潘天祯:《再谈明代无锡会通馆印书是锡活字》,载《北京图书馆馆刊》1993 年第 Z2 期。

④ 林宏佳:《〈汲古阁说文订〉写作模式试探:兼谈汲古阁〈说文〉的评价》,载《传统中国研究集刊》2013 年第 11 辑。

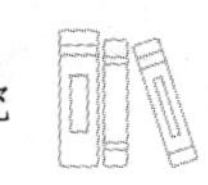

昌群(字藏云)的弟子,都是笔者所要研究的"国立北平图书馆学人"①的传人,称他们为"平馆学人二代"实不为过。赵万里先生还是《中国古籍善本书目》的顾问之一。2011年,国家图书馆出版社出版《芸香阁丛书》,收入顾廷龙、赵万里、冀淑英、潘天祯四人的文集,四人均是《中国古籍善本书目》的顾问、主编和副主编,赵、冀、潘还是笔者所谓的"平馆学人及二代"。"遗编一读想风标",笔者走笔至此,似可想见在一片芸香之中,潘天祯在其"陋室"中摩挲古籍,尽显"汲古"之雅意。本节拟抛砖引玉,希冀学界同仁对潘天祯其人其学展开更多的研究。

① 周余姣:《以书为师,因业成缘——国立北平图书馆学人群体研究述略》,载《图书馆》2018年第1期。

第二章 图书馆学人的著述研究

第一节 图写边疆西江宿

1980年,在邓衍林先生逝世后,地方文献专家于乃义曾致以挽词一首,题为《桃源忆故人——悼邓衍林同志》,具体内容是:"西南联大缔交久,培育天祥诸友。一别卅年思见,图写边疆手。亲承总理开窗牖,善本志乘缉籀。倚枕寄书琼玖,遽陨西江宿。"①该挽词较好地总结了邓衍林的生平和贡献。本书第一章第一节已对其生平和著述予以了详考,总结了其在我国图书馆学史上的学术地位和贡献。现选取于乃义挽词中的"图写边疆",即邓衍林所编制的《中国边疆图籍录》进行专题研究,以更好地了解其对我国边疆史地研究所做的贡献。

一、《中国边疆图籍录》编纂和出版始末

就中国边疆研究来看,根据社会性质的变化可以划分为不同的边疆形态。中国古代的边疆形态,从夏朝开始一直到1840年鸦片战争前,是一种"王朝历史"条件下的边疆形态;而

① 张一鸣选编:《于乃义诗词选》(未公开出版),第242页。

近代的边疆形态，是从 1840 年开始到 1949 年新中国成立，是一种“近代民族国家”的边疆形态；中国现代边疆形态，是从 1949 年以后，是一种新型的社会主义边疆形态。[①] 我国边疆学虽未成学，但学界的相关研究一直未中断。晚清民国时期，就已开展了较多的研究。学者们通常认为：“关注边疆、研究边疆是 20 世纪 30—40 年代中国学术研究的重要组成部分。抗战之前，关注与研究边疆者大多为社会人士或者学生，而主流学界的研究人员并不多见。抗战爆发后，主流学界的传统史地以及新兴的民族学、社会学和语言学等学科之学者，开始关注并研究边疆，并掀起了一轮边疆研究的热潮。抗战前后对比，边疆研究之内容及其重点，从概述性的边地交通、资源、物产与边疆对外关系转到了边疆史地、民族、社会和语言为主的边疆学术综合性研究，并直接导致了‘边政学’理论的提出与构建。边疆研究的这一转向，表明其已经从学术的边缘而进入了学术的中心。”[②]与之相应的就是，边疆史地著作大量涌现。如傅振伦就曾撰有：1934 年的《近三十年来西北边陲所发现的文化资料》《西北近几年来考古学上两大重要发现》、1936 年的《所见南洋侨胞之情况》、1937 年的《西藏银币考》、1941 年的《哈密三日记》《苏联人士在吾国西北边疆探险之成绩》等，主要侧重于边疆考古、边疆方志的研究，并极为注重边疆文献的整理。[③] 就图书馆界而言，图书馆学家对该领域的贡献，主要是提供相应的书目以促进边疆史地和民族学的研究。

---

① 陈钢：《序言》，见郑汕《中国边疆学概论》，云南人民出版社 2012 年版，第 1～8 页。

② 蒋正虎：《从边缘到中心：20 世纪 30—40 年代中国的边疆研究》，载《中国边疆史地研究》2016 年第 4 期。

③ 李国强：《“久而久之，边疆研究必有辉煌的成就！”——记傅振伦教授》，载《中国边疆史地研究导报》1990 年第 6 期。

在边疆史地研究目录方面，浒支曾编有《先秦两汉地理图籍考略》①。1932—1933年度国立北平图书馆馆务报告中曾提及"本年度答复咨询耗时最久者为参谋本部以及国防设计委员会委托调查关于边疆图书目录为最"②。可见，民国时期政府部门就曾委托国立北平图书馆编制边疆图书目录，图书馆界已相当重视此项工作。1933年，时任外交部部长的罗文干曾亲自致函袁同礼，感谢国立北平图书馆为外交部提供的南沙群岛地图等资料，作为政府维护领土主权的参考。③ 1934年，李小缘编制《中国边务书目》。1935年，何多源发表《海南岛参考书目》④，分"海南岛与日本""海南岛概论"等主题。1936年，朱士嘉、陈鸿舜编有《西北图籍——新疆》⑤等边疆图书目录。与邓衍林同在国立北平图书馆工作的年轻馆员，研究地学或历史地理学的还有王庸和谭其骧⑥，他们也编有相应的目录或论著。1936年，邓衍林所编的《元太祖成吉思汗生平史料目录》由中华图书馆协会印行，是迄今稀见的元太祖成吉思汗研究目录，此目录也属于边疆史地研究的重要参考资料。

抗日战争期间，由于西南各省成为抗战建国之根基，对西南问题的研究成为热点。经邓衍林等人倡议，1938年3月11日，国立北平图书馆制定了《国立北平图书馆昆明办事处工作

---

① 浒支：《先秦两汉地理图籍考略》，载《地学杂志》1931年第3期。

② 国立北平图书馆编：《国立北平图书馆馆务报告：二十一年度七月至二十二年度六月》，国立北平图书馆1933年版，第29页。

③ 北京图书馆业务研究委员会编：《北京图书馆馆史资料汇编（1909—1949）》，书目文献出版社1992年版，第381～383页。

④ 何多源：《海南岛参考书目》，载《广州大学图书馆季刊》1935年第2/3期。

⑤ 全根先、陈荔京：《民国时期国家图书馆目录学论著编年》，载《国家图书馆学刊》2013年第3期。

⑥ 谭其骧在国立北平图书馆工作的时间是1932—1935年，在此期间编有《国立北平图书馆方志目录》初编。见谭其骧《值得怀念的三年图书馆生活》，载《文献》1982年第4期。

大纲(廿七年度至廿八年度)》。该大纲明确表示:采访方面,要征购西南文献和传拓云南石刻等;编目及索引事项方面,将由邓衍林编辑西南边疆图籍录和云南书目,袁同礼、万斯年编辑云南研究参考资料,等等。① 邓衍林所编的《中国边疆图籍录》本拟在1939年出版,《中华图书馆协会会报》已有报道:"邓衍林,任职国立北平圕参考组有年,素喜搜访吾国边疆图籍文献,费时十载,近成《中国边疆图籍录》一书,现由商务印书馆付印中云。"②后因受战争影响,邓衍林以为其稿毁于战火。1949年后,南京图书馆存有抄本,但不及全稿的四分之一。幸商务印书馆仍存有全稿清样③,遂于1958年出版。后台北文海出版社于1974年出版影印版。至于其所负责编制的另一目录——云南书目,现未得见,不知是否编成。或其《云南书目》已汇编入《中国边疆图籍录》,因该目录中涉及云南的书目极多;或早已取消该书目的编制,原因在于图书馆学家李小缘1937年所编的《云南书目》(排印不完全,发行300册),收书3000余种④,以及刘修业所编的《云南书目》,可谓已着先鞭。关于图籍的书目,还有王庸所编的《中国地理图籍丛考》⑤等。

二、《中国边疆图籍录》体例

《中国边疆图籍录》,其性质按编者所言:"这是一本关于少数民族地区和我国边疆资料的记录性的书目。"⑥总计55万

① 北京图书馆业务研究委员会编:《北京图书馆馆史资料汇编(1909—1949)》,书目文献出版社1992年版,第550～553页。

② 中华图书馆协会:《会员消息》,载《中华图书馆协会会报》1939年第6期。

③ 邓衍林:《中国边疆图籍录》,商务印书馆1958年版,出版前记。

④ 王樵:《李小缘和〈云南书目〉》,载《云南社会科学》1988年第2期。

⑤ 1947年由商务印书馆出版,1956年出修订版。

⑥ 邓衍林:《中国边疆图籍录》,商务印书馆1958年版,出版前记。

字,参考该书凡例及其内容,其体例大致如下:

(一)《中国边疆图籍录》的分类

本书既为边疆图籍录,不可避免涉及边疆区域划分问题。其对各民族地区的区划分类与中央民族学院出版的少数民族研究资料索引的地域范围和划分颇相近似,但也存在一些差异。典型的特征是该书将蒙古涵括在内,不区分外蒙古与内蒙古。另还保留察哈尔、绥远、西康等地名和类别。

《中国边疆图籍录》的分类体系(详情见本节末尾之附录),先依地区,再以作者时代先后为序,又加入"西夏史料""契丹及辽代史料"等专目,总共分为一般论著、边疆舆图、中国边界关系、西夏史料、契丹及辽代史料、金源史料、元代史料、明代边墙史料、明倭寇史料、丛书及期刊、东北资料、辽宁、吉林、黑龙江、热河、蒙古资料、察哈尔、绥远、西北资料、陕西、甘肃、宁夏、青海、古西域资料、新疆、西藏、西康、西南资料、西南各民族、云南、贵州、广西、四川、台湾、海防资料(附江防)35 大类,用黑体字印刷。这种分类法,结合了形式分类,如"一般论著""边疆舆图""丛书及期刊",又按照朝代分类,如"西夏史料""契丹及辽代史料"等;又融合了按地区和民族分类,如"东北资料""西南各民族"等,将多个分类标准涵盖其中。笔者曾质疑这种分类方法[①],原因在于:依照"把同一类事物按不同的属性标准再分类,经过一次划分所形成的一系列概念就称为子类或下位类(种概念),被划分的类称为母类或上位类(属概念)"[②]的观点,诸如"东北资料"下的"辽宁""吉林""黑龙江"等下属类目,其大小类属性区分明显,应予以区别,计入下级类目。唐贵荣也认

---

① 周余姣:《邓衍林之生平、著述与贡献》,载《中国图书馆学报》2017 年第 1 期。

② 于清文、李振中主编:《简明信息词典》,经济科学出版社 1991 年版,第 122 页。

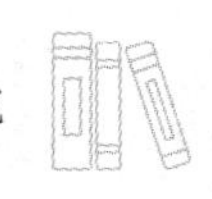

为应将这些下级类目从属上级类目。[①] 但从邓衍林该书的目次判断，其未做详细区别，是设成平行专目的。

这是一个值得思考的分类问题：按照分类的原则，应从同位类进行分类，然而在实践当中，也存在多种情况。邓衍林 1936 年的《中文参考书举要》（初编）就采用形式和内容相结合的分类法，形式上分为书目、类书、字典、期刊、年鉴、会社、传记等类，其他类则从内容上根据刘国钧的《中国图书分类法》进行分类。李小缘之《云南书目》分类，也存在类似的情况，有学者指出："可能令人致疑的是总录下列有两个二级类目：报刊门与丛书门。其余都是按照学科内容分类，此按文献类型，似乎有些不伦不类。"[②]总体而言，书籍分类和知识分类虽有关系，但毕竟难以等同，书籍分类更注重实用性。《中国边疆图籍录》也采用了形式和内容相结合的原则，各大类下，再按朝代先后设类，舆图一般置于最后。层级最多的类是"东北资料"，下分"明、清、民国、附：伪'满洲国'政府出版品、东北舆图"5 类，"民国"下又分为"丛书、通论、历史、地理、政治、国际关系、经济、财政、交通、农林、垦殖、矿业、实业、物产"等类，"国际关系"下又分"东北问题与日本、中日关系"两小类，分类层级达到 4 级。其余分类层级多为 2 级，较为简单。

(二)《中国边疆图籍录》的著录

1.著录形式

《中国边疆图籍录》著录款目的形式一般为：书名、卷数、编撰人姓名、版刻、附注其他有关事项。有多个名字的文献标"又名"或"参见"，并详细著录其他名字。如编者凡例中所提的具有多个异名的《西域闻见录》，在附注中编者称"《西域闻见录》

---

① 唐贵荣：《巧用书目指南》，河南教育出版社 1992 年版，第 219 页。

② 徐有富：《试论〈云南书目〉》，载《大学图书馆学报》2010 年第 4 期。

一书，版刻纷繁，书名各异，然内容皆大致相同，计有下列十种，爰特汇录如次”①，下详列同名书籍。书名中诸如“钦定”“御定”“皇朝”“满汉合璧”“精订附说”“皇明”“丁酉重刊”“御制增订”“汉满”“最新”“最近调查”“大”“新版”“乾隆”“重修”“实测”“御笔”等加在文献上的附加题名，用小括号框住，以示区别。部分小括号，是补上主语，如“(民众抗日同盟军)察哈尔抗日实录”。但在“皇元圣武亲征录一卷”“元亲征录一卷”“(校正)元圣武亲征录一卷”等书的版本渊源中，未能做一辨析。编撰人姓名详细标注，没有作者信息者标注“不著撰人名氏”。该目录中丛书一般详列子目，如“金声玉振集，五十二种，六十卷”“纪录汇编，一百二十三种，二百二十七卷”“皇明逸史，十五种，十六卷”“中国内乱外祸史丛书，三十六册”“辽海丛书，八十七种，五百零九卷”等，下列子目，极为详备。版刻除了标注年号纪年，还附有公元纪年，以便使用者快速掌握。

2.著录存佚以及馆藏地

该目录著录存佚，以备征访。先著录存本，后用波浪线隔开，标明“存目”，其亡佚或未见有传本者悉入“存目”，并载出处，个别类也未如此办理，而是混合著录。罕见的写本、刻本或绘本舆图均标明馆藏地，以便访求(凡国立北平图书馆所藏之珍本均以“＊”号标明)，其他馆藏地有日本静嘉堂文库、天一阁、国立北京大学图书馆、北平燕京大学图书馆、北平东方文化委员会图书馆、南京国学图书馆、德化李氏木犀轩、瞿氏铁琴铜剑楼、奉天图书馆、国立北平故宫博物院文献馆、北平西北科学考察图书馆、上海徐家汇天主教堂藏书楼等。在其1936年出版的《北平市各图书馆所藏算学书籍联合目录》中，也标有馆藏地，可见邓衍林沿袭了此前的做法，以利使用者按目访求

① 邓衍林：《中国边疆图籍录》，商务印书馆1958年版，第185页。

书籍。

3.著录版本

该目录一般先列单行本，再列丛书本，并详细著录版本。个别书籍著录版本极多，如“穆天子传六卷”著录25种版本，“大唐西域记十二卷”19种，“松漠纪闻一卷续一卷”18种，“元朝秘史十五卷”18种，“西京杂记六卷”17种，“西使记一卷”16种，“长安志二十卷”15种，“元史二百十卷”14种，“长春真人西游记二卷”14种，“三辅黄图六卷”14种，“(钦定)蒙古源流八卷”13种，“平胡录一卷”11种，“元史纪事本末二十七卷”10种，等等。尚未出版但已在印刷中的书籍也有著录。编者详列版本，对后人开展相应的版本鉴定极为有利。

(三)《中国边疆图籍录》的注释

如同编者1936年所编的《中文参考书举要》(初编)一样，编者原定的计划是预备写成提要，并且包括外文论著，且已写成一部分。但因在抗日战争中，奔波流徙，只得录为长编，先为付印。编者后来全部稿件连同外文书卡四千多张在日机轰炸西南联合大学学生宿舍时①被毁。但在该目录中，编者加注了多条按语和丛书子目，似仍可看出编写提要的痕迹。其所加的按语和注释，极有参考价值，主要有：

1.说明书籍价值

如在《调查库伦各卡伦奏折并卡伦舆图》②四册中，编者下注有按语：“按此为宣统三年调查之俄蒙界线图，从理藩院旧藏档案中散出，今归国立北京大学图书馆，该校教授孟心史(森)先生著有考证，载于民国二十五年九月国立北平图书馆出版之

---

① 其时邓衍林在西南联合大学师范学院教育学系就读研究生。

② 〔清〕三多编：《调查库伦各卡伦奏折并卡伦舆图》，清宣统三年(1911)钞绘本。

《图书季刊》三卷三期，可资参阅。”[①]该小注将该书来源、馆藏地、研究现状均做了指示，引导后人开展研究。又如《湛然居士集》十四卷[②]，编者的按语为：“书中多关于蒙古西域诗文，楚材尝从成吉思汗至西域，恰与长春真人同时，其诗中与真人唱和者极多，可与西游记并重。”[③]该小注将书籍的内容、作者、书籍的价值都有所揭示。此处的《西游记》，是长春真人丘处机所撰的《西游记》，而非明代吴承恩所撰的小说《西游记》。诸如此类的注释，颇似简单的提要，有助于读者了解书籍内容、价值以及作者等情况。

2.补充说明

在该目录大类“古西域资料”下编者注为：“清以前关于西域之记述及考证均归入此类，其关于新疆之著述另见新疆。”[④]此处注释用以说明编者的分类依据。也有解释编者为书赋名的原因，如：“拜朱堂西域杂钞，拜朱堂钞本一册”下注为：“北平东方文化委员会图书馆藏，原书无书名，此据原书内容由该馆增补。”[⑤]诸如此类，编者认为需要说明的地方，均详细注明。

3.纠谬或辨析

小注的作用，有些是纠谬，如第187页著录“回疆通志十二卷”，注曰：“书贾误题：回疆全览。”[⑥]另外还有辨析之类，如“从征实录”下注为：“序文前及书签均题《延平王官杨英从征实录》，按延平王即郑成功。”[⑦]此类小注，颇有资考证。

---

① 邓衍林：《中国边疆图籍录》，商务印书馆1958年版，第14页。

② 〔元〕耶律楚材：《湛然居士集》，浙西村舍丛书本。

③ 北京图书馆业务研究委员会编：《北京图书馆馆史资料汇编（1909—1949）》，书目文献出版社1992年版，第36页。

④ 邓衍林：《中国边疆图籍录》，商务印书馆1958年版，第176页。

⑤ 邓衍林：《中国边疆图籍录》，商务印书馆1958年版，第190页。

⑥ 邓衍林：《中国边疆图籍录》，商务印书馆1958年版，第187页。

⑦ 邓衍林：《中国边疆图籍录》，商务印书馆1958年版，第311页。

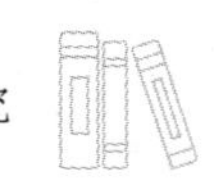

郑樵对目录编制中提要的撰写持“泛释无义论”，并在其《通志·艺文略》中积极实践。笔者赞同郑樵“书有应释有不应释”的观点，认为不必为每部书都撰写提要。邓衍林此编中对某些著作加了按语，恰恰与郑樵“书有应释有不应释”的观点一致，是十分可取的。

(四)《中国边疆图籍录》的其他特点

1.舆图处理

历来舆图的著录问题，多为目录学家所重视。如郑樵就痛心“图谱之学不传”。在他的《通志·图谱略》中，他对任宏校兵书附图以及王俭《七志》中专设“图谱志”予以赞赏，对向、歆父子不能收图以及阮孝绪“散图而归部录”表示不满。[①] 在该目录中，邓衍林制定了详细的办法：所选舆图以有关史地者为限，其府县镇市舆图概不著录。绘本舆图均以原图签注录其地图名称，绘进人姓名及绘制时代，无签注者参考其他记载补注之，无可考者从阙。有关史料足资考订者则于附注中附记之。每图比例以原图图例所注为准，例如二十万分之一则简记为 1∶200000；或每格画方计里若干。板框大小则用公尺计算，以公厘（毫米）为单位。各图之特殊装潢形式依原图记录。编者于所著录的图下，多以小注附注舆图之信息，非常详尽。如编者著录：“《（皇明）职方地图》三卷，（明）陈祖绶编制。明崇祯九年（1636）刻本 * 残存三册 比例每方格百里或二百二十里五百里不等 板框 33.5×44.0（是图为清代禁书，所绘除《一统图》《两直隶及十三布政使图》外，尚有新旧《九边图》《七镇图》十五幅，《严大防山川图》四幅，《河漕海运图》二幅，《海防图》一，《日本岛夷入寇图》一，《方仆牧马总辖地图》一，《朝鲜朔漠安南四域

① 周余姣：《郑樵与章学诚的校雠学研究》，齐鲁书社 2015 年版，第 118 页。

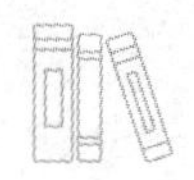

图》各一,及《岛夷图》等。各图有画方,据凡例云每方百里,边镇每方五百里,或二百五十里。各图附表说)”[①]诸如此类,不避繁琐,一一为之注明,参考价值极大。

2.多语种书的处理

该目录著录多语种书,尤其是译书不少。日文书籍方面,如“《支那疆域沿革略说》,(日本)重野安绎,河田熊同撰,清光绪二十八年(1902,明治三十六年)东京富山房刻本一册——清光绪末中国舆地学会铅印本一册”[②]。对于其他语种译书,也通常著录英文或其他语种书名。如“东蒙古辽代旧城探考记(法)穆里著(Mullie,J.)(民)冯承钧译 民国十九年(1930)上海商务印书馆铅印本 一册(尚志学会丛书)Jos Mullie: The Exploration of the Ancient Cities Eastern Mongolia in the Liao Dynasty”[③]。通过这种方式,著录原书作者、书名等详细信息,以供查考。对于少数民族语言书籍,如满文、蒙文书籍,也多有著录。满文书籍方面,国立北平图书馆李德启等人早已编制满文目录多种,为邓衍林提供了良好的资料基础。李小缘的《云南书目》也曾著录英、法、德、日等语种书640余种,可见著录多语种书已成近代目录的新特点。惜乎邓衍林所编的外文卡片在战争中被炸毁,所以收录不多。

三、《中国边疆图籍录》的学术价值与不足

(一)《中国边疆图籍录》的学术价值

1.收录范围极广,为专业学术研究提供了资料和线索

从地域上说,该目录以全国边疆为范围,包括边疆区域及

---

① 邓衍林:《中国边疆图籍录》,商务印书馆1958年版,第8页。

② 邓衍林:《中国边疆图籍录》,商务印书馆1958年版,第6页。

③ 邓衍林:《中国边疆图籍录》,商务印书馆1958年版,第27页。

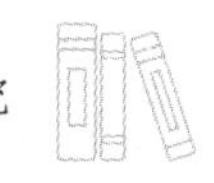

各民族地区，凡有关边疆史地资料及各民族之文献记载，都在编制范围之内。

从时间上说，从所知文献最早时期——汉朝一直收录到1939年以前(原拟出版年份)，著录各种文献8000种。如前所述，该编在各朝代年号以及民国纪年后，用小括号再标以公元纪年，以便查考。

收录范围的广泛，有利于后人按目查书。如有学者凭借该目录的提示，在国家图书馆善本特藏部找到了乾隆内府抄本的《理藩院则例》。[①] 也有学者依据该目录的著录得以考订《西域考古录》的版本。[②] 该编也因之获得了学界的赞誉，学者们认为："集中谈及边疆典籍的，当首推邓衍林所著的《中国边疆图籍录》。该书包罗颇丰，其中北边、东北、西北诸门类内著录的明代边疆图籍350余种(各类内间有重出者)，均为明代蒙古史有关的资料。"[③]可见，该目录提供了颇为详细的文献资料查找线索。

2.继承了传统目录的优点，在专科目录编制上继承并发展

该目录继承了传统目录的优点，如采用互著的形式，对一书多名者或著者署别名者予以互见著录。对于资料之参考，编者另有推荐，则标曰"参见"。如在本编中仅择方志中重要之省志著录之，其他地方志资料，编者提请读者参阅朱士嘉编《中国地方志综录》，称该目录在方志一途上更为详备。从这一点上来说，编者的目的是试图达到如章学诚所说的"使之绳贯珠联，无少缺逸，欲人即类求书，因书究学"的学术状态。

---

① 赵云田：《清代西藏史研究》，社会科学文献出版社2014年版，第198页。

② 司艳华：《俞浩及〈西域考古录〉研究》，新疆师范大学2012年硕士学位论文，第7～8页。

③ 王雄、薄音湖：《明代蒙古史汉籍史料述略》，载《内蒙古大学学报(哲学社会科学版)》1982年专刊。

编者在校订过程中，修改了关于少数民族和革命势力的侮辱名称。但有些官书，如称太平天国的起义为“粤匪”，把回族起义称为“逆乱”“回乱”，此外还有“苗匪”“倮匪”“逆犯”，原书书名如此，不便删改，则保持原样。这方面坚持了“名从主人”的原则，是值得赞许的。

3.运用现代图书馆学的知识，完善目录的编制

索引是近现代书目的一个重要组成部分，是实现便利检索的主要方法。该书书后还附有《书名索引》《著者索引》《笔画检字表》，用四角号码排列，极大地便利了研究者使用。这些附录部分，占据了总篇幅的四分之一。此外，该书还收录了期刊等近现代出现的文献类型，拓展了文献搜集范围。

总之，笔者认为，该目录的体制颇类似郑樵的《通志·艺文略》，在著录上“通纪有无”，在提要编写上参照“书有应释有不应释”的观点。邓先生虽未提及郑樵，但在目录编制上，仍可以寻绎到二人目录编制上的相似之处。

(二)《中国边疆图籍录》的不足

1.未标文献来源

邓衍林编成此目，应有其文献来源，但编者未予说明，殊为遗憾。如1918年国立北平图书馆前身京师图书馆编成《舆图目录》(未刊行)，1930年向达所编的《汉唐间西藏及南海诸国古地理书叙录》，北平图书馆协会丛书联合目录委员会所编的《北平各图书馆所藏丛书联合目录》，1931年谢国桢所编的《清开国史料考》，1932年李德启所编的《满文书籍简明目录》，1933年王庸、茅乃文所编的《北平图书馆中文舆图目录》，李德启编、于道泉校的《满文书籍联合目录》，国立北平图书馆所编的《舆图版画展览目录》，1936年朱士嘉、陈鸿舜所编的《西北图籍——新疆》，1937年王庸、茅乃文所编的《国立北平图书馆

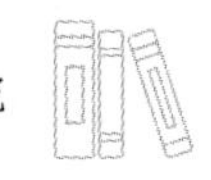

中文舆图目录》续编，等等。[①] 还有顾颉刚主持的《禹贡》期刊上刊发的诸多边疆目录，均应是编者所能接触到并可参酌的对象。邓衍林在国立北平图书馆工作近十年，处于学术文化的中心，对馆内外的目录成果不可能一无所知。对前人的相关成果，应标明文献出处和来源，才是尊重同侪、方便后人研究的做法。

2.失于文献考订

该目录涉及书籍近万种，疏于考订，不免存在错误。如该书第 20 页所著录的“《西夏经义》十三种二十一卷，(清)何西夏撰，清光绪十四年(1888)重印道光刊本，二十二册”，曾有多名学者即指出邓衍林将何西夏[②]的《西夏经义》(实为经学书籍)人名误作古代的国名。另有彭端淑《萃龙山记》仅三百八十四字，邓先生也登载在其中[③]，将文章误为书籍[④]。此外尚有《西夏始末记》《西夏录》等 8 种书，为学者指出“以上各书所谓西夏或夏，系指明玉珍所建夏国，或指今河套宁夏等地之当代边事，皆与拓跋西夏无涉”[⑤]。此夏国位于元末蜀地，与西夏无干，或可多加辨析，此处为人指谬甚多。另有学者指出，邓衍林将《平定两金川得胜图》《平定川郊劳图》列入舆图类，实际上二图并非地图，而是图画。[⑥] 这些都是郑樵所讥刺的“见名不见书”，未能检核原书而导致的错谬。此外，“契丹及辽代史料”中“乘

---

① 全根先、陈荔京：《民国时期国家图书馆目录学论著编年》，载《国家图书馆学刊》2013 年第 3 期。

② 何西夏，夔州万县(今重庆市万州区)人，名何佩融。所著有《周易本意》《易经图说》等多种，总名《西夏经义》。以诸人皆称西夏先生，则西夏或是其号。

③ 王绍曾、杜泽逊：《我们是怎样编纂〈清史稿艺文志拾遗〉的》，见杨牧之主编《古籍整理与出版专家论古籍整理与出版》，凤凰出版社 2008 年版，第 519～530 页。

④ 从另一个角度亦可以说，该目录还拓展到了文章篇目的著录，当然这是个例。

⑤ 吴天墀：《西夏史稿(增订本)》，四川人民出版社 1980 年版，第 379 页。

⑥ 蓝勇：《从“备边图”到“界务图”的嬗变：中国西南历代边舆图编绘思考》，载《思想战线》2015 年第 5 期。

轺录一卷"有两个不同的著者和出处，一为"(宋)路振撰，指海本，说郛本"①，一为"(宋)路发撰，(郡斋读书志著录)"②。笔者查阅相关书籍，只有宋路振(字子发)所撰的《乘轺录》。而《郡斋读书志》卷七伪史类所著录的是："《乘轺录》，一卷，右皇朝路振子发撰。振，大中祥府初使契丹，撰此书以献。"可见，编者把同一书误成两书著录。似此书名、卷数、时代相同，作者姓名近似的，应予以细致辨析。其他的错误还有，如把《银川小志》的作者汪绎辰错成王绎辰③，等等。

3.疏于文献统计

编者自谓该目录所编书籍8000种，也有说近万种，但遗憾的是，该书每类后并没有尾题以计数，不知其数确否。对于目录尾题，学界已有研究，并通常认为："《汉志》中的尾题是由古代文献的尾题发展而来。古代文献在全书末或篇章末往往有统计该书或该篇总字数和总的篇章数的文字，1973年发掘的湖南长沙马王堆汉墓帛书中的书籍即有许多尾题。"④所谓的"尾题"，一般是古代目录对"每一类"以及本目所收所有文献篇卷数量的统计，这类统计文字称为尾题或尾数。笔者曾对宋郑樵《通志·艺文略》中的分类数目计数以及致误之由进行了详细的分析。⑤ 如果编者在编制书目时进行每一类的文献统计，并在最后给出总数字，能使目录的参考价值更大。而于编者而言，编目时随手进行统计是很方便的。现在缺失尾题，为读者研究该书目增加了障碍。后人再编制书目时，或可多加注意此

---

① 邓衍林：《中国边疆图籍录》，商务印书馆1958年版，第22页。

② 邓衍林：《中国边疆图籍录》，商务印书馆1958年版，第23页。

③ 陈健玲：《〈(乾隆)银川小志〉述评》，载《宁夏社会科学》2003年第6期。

④ 来新夏、柯平主编：《目录学读本》，上海交通大学出版社2014年版，第170页。

⑤ 周余姣：《郑樵与章学诚的校雠学研究》，齐鲁书社2015年版，第96～99页。

问题。

李小缘的《云南书目》编订后,也存在不少错漏。“云南省社科学院有鉴于书目的价值,在确定对原书不作较多变动的原则下,将书目交由文献研究室作一些必要的校补,正式重印发行。”①将来或可参照《云南书目》校补例,由相应的研究人员或机构为《中国边疆图籍录》做一校补工作,以资利用。

四、《中国边疆图籍录》之学术影响

邓衍林曾论述书目参考是:“一种生产性的劳动,积流成渠的劳动(由散漫到集中),细水长流的劳动(由片段到积累),科学工作的劳动(由广泛到专精)。”②因此主张书目编制国家化,由国家来统一组织,有方向有组织的分工进行。这也是他后来被任命为全国图书联合目录编辑组组长并矢志于联合目录事业的原因。他编制了多种书目,在目录学上贡献较大。

此目录编制历时 10 年,艰苦备尝,特别是目录编制后期,是在云南躲空袭、跑警报中完成的。编者自谓“缺乏翻检原书的条件”“整理分类的工作做得不够细致”。虽存有以上缺憾和错误,但瑕不掩瑜,该目录仍是“查考我国历代有关边疆图书资料的重要工具书”③,被誉为“我国学术界第一部甚至可以说是截今为止仅有的一部较为系统的边疆学目录著作,编辑上的开创性,收录图籍之广泛,实为我国边疆学、边疆史地研究的发展做了一件好事”④。该目录与李小缘的《云南书目》被评价为

---

① 王樵:《李小缘和〈云南书目〉》,载《云南社会科学》1988 年第 2 期。

② 皮高品编,邓衍林讲:《图书分类法/参考工作与基本参考书》,国家图书馆出版社 2013 年版,第 15 页。

③ 王明根、吴浩坤、柏明:《文史工具书的源流和使用》,上海人民出版社 1980 年版,第 73 页。

④ 林荣贵:《〈中国边疆图籍录〉简介》,载《中国边疆史地研究导报》1989 年第 6 期。

“最有影响力”，并且是“研究边疆问题及民族历史必不可少的参考资料”。[①] 奥尔布里希特(P.Olbricht)于该书出版当年就在法国的《汉学书评》(*Revue Bibliographique de Sinologie*)上对该书做了推介。美国著名汉学家费正清(John King Fairbank,1907—1991)曾在其研究中说道：“欧文·拉铁摩尔的《中国的亚洲腹地边疆》一书，仍旧是所有研究亚洲腹地学者的基本读物。最易看到的赛诺所编的《中部欧亚大陆研究介绍》是一部列举欧洲文著作的总书目，但其中有关1800—1862年清朝亚洲腹地的著作很少。中文著作书目有邓衍林编的《中国边疆图籍录》。”[②]可见该目录在国际汉学界也引起了关注。李永明借此曾论费正清的汉学研究得法：“费氏提供的两部书目著作中还有邓衍林的《中国边疆图籍录》，这种书目介绍中又包含着书目著作的介绍，多少含有引文追溯法的色彩。所提供的文献线索无疑被拓宽了。”[③]1962年，袁同礼在美国编成《新疆研究文献目录》，应与此前朱士嘉、陈鸿舜、王庸、邓衍林等人所整理的边疆研究资料有关。总之，该书在边疆地理研究方面，提供了重要的查找线索。[④]

专门之学，不可无专门目录之书。除了《云南书目》，李小缘还曾编制过多种边疆书目，如《蒙古书目》《新疆书目》《西藏书目》《黔书目》等，可惜都没有编成。当代的边疆书目编制，仍然不少。如新疆大学所编的《新疆大学图书馆藏古籍书目》第2辑中的《新疆资料书目二编 西北边疆资料书目一编 地方志

---

① 包和平：《我国古代汉文民族文献书目概述》，载《图书与情报》2002年第3期。

② [美]费正清、[美]刘广京编，中国社会科学院历史所编译室译：《剑桥中国晚清史 1800—1911年 上卷》，中国社会科学出版社1995年版，第654页。

③ 李永明：《工欲善其事 必先利其器——谈美国汉学家费正清的书目提要》，载《图书馆论坛》1993年第6期。

④ 吴浩坤：《如何查考中国古代的人名地名》，载《历史教学问题》1982年第4期。

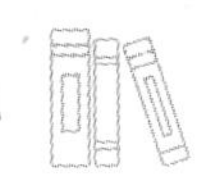

书目收藏》[1]。每当需要查考资料时，目录的巨大作用就显示出来了。我国图书馆学、情报学专家沈固朝（也从事中国边疆史地之南海部分的研究）在承担海南中越北部湾海疆谈判的课题时就深有体会。最初有关这一问题的调查记录只有寥寥数张纸，必须借助边疆目录方能凑其功。为此目录学家彭斐章才在《目录学不“冷门”很致用》一文中说：“如果没有《东西南沙群岛资料目录》《中国边疆图籍录》等一批目录工具，要从文献的汪洋大海中淘取出十几万字恐怕是天方夜谭。”就钓鱼岛等边疆问题，国家图书馆编辑了多种书目著作，其中影响较大的有2015年的《文献为证：钓鱼岛图籍录》[2]、2016年的《南海诸岛图籍录》[3]等。这些图籍录“以录存书”，方便时人或后人“因书究学”，对维护我国领土主权完整提供了文献依据，有着深刻的学术意义和现实意义。今天我们再去回看邓衍林先生的《中国边疆图籍录》，才能感受到先驱者在编制边疆史地目录上所具有的开创性意义。

附录：《中国边疆图籍录》分类体系

1.一般论著　晋、唐、宋、元、明、清、民国、附外交史料

2.边疆舆图　宋、明、清、民国

3.中国边界关系　中朝边界、中朝边界舆图、中俄边界、中俄边界舆图、中缅边界、中缅边界舆图、中越边界、中越边界舆图

4.西夏史料　宋、明、清、民国

---

① 新疆大学图书馆编：《新疆资料书目二编 西北边疆资料书目一编 地方志书目收藏》，新疆大学图书馆1985年版。

② 国家图书馆中国边疆文献研究中心编著：《文献为证：钓鱼岛图籍录》，国家图书馆出版社2015年版。

③ 国家图书馆中国边疆文献研究中心编著：《南海诸岛图籍录》，国家图书馆出版社2016年版。

5.契丹及辽代史料　五代、宋、辽、金、元、明、清、民国

6.金源史料　宋、金、元、明、清、民国

7.元代史料　元、明、清、民国

8.明代边墙史料　明、明九边舆图

9.明倭寇史料　明、清、民国

10.丛书及期刊　（通论、东北、蒙藏、西北、西南）

11.东北资料　明、清、民国[丛书、通论、历史、地理、政治、国际关系（东北问题与日本、中日关系）、经济、财政、交通、农林、垦殖、矿业、实业、物产]、附：伪“满洲国”政府出版品、东北舆图

12.辽宁　明、清、民国、辽宁舆图

13.吉林　宋、金、清、民国、吉林舆图

14.黑龙江　清、民国、黑龙江舆图

15.热河　明、清、民国、热河舆图

16.蒙古资料　汉、隋、唐、宋、金、元、明、清、民国、蒙古舆图

17.察哈尔　明、清、民国、察哈尔舆图

18.绥远　明、清、民国、绥远舆图

19.西北资料　晋、唐、宋、元、明、清、民国、西北全图

20.陕西　汉、晋、后魏、唐、宋、元、明、清、民国、陕西舆图

21.甘肃　汉、晋、北凉、唐、宋、元、明、清、民国、甘肃舆图

22.宁夏　明、清、民国、宁夏舆图

23.青海　清、民国、青海舆图

24.古西域资料　汉、晋、唐、宋、元、明、清、民国

25.新疆　宋、元、明、清、民国、新疆舆图

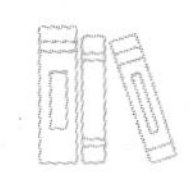

26.西藏 清、民国、西藏舆图

27.西康 明、清、民国、西康舆图

28.西南资料 汉、魏、晋、唐、宋、明、清、民国、西南舆图

29.西南各民族 三国、唐、宋、元、明、清、民国、舆图

30.云南 汉、晋、唐、宋、元、明、清、民国、云南舆图

31.贵州 宋、明、清、民国、贵州舆图

32.广西 隋、唐、宋、元、明、清、民国、广西舆图

33.四川 汉、晋、隋、唐、五代、宋、元、明、清、民国、四川舆图

34.台湾 明、清、民国、台湾舆图

35.海防资料 宋、元、明、清、民国、海防舆图、附:江防(宋、明、清、附:江防舆图)

第二节 临文敬恕以修德

王重民(1903—1975),字有三,号冷庐主人,河北高阳县人。王重民是我国著名的历史文献学家、目录学家、版本学家、图书馆学教育家、敦煌学家。2023年是王重民先生的120周年诞辰,目前《王重民全集》正在加紧编纂中。笔者参与了"《王重民全集》编纂"项目中对《中国善本书提要》及《中国善本书提要补编》中"北图"提要的整理,形成了《国立北平图书馆藏中国善本书录》的文本。整理过程亦是再度深阅读的难得经历,现对此次整理与阅读做一回顾与总结。

一、王重民对善本提要的编纂概况

1947年10月29日,王重民在致胡适的信中对其撰写善本

书提要的工作有所回顾："重民近十年来，编了国会图书馆的善本一千五百种，北平图书馆的二千七百二十种，普林斯敦（顿）的一千种，欧洲的天主教书三百五十种（大致明刻本）。北大的又将近三百种了……很希望到死的时候，能够到一万种明以前刻本书，这就是我的梦想了。"①这是王重民先生自己对其编写善本书提要工作最为完整的叙述，可见著录"一万种明以前刻本书"是王重民在壮年之时的梦想。其撰写善本书提要的工作历程大体如下：

（一）参与《续修四库全书总目提要》的编纂

20 世纪 30 年代，王重民曾参与《续修四库全书总目提要》的编纂。据吴舒静统计②，王重民共撰写了 101 篇提要，涉及敦煌卷子、经部、集部、太平天国文献。王重民在《续修四库全书总目提要》中所撰写的提要，获得了当时及后人极高的评价，如罗继祖论"首册作者四人，王式通、王孝鱼、王重民及江瀚，推王重民所撰最佳，以有敦煌卷子本乃乾隆时不及见者，令人一新耳目"③。吴舒静概括其提要特点为"梳理典籍源流脉络，追本溯源，辨其真伪"④等几大方面，可为定评。

（二）撰写《敦煌古籍叙录》

王重民在巴黎和伦敦为国立北平图书馆拍摄敦煌遗书和罕传善本古籍时，也曾写过一些题记。在巴黎撰写的部分，后辑录成《巴黎敦煌残卷叙录》第一辑和第二辑发表；在伦敦撰写

---

① 北京大学信息管理系、台北胡适纪念馆编：《胡适王重民先生往来书信集》，国家图书馆出版社、安徽教育出版社 2009 年版，第 485～486 页。

② 吴舒静：《王重民所撰〈续修四库全书总目提要〉整理与研究》，山西师范大学 2017 年硕士学位论文。

③ 罗继祖：《日本人续修〈四库全书总目提要〉问世》，载《社会科学战线》1998 年第 4 期。

④ 吴舒静：《王重民所撰〈续修四库全书总目提要〉整理与研究》，山西师范大学 2017 年硕士学位论文。

的部分，王重民将其与其他学人所撰写的相关叙录汇编成《敦煌古籍叙录》，于 1957 年出版。每一篇都注明出处或撰写时间，此也是其早期所撰题记和提要的一部分工作。

（三）编纂美国国会图书馆藏善本提要

1939 年，王重民受美国国会图书馆东方部主任恒慕义（Arthur William Hummel，1884—1975）先生邀请，为该馆整理中国古籍善本，整理期间王重民开始大量撰写善本提要。所撰的善本提要编成《美国国会图书馆藏中国善本书录》，著录了中国古籍 1622 种。这一批善本书，据王重民介绍："美国国会图书馆收藏我国善本古书计一六二二种之多，内有宋刻本十种，有宋太祖开宝八年（纪元九七五年）刻本的雷峰塔所出佛经，元刻本十二种，我学者所称之金刻本亦在内，明刻本一二二二种，内有印本七十二种，清初刻本五十八种，多系禁书或明人批校本，另写本一百廿种，内九种为敦煌写本。"[①]1947 年，王重民回国之后，曾将所撰提要成果《美国国会图书馆藏中国善本书录》交付北京大学出版组出版，当时的报纸已有《美图书馆善本书目 北大承印两月后可出版》的报道。但受到时局的影响，此次付梓未能全部出版，原计划的十二册仅印到八册即终止印行，故只有八册清样一份，现存于北京大学图书馆。[②] 该书目后由袁同礼加以校订，于 1957 年在美出版，名之为《国会图书馆藏中国善本书录》（*A Descriptive Catalog of Rare Chinese Books in the Library of Congress*）。现广西师范大学出版社已将其影印出版[③]。

---

① 《美图书馆善本书目 北大承印两月后可出版》，载《大公报（香港版）》1948 年 6 月 14 日。

② 王子怡、王泽丰：《中美两版〈国会图书馆藏中国善本书录〉的分类与体例研究》，载《古籍保护研究》第十辑。

③ 王重民辑录，袁同礼重校：《美国国会图书馆藏中国善本书录》，广西师范大学出版社 2014 年版。

（四）编纂国立北平图书馆藏善本提要

1941 年，在太平洋战争即将爆发前，为保护国立北平图书馆运至上海的古籍善本，袁同礼、徐森玉、王重民、钱存训等人又挑选了 100 箱善本运至美国国会图书馆寄存。在 1941 年 2 月 4 日、2 月 6 日、5 月 19 日王重民致胡适的信中，曾提及如何偷运出关的种种办法，但受条件限制，未能成功。[①] 后由钱存训设法密运出关。王重民在致胡适的信中也称“此次甲库善本之寄来美国，亦钱存训君出力最大，很有干办才”[②]。在王重民所撰写的元刻本《通志》存一百八十六卷提要中，对此史实亦有所反映：“在抗日战争期间，为了保证古籍善本书的安全，装箱先运存上海，因占面积太大，未能全数运出，不克配齐为憾。”[③]“平馆”善本运美的有 2720 余种，王重民在美为这些善本拍摄缩微胶卷，并撰写提要，这也是本节所重点关注和研究的“北图”提要。

（五）编纂普林斯顿大学藏善本提要

1945—1946 年间，王重民应普林斯顿大学的邀请，又为普林斯顿大学藏的善本书撰写了 960 种提要[④]。后经屈万里删订成《普林斯顿大学葛思德东方图书馆中文善本书志》，于 1975 年出版。研究者根据其手稿确认其所编普林斯顿大学藏善本提要为经部 141 部、史部 212 部、子部 345 部、集部 338 部，总计 1036 种善本。[⑤]

---

① 北京大学信息管理系、台北胡适纪念馆编：《胡适王重民先生往来书信集》，国家图书馆出版社 2009 年版，第 4～7 页。

② 北京大学信息管理系、台北胡适纪念馆编：《胡适王重民先生往来书信集》，国家图书馆出版社 2009 年版，第 264～265 页。

③ 王重民：《中国善本书提要补编》，北京图书馆出版社 1991 年版，第 1 页。

④ 北京大学信息管理系、台北胡适纪念馆编：《胡适王重民先生往来书信集》，国家图书馆出版社 2009 年版，第 471 页。

⑤ 凌一鸣、姚伯岳：《拨开历史迷雾——王重民与普林斯顿大学东亚图书馆渊源始末》，载《国家图书馆学刊》2021 年第 1 期。

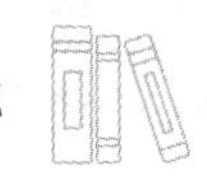

(六)未完之心愿

由上可知,1947 年前,王重民所撰美国国会图书馆、国立北平图书馆、普林斯顿大学藏善本提要共计约 5400 种。1947 年后,王重民回国在北大开办图书馆学专修科,曾有意继续撰写中国善本书提要,但后来只撰写了北京大学图书馆善本提要 600 余种。1948 年,赵万里、王重民所编的北京大学五十周年纪念《北京大学图书馆善本书录》出版,收录北京大学 50 周年纪念会展览的善本书目,分宋刻本、元刻本、明刻本、清刻本、抄本、小说戏曲、朝鲜刻本、日本刻本等 8 类。附录有胡适的《水经注版本展览目录》,还有一篇《图书馆概要》。[①] 此外,王重民又零散撰写了北京图书馆藏善本提要 10 余种。这是其所撰善本书提要之总体概况。

王重民一直关注善本书的编目研究,曾在《读〈中央图书馆善本书目〉因略谈我国的善本书》[②]一文中提出很多建议。1975 年,王重民先生逝世。同年,周恩来总理做出了"要尽快地把全国善本书总目编出来"的指示。[③] 后经刘修业女士整理,王重民所撰善本书提要以《中国善本书提要》[④]之名于 1983 年出版。此后刘修业女士又发现部分提要,编成《中国善本书提要补编》[⑤],于 1991 年出版。二书在善本书提要后大多标注"北图""国会""北大",以区分善本之馆藏地。至此,王重民先生所撰的全部善本书提要才为世人所知晓。从 20 世纪 30 年代撰写《续修四库全书总目提要》开始,王重民撰写提要工作前

---

① 北京大学图书馆编:《北京大学图书馆善本书录》,北京大学图书馆 1948 年版。

② 王重民:《读〈中央图书馆善本书目〉因略谈我国的善本书》,载《大公报(天津版)》1948 年 7 月 12 日。

③ 顾廷龙:《中国古籍善本书目编辑经过》,载《图书馆学通讯》1986 年第 4 期。

④ 王重民:《中国善本书提要》,上海古籍出版社 1983 年版。

⑤ 王重民:《中国善本书提要补编》,北京图书馆出版社 1991 年版。

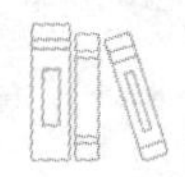

后历时20余年，虽最后未能完成“一万种书”之心愿，亦甚为可观。

二、《中国善本书提要》“北图”提要的整理与阅读

在参与“《王重民全集》编纂”项目的过程中，笔者所在的团队以《中国善本书提要》和《中国善本书提要补编》(以下简称《补编》)为底本，筛选出标以“北图”的提要，先进行光学字符识别形成电子文本，再按原书分类法的类目排列，并进行数次文字校对，形成《国立北平图书馆藏中国善本书录》清稿本，提交至《王重民全集》编纂项目组，将其作为《王重民全集》文献学编的一个重要组成部分出版。《国立北平图书馆藏中国善本书录》整理统计出的提要数共计2771条，其中经部157条、史部991条、子部486条、集部1137条。现对王重民所撰“北图”提要做一基本分析。

(一)《中国善本书提要》“北图”提要的范围与体例

傅振伦在为《中国善本书提要》所作的序中对善本书的范畴做了界定：“现在一般所谓善本书的范畴，包括宋、元、明等朝的刻本，清朝的精刻本和‘禁书’，以及一些旧钞本、校本、精钞本或作者的稿本。”[①]《中国善本书提要》及《中国善本书提要补编》中标“北图”的中国古籍善本，是“善本运美”中明朝及以前的刻本、稿钞本，即主要来自于国立北平图书馆的甲库善本，但仍有35种清刻本，其中著录为“清刻本”的有2种，著录为“清初刻本”的有16种，著录为“清顺治间刻本”的8种，著录为“清康熙间刻本”的8种，著录为“清嘉庆刻本”的1种。标以“清初刻本”或“稿钞本”的善本，也多是王重民进行版本考证后的结果。如明李应昇撰《落落斋遗集》十卷，1933年的《国立北平图

① 王重民：《中国善本书提要》，上海古籍出版社1983年版，傅序。

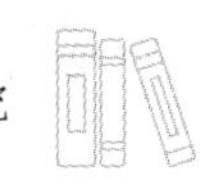

书馆善本书目》题为明崇祯刻本，王重民考证后改题为“清初刻本”。再如，明高鐈撰《渊颖集》四卷，《国立北平图书馆善本书目》题为“明刻本”而置于万历之末，经王重民考证后改题为“清初刻本”。部分版本尽管时代较晚，但因其学术价值较高，亦被收入。如集部别集类清(附录)中，收入清嘉庆十一年(1806)刻本《平津馆文稿》二卷，清孙星衍撰。王重民曾加按语：“按此本是初印校样。凡加圈校改之处，皆出属吏手笔，然后取决孙氏。凡眉间指示去取之处，皆孙氏笔也。如第一篇《拟请复孔子封爵表》，孙氏批云：‘四六内有《钱武功》一篇，祈以此篇易去，感不可言。’”①可见，该书尽管时代较晚，但因为是初印校样，仍被视为善本。

“北图”提要的撰写体例与标注“国会”“北大”的提要相同，分别是：题名卷数、册数、版本[行款]、撰人、撰人介绍、刻印存藏源流、评价、钤印、序跋。遇残本时，在题名后著录“残 存×卷×册”。此外，详细著录序跋也是其体例的一大特点，部分提要亦收录序跋全文。

(二)《中国善本书提要》“北图”提要的特点

1.长短不一，详略从权

王重民所撰提要，长短不一，详略从权。如史部金石类下元钞本《宝刻丛编》残存二卷的提要长达4007字。虽该钞本为残本，只存二卷一册，但王重民经过比较后对其版本价值予以说明：“余曾持校馆藏明钞本，明钞本九负一胜，盖明钞本与陆氏本同出一源，原本破损，移录者有疏有谨，致两本有负有胜耳。此本直从宋本出，卷五所存十六叶，与陆本异者数十条；卷十五所存七叶，约千五百字，陆本全阙，不谓为人间瓌宝，安可得乎？”②后详录其校记和佚文。此是王重民为保留稀见的资

① 王重民：《中国善本书提要》，上海古籍出版社1983年版，第681页。

② 王重民：《中国善本书提要补编》，北京图书馆出版社1991年版，第117～120页。

料，特辑录校记和佚文。再如，史部地理类方志下有明嘉靖间刻本《[嘉靖]寿昌县志》十二卷之提要也较长，全文1734字，因附有《大明永乐十年颁降修志〈凡例〉》一文。之所以附上这篇凡例，亦是因为王重民有感于："今见永乐所颁《凡例》，始恍然余之反因为果也。后出志书，固有钞袭《一统志》之嫌，至其所以千书一律之故，非尽由钞袭，实因遵守此《凡例》，相习成风，俨然定式矣。今人之言方志学者，似犹未注意及此，余故录而出之，俾参考焉。"[①]其余较长的提要，还有史部地理类总志下《寰宇通志》提要1532字，录御制《寰宇通志》序文[②]，史部政书类法令下有《大明律例附解三十卷附录一卷》提要1140字，盖因所附雷梦麟《读律琐言》、杨简《集解》、应槚《释义》、陆柬《管见》四家之说[③]。短者如史部目录类下元刻明印本《汉书艺文志考证》十卷[④]，仅著录版本、行款、板框以及撰人，共28字。由上可知，造成篇幅长短不一的原因是部分提要收录很长的序跋、题记。如子部儒家类下的抄本《盐铁论十卷》[⑤]录黄丕烈、顾千里的题跋，整篇提要共914字。当然也有很多提要是偏于"简目"性质的著录。

2.犹如著述，不惜气力

尽管其时工作繁重，王重民亦不惜气力，为所编提要耗费很多心血，甚至部分提要需花很长时间、很多精力去考辨。如对校本《水经注》，在王重民致胡适的信中提到："上周遇到一部校本《水经注》，斐云说是蒋光煦临写赵琦美、何义门、孙潜夫三家的校本，重民审阅之后，定为赵一清的校本。因为校《水经》

---

① 王重民：《中国善本书提要补编》，北京图书馆出版社1991年版，第98页。

② 王重民：《中国善本书提要补编》，北京图书馆出版社1991年版，第57～58页。

③ 王重民：《中国善本书提要补编》，北京图书馆出版社1991年版，第54页。

④ 王重民：《中国善本书提要》，上海古籍出版社1983年版，第215页。

⑤ 王重民：《中国善本书提要》，上海古籍出版社1983年版，第220页。

的‘赵、戴’‘全、赵’两公案，百年以来，犹在讨论，所以把旧说检阅一次，看和此校本有无关系。初拟写三四百字，后来随查随写，费了七八天的时间，竟写了五六千字。这是编善本书目以来，第一篇费气力的提要。”①可见其撰写提要犹如著述，不惜气力。胡适极为关注《水经注》的研究，王重民亦为胡适核对《水经注》之版本，因此所费工夫极多。

再如前文所列史部金石类下元钞本《宝刻丛编》残存二卷，王重民在提要中对残存的卷五、卷十五的倒叶、补钞状况一一进行了揭示，交代了该书的递藏、避讳、用纸情况，并对几种版本来源予以说明，肯定了其学术价值，再对卷五、卷十五做了校补，录了佚文，倾注心力极多。

3.穷原竟委，揭示来源

王重民所撰“北图”善本书提要中，对钤印一一予以识别并标注，为后人了解“北图”善本来源提供了重要线索。如四种科举题名录“《万历元年云南乡试录》一卷、《万历元年贵州乡试录》一卷、《万历七年河南乡试录》一卷、《万历七年云南乡试录》一卷”以及《钦恤录》均有“天一阁”的钤印。由此可知，这些均为天一阁旧藏的一部分。民国时期，天一阁的部分旧藏曾因盗窃案散出，流落到京沪等古旧书店，国立北平图书馆从这些旧书店购买了不少天一阁旧藏。虽然该馆的年度报告中对这一史实亦有记录，但标明钤印可以更方便查考古籍来源。此外，“北图”提要中，揭示钤以“延古堂李氏珍藏”印的较多，约有100种；揭示钤有“真州吴氏有福读书堂藏书”印的亦不少，有52部。诸如此类，通过揭示藏书印，可以使后人借此了解藏书的源流，这是王重民先生的贡献之一。

---

① 北京大学信息管理系、台北胡适纪念馆编：《胡适王重民先生往来书信集》，国家图书馆出版社2009年版，第107页。

三、《中国善本书提要》"北图"提要整理与阅读之心得

（一）体悟王重民"临文必敬，论古必恕"的学术态度

笔者早年在读王重民的《校雠通义通解》时，即体会到其"临文必敬，论古必恕"的可贵学术态度。王重民为学极为平和，主张对前人之研究须"敬"且"恕"，几无诋诃前人的不良学术习气。在史部政书类军政下明万历间刻本《筹边纂议》残存七卷提要中，王重民对撰人郑文彬之学作了客观的评价，其谓："余读其传，又绎其书，殊觉文彬是一忠实人，肯苦干，其著是书也，一如其做官。文彬平素读书不多，故不应以鸿博责之，惟其肯忠实苦干，于当地当时史料，保存不少，遂不失为一部好著作。是书不见诸家著录，杨元祥序称凡八卷，今存卷一至卷七。[卷六分前后。]"①

王重民对时人之研究保有敬慎的学术态度。时人赵万里（字斐云）自 1928 年起开始为国立北平图书馆藏善本书撰写提要并陆续发表，1930 年发表了《北平图书馆善本书志》（明别集类），1933 年出版了《国立北平图书馆善本书目》；1935 年，赵录绰（字孝孟）所编的《国立北平图书馆善本书目续编》出版。王重民将这些研究成果都当作撰写提要的重要参考资料，在尊重时人已有研究的同时，又对部分内容进行重新考证并提出疑问。如，赵万里作为王国维的弟子曾整理王国维遗著，但史部政书类职官下的明正德间刻本《大唐六典》三十卷为王国维手校，却未被收入。王重民经考订称该刻本："卷内有'吴郡赵颐光家史志''蒋印士弘''静安''王国维'等印记。先生已著其要于《庚辛之间读书记》中；此本尚有题记数则，可与《读书记》互相发明，斐云何以不编入《观堂别集》内？"②并于其后转录

① 王重民：《中国善本书提要补编》，北京图书馆出版社 1991 年版，第 40 页。

② 王重民：《中国善本书提要补编》，北京图书馆出版社 1991 年版，第 33～34 页。

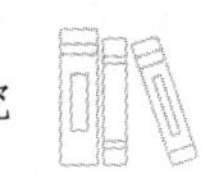

9条王国维的题跋。这对补充整理王国维遗著无疑是有帮助的。

王重民对赵万里所编书目疏于考察的地方进行了补充考证,并提出合理质疑。如赵万里对集部别集类明下明崇祯间印本《西楼全集》十八卷著录为“重刻”,王重民疑其并非重刻,并提出三个疑点,然后称:“余因是疑庆宲在江南,仅刻《诗选》二卷,而遣人就西楼依旧版改刻尔缵一行,刷印若干部,诡称在江南重刻,意在制造一部新羔雁,以为个人与子孙交接官吏缙绅之阶。明季士风败丧之余,出此败门德之事,不仅一庆宲也。而后之编书目者,偶一不察,辄为所诳;斐云所编善本书目,正其例也。”①王重民与赵万里亦常就编善本书目的问题讨论,指谬有利于完善编目工作。

王重民对古籍编目中因疏漏而产生的错误,经考证后一一指出并纠正。如在《遯庵诗集》十卷《遯庵骈语》五卷《续骈语》二卷提要中,王重民考证了该书版本后认为不应是《国立北平图书馆善本书目》著录的明刻本,而应是清刻本。该条提要写道:“《北京图书馆善本书目》②题为‘万历刻本’,殊疏忽!余方考高鐈《渊颖集》为刻于清顺治八年以后,而《北京图书馆善本书目》题为明刻;是集首叶‘校’字作‘较’,若果为万历所刻,亦必有故,凡此目录学上常识,万万不应轻易放过,纵不暇检原书,亦必求其他故,方能减少差误。”③在集部别集类明下有清初刻本《渊颖集》四卷提要中,王重民考证了该书版本后同样认为《国立北平图书馆善本书目》的著录有误,提要写道:“卷二《芦中诗》之末《除夕悲歌》,首记甲申亡国事,卷三《依云诗》皆顺治初五年间中所作,或游抱阳,或居白洋淀侧,盖即《县志》所

① 王重民:《中国善本书提要》,上海古籍出版社1983年版,第659～660页。

② 应是《国立北平图书馆善本书目》,下同。

③ 王重民:《中国善本书提要》,上海古籍出版社1983年版,第662页。

谓从孙奇逢游时也。卷四《浮家》为南游吴、越所作,时当顺治七八年矣!《北京图书馆善本书目》漫题曰'明刻本',而置于万历之末,殊为疏忽!"①

王重民还对他人之编著提出可供完善的建议。在史部传记类别传下明崇祯间刻本《杨大洪先生忠烈实录》二卷提要中,他曾提及"按《千顷堂书目》卷十云:'《杨忠烈实录》德安知府胡□为杨涟作',不著卷数,且空继先名,当由未见。近人谢国桢撰《晚明史籍考》亦未著刻本,盖亦未见。检陶湘《明毛氏汲古阁刻书目录》亦失载,可见传本之罕觏。然余十余年间共见三本,则传本并不少。余所见别本多崇祯元年李长庚序及周嘉谟《表忠歌》。是书卷一载涟奏疏及狱中绝笔等作,卷二则其子鸣冤揭也。"②这里为前人黄虞稷、陶湘及时人谢国桢之著录进行补缺。谢国桢为王重民之同事兼好友,在为《中国善本书提要》所作的序中亦提及王重民对其纠误一事:"《美国国会图书馆书录》……所著的提要,引经据典,叙述很有份量。书中也提及贱名,纠正我所写《晚明史籍考》中的错误,实在为之感愧。"③在钞本《顺天府志》残存二卷提要中,王重民在检核《永乐大典目录》及《永乐大典》天字韵后,也对缪荃孙《艺风堂藏书记》的相关内容进行了纠偏:"缪本殆未记所引卷数欤?""缪氏欲专指为某书,未免多事。""缪氏以《大典》原文为《洪武北平图经》或《永乐顺天府志》为一误,以洪武为永乐为再误。"④王重民如此做,是"为读者醒目"故。

诸如此类,古籍编目中不免有各种疏漏和错误。前人开拓,后人为之弥缝,也是应有之理。如杨殿珣在序中言:"《四库

---

① 王重民:《中国善本书提要》,上海古籍出版社1983年版,第678页。

② 王重民:《中国善本书提要补编》,北京图书馆出版社1991年版,第21页。

③ 王重民:《中国善本书提要》,上海古籍出版社1983年版,谢序。

④ 王重民:《中国善本书提要补编》,北京图书馆出版社1991年版,第59页。

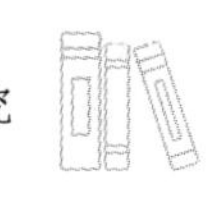

提要》中不著事迹之著者，有三则依据各书，多为补缺。”[①]王重民涉猎广泛，常据地方志补缺失的著者事略。

(二)感知王重民致力于学术研究的学术性情

王重民一生以学术为业，孜孜矻矻，以苦为乐。崇尚“人一能之己百之，人十能之己千之”的苦读奋斗的精神，在其所写的提要中，亦有部分提要以强烈的感情色彩表达了此种态度。

如在子部杂家类杂编及其他下的明天启间刻本《醉古堂剑扫》十二卷提要中，王重民称：“按是编杂辑古今格言，分为醒、情、峭、灵、素、景、韵、奇、绮、豪、法、倩十二部，观此命题，可知其概。其所取材，上自《史》《汉》，下至《闲情小品》《小窗五纪》，凡五十种，则又知其内容，当更下《小窗》《闲情》一等。卷端参阅姓氏，列陈继儒、何伟然、吴从先等八十四人，可谓一部‘明季无聊人谱’！士风至此，国社焉得不亡！卷背书估标价二百元，今人宝爱此类无聊书至此，人生又那能走上正道？余簿录至此，有深慨焉。”[②]王重民痛批该书“无聊”，不仅痛惜明末学风不正致有亡国之痛，亦对今人推崇喜爱此无聊书表达了愤慨。

另在集部别集类明下有明万历间刻本《小詹子尺牍》二卷，原题“新都詹万善长卿著”。王重民在提要中云：“按周继序：万善以邑茂才得减赀入太学，此尺牍即刻于读书南雍时也。余尝谓明人不务实学，即尺牍亦无非肤泛语；盖其流于肤泛也，而明人益欲为之。长卿一太学生耳，便交接气类如此，尚何暇伏案读书耶？”[③]王重民在此再次痛惜青年士子读书态度不端，在本该认真读书时却写肤浅无聊之书，学风颓废。

此外，王重民对为学疑惑之处，也有着一探究竟的急切。在明钞本《黄杨集》六卷提要中，王重民称“按傅沅叔先生《藏园

① 王重民：《中国善本书提要》，上海古籍出版社1983年版，杨序。

② 王重民：《中国善本书提要》，上海古籍出版社1983年版，第350页。

③ 王重民：《中国善本书提要》，上海古籍出版社1983年版，第650页。

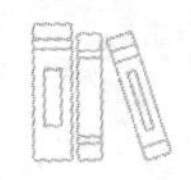

群书题记》卷五有《校黄杨集跋》，曾用此本以校世行三卷本，得多诗文二百十四首，并云：'各卷题目相同者，而字句往往大异。'疑为沅叔先生校是书时，命校官用三卷本所校。相隔数万里，恨不能一询其然否？"①王重民通过其好友孙楷第，与傅增湘结有师生之谊，曾请傅增湘为其所辑的《日本访书志补》题签，并过录傅增湘的《郘亭知见传本书目》中的批语②。在编目中遇到问题，虽相隔万里，仍想到要向傅增湘先生"一询其然否"，可见其对学术研究的审慎态度。

四、结语

傅振伦、杨殿珣在其所作序中均认为《中国善本书提要》及《补编》做到了"辨章学术、考镜源流"，是极有参考价值的善本书录。20 世纪 90 年代，在《中国古籍总目》的编制过程中，王重民在古籍编目上的成就屡被后人提起。如王绍曾提及："我最钦佩的是王重民先生。他既是通才，又是专家，更精通目录版本之学。"③王重民之所以取得如此大的成就，与其在各大图书馆，如国立北平图书馆、美国国会图书馆、普林斯顿大学东亚图书馆、北京大学图书馆等"读万种书"的工作经历和学术经历有关。《中国善本书提要》及《补编》中标注"北图"的这批甲库善本书，后被运至我国台湾地区存藏，现大陆学者可依据王重民当年在美所拍的缩微复制胶卷以及所撰的这些提要，窥见这批书之大体情况。笔者通过参与整理王重民先生所撰的"北图"提要，一方面了解了这批善本书的基本情况，另一方面再次感受到了王重民先生的严谨求实的优良学风。刘修业为王重

① 王重民：《中国善本书提要》，上海古籍出版社 1983 年版，第 546 页。

② 姚伯岳：《北京大学图书馆新发现的三部王重民先生原藏线装书》，见沈乃文主编：《版本目录学研究》第五辑，北京大学出版社 2014 年版，第 103～112 页。

③ 王绍曾：《关于编纂〈中国古籍总目提要〉的若干意见》，见王绍曾《目录版本校勘学论集》，上海古籍出版社 2005 年版，第 478 页。

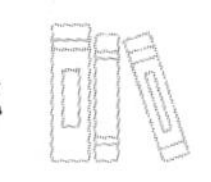

民所编之《中国善本书提要》及其《补编》，将多个单位收藏的同一书之提要纂集在一起，有利于读者对多个版本的善本进行对比研究，还可与《中国古籍善本总目》参看。现在笔者所在的团队按收藏单位“北图”，将王重民所撰写的提要加以编纂，且将正编、补编合二为一，形成《国立北平图书馆藏中国善本书录》，有利于读者了解收藏单位古籍善本之概貌，亦有助于学者开展更多的个案研究。

第三节 书于竹帛遗子孙

2004 年，钱存训的《书于竹帛》被辑入上海世纪出版集团出版的“世纪文库”丛书。该丛书当时出版有 3 辑图书，第一辑 14 种，第二辑 13 种，第三辑 15 种，钱著列在第三辑，是该丛书的第 32 种图书。正如“世纪文库”编委会所宣称：“世纪文库”定位于出版高质量的优秀学术图书，特别是已获定评的中外学术经典。……作为一套开放性的学术丛书，“文库”将始终注重所收著作的重要性、原创性和开拓性。为严格保证“文库”的学术质量，在较长的一段时间内，“文库”将主要重版集团内外已经出版的、经时间检验确属学术精品的图书。[①] 由此不难推断，《书于竹帛》已被列为经典，受到了读者的广泛的认可。然而，对于什么是经典，怎么才能算经典，每个人都有自己的经典观，难以定评。陈平原在《经典是怎样形成的——周氏兄弟等为胡适删诗考》一文中认为：“质疑‘经典’一词的含义，或者追究某部作品是否浪得虚名，在我看来，都不如探究‘经典是怎样

---

① 《“世纪文库”出版说明》，见钱存训：《书于竹帛》，上海书店出版社 2004 年版。

形成的'有意思。"[①]他肯定这是个有趣但不太能说得清的题目。为此,笔者意欲学步贤哲,以《书于竹帛》为例,探讨该书的经典化之路。

一、经典与经典化

关于什么是经典,定义繁多,难有定论。伊塔洛·卡尔维诺在自己的论文集《为什么读经典》这一同题文章中给"经典"作了14个描述,第一个描述是:"经典是那些你经常听人家说'我正在重读……'而不是'我正在读……'的书。"[②]这些描述虽然可以表现经典的部分特性,却难以用简洁的语言概括经典的本质。《现代汉语词典》释"经典"为"传统的具有权威性的著作"。《辞海》释为"重要的、有指导作用的权威著作"。《辞源》释为"旧指作为典范的经书"。这些定义简则简矣,仍然语焉不详。王中江认为,"'经典'是天才大脑艰苦创造的结晶,它恰恰是一种恒久性的精神存在,在不断经受时间的考验中,它耐心地开启异质性的世界"[③]。"结晶"一说过于含糊,仍然未能道出经典本质。王锦贵等人则认为,"经典文献是各个领域的大师们用艰苦劳动(创作的)凝结而成的能够深刻反映人类文明并经过一定时间考验的伟大成果"[④]。此说较为中肯,可谓的论。综合以上以及其他各家观点,笔者认为,经典是经过各个领域历代人们优选的精粹知识文本。

---

① 陈平原:《经典是怎样形成的——周氏兄弟等为胡适删诗考》,见《触摸历史与进入五四》,北京大学出版社2010年版,第225页。

② [意]伊塔洛·卡尔维诺著,黄灿然、李桂蜜译:《为什么读经典》,译林出版社2006年版,第1页。

③ 王中江:《经典的条件:以早期儒家经典的形成为例》,见刘小枫、陈少明主编《经典与解释的张力》,上海三联书店2003年版,第3页。

④ 王锦贵主编:《经典文献与大学生素质教育研究》,北京大学出版社2009年版,第50页。

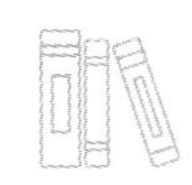

(一)经典的本质——知识文本

经典固然是人类智慧的产物，是思想的结晶，但这些最终必须表现为一种知识文本。丹尼尔·贝尔给知识下的定义是："知识是对事实或思想的一套有系统的阐述提出合理的判断或者经验性的结果，它通过某种交流手段，以某种系统的方式传播给其他人。"①诚然，固化在人脑的隐性知识是无法长期远距离传播的，人类文明必须借助一定的传播介质才能传扬开去，而这种介质常见的就是知识文本，以各种文献载体为表现形式。经典之所以成为经典，首先就在于它必须成为某种知识文本。

(二)经典的特性——精粹

与信息相比，知识的特性更为精粹；而与普通的知识文本相比，经典所包蕴的知识内容则须更为精粹。精粹的含义是精练纯粹，有浓缩的精华之义，即"语简而义丰"，高度凝练，却又蕴含深刻的意义。儒家经典《论语》全文共有 11705 个字，道家经典《道德经》常见的版本粗略地说也是 5000 字，佛家经典之一《心经》也就 260 字，史学经典《史记》叙述三千年左右的历史，也只有 50 多万字，等等。即便有些经典卷帙浩繁，但其所凝聚涵括的知识量也是巨大的。从各种经典身上，我们都能找到精粹这一特性。

(三)经典的形成条件——优选

当然，精粹的知识文本并不少见，但还有待于人们对文本的接受，意即经过优选这一必经程序。优选的主体是文本的读者以及阐释者，优选的验证尺度是时间，优选的结果表现为被列入指定教材、辑入经典选本或丛书、入选权威的推荐书目等。凡是被称为经典的，无不是经过历史的长时间冲刷和淘洗，在

---

① [美]丹尼尔·贝尔著，高铦等译:《后工业社会的来临》，商务印书馆 1987 年版，第 195～196 页。

一代代的选择中被奉为经典的。

尽管经典有以上特性，但是经典创作的主体却并不可能依葫芦画瓢，按照既定的经典“规格”创作经典。葛兆光认为：经典并非天然就是经典，它们都经历了从普通著述变成神圣经典的过程，这在学术史上叫“经典化”，没有哪部著作是事先照着经典的尺寸和样式量身定做的，只是因为它写得好，被引用得多，被人觉得它充满真理，又被反复解释，还有的被“钦定”为必读书，于是，就在历史中渐渐成了被尊崇和被仰视的经典。[①] 经典化就是著作或者说文本形成经典的过程，而这个过程受到多种因素的影响，充满了复杂而奇妙的色彩，而这正是我们所要探究的重点。

二、经典怎样形成——以《书于竹帛》为例

(一)钱存训与《书于竹帛》

钱存训，1910 年 1 月出生于江苏省泰州市，南京金陵大学(现南京大学)文学学士，美国芝加哥大学硕士、博士。钱存训先后任职于金陵女子大学图书馆、上海交通大学图书馆。全面抗战爆发期间，钱存训任国立北平图书馆上海办事处主任，为免国立北平图书馆善本古籍遭受兵燹毁坏，受命负责转运一百余箱珍贵古籍至美国国会图书馆代为保管。1947 年钱存训受聘到美国工作兼进修，此后任美国芝加哥大学东亚语言文化系兼图书馆学研究院教授、远东图书馆馆长，夏威夷大学客座教授。钱存训晚年仍笔耕不辍，并担任多项荣誉职务，如英国李约瑟科技史研究所荣誉研究员等[②]。2015 年，钱存训逝世，享年 105 岁。

---

① 葛兆光：《中国经典十种》，中华书局 2008 年版，序言。

② 钱存训：《留美杂忆——六十年来美国生活的回顾》，黄山书社 2008 年版，第 167～168 页。

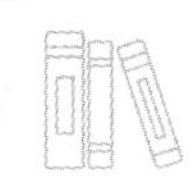

钱存训主攻书史、印刷史以及中外文化交流等。在金陵大学时修习过刘国钧的“书史学”,深受其影响[①]。赴美后,钱存训景仰巴特勒(Pierce Butler)的印刷史研究,虽未曾得巴特勒亲炙,但受巴氏的权威著作《印刷术的起源》影响极大。在芝加哥大学工作学习时,钱存训也曾受著名图书馆学家谢拉(J.H.Shera)的指导。攻博期间,师从主讲西洋图书馆史、书史和印刷史的温格教授(Howard W.Winger)和著名汉学家顾立雅(Herrlee Glessner Creel)。主要著作有:《书于竹帛》《中国古代书史》《中国科学技术史:纸和印刷》《中国纸和印刷文化史》《中国书目解题汇编》《古代中国论文集》《区域研究与图书馆》《中国古代书籍纸墨》等书十余种。据潘铭燊统计,钱存训自1931年至2006年12月底发表原作及译文共160种,可见其著述宏富,学问淹博。

《书于竹帛》原以英文写作,题名 *Written on Bamboo and Silk:The Beginnings of Chinese Books and Inscriptions*,1962年由美国芝加哥大学出版社出版,列为“芝加哥大学图书馆学研究丛书”之一。主要内容涉及印刷术发明前中国所采用的各种书写材料、制作技术、记载方法以至编排形式,提出了较多创见,并展现了一段长达2000年的生动的中国书史画卷。

(二)《书于竹帛》的经典化

正如前文葛兆光所说,经典并非天生就是经典,《书于竹帛》诚然也不例外。它本是作者1957年的博士毕业论文,经数次修改,5年后即1962年才获出版。“当时,西方对中国学术研究的兴趣,还没有普及到各个专题领域,同时这书的题材比较冷僻,因此出版社估计读者不多,销路有限。不料出版后受到各国学者的一致好评和推介,三月之内第一版就已售完,不

① 1936年钱存训与刘国钧同车赴青岛参加会议,同行者还有杜定友。

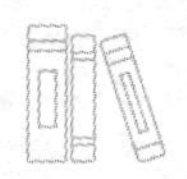

久又二次续印。"①可见最初,无论是作者还是出版社,都未曾看好这本书。尽管如此,惊喜随之而来,一本题材冷僻的学术著作开始了自己经典化的旅程。

1.文本的广泛传播

思想的影响力要想扩大受众的范围,势必要求著作尽可能地广泛传播。《书于竹帛》英文本于1962年出版后,1963年和1969年两次重印,2002年增订再版。中文本第一版根据周宁森博士译稿修订,定名《中国古代书史》,于1975年由香港中文大学出版社出版,由钱存训妻许文锦题写书名,1981年再版。日文本由宇都木章、泽谷昭次教授等合译,题为《中国古代书籍史——竹帛に书す》,于1980年由东京法政大学出版。中文第二次增订本由北京大学郑如斯教授增补,改题《印刷发明前的中国书和文字记录》,于1987年由北京印刷工业出版社用简体字横排出版,内页仍由其妻题签。韩文本由金允子女士翻译,题名《中国古代书史》,内增印彩色图版15幅,于1990年由汉城东文选出版社出版,1999年再版。中文第三次增订本采用原题《书于竹帛》为书名,于1996年由台北汉美图书公司出版繁体字本。中文第四次增订本仍采用原题《书于竹帛:中国古代的文字记录》为书名,于2002年由上海书店出版社出版,由北京大学考古系教授、著名考古学家宿白题写封面。2004年上海书店第二次重印,辑入"世纪文库"丛书,采用淡绿色的封面,印数5000册。

至此,可以看出《书于竹帛》以不同语种、不同版本,甚至不同书名开始了在全世界范围内的传播。英文本可以传播到西方主要学术中心,中、日、韩文本传播到了中国以及其他汉学发达的主要地区。如此全方位、多批次、大范围的传播为该书的

① 钱存训:《书于竹帛》,上海书店出版社2004年版,写作缘起。

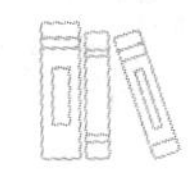

经典化奠定了重要的一环。

2.文本的接受与阐释

广泛传播的目的是被更多的读者阅读。正如王中江所说："经典依赖于读者，它因不断地被阅读、理解和解释而获得权威性和神圣性，阅读、理解和解释也因经典而被鼓励和肯定。"[①]《书于竹帛》到底有多少读者，我们无法统计，但我们可以通过读者对该书的评论以窥一二。据撰写过题为《论钱存训对中国书史研究的贡献》的硕士毕业论文的别立谦[②]在 2005 年所做的统计，"海内外学者关于《书于竹帛》的评论共有三十余篇"[③]。事实上，到现在为止，远不止三十篇。如李约瑟评价："钱著是卡特的经典之作《中国印刷术的发明及其西传》一书的姊妹篇，和卡特的名著可以媲美而并驾齐驱。"[④]又如李棪的评价："本书体大思精，资料丰富，结构严谨；章与章之间像有机体般的凝成一体，但分开来读，每章都可以满足读者对某一方面知识的需求。"[⑤]许倬云评论说："此书是英文著述中至今惟一有系统介绍印刷术发明前中国文字记载方式的专书，可说凡是中国先民曾经著过一笔一划的东西，莫不讨论到了。……以印刷之发明为断代标准，是一个真知灼见的决定。"[⑥]诸如此类的赞誉，各种名人所作的序跋等文字，如李学勤序、劳榦后序、郑如斯增订说明、饶宗颐题签以及其他评介文字，不一而足。这样的阐释和评论进一步增强了该书的权威性，刺激了更多的读

---

① 王中江：《经典的条件：以早期儒家经典的形成为例》，见刘小枫、陈少明主编《经典与解释的张力》，上海三联书店 2003 年版，第 25 页。

② 北京大学 1998 届硕士毕业生，现为北京大学图书馆副馆长。

③ 别立谦：《钱存训先生著述的国际评论》，见钱存训《留美杂忆——六十年来美国生活的回顾》，黄山书社 2008 年版，第 261 页。

④ 见英文本《书于竹帛》评介。

⑤ 见中文本《中国古代书史》评介。

⑥ 别立谦：《钱存训先生著述的国际评论》，见钱存训《留美杂忆——六十年来美国生活的回顾》，黄山书社 2008 年版，第 262 页。

者阅读，读者阅读又产生新的评论，开始了相辅相成的经典化过程。

3.学者的苦心孤诣

虽然经典未必天然是经典，但一本著述要成为经典，必定少不了作者的苦心孤诣。不能否认，《书于竹帛》的经典化之路，仰赖钱存训所拥有的诸多有利条件。类似林语堂的"两脚踏东西文化，一心评宇宙文章"，运用英语写作有利于其著作向西方世界的传播。但其在《书于竹帛》经典化过程中的苦心孤诣，仍应得到我们肯定和激赏。

(1)行文流畅，要言不烦

很多评论都认为该书"全书行文清晰利落、要言不烦，是写作的典范"。钱氏自称写作的文体是从每日读报的新闻体裁中所得到的启发和领悟，先是主题和摘要，其次是事实说明，最后做出结论和批评。这种三段式的体裁，使他"无意中学到了字句简洁、行文流畅、避免重复，使文字的组织有层次、有条理和有系统等，因此成为写作的习惯"①。上海书店版《书于竹帛》加上所附的众多评介文字，也不过是 21 万字。在现在动辄时兴大部头，"书以砸人致命"的时代，能使篇幅简洁不啻为一种可贵的学术品质和能力，这与钱存训多年从事学术研究论著的撰写是分不开的。

(2)治学严谨，多有所创

钱存训的治学原则是独创园地，避免与他人重复，确保了学术的原创性和新颖性。长期的学术研究积累，使他练就了敏锐的学术观察力，能够准确选定足以填补学术空白的论题。他考证严密，史料去取精当，也都体现了一个学者严谨的学术态度以及超强的资料驾驭能力，而图文并茂的形式（每版都附有

---

① 张宝三:《访钱存训教授谈中国书籍史之研究及治学方法》，见钱存训《留美杂忆——六十年来美国生活的回顾》，黄山书社 2008 年版，第 208 页。

诸多图版)又力避了学术著作的枯燥,为读者的阅读增添了助于理解的凭借,同时增进了趣味性。同时,每一版的封面设计尽可能地找名人题签,突显了著作的古雅之意,为之增色不少。

(3)孜孜以求,力争完美

从钱存训1931年发表第一篇学术论文——《图书馆与学术研究》算起,到2015年钱存训逝世,他的学术生涯已长达80年之久。他始终以书史和印刷史为主要研究方向,勤谨致力,皓首穷经。据他夫人许文锦生前称,钱存训素日沉默寡言,性格沉静,两人对坐吃饭,常一语不发,以至外人以为夫妻不和。这样的性格对需"甘坐冷板凳"的文史研究是比较相宜的。钱存训撰写完博士论文时,已是47岁,与黄侃所称的"五十岁始著书"比较相近。学术的长久积累,以及他在国内外图书馆工作的经历,为他产出成熟的系统理论成果创造了良好的条件。最重要的是,他始终孜孜以求,力争完美。对于《书与竹帛》此书,他不避烦琐,不断地提请权威人士审阅,并根据最新出土的考古资料不断增补。对于切中肯綮的评论,亦及时地附在书后,以增进读者的全方位了解,以为呼应。钱存训得享高寿,健康状况一直较为良好,与常人"寿多则辱"相比,学者的高寿却更有利于推动其作品成为经典。况其执教多年,门生友朋遍及海内外,后学们对其的推崇以及对其学术精神的弘扬将更有利于该书在经典化之路上越走越远。

鉴于钱氏多方面的努力,以至日本的平冈武夫教授在日文本的序言中说:"这部书可说是继续成长的一部幸运的书,也可说是蕴含生命的书。"这样的评论让我们想起了印度图书馆家阮冈纳赞《图书馆学五定律》对"图书馆是一个生长着的有机体"的论断。图书馆如此,著述亦如此。相比国内其他书史著作,如刘国钧的《中国书史简编》,郑如斯、肖东发的《中国书史》等,钱存训的苦心孤诣确保了该书鲜活的生命力,使该书不过

时,不落后,保持了与时俱进的生机。

(三)《书于竹帛》经典地位的确立

从1962年《书于竹帛》英文版面世算起,到现在已60余年了。在这个信息爆炸的时代,知识更新速度之快,无情地将众多学术著述拖入了历史的旧纸堆中。时间是最公正无私的评判者,一本书,出版10年后还有人读,出版20年后还有人读,出版50年后还有人读……都可以定出不同的文献等级。《书于竹帛》面世已60余年,尚有众多的读者,可见其经典地位已然确立。当然经典化的过程中还涉及诸多因素,比如体制的影响,文化权力场的作用,选本与教材等书目的列入,阐释批评的转向等。然而《书于竹帛》是书史类的学术经典,相比其他类型的经典受体制或文化权力场等因素影响较小,应该不至于大起大落。当然,经典化的过程是一个动态、开放的过程,不免其中有曲折反复,因此谁都难以预料其在将来的命运。但就目前来看,《书于竹帛》从冷僻的博士毕业论文转化成广受欢迎的学术经典的过程还较为顺利。钱存训的其他著作,比如《中国纸和印刷文化史》反响也不错,另一本经典之作也将形成。

三、对学界的启示

借《书于竹帛》来探讨“经典是怎样形成的”这一话题,笔者认为对学者的学术成长极有助益。

(一)树立经典意识

我国著名语言学家吕叔湘在一篇文章中,谈到了他读过的两篇外国小品文,这两篇文章都涉及书多为患,以致读者难以措手的问题。第一篇的作者吉尔伯特·诺伍德(Gilbert Norwood,1880—?)的文章名字就是《书太多了》,他分析了四种不同类型的人在面对“书太多了”问题时的不同做法。第二篇的作者斯夸尔(G.C.Squire,1884—?)用寓庄于谐的笔调写出

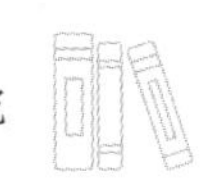

了他处理大批“错书”的经历。吕叔湘表示,对于“书太多了”这个问题他也深有体会,在空间、时间、金钱之间为书所困[1]。读者渴望读到经典,因为“长期以来,经典在宗教、伦理、审美和社会生活的众多方面都发挥了重要的作用,它们是提供指导的思想宝库。或者用一种更为时髦的说法就是,经典一直都是解决问题的一门工具,它提供了一个引发可能的问题和可能的答案的发源地”[2]。阅读经典就是跟世界上最优秀的思想者对话,有利于学者的健康成长,是治学的成功捷径。

(二)有意识地参与自我经典化

除了树立经典意识,每一个学者都应该努力地参与到自我经典化的过程中,比如陈平原考证的胡适请鲁迅兄弟二人等为其删诗,以及本节所提及的钱存训不断提请权威人士审阅、增补《书于竹帛》等。尽管经典化过程中很多因素是不可控的,读者如何接受,批评家如何阐释,都无法提前确知。但是有一点是肯定的,那就是作品的原创性、新颖性、可读性,这一切首先是由作者决定的。美国著名的文艺批评家哈罗德·布鲁姆甚至认为,“世俗经典的形成涉及一个深刻的真理:它既不是由批评家也不是由学术界,更不是由政治家来进行的。作家、艺术家和作曲家们自己决定了经典,因为他们把最出色的前辈和最重要的后来者联系了起来”[3]。学问扎实,作风严谨,是产出经典的必要前提。因此,我们可以得出结论:阅读大量经典之作,完成长期的学术积淀,创造属于自己的经典,连接经典化之路的两端,丰富人类思想的丛林,是每一位有识之士的潜在责任。

---

① 吕叔湘:《书太多了》,东方出版中心 2009 年版,第 37～43 页。

② [荷兰]佛克马、蚁布思著,俞国强译:《文学研究与文化参与》,北京大学出版社 1996 年版,第 39 页。

③ [美]哈罗德·布鲁姆著,江宁康译:《西方正典》,译林出版社 2005 年版,第 412 页。

钱存训能取得如此高的成就，与其所具有的深厚目录学功底是分不开的。其目录学的相关研究，将在后文进一步论述。

第四节　临事不苟事毡椎

范腾端（1891—1947?），字九峰，湖南湘阴人。1920 年 12 月入京师图书馆（后为国立北平图书馆）工作[①]。其擅篆隶，一直从事碑刻、墓志拓片的书目编撰工作，对金石文献保护做出了重要贡献。关于其生平与著述，记载非常之少。本节拟对其作一专题研究，以揭示其人其学。

一、范腾端之生平

（一）早期生活

湘阴范氏，清道光五年（1825）《（湘阴）范氏家谱》中的"家乘源流"称："文正公曾孙直谅于宋建炎四年（1130）宦游湖广，卒于湘阴，安葬衡山，子孙即家其处。……洪武十一年（1378）落籍湘阴一都，其后裔孙支分派别，散衍四地。据'家谱'载'派语'分析，民国时期曾任教育总长的范源濂及其弟、中国化工事业的奠基人范旭东（谱名范源让）应是训清公派下二十二世孙。"[②]该族之字辈排行有"奇敏嗣源腾"一句。湘阴范氏双雄之一的范源濂（1876—1927），字静生，几次担任教育总长[③]。

---

① 北京图书馆业务研究委员会编：《北京图书馆馆史资料汇编（1909—1949）》，书目文献出版社 1992 年版，第 1373 页。

② 邹华享主编：《湖南家谱解读》，湖南人民出版社 2004 年版，第 299 页。

③ 谭新嘉：《梦怀录》，载《文献》1982 年第 4 期。

在光绪三十二年(1906)续修之《湘阴范氏家谱》中,范源濂曾祖父奇荣,祖父章敏,父嗣琛,范源濂(谱名为源廉)娶蔡氏,“子一腾超”[①],确是按照“奇敏嗣源腾”之字辈赋名的。基于此,笔者可以确定,范腾端为“源”字辈的下一辈,属“腾”字辈,二者应为同宗的关系。但笔者委托浙江思绥草堂励双杰先生代查光绪三十二年续修之《湘阴范氏家谱》,未能查到“范腾端”属于哪一支,只能暂且存疑。

1910 年范腾端曾作为荫生外用[②]。范腾端后毕业于湖南群治法政专门学校(创办于 1912 年)。关于其早年生活,谭延闿日记中有部分记述。如 1915 年 5 月 13 日记:“范九峰来,同晚饭。小饮而止,所谓琥珀色者已将瓶罄矣。”8 月 5 日,又记“范九峰来”。8 月 20 日,又记“范九峰来,说赵君玉,涎长一尺,真急色儿矣”[③]。可见二人有一定的交往。

(二)为学者服务,司“篆隶”之职

1920 年范腾端进入京师图书馆工作。在馆期间,范腾端曾为学者们服务,与金石学家长沙甋叟徐崇立(1872—1951)多有来往。徐崇立,字健石,长沙人。徐崇立为藏书家,工诗文,善书法,精篆刻。其在《宋板后汉书、北史题笺》中记:“甲子(1924)之冬,重客燕京。湘阴范九峰执事于京师图书馆,因言中藏宋板书岁久,前后护纸多残蚀,所司尽去之,易以新纸重装。吾惊谓:‘此宋纸原装,其卷帙亦与今装法不同,是当补缀,加护其外,以存古式,焉可去耶?度原楮必已捐弃,君盍拾取以丐我以装精本碑拓。’范旋将数纸来,瓷青、杏黄绫楮不一,遂以

---

① 励双杰:《名人家谱摭谈》,广西师范大学出版社 2016 年版,第 67 页。

② 《述旨》,载《政治官报》1910 年第 1031 期。

③ 刘建强编著:《谭延闿文集·论稿》,湘潭大学出版社 2014 年版,第 540～541 页。

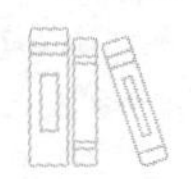

改装别籍，此即宋版（板）书之签题也。”[①]其后又在《唐颜勤礼碑跋》中记：“适京师图书馆吏重装宋本书籍，悉去古装书衣，予以宋纸难见，遂托范九峰乞得，取以装饰碑册，此其一也。名楮缥缃，古香溢座，附题示后得者宝之。……乙丑(1925)重五前日，长沙徐崇立书于汉石经室。”[②]此亦是当时认识之局限。可见，20世纪20年代，京师图书馆只知“修旧如新”。后该馆对古籍保护的意识增强，徐崇立在《北齐徐之才墓志跋》中又记：“此册前后护页乃宋笺，曾在北京图书馆阅宋版书，典守者重装古本，旧楮微损即弃故易新。因乞其剩余，适购得碑拓，即付之装饰，此其一也。岁久复致破碎，后主事者知而珍重，再索吝不予矣。古籍付之俗伧，宜其卤莽灭裂，文字之厄也。癸酉(1933)中春，晚霞又记于沪寓。时主馆事者傅增湘也，导余入观者湘阴范九峰也。”[③]此时为徐森玉主持国立北平图书馆善本部事，其对古籍爱若珍宝，据称其曾为阻止对宋版《花间集》重新装褫“几乎要长跪为古书乞哀”[④]，“修旧如旧”之认识才得以确立。而在此之前，主事者未曾意识到此问题，亦是当时认识所局限，似亦难苛责范腾端等人。

此外，范腾端还为徐崇立抄示题跋。在《唐泉男生墓志铭跋》中，徐崇立注曰：“右跋为柳翼谋撰，湘阴范腾端从京师图书馆抄示，竟不详柳为何许人也。范来书云：考《唐书·高丽传》，大对卢秩比正一品，太大兄比正二品，皆总国事。莫离支若中国参知政事，而管枢密者。先人、小兄等官，则为对卢、大兄所

① 叶德辉等撰，湖南图书馆编：《湖南近现代藏书家题跋选 第2册》，岳麓书社2011年版，第843～844页。

② 叶德辉等撰，湖南图书馆编：《湖南近现代藏书家题跋选 第2册》，岳麓书社2011年版，第669～670页。

③ 叶德辉等撰，湖南图书馆编：《湖南近现代藏书家题跋选 第2册》，岳麓书社2011年版，第634页。

④ 黄裳：《徐森玉与〈花间集〉》，见黄裳《榆下怀人》，北京出版社2017年版，第226页。

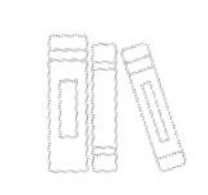

辟引，阶列下级矣。是足补柳跋所未及。……乙丑(1925)春暮，瓻叟徐崇立记。"[①]按：泉男生为唐时高丽贵族，归唐效命。泉男生墓志刻于唐高宗调露元年(679)，1922年在洛阳出土。尽管范腾端失之辨认柳诒徵的跋，但为徐崇立提供了史书中高丽职官方面的资料，亦是一得。

1922年至1924年，因擅长篆书，在张宗祥组织补抄文澜阁《四库全书》时，范腾端担任"篆隶"[②]之职。国立北平图书馆合组后，成立专门的金石部。自1929年到1945年间，范腾端一直供职于国立北平图书馆金石部[③]。1930年，梁启超的子女将饮冰室藏书寄存在国立北平图书馆，图书馆派梁廷灿、爨汝僖、范腾端、杨维新四人赴天津点收其全部藏书，后该馆于1933年编成《饮冰室金石文字目》及《梁氏饮冰室藏书目录》[④]。

(三)馆藏金石拓片之编目

范腾端在金石部之主要工作是编金石拓片目录。1930—1931年的国立北平图书馆的馆务报告中，记载"金石拓片目录由刘节、范腾端两君担任编辑，本年度编竣者有：(一)浭阳端氏藏石目；(二)福山王氏旧藏拓本目；(三)洛阳各村见存墓志拓本目；(四)河南博物馆藏石拓本目；(五)新购六朝墓志目；(六)新购唐墓志目；(七)簠斋金石拓片目；(八)善斋金文拓片目；(九)贞松堂金文拓片目；(十)海上嘉月楼金文拓片目；(十一)

---

① 叶德辉等撰，湖南图书馆编：《湖南近现代藏书家题跋选 第2册》，岳麓书社2011年版，第782～783页。

② 周庆云：《补抄文澜阁四库缺简记录》，见王国平主编《西湖文献集成 第20册 书院·文澜阁·西泠印社专辑》，杭州出版社2004年版，第362页。

③ 赵爱学：《抗战期间北平图书馆的金石文献业务工作》，见国家图书馆编《国图与抗战 纪念中国人民抗日战争暨世界反法西斯战争胜利70周年国家图书馆员工文集》，国家图书馆出版社2016年版，第228～250页。

④ 国立北平图书馆编：《梁氏饮冰室藏书目录》，北京图书馆出版社2005年版。

周希丁手拓金文目;(十二)文津阁集古录目第一集”①。一年之中编辑12种金石目录,可见二人编目工作之勤。所编之目录中含多家名人所藏金石拓片,如端方(1861—1911)之藏石、王懿荣(1845—1900)之旧拓、陈介祺(1813—1884)之簠斋、刘体智(1897—1962)之善斋、罗振玉(1866—1940)之贞松堂、震钧(1857—1920)之海上嘉月楼、周希丁(1891—1961)之手拓等。1932—1933年间,金石部之职员有编纂委员刘节、馆员范腾端、孟桂良。② 1936年,除了代理主任谢国桢,金石部之馆员仅有范腾端一人。③

(四)为南开大学编《天津延古堂李氏旧藏书目》

1933年10月,范腾端受邀为南开大学编古籍书目,南开大学馆务报告记载:“于十月底,由北平图书馆聘得范九峰先生来馆,司整理之责。范先生在图书馆界服务二十余年,尤精于目录版本之学。自去岁莅校以来,穷十月之光阴,已将李典臣氏所赠图书七万余卷,完全编目。按李氏旧藏,零乱异常,范先生编目之时,煞费苦心,将所有零散部分,完全配合整齐。现在正整理卢木斋氏所赠之书,将来李卢二氏所赠之书及馆旧藏之书,全部整理编目之后,将印书本目录一册。”④按:清末民初藏书家李士铭(1849—1925)自其祖上即开始藏书,藏书楼名延古堂,曾编有《延古堂李氏藏书目》。1933年李氏后裔李宝训(字典臣)将部分藏书以6万元价格售予国立北平图书馆,该馆当

---

① 国立北平图书馆编:《国立北平图书馆馆务报告:民国十九年七月至二十年六月》,国立北平图书馆1933年版,第17页。

② 国立北平图书馆编:《国立北平图书馆馆务报告:民国二十一年七月至二十二年六月》,国立北平图书馆1933年版,附录四第11页。

③ 中国博物馆协会编辑:《中国博物馆一览》,中国博物馆协会1936年版,第35页。

④ 董明道:《今日之南大图书馆》,见王文俊、梁吉生等选编《南开大学校史资料选(1919—1949)》,南开大学出版社1989年版,第300页。

年所购中文书三分之二即为延古堂旧物，其中“宋金旧本钞校精刻者，无不备具，宋本则有项安石《周易玩辞》，乃元季俞琰读易楼旧物，宇内应无第二帙”[①]。350箱碑帖和藏书赠给南开大学木斋图书馆。因其中不乏碑帖，故国立北平图书馆派范腾端协助编目。

范腾端此次编成《天津延古堂李氏旧藏书目》[②]2册（油印本），收书近5千种，计6万余册。该书目分为经史子集丛五类。其中经部546种，史部964种，子部847种，集部1882种，丛部487种。另外附录未编残本14种，碑帖88种，总计4828种。[③] 1934年秋，范腾端回馆，仍在金石部工作。

（五）南下西迁访碑

1937年8月，袁同礼“愤日寇之暴行，不甘为敌傀儡”，“奉命离平”，并于1937年9月与长沙临时大学合作，筹设图书馆，并拟定合作办法[④]。而先期到达长沙的职员有莫余敏卿、范腾端、贺恩慈、高棣华[⑤]等数人。

其后该馆又西迁云南，范腾端亦随之远赴边陲之地。1939年该馆的馆务报告中，其中进行的一项事业是“乙、西南石刻拓本：除购入二〇八种外，并派拓工分赴云南各县逐件传拓。此项石刻颇富历史价值，惟风雨侵蚀，时遭损坏，亟宜从速传拓，以广流传。本年度已拓一百余种，仍在继续进行中”[⑥]，负责带领拓工去各县拓碑的即是范腾端，其自1939年起开始带领拓

① 国立北平图书馆编：《国立北平图书馆馆务报告：民国二十二年七月至二十三年六月》，1933年版，第5页。

② 李盛铎藏并编：《天津延古堂李氏旧藏书目》，南开大学木斋图书馆1936年版。

③ 张磊：《天津延古堂李氏藏书考述》，载《图书馆工作与研究》2013年第4期。

④ 《国立北平圕最近消息》，载《中华图书馆协会会报》1938年第1期。

⑤ 毕业于清华大学外文系，吴宓的学生。

⑥ 李致忠主编：《中国国家图书馆馆史资料长编（1909—2008）》，国家图书馆出版社2009年版，第312页。

工们传拓云南各地元、明、清代之石刻，又于 1941 年负责给线装书编目①。此外，其还受袁同礼馆长之委派，到少数民族聚集区访求地方文献。如 1944 年 1 月 1 日，范腾端致函袁同礼馆长，述“昨将本馆购入武定那土司家藏裸裸文经典及其他汉文谱系案卷等件，按照马学良君新写番字标检及洋文编号一一清点钤印已毕。惟无汉字经名，留待他日译定之后再行登记簿籍而已，兹另具清单一纸寄呈”②。“裸裸文”即“倮倮文”，彝族文字。马学良(1913—1999)为民族语言文学家，时在中央研究院史语所工作，亦在西南从事田野考察工作，并主张国立北平图书馆派员参加。袁同礼即派万斯年、范腾端采访西南文献。

范腾端在西南时，与于乃义等云南地方文献学家有来往，并介绍其与赵万里③相交。《刘节日记》中亦曾记载，1939 年 1 月 13 日刘节曾与国立北平图书馆同仁饮宴，其中就有范腾端：“下午在丈(徐森玉)所遇徐旭生(炳昶)先生及范九峰、邓衍林、万斯年诸旧友。晚间森玉丈又邀旭生先生及范、邓诸君同饮于小有天酒店，畅叙旧情，至足乐也。”④

(六)晚年生活

抗战胜利后范腾端曾赴上海公干。在《顾廷龙日记》中记载 1947 年 4 月 14 日“访王育伊，并晤范九峰。北平图书馆有《日本出版文化人集览》，甚好”。4 月 15 日又记“王育伊、范九峰、徐森玉来谈”。⑤ 顾廷龙未详记是为何事。王育伊时在国

---

① 李致忠主编：《中国国家图书馆馆史资料长编(1909—2008)》，国家图书馆出版社 2009 年版，第 304 页。

② 孟化：《抗战期间北平图书馆为采集云南武定土司文献的往来信函》，载《文献》2015 年第 4 期。

③ 于乃义：《望远行 悼赵万里同志》，载《文献》1980 年第 3 期。

④ 刘节著，刘显曾整理：《刘节日记(1939—1977)》，大象出版社 2009 年版，第 12 页。

⑤ 沈津编著：《顾廷龙年谱》，上海古籍出版社 2004 年版，第 405 页。

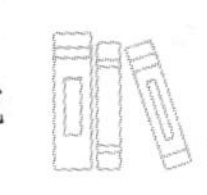

立北平图书馆上海办事处工作，而徐森玉自抗战期间即多在上海任职与生活。对于范腾端1947年后的生活，未能查找到更多的资料。

综上，关于范腾端之生平，资料并不多见。部分资料显示，1931—1932年度其曾自费至武昌文华图书馆学专科学校进修，但未找到更多的记载，还有待更多的史料发现。

二、范腾端之著述

范腾端一生之精力，基本用于金石拓片编目之上，其所编的金石目录主要有以下4种：

（一）《国子监碑目》（1931）

《国子监碑目》收录国子监所藏碑目。该目录前有说明："本目各碑以时代先后为序，惟进士题名碑，合历朝所刻而成一种巨制，不能分厕其间，故附各碑之后，以甲科先后鳞次云。"①该目录列：周《石鼓文》1种，元《石鼓文音训并记》等3种，明《学制碑》等12种，清《世祖御制晓示生员卧碑》等40种。另有进士题名碑目，元《进士朵列图等题名碑》等3种，明《进士费宏等题名碑》等77种，清《进士傅以渐等题名碑》等118种，计所列碑目共254种。著录体例为：碑名、著者、书体、年月，间或附按语，考证碑之年月以及现存状况等。如明《五朝敕谕碑》下注"正书篆额 自洪武至成化敕凡七通合刻 下截字全泐难辨 考《国子监志》为成化三年三月祭酒 邢让等立"。其中有书体信息、内容、碑体现状以及部分考证。

（二）《馆藏李唐墓志目》（1935）

1935年该墓志目连续发表在《国立北平图书馆馆刊》九卷

① 范腾端：《国子监碑目》，载《图书馆学季刊》1931年第3－4期。

三号至六号[①]上,署名有“范驣端”“范腾端”字样。共分“一、武德迄龙朔;二、麟德迄长寿;三、证圣迄开元;四、天宝迄中和 无年月附”四个部分,刊印了自唐代武德(高祖)至中和(僖宗)时期的墓志1322种(包括附录的未记年月的唐志)。著录体例为题名,下分两列著录书体和纪年。目录中对部分年月不确定但可考者加附注信息,如“尚书司勋郎中吉浑墓志”下注“正书 无年月(考志中叙事因附先天之末)”等。无纪年但有具体月日者,注“无纪年×月×日”等。亦有部分注明墓志的作者“××撰”以及墓志的状况如“葬年泐”等。

(三)《国立北平图书馆藏碑目 墓志类》(1941)

1940年,国立北平图书馆的《唐墓志总目》拟印行。在该馆的工作近况介绍中,称“该馆所收金石拓本,蔚为大观,而尤以墓志一类为最夥。近年洛阳铭幽之石出土日多,不特文体瑰丽,即所载事迹、官名、地名,于治史亦多裨益。该馆除藏新安张氏蛰庐之千唐志斋拓本全份外,并在洛阳委托专员继续采购,所藏之唐墓志,已逾三千余种,编成简目业已排印。其入藏之金石拓片,仍在整理中,不久亦可付印”[②]。该馆收藏有张钫(1886—1966)“千唐志斋”在河南收藏各地出土墓志石刻拓片,又在洛阳委托专员郭玉堂(1888—1957)[③]负责采购。郭玉堂于1929年接受国立北平图书馆和北平故宫博物院之聘,担任名誉调查员与考古采访员。此“已排印”的简目就是后来出版的《国立北平图书馆藏碑目 墓志类》[④]。

范腾端所编之《国立北平图书馆藏碑目 墓志类》,于1941年由开明书店出版。该书虽用现代方式铅印出版,但仍仿线装

① 范腾端:《馆藏李唐墓志目》,载《北平图书馆馆刊》1935年第3—6期。

② 《国立北平图书馆工作近况》,载《图书季刊》1940年第2期。

③ 著有《洛阳出土石刻时地记》。

④ 范腾端:《国立北平图书馆藏碑目 墓志类》,开明书店1941年版。

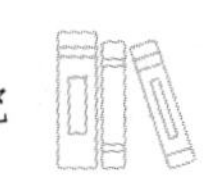

书之版式。前有陈垣题签。黑口，单鱼尾，版心上题简名“碑目”，中标时代、页码，下题“国立北平图书馆”。后附有《国立北平图书馆所藏墓志年代种数统计表》《附塔铭年代种数统计表》，共收录自汉代起历代墓志3407种，释氏塔铭74种，共3481种。著录体例为题名、纪年、附注项（一般是书体）。著录中有较多附注信息，如：

1.碑刻信息

如“四面刻”“铭刻碑阴”“砖四面刻”“有阴”“盖有花纹无文字”“下有侧字”“盖文有二分刻背面”“年月书盖上”“砖刻”“分刻二石”“佚后一石”“葬年泐”“标题在志侧”“撰书人名泐”“此志已残”等。

2.碑刻人物关系信息

如“门师释僧泽正书”“崔行功制”“贺纪制”“郎余今撰”“姑父元万侦制”“虞猷制”“王允元撰”“嗣子神祐正书”“朱宾撰，郑庄正书”“史宝定制，董履素正书”“第四舅谢士良撰”“第四子景正书”“狄仁杰撰并正书”“妻程氏立”“毋煛撰”“姚崇撰并正书”“孙逖撰 见文苑英华”“夫人从侄芳撰”等等。

3.纪年之考证信息

部分年月不能确定者，或著录“考为×年×月”。或给出依据，如“魏宁朔将军左箱直长王荣墓志并盖”，下注“无纪年十月十七日 据志考之葬年当在仁寿间，姑附此”。（第十五页）又如“桂州司兵参军□兴残墓志”下注“中有武德七年率义归诚语，葬年当在唐初，姑此附于（附于此）”。（第二十六页）复如“益州大都督府功曹参军张玄弼墓志并盖”下注“据张景之志改葬在天授三年正月六日 李行廉撰 正书”。（第五十七页）再如“尚书司勋郎中吉浑墓志”下注“无年月，案志中叙事卒葬当在先天间，姑附此”。（第七十页）诸如此类，考证按语颇多见。对于他人之考证成果，亦加以标注，如“代州都督许洛仁妻宋善主墓志

无纪年五月廿四日”，下注“赵之谦考为仪凤元年”。（第四十九页）又如“故居士天水赵府君墓志”，下注“年月泐，右志石华著录时尚存‘丙寅七月’字，黄氏考为乾府三年”。（第一百二十三页）或不常见者，予以加注，如“案戊午朔乃十一月”。（第十七页）有不确定者，亦凭自己的判断，作出如“姑附初唐末”的处理。

该目录所收之墓志，引起后人极大的研究兴趣。如“冯继业妻残墓志”，下注“太平兴国八年五月五日 宋白文 正书”。（第一百二十九页）按：该墓志又称为“大宋故冯继业妻程氏墓文”，宋白撰，司徒俨书。墓志出土过程较为曲折，据载：“洛阳东北廿里营庄村，夫妇二志同时同地出土。具体地点在北魏元天穆墓东南数十步，墓志出土后，冯继业墓志被本村人石匠李凤绍为母亲作志而毁之，其妻程氏墓志文也被凿毁近半，姓名及撰文者均已残缺，本村人司兰沼在墓志出土时记之，故知为冯继业妻程氏墓志。”①该志石前半部分已被刮磨掉。

4.书体之考证信息

该目录所著录之书体，有篆、隶、正、行书四种。范腾端擅长隶书、篆书，因此也间记特别的书体，如“故上仪同孙王君墓志盖”下注“正书杂篆书，书体殆齐隋间人笔，姑附此”。（第二十一页）又如“蜀王西閤祭酒萧胜墓志”下注“褚遂良书款后人妄增”。（第二十七页）

袁同礼为该书所作跋云：“为此目者，宁乡范君九峰。范君服务本馆已十余年，工小篆，有邓完白风。其草此目，于疑似及赝品一一剔除，以归于正。临事不苟，有足多者，因并书之，以谂多士。”充分肯定了其工作的成绩。邓完白，即邓石如（1743—1805），清代篆刻家、书法家。袁同礼评价范腾端所书

① 郭培育、郭培智主编：《洛阳出土石刻时地记》，大象出版社 2005 年版，第 411 页。

小篆，有邓完白风，可见其篆书确有过人之处。后人在此基础上所编的墓志拓片目录，更为细致，如徐自强等人所编的《北京图书馆藏墓志拓片目录》①，著录题名、索书号、首题、碑刻情况、行款、尺寸、年月、书体、出土地及递藏情况等。《国立北平图书馆藏碑目 墓志类》出版后，图书馆学的专业期刊予以了介绍②③。

（四）《国立北平图书馆藏云南碑目初编》（1947）

1939年起，范腾端受袁同礼指派，带领拓工到处访碑，其成果编为《国立北平图书馆藏云南碑目初编》。在该目的跋语中，范腾端谓："著录汉碑一种，晋碑一种，（南朝）宋碑一种，唐碑四种，宋碑二种，元碑二十四种，明碑九十二种，清碑一百四十七种，近刻碑七十六种，都三百五十一种。按云南地处边陲，久为历代重镇，故中原文化，常被遐陬，函夏声华，早敷远域。是以所在梵宫绀宇，碑碣文字，皆足观摩，至为一方典要。近年以来，本馆斥资传拓，虽毡椎之事，难觅良工，然搜访之勤，可供秘阁。现仍继续从事，未尝或间。想不难得窥全豹，当可超迈前贤时士之所知见者矣。"④该碑目共收碑351种，这也是其因地制宜，为开拓西南文献事业所做出的贡献。

该目录按时代分类，著录的项目是题名、关系人、书体、时代、年月或考证年月、地点。书体有分书、正书、梵文、行书、咒梵字。如"晋爨宝子碑（正书 大亨四年四月上旬立 在曲靖武侯

---

① 徐自强主编，冀亚平、王巽文编辑：《北京图书馆藏墓志拓片目录》，中华书局1990年版。

② 《图书介绍：国立北平图书馆藏碑目（范腾端编）》，载《图书季刊》1943年第3—4期。

③ 《图书介绍：国立北平图书馆藏碑目（范腾端编）》，载《中法汉学研究所图书馆馆刊》1945年第1期。

④ 范腾端：《国立北平图书馆藏云南碑目初编》，载《图书季刊》1947年第1—2期。

祠)”“爨龙颜碑 爨道庆作文 正书 大明二年戊戌九月上旬壬子朔 碑阴爨道文等题名 在陆凉贞元堡”①等形式。部分也引用其他人的考证成果,为促进西南历史研究提供了材料线索。笔者在中国嘉德2018春季拍卖会拍卖图录上所见的清晚期拓本“晋爨宝子碑”(拍卖号2130),提要称:“是碑立于晋太亨四年(405),全称《晋故振威将军建宁太守爨府君墓碑》。乾隆四十三年(1778)于云南南宁出土,碑文为研究少数民族提供了重要史料。字体在楷、隶之间,已极近楷书。《广艺舟双楫》中称其‘端朴若古佛之容’,为魏晋碑刻极品。”而笔者在同期拍卖图录上所见的“宋爨龙颜碑”(拍卖号2164)提要为:“是拓范明甫旧藏。是碑立于刘宋大明二年(458),爨道庆作,通体正书。此碑文追溯云南世家大族爨氏历史,记爨龙颜生平政绩。康有为在《广艺舟双楫》中将此碑列为‘神品第一’,赞其:‘下画如昆刀刻玉,但见浑美;布势如精工画人,各有意度。’”可见,有提要的目录可以提供更多的参考信息,而范腾端所编的无疑是简目。

从以上看出,范腾端所编之碑目、墓志目录基本属于简目,更像是一种财产目录,其中所附的考证信息不多。虽不知其是否接受过郑樵之“泛释无义论”的影响,其编目确实是这样做的。其所编这4种金石目录,两种为碑目,两种为墓志目录,而《馆藏李唐墓志目》之内容应融入了后来出版之《国立北平图书馆藏碑目 墓志类》一书。

三、结语

国立北平图书馆人才济济,据严文郁回忆,“除京师图书馆原有的徐鸿宝、谭新嘉二老及爨汝禧、范腾端和李文裿诸人外,

---

① 范腾端:《国立北平图书馆藏云南碑目初编》,载《图书季刊》1947年第1—2期。

守和先生从南北各校院罗致国学之士如:胡鸣盛、向达、谢国桢、马廉、王庸、刘节、贺昌群、梁廷灿、杨永修、王重民、孙楷弟、于道泉(藏文专家)、谭其骧、赵录绰、张秀民、刘修业、萧璋、万斯年、顾华、马万里、胡英、李德启及茅乃文等,从事编纂工作。从金陵大学聘到钱存训、袁涌进、胡绍声;从文华添聘孙述万、邓衍林、张树鹄及颜泽霮等担任技术方面的工作。老一辈的刘国钧、陈任中、叶渭青、王访渔及王祖彝诸先生皆为守和先生十分借重。留美返国的图书馆学专家加入北平图书馆的有:吴光清、梁思庄及莫余敏卿三人。"①如其所说,范腾端是较早进入该馆的馆员之一,几十年孜孜矻矻,在平凡的岗位上从事着"为人之学"的编目工作,为该馆的发展做出了其应有的贡献。其所从事的编目工作,很多成果都是集体作品,不署个人名字,如《天津延古堂李氏旧藏书目》等,因之可见的署名成果很少。但其擅长有邓石如(完白)之风的篆隶,让人为之神往,惜乎目前笔者未能见到。将来,随着史料的不断收集,期待还有更多的研究发现。②

第五节 中法为经西法纬

裘开明(1898—1977),美籍华人图书馆学家。钱存训先生

① 严文郁:《提携后进的袁守和先生》,见严文郁先生八秩华诞庆祝委员会编《严文郁先生图书馆学论文集》,辅仁大学图书馆学系 1983 年版,第 259~263 页。

② 此文发表后,湖南图书馆寻霖研究馆员曾于 2022 年 5 月 27 日向笔者反馈:"拜读大著《范腾端生平与著述考略》,以往竟不知湖南尚有此人物。拙著《湘人著述表》亦漏载。大著为研究范氏第一篇,可谓范氏功臣。《徐崇立日记》屡次论及'范九峰',前不知为何人,今豁然解。"后寻霖研究馆员多次为笔者提供《徐崇立日记》记载的范腾端资料。

称其是“美国东亚图书馆早期发展中的一位启蒙大师和领袖人物，也是最早以图书馆专业的资历全职主管美国东亚图书馆的第一人。他的主要贡献在以西方的图书馆管理方法结合中国传统目录学的知识，处理美国图书馆中收藏的中日文资料，并辅导师生的教学和研究，成为这一专门领域的典型”[①]。有学者总结其一生的贡献在于：一是为中日文图书设计了一部分类法，二是创立了三座图书馆，三是为美国华人图书馆事业培养了一批人才，四是出版了极具分量的学术著作。[②] 更有学者将韦棣华、沈祖荣、裘开明三人比拟为连接中美图书馆事业的“桥梁”“桥头堡和向两地延伸的主干线”[③]。余英时将裘开明视为第一代北美华人图书馆学家，钱存训则为第二代。[④] 目前，研究裘开明先生生平和贡献的论著业已不少，本节拟从其著作《汉和图书分类法》（钱存训曾称该分类法为“裘氏分类法”）入手，研究其在图书分类方面的思想和贡献。

一、《汉和图书分类法》产生的时代背景

20 世纪前后，随着西学东渐的步伐加紧和中西文化交流的日渐深入，传统的校雠学、目录学此时面临着一个重大变革，图书分类法的转型至为重要。正如左玉河所说，“由于典籍分类与知识系统之分类密切相关，故典籍分类之演变，不仅仅是改变典籍分类法之简单问题，而且是中国传统知识系统向西方

---

① 钱存训：《序言》，见程焕文编《裘开明图书馆学论文选集》，广西师范大学出版社 2003 年版。

② William Sheh Wong，“Alfred K'aiming Ch'iu and Chinese American Libranianship”，*College & Research*，no. 9(1978)：384-388.

③ 程焕文：《跨越时空的图书馆精神——“三位一体”与“三维一体”的韦棣华女士、沈祖荣先生和裘开明先生》，见程焕文编《裘开明图书馆学论文选集》，广西师范大学出版社 2003 年版。

④ 余英时：《序》，见李国庆、邵东方主编《天禄论丛——北美华人东亚图书馆员文集·2009》，广西师范大学出版社 2009 年版。

近代知识系统转变之重大问题,是中国知识系统在晚清时期重建之重要体现"[①]。对于图书分类的转型过程,有学者就认为,"中国图书分类史上的第二次大的学术转型发生在清末民初,至20世纪30年代而完成。这是一次由古代图书分类目录全面过渡为近现代图书分类法的转型,可以说是中国图书分类史上的一次巨大的变革"[②]。我国的近现代图书馆学家,为了适应社会发展的要求,在此期间制定了30余部分类法。他们孜孜于编制和刊布分类法,并希望得到试用及完善,试图在这一领域做出适应社会发展的学术成就。

1927年,裘开明在美国哈佛大学工作之时,海内外尚没有一部被广泛认可的综合性中日文图书分类法。裘开明对当时5种不同类型的分类体系予以了总结:一是四库体系,二是改良四库体系,三是日本体系,四是"仿杜"体系,五是"补杜"体系。[③] 而各地图书馆所采用的分类法主要分为三种:一是沿袭四库分类法;二是完全弃四库分类法而不顾,采用杜威十进分类法等西方分类法;三是采用新旧并行制,将中西学两类书按照各不相同的分类法进行分类,中文书采用"四库分类法",西学书籍采用西方分类法。在这种背景下,裘开明试图设计一种能同时容纳东西新旧书籍的分类法。[④] 他对当时分类法现状的分析与大多数图书馆学家是一致的,如刘国钧也曾将当时常见的分类法分为5种:新旧并行制;修改旧分类法(四部法)以

---

① 左玉河:《典籍分类与近代中国知识系统之演化》,载《华东师范大学学报(哲学社会科学版)》2004年第6期。

② 吴稌年:《文献分类与学术转型》,载《图书馆理论与实践》2008年第3期。

③ A. Kai-ming Chiu, "Classification in China-An Outline of Existing Chinese Classification Systems and a Suggested Scheme for Chinese and Japanese Books in American Libraries", *The Library Journal* 52, no.8(1927):409-414.

④ A. Kai-ming Chiu, "Reminiscences of a Librarian", *Harvard Journal of Asiatic Studies*, 25(1964—1965):7-18.

容纳新书；增补杜威法以容纳中国旧书；改动杜威法子目以容纳中文的新书和旧书，体系仍是杜威法之旧；根据杜威法的原则但不用它的体系，而自创一种体系以统一中文新旧书的分类。① 可见，编制一个能解决中外新旧图书分类问题的分类法，是当时我国图书馆界亟待解决的一个问题。

二、《汉和图书分类法》分类思想溯源

为编制新的分类法，图书馆学家们参考多家分类法的现象在当时较为常见，如刘国钧在编制其《中国图书分类法》时，参考了 13 家分类法②。裘开明自然也不例外，他在《汉和图书分类法》叙例中提到“仆不敏，敢师孙缪等先贤之意，本吾国旧有书志之类目，另拟一法，以部勒汉文新旧图书及同文邻邦之典籍”，后又言及“本分类法中法为经，西法为纬。大纲则根据魏③荀勖《新簿》甲乙丙丁四部之次序，及清张之洞缪荃孙《书目答问》别立丛书于四部末之例……关于人文科学者则参酌吾国旧有分类成法，关于自然科学及近世工艺者则依据中外多数专门分类法定订之”④。可见，其分类法编制主要师法了荀勖的《中经新簿》、孙星衍的《孙氏祠堂书目》、张之洞及缪荃孙的《书目答问》等著作。

（一）荀勖《中经新簿》

魏郑默著《中经》，西晋时荀勖据《中经》而著《新簿》。荀勖总括群籍，分为四部，用天干的“甲乙丙丁”命名：甲部纪六艺小学等书，乙部统古今诸子兵家术数，丙部有史记皇览簿杂事，丁

---

① 刘国钧：《中国图书分类法的发展》，载《图书馆学通讯》1981 年第 2 期。

② 刘国钧著，史永元、张树华编辑：《刘国钧图书馆学论文选集》，书目文献出版社 1983 年版，第 59 页。

③ 笔者注：多称晋，荀勖历魏晋两朝。

④ 裘开明：《〈汉和图书分类法〉叙例》，见程焕文编《裘开明图书馆学论文选集》，广西师范大学出版社 2003 年版。

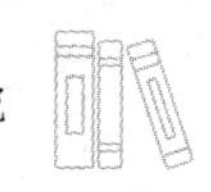

部纳诗赋图赞汲冢书，由此确立了四部目录的体系。在《中经新簿》中，只有书名、卷数、撰人，而无解题、叙录。东晋李充作《晋元帝四部书目》，将顺序稍做变动，确定了“甲经、乙史、丙子、丁集”的次序，后成为四部分类之成规。

裘开明认为：荀勖的“甲乙丙丁”顺序较为合理，即类似“子”的哲学书籍应排在第二位；在荀勖之前，“子”之范围很单纯狭窄，自荀勖创立四部，将诸子兵书术数合而为一，唐以后的四库子部范围非常广泛。裘开明的做法是将“子”部再行细分，详列各类。

(二)孙星衍《孙氏祠堂书目》及张之洞、缪荃孙《书目答问》

孙星衍(1753—1818)，清代著名藏书家、目录学家。为教育子侄辈，孙星衍将自己的藏书藏于家祠，并为之编订《孙氏祠堂书目》(原名为《孙氏家藏书目内外编》)。尽管其时四部分类法经《四库全书》已被钦定，孙星衍在为其家藏之书进行分类时，仍采用了迥异于四部分类法的办法：将图书分为12大类，各大类再细分为44小类。

孙星衍的家藏书目分类法极大地影响了缪荃孙等人。缪荃孙编其《艺风藏书记》时，在序言《藏书记缘起》中自称：“得书六百二十七种、一万九百六十二卷，用孙祠书目例，分为十类，编成八卷”。其代张之洞撰的《书目答问》，也承孙星衍分类法之余绪。

裘开明认为，孙星衍的书目是“最初离四库而出之新法”，其开拓性的意义更大。而受孙星衍影响的缪荃孙与张之洞合撰的《书目答问》，裘开明在《汉和图书分类法》叙例中称“其分类虽仍遵四部之体，然其分析子目实较四库为合理。其别立丛书于四部之末，更开吾国分类法有总类之先河”。正因为此，裘开明在编制《汉和图书分类法》时才会师法孙、缪。

(三)《杜威十进分类法》

美国麦维尔·杜威(Melvil Dewey)的《杜威十进分类法》(DDC)将全部图书分为十大部,每部再分为十大类,每类再分为十小类,逐级细分,依次类推;采用国际通用的阿拉伯数字作为各级类目的标记符号,层次清晰;它容量较大,有较强的伸缩性,并设有多种附表以便组配扩充,附有索引以备查考。在"西学东渐"之时,《杜威十进分类法》传入我国,引发诸多学人的关注和研究,"仿杜""改杜""补杜"等新分类法层出不穷。

裘开明认为众多学步《杜威十进分类法》之作"皆以强学术本位不同之旧籍,就西洋体制类目号码为能事。施之实际,不免削足适履"①。但《杜威十进分类法》确有其优势,裘开明任职于厦门大学图书馆时,曾试行过《杜威十进分类法》,后仍受其影响,采其长处。

以上是对裘开明编制《汉和图书分类法》影响较大的几种图书分类法,此外,宋郑樵《通志·艺文略》、明黄虞稷《千顷堂书目》及清《四库全书总目》等目录也都是裘开明《汉和图书分类法》编制时参酌的对象。

三、《汉和图书分类法》沿革与体例

(一)《汉和图书分类法》沿革

1927年,裘开明发表了其自称为"草《汉和图书分类法》"的第一版大纲和略例。他提出制定分类法须参考的标准是:尽可能地保留中国四库分类法的大类;由于新旧学的界限没法建立,该分类法对于新旧书籍必须都合用;学科分类的逻辑必须考虑;该目录应该适用于中日地方书籍;最后一个关键点是该

---

① 裘开明:《〈汉和图书分类法〉叙例》,见程焕文编《裘开明图书馆学论文选集》,广西师范大学出版社2003年版,第125页。

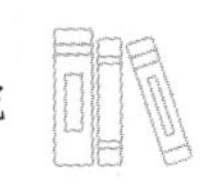

分类法对中日文图书分类有实际价值。① 该分类法草案的大纲略例是:1—999 总类,1000—1999 经,2000—2999 哲学和宗教,3000—3999 历史科学,4000—4999 社会科学,5000—5999 语言和文学,6000—6999 美术,7000—9999 纯应用科学。采用数字标记,共分为 8 类。除总类为 3 位数,后皆为 4 位数。顺序则主要采用荀勖的四部次序,并说明其采用荀勖的四部次序理由有二:从历史顺序来说,“子”的书多从“史”来;“经”与“子”的关系比“经”与“史”的关系更密切。因此,“哲学和宗教”在前,“历史科学”在后,“社会科学”被认为是从“史”中划分出来的,所以又居其后。“美术”和“纯应用科学”是两个全新的大类,在中国和日本,“美术”更接近“文学”,所以紧跟其后。所有大类,除了“纯应用科学”,都尽可能地划分详细。其大类的设置,有些继承自前人的成法,如仿照沈祖荣、胡庆生的《仿杜威书目十类法》将“语言学”和“文学”合成“5000—5999 语言和文学”(沈、胡的类名是“800 文学、语言学”),被学人认为这两种分类法之间传承关系明显②。“经”单独设类,避免了像其他分类法将“经”拆散所引起的争议,并放置在第二个大类。该分类草案后试用于美国哈佛大学汉和图书馆及燕京大学图书馆。

1929 年,裘开明在《文华图书科季刊》上发表《哈佛大学中国图书分类法凡例》一文③,其后引起了国内学界的关注。裘开明称皮高品在发表《中国十进分类法》之前曾借阅裘法用以参考④。1933 年,《哈佛燕京图书馆中文图书分类法》一文发表

---

① A. Kai-ming Chiu, “Classification in China-An Outline of Existing Chinese Classification Systems and a Suggested Scheme for Chinese and Japanese Books in American Libraries”, *The Library Journal* 52, no.8(1927):409-414.

② 王小苹:《裘开明博士图书分类学思想初探》,载《大众文艺》2009 年第 14 期。

③ 裘开明:《哈佛大学中国图书分类法凡例》,载《文华图书科季刊》1929 年第 3 期。

④ 裘开明:《〈汉和图书分类法〉自序》,见程焕文编《裘开明图书馆学论文选集》,广西师范大学出版社 2003 年版。

于《燕京大学图书馆报》[1],并由田洪都撰写识语。后又发表《美国哈佛大学哈佛燕京学社汉和图书馆汉籍分类目录》,含经学类、哲学宗教类及历史科学类[2],该分类目录是参照《汉和图书分类法》开展分类实践的产物。1943年,该图书分类法在美国人文科学理事会远东学术委员会的赞助下正式出版,中英文版本兼具,并标明是由冯汉骥和于震寰二人辅助完成的[3]。

(二)《汉和图书分类法》体例

《汉和图书分类法》草案问世后,经15年才正式出版,其间裘开明对分类法的体例做过一些改动和调整,从《汉和图书分类法》之纲要[4]以及其正式出版的分类法对比中就可得知。下文主要对1943年正式出版的《汉和图书分类法》的体例[5]进行分析。

1.大类的数目、次序与标记符号

正式出版的《汉和图书分类法》共分为9大类,分类次序是依照荀勖的"甲乙丙丁"(其中,乙相当于四库分类法的"子"部,丙相当于"史"部)再加西方学术类别而成。具体大类为:100—999 中国经学类;1000—1999 哲学宗教类;2000—3999 历史科学类;4000—4999 社会科学类;5000—5999 语言文学类;

---

① 裘开明:《哈佛燕京图书馆中文图书分类法》,载《燕京大学图书馆报》1933年第48—49期。

② A.Kai-ming Chiu,*A Classified Catalogue of Chinese Books in the Chinese-Japanese Library of Harvard-Yenching Institute at Harvard University* (Massachusetts:Harvard-Yenching Institute,1938-1940).

③ A.K'ai-ming Ch'iu,*A Classification Scheme for Chinese and Japanese Books* (Washington,D.C.:Committees of Far Eastern Studies,American Council of Learned Societies, 1943).

④ 裘开明:《汉和图书分类法纲要》,载《文物参考资料》1950年第8期。

⑤ A.K'ai-ming Ch'iu,*A Classification Scheme for Chinese and Japanese Books* (Washington,D.C.:Committees of Far Eastern Studies,American Council of Learned Societies,1943).

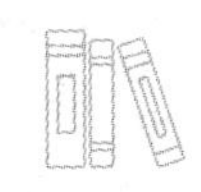

6000—6999 美术游艺类;7000—7999 自然科学类;8000—8999 农业工艺类;9100—9999 总录书志类。其中,因“历史科学类”书籍较多,标记为“2000—3999”,这也是很多人不察,将《汉和图书分类法》认定为 10 大类①的原因。分类法仍采用阿拉伯数字作为标记符号,除“中国经学类”是 3 位数,其余类别都是 4 位数。细分类目较多时,采用数字加点后再加数字的形式标记,如其纲要中曾这样标记:“哲学宗教类”下有“1009.1—1009.9 东方哲学”;“社会科学类”之“政法学”之“中国政府”下有“4738.10—.99 国民党”等。

2.分类层级

《汉和图书分类法》的分类层级一般划分到第 3 级。如“中国经学类”下划分为“群经、易经、书经、诗经、三礼、春秋、孝经、四书”,“三礼”下再划分为“周礼、仪礼、礼记、三礼总义”,“四书”下分“总义、大学、中庸、论语、孟子”。个别类目划分到第 4 级甚至第 5 级,均视具体类目而定。如“历史科学类”下有“考古学、金石学”,然后下有“亚洲”,再下有“中国”,再以专类复分表的“器物细分”,进而细分为“甲骨类、陶瓷类、石类、金类、竹木类、杂器类”,“杂器类”进而再细分为“印玺、明器、度量、其他”。划分级别较多,极为细致。

3.附表及其使用方法

为了更好地解决复分问题,《汉和图书分类法》附录中设置了 3 个附表:体裁、地理、时代。另外还设有 8 个专类细分表(甲至辛):表甲用于经学类各经专题研究细分;表乙用于个人哲学专著细分;表丙用于宗教类各教各宗派细分;表丁用于考古学各类器物体裁细分;表戊用于中国各代历史体裁细分;表己用于各种语文体裁细分;表庚用于文学家别集细分;表辛用

---

① 周文骏主编:《图书馆学情报学词典》,书目文献出版社 1991 年版,第 167 页。

于各国书目细分。专类细分表划分极为周详，但遗憾的是该书文后没有索引。

该书后列有“书架目录排列法”和“分类目录排列法”，使用时需结合王云五的“四角号码检字法”。裘开明还指示，如果有更为精细分类的需求，可在中日文书籍的索书号前加“C”或“Ch”、“J”或“Jap”以示区分，如果是西文书籍，可在索书号前加“W”。

四、《汉和图书分类法》的特点和不足

1935年，吴光清在为中华图书馆协会10周年纪念会所撰写的《中国十年来的分类和编目》一文中曾对分类法的评价制定了一些标准。他认为，最完备、最系统化的分类法一般是各方共同努力的结果，而且好的分类法通常应具备如下特征：(1)须是综合的、详细的，足以容纳中国传统学术和西方近现代科学；(2)无论是分类体系还是标记符号，须是有弹性的；(3)须可以自由添加注释或者互见等信息；(4)须有一个索引。①

我们不妨从吴光清的这种观点出发，分析一下裘开明《汉和图书分类法》的特点：

(一)多方合作

一部好的分类法，“必须有一大批爱国敬业、学贯中外、务实创新的高素质专门人才”②投入其中才有切实之效。裘开明在该分类法自序中说明：“综计此法在孕育中十有五年，蒙前后友人同事相助者不下十余人，仆虽订其大纲并始终其事，但本

---

① Wu, Kwang Tsing, “Ten Years of Classification and Cataloging in China” in *Libraries in China: Papers prepared on the occasion of the 10th anniversary of the Library Association of China*, 19-58. Peking: Library Association of China, 1935.

② 俞君立主编：《中国文献分类法百年发展与展望》，武汉大学出版社2002年版，第24页。

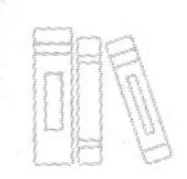

法能得稍有优点者,皆益友与前贤之赐"①,随后列出了多名襄助者的姓名,有冯汉骥、汤吉禾、梁思永、岸本英夫、下山重丸、田洪都、房兆楹、杜联哲(喆)、顾廷龙、聂崇岐、洪煨莲、贾德纳(C. S. Gardner)、魏楷(J. R. Ware)、赵元任、叶理绥(Serge Elisseeff)、杨联陞、于震寰17人,并特别指出了冯汉骥、于震寰二人与裘共事最久,贡献也最大。该分类法还由胡适题签。可见,该分类法是一人主导、多方合作、齐力共襄的一个产物,凝聚了多人的心血。正因为此,该分类法才获得了较好的社会评价,被认为是出自训练有素的专家之手,可以适当解决美国分类主题目录的一些缺陷,并被证实是有效的②。

(二)兼收并蓄

裘开明认为传统的四部分类法并没完全过时,一些类目的设置仍有一定的合理性。《汉和图书分类法》不但可以更好地容纳中日两国的传统学术书籍,而且其所设置的类目也可以容纳西方学术书籍。它结合了《杜威十进分类法》以及用阿拉伯数字作标记符号的办法,有很大的弹性,但又不完全拘泥于十进制分类法。刘国钧就如此评价:"1932年裘开明的《哈佛大学中国图书分类法》……体系独立于杜威法之外""不过洪(有丰)、裘(开明)两人都倾向于以'新学'加在'旧学'之后"。③ 从这个角度上看,该分类法是兼收并蓄且易用的。吴光清对《汉和图书分类法》评价也较高,认为该分类法是在1926年中日两国还没有产生被广泛接受的综合性分类法的情况下,是裘开明

---

① A.Kai-ming Chiu, *A Classified Catalogue of Chinese Books in the Chinese-Japanese Library of Harvard-Yenching Institute at Harvard University* (Massachusetts: Harvard-Yenching Institute, 1938—1940).

② Foster Kenneth, "A Classification Scheme for Chinese and Japanese Books", (Book Review) *Eastern Quarterly*, no.4(1946).

③ 刘国钧:《中国图书分类法的发展》,载《图书馆学通讯》1981年第2期。

从其图书馆管理实践中总结并得到实际应用最为成功的一部，是连续的，有效的，符合逻辑的。①

（三）存在不足

除了上述特点，该分类法也存有一些不足，如只用阿拉伯数字做标记符号，势必将大类限制在10个以内。如果标记符号能够使用英文字母和数字，分类法将有更大的扩展性。另外，该分类法还缺乏一个索引，不便利用。而最引以为憾的是，一些类目层级非常简单，如“自然科学类”“农林工艺类”两类，这从侧面反映出编制者对这些类别的学术缺乏深入的了解。郑樵在《编书不明分类论》中认为，“则凡编书，惟细分难，非用心精微，则不能也”。如果不能细分，郑樵都斥为“苟简”或者“荒唐”，“类目宜多且细”才能达到“类例既分，学术自明”的目的。② 刘国钧亦认为“分类以详为贵”“详则便于专攻，略则流于笼统。近世学术，侧重专门，故西方之图书分类亦主精详”。③ 由此可见，无论古今，学者都主张分类精详，这是《汉和图书分类法》可以进一步改善的地方。

五、《汉和图书分类法》之影响

学界通常将沈祖荣胡庆生的《仿杜威书目十类法》、杜定友的《世界图书分类法》、刘国钧的《中国图书分类法》、皮高品的《中国十进分类法及索引》列为中国20世纪上半叶最有影响力的四部分类法。④ 虽然《汉和图书分类法》并不在列，但该法在

---

① Wu, KwangTsing. “A.Kai-ming Chiu, A Classification Scheme for Chinese and Japanese Books”, *Far Eastern Quarterly*, no.1(1945):86.

② 周余姣:《郑樵与章学诚的校雠学研究》，齐鲁书社2015年版，第139页。

③ 刘国钧著，史永元、张树华编辑:《刘国钧图书馆学论文选集》，书目文献出版社1983年版，第55页。

④ 俞君立主编:《中国文献分类法百年发展与展望》，武汉大学出版社2002年版，第15页。

图书馆发展史中的地位仍不容忽视。1965 年,裘开明声称,“据钱存训博士的调查,在 15 个主要东亚图书馆中,有 10 个正在使用《哈佛燕京汉和图书分类法》分类中文图书或者中日文图书。在所有调查的图书馆中,已经分类的 3499758 册图书中有 1521065 册图书是采用《哈佛燕京汉和图书分类法》分类的”[①]。据 1972 年赖永祥先生所做的调查结果来看,在全球五大洲中,除了非洲,其余四洲共计 25 所图书馆均使用或曾经使用过裘开明的《汉和图书分类法》(具体分布是亚洲和大洋洲有 7 所,欧洲 3 所,美洲 15 所)。[②] 可见,该分类法曾经在国际上有很大的影响力。

随着社会发展与进步,图书分类法必须根据社会需求不断修订。裘开明生前曾多次建议设立一个由哈佛燕京学社图书馆馆长担任主席的修订委员会以完善该分类法,类似于《杜威十进分类法》和《美国国会图书馆分类法》的修订模式,惜乎未获首肯与支持。如今,使用该分类法的东亚图书馆的数量逐步减少,趋于式微,让人遗憾。笔者曾向美国国会图书馆采访编目专家潘铭燊先生咨询,潘先生于 2016 年 3 月 2 日回函:“我初出茅庐在芝加哥大学东亚图书馆(当时称为远东图书馆)做编目员时,钱存训教授吩咐编辑裘开明分类法的主题索引,以卡片形式登在 G.K.Hall 公司出版的芝加哥大学远东图书馆目录前面。但现在这一系列卷帙浩繁的 G.K.Hall 目录都因为电脑发展而完成历史使命,从图书馆书架上消失了。去年我重到芝大,喜见远东图书馆的卡片目录柜还保存在书库的角落,这就是说,我的裘开明分类法主题索引至少还有一份卡片原件在

---

① 裘开明:《裘开明致函美国图书馆远东资源委员会主席 Edwin G.Beal,Jr.》,见程焕文编《裘开明年谱》,广西师范大学出版社 2008 年版,第 897 页。

② Lai Yung-hsiang. “Cataloguing at Harvard-Yenching Library: Accomplishments and Prospects” in *Harvard-Yenching Institute Archives: File: Library Managing Committee-Minute*, 1972.

天壤间。裘氏分类法十分简便易用，但很难扩展，注定被时间淘汰。而且它比较适合用来编古书，现代新兴学科根本没有插足之地。不过我倒是相当喜欢它用四角号码制作书号。”可见，《汉和图书分类法》发展到现在遭遇了一定的困境。然而我们不得不承认的是，该分类法是华人图书馆学家在中西交融的学术背景下努力解决中西新旧图书的分类问题而产生的一个成果，它适应了 20 世纪上半叶燕京大学图书馆以及北美众多东亚图书馆的发展需求，在中美文化交流史上熠熠生辉。

第六节　他时追怀胶海情

一、他时之追怀——陈训慈的日记

陈训慈（1901—1991），字叔谅，浙江慈溪官桥村（今属余姚市三七市镇）人。1924 年陈训慈毕业于国立东南大学，先后任职于上海商务印书馆、中央大学、浙江大学。1932 年陈训慈担任浙江省立图书馆馆长，主持创办《文澜学报》《图书展望》《读书周报》等刊物。1936 年 10 月举办著名的浙江文献展览会。抗日战争时期，陈训慈组织抢运馆藏文澜阁《四库全书》及古籍善本，避至富阳、龙泉、贵阳等地，护书有功。1949 年后，陈训慈历任第一至六届浙江省政协委员，民盟浙江省委顾问，浙江省文物管理委员会主任委员，浙江省博物馆图书资料室主任，浙江省历史学会理事、顾问，浙江省地方志学会顾问等职。1990 年，在其九十大寿之际，陈训慈捐献其《丁丑日记》手稿及其保藏的 148 封各界名人信札给浙江省图书馆。其一生著述颇丰，著有《五卅惨史》《世界大战史》《晚近浙江文献述概》等。

《运书日记》(附《胶海逭暑日记》)[①]为周振鹤、周旸谷所整理的陈训慈日记,时间跨度是1936年7月16日至8月16日、1937年9月8日至12月24日、1938年1月1日至2月28日。《运书日记》涉及抗日战争初期陈训慈主持抢运文澜阁《四库全书》及古籍善本的心路历程,是我国古籍保护史的重要研究资料。《胶海逭暑日记》篇幅虽不长,但涉及其参加1936年图书馆界的盛会——在青岛举办的图书馆暨博物馆联合年会,并筹备浙江文献展览会等重大图书馆界史事,还记录了其在山东一地的考察经历以及个人阅读书目。在日记中,陈训慈对其身边的人和事多直言评价,颇能见出其个性,亦保留了最为珍贵的史料。

《胶海逭暑日记》封面由陈训慈题:"民国二十五年八九月之交于青岛,卅六年夏再客杭州重订并题耑。"[②]可见该日记虽记于1936年,但陈训慈于1947年曾加以重订。日记前还有陈训慈所作题记:"余自二十二年八月作故都之游,归途游曲阜,瞻孔林,登泰山迎朝日,而人事匆匆,济南过而未游,更未遑胶海寻胜。二十五年夏,以中华图书馆协会在青岛开会,遂得游青岛崂山诸胜,自以身心欠健,终岁于役,公私丛脞,此心常无清明气象,爰以馆务委诸同仁,小住休憩。复得袁道冲先生之介绍,得住湛山精舍青岛佛学会所在地。倓虚法师颇相优礼,而同住有宏伞法师,则杭州招贤寺住持也。相见导示修持之道,尤为殷渥。此半月余中,始则参与协会会议,尤多尘务,继乃静居山海,读经看书,海景潮声,荡涤胸襟。排日有记,存之以留他时之追怀云。"[③]笔者拟以《胶海逭暑日记》为中心,就相

① 陈训慈著,周振鹤、周旸谷整理:《运书日记》(附《胶海逭暑日记》),中华书局2019年版。

② 陈训慈著,周振鹤、周旸谷整理:《运书日记》(附《胶海逭暑日记》),中华书局2019年版,第166页。

③ 陈训慈著,周振鹤、周旸谷整理:《运书日记》(附《胶海逭暑日记》),中华书局2019年版,第168页。

关的史实作一考察。

二、全面的记录——陈训慈与中华图书馆协会第三次年会

(一)不减北平年会——全程参与中华图书馆协会第三次年会

1936 年举办的中华图书馆协会第三次年会在我国图书馆事业史上有重要意义。笔者曾撰写专文介绍了该会议的筹备人员、参会者概况、会议议程、会议提案、会议出版物、会议特点,并通过钱存训、沈宝环、邓衍林等一些著名的图书馆学家的追忆,再现了这次会议的深远影响。[①] 陈训慈《胶海逭暑日记》记载了其参加本次年会的全部过程,留下了非常鲜活的会议史料。

鉴于中华图书馆协会所办年会参与图书馆之多,陈训慈有意借机继续调查全国省立图书馆之概况[1936 年,其调查之产物《中国之省立图书馆述概(附表)》[②]发表],遂以个人会员身份参会,并带领浙江省立图书馆阅览部主任陈豪楚一同参加。在 1933 年中华图书馆协会举办第二次年会时,陈训慈曾撰有《祝中华图书馆协会二届年会》[③]一文,表达其对第二次年会的期望。本次年会,国立北平图书馆副馆长袁同礼亦曾嘱作为筹备委员会委员之一的陈训慈撰写宣言,但陈训慈因车祸受伤未愈未能及时撰写。7 月 19 日到会后,陈训慈先以监委的名义参与了在中山公园举办的图书馆协会、博物馆协会执监会,又受袁同礼之托,为本次年会《对于两协会之希望》一文进行润色

---

① 周余姣:《影响深远的一次盛会——纪念中华图书馆协会第三次年会 80 周年》,载《河南科技学院学报》2016 年第 11 期。

② 陈训慈:《中国之省立图书馆述概(附表)》,载《浙江教育》1936 年第 10 期。

③ 浙江图书馆编:《陈训慈百年诞辰纪念文集》,北京图书馆出版社 2006 年版,第 254～259 页。

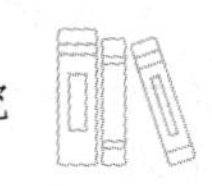

(后以《对于中华图书馆协会、中国博物馆协会联合年会的希望》为题发表于7月21日《青岛日报》上),还负责审查图书馆行政组提案。在7月21日的讲演会上,陈训慈发表了《天一阁之过去与现在》的演讲,借此唤起图书馆管理者对这座历史久远的藏书楼的注意。在晚间图书馆教育及民众图书馆的讨论会上,陈训慈亦发表了其看法。7月30日其又在日记中追记:"又在协会开会期中,时有人问以对图书馆教育之意见,因其论文华专校之得失,余戆直径谓'只随西人逐逐于技术之末,不务中国学术基础之培养,未见其是',又谓:'文华毕业者大多能处理大学之西文编目,而于饶有本国图籍之公共图书馆则未宜。'"①可见其看到了文华图书馆学专科学校人才培养的短板,长于学习西方的编目技术,却短于修习中国传统的治书之学。其后,陈训慈亦与参会者一道参观游览二日,考察了海泊河苗圃、沧口小学、李村办事处、李村农场、崂山石公司,并参观本次会议举办的图书馆、博物馆展览会。此次年会,参与人数较多,在陈训慈看来,"会员出席如合博协会在内,似不减廿二年之北平年会也"②。

(二)意态远胜——记录了对参会人员的印象

在参会过程中,陈训慈记录了多位参会者的情况。如在途中记录其业师柳诒徵:"柳师体健,精神充沛,谈语朗朗有神韵。余与对谈几全日,自愧精力不如太多。师今年五十八,自其始执教,殆已四十年。……主国学图书馆已九年(十七年起),月俸良薄(月二百元),更不兼职,而苏当道尤疾之。于该馆经费

---

① 陈训慈著,周振鹤、周旸谷整理:《运书日记》(附《胶海逭暑日记》),中华书局2019年版,第215～216页。

② 陈训慈著,周振鹤、周旸谷整理:《运书日记》(附《胶海逭暑日记》),中华书局2019年版,第180页。

蕲而不加，师谈次坎坷甚矣。”[①]当时柳诒徵主持江苏省立国学图书馆已九年，陈训慈对柳诒徵治下的图书馆经营困境有所揭示。二人还曾谈及章太炎逝世以及南京建都等问题。后在陈训慈主持下，浙江省立图书馆编有《追悼章太炎先生特刊》。柳诒徵、陈训慈有师生之谊，又同时执掌江苏、浙江两大图书馆，二人往来频密，后陈训慈亦曾撰写《劬堂师从游脞记》专门纪念柳诒徵先生。

此次会议，陈训慈第一次见到了故宫博物院院长马衡，谓："马叔平先生(衡)近长故宫博物院，前日自平南下，为参与中国博物馆协会，亦以今日早车由济登车。马先生虽甬籍，余未尝前识，今日以聿茂介而识之，遂邀午餐于车中，下午往其室一叙，以子弟辈相视，坦率如素相识，于中央研究院之无理，与傅孟真、罗志希之狭隘，慨乎言之。”[②]经西湖博物馆馆长董聿茂的介绍，陈训慈与同为浙江宁波籍的马衡结识。二人交谈中，马衡对中央研究院中之人多有议论，且显露不平之气，亦讨论故宫文物、国立北平图书馆善本南迁的问题。在陈训慈的笔下，马衡之性情跃然纸上。

本次年会，亦吸引了众多青年参加，陈训慈见到了不少初出茅庐的青年才俊。钱存训当时为交通大学图书馆参考部主任，陈训慈记录："钱存训在上海，于图书馆参考书问题颇有攻研，其态度亦沉着有守，与杜定友同事，而意态远胜之矣。”[③]其对钱存训评价颇高，钱存训后果然成了闻名海内外的图书馆学

① 陈训慈著，周振鹤、周旸谷整理：《运书日记》(附《胶海道暑日记》)，中华书局2019年版，第171页。

② 陈训慈著，周振鹤、周旸谷整理：《运书日记》(附《胶海道暑日记》)，中华书局2019年版，第175页。

③ 陈训慈著，周振鹤、周旸谷整理：《运书日记》(附《胶海道暑日记》)，中华书局2019年版，第185页。

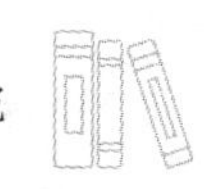

家，似可见陈训慈识人之明。陈训慈亦与同龄人多有交流，如与袁涌进探讨国立北平图书馆的发展问题，陈训慈谓："余与钱存训、曹钟瑜、袁涌进同席。曹君川人，甚谦和，袁在北平图书馆任编目，亦自谓该馆于国际联络较注意，对国内大图书馆之联络太忽略也。"[①]通过袁涌进之口，说明了当时国立北平图书馆较为重视与海外的交流，却较为忽略与国内图书馆界之联络的问题。

陈训慈对青年才俊和同龄人虽颇能优容，但对当时在图书馆界活跃的领军人物要求颇严。沈祖荣被誉为"中国图书馆学教育之父"，1936 年亦带自己的子女沈培凤、沈宝环参加本次年会，并在此次年会上做了多个报告，如《公立图书馆在行政上及事业上应有之联络》《中华图书馆协会第三次年会图书馆教育委员会报告》，陈训慈对此多有评价[②]。会务会时，袁同礼报告颇多，陈训慈亦在日记中有所评论[③]。其率真之个性，于此可见一斑。

此外，陈训慈还记录：陈仲賽甚健谈；李石曾讲词题名太大，实质不足副；雷法章颇擅口才，然所言多华而不实；袁道冲神态谦冲，蔼然可敬；赵与之谦冲可亲；宏伞师甚和善，开示甚周；李达最健谈；赵孝陆颇磊落不拘谨，等等。在日记中，陈训慈直书不讳，读来令人莞尔。

(三)公谊可感——借机筹备浙江文献展览会

借着本次开会的机会，陈训慈在年会闭幕后约集"浙江文

---

① 陈训慈著，周振鹤、周旸谷整理：《运书日记》(附《胶海逭暑日记》)，中华书局2019 年版，第 186 页。

② 陈训慈著，周振鹤、周旸谷整理：《运书日记》(附《胶海逭暑日记》)，中华书局2019 年版，第 186～187 页。

③ 陈训慈著，周振鹤、周旸谷整理：《运书日记》(附《胶海逭暑日记》)，中华书局2019 年版，第 187 页。

献展览会谈话会”。参加的有：叶恭绰，马衡，袁同礼，柳诒徵，故宫博物院沈兼士、庄当严(即庄严)、傅振纶(即傅振伦)、单士元、方苏生，清华大学金大本，武汉大学吴其昌，河南博物馆馆长王幼侨，上海博物馆馆长胡肇椿，天津美术馆馆长严智开，陕西省立第一图书馆馆长张知道，湖南省立中山图书馆馆长黄济等。[①] 陈训慈报告了浙江文献展览会筹备的经过、设计会干事、组织、各组主任的人选、征品分会的办法。与会人员共同商讨参与办法，均表示要积极支持。叶恭绰更是极力赞成，后还曾为浙江文献展览会送展了其收藏的手稿本《经义考》一册。故宫博物院承诺将浙人书画或名档、摄影寄送。国立北平图书馆慨允出借珍本，后果然送展了稿本《闹事纪闻》六卷等 29 种珍贵善本。袁道冲表示可借展其父袁昶的《袁忠节公日记》《袁忠节公笺札》等。这次谈话会取得了重大进展，为浙江文献展览会的成功举办奠定了坚实的基础。

在返程中，陈训慈为浙江文献展览会事，仍在南京奔走不停。陈训慈记：“过中央研究院访王毅侯，至中央图书馆晤蒋馆长，多为借展品事。朱寓仍未见，主人亦太慢客，非为文献展览公事，余岂仆仆傍门者耶！孟海忠于某公，亟慰之，允南京征品事。朱君主持，名无问题，渠必效奔走，公私谊可感。晚为文展南京征集事，宴客于同乡会，柳师来，又朱逷先先生等十人，推柳师为南京征品分会副主任，朱居主任名，孟海为代表焉。”[②] 可见其在促成浙江文献展览会过程中多方奔走，先后拜访中央研究院总务主任王毅侯、国立中央图书馆馆长蒋复璁、教育部

① 陈训慈著，周振鹤、周旸谷整理：《运书日记》(附《胶海道暑日记》)，中华书局 2019 年版，第 188 页。

② 陈训慈著，周振鹤、周旸谷整理：《运书日记》(附《胶海道暑日记》)，中华书局 2019 年版，第 252 页。

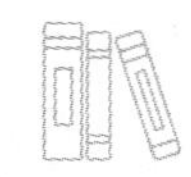

部长朱家骅、江苏省立国学图书馆馆长柳诒徵、中央大学教授朱希祖等人，受到“慢客”冷遇时亦曾觉委屈，然为公事只能尽力。经其不懈努力，各机构和个人均为浙江文献展览会提供了展品，蒋复璁提供了《蒋生沐先生遗像》一张，江苏省立国学图书馆提供了《东莱书说》九卷等善本 9 种，朱希祖则提供了《鲁之春秋》二十四卷等善本 4 种①。1936 年的浙江文献展览会，展品极为丰富，具有极高的文物价值和学术价值②。其后苏州也开始举办吴中文献展览会，均是受到了浙江文献展览会的影响。

三、行走的阅读——陈训慈在青岛的“静居”生活

(一)孜孜考订——考察山东一地之藏书家和图书馆

中华图书馆协会第三次年会结束后，陈训慈在青岛休养，继续拜访山东当地的藏书家。8 月 2 日和 3 日，陈训慈拜望了张镜夫(1890—1955，名鉴祥，字镜夫，以字行)，其在日记中云：“张君亦藏书，于公私书目搜罗尤备，得入室观其书，深佩其用功之勤，搜罗之广，旋复偕赴胶州路，访鲁藏书家赵先生。”③另记张镜夫：“惟孜孜于考订校编之间，其襟度亦不可及也。”④陈训慈在日记中对张镜夫着笔甚多。其在张镜夫处见到了刘喜海钞稿本《天一阁见存书目》，后张镜夫为浙江文献展览会提供这部书目参展，并允许浙江省立图书馆录副一份。张镜夫的藏

---

① 陈训慈等编，刘文龙整理：《浙江省文献展览会文献叙录》，凤凰出版社 2020 年版，第 468～484 页。

② 江山：《民国时期的浙江文献展览会及其影响》，载《合肥学院学报(综合版)》2016 年第 2 期。

③ 陈训慈著，周振鹤、周旸谷整理：《运书日记》(附《胶海逭暑日记》)，中华书局 2019 年版，第 229 页。

④ 陈训慈著，周振鹤、周旸谷整理：《运书日记》(附《胶海逭暑日记》)，中华书局 2019 年版，第 233 页。

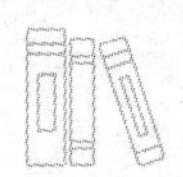

书斋“千目庐”存藏书目极为丰富，今人李艳秋对张镜夫藏书及目录学成就亦多肯定①。

通过张镜夫，陈训慈对山东藏书家有了更多了解。如李璋煜（1784—1857）酷好金石，为著名的文物鉴赏家，亦是藏书家。陈训慈记录其藏书散佚的情况：“山东旧藏书家而今已散佚者，有‘爱吾鼎斋李氏’。李名方赤，字璋煜，诸城人，其子肇锡为张镜夫外祖。璋煜公与陈簠斋为亲家，常相互交换古物，此外致力搜书，亦富抄本稿本，多至四十箱。辛亥革命以前，肇锡子已有一部分让售，一部分张母乃运回保存。比民国五年革命（即居正之鲁），日本军乘机侵诸城，携书而去，李氏所藏凡百〇五种皆不见（张君处存者有元刊明印之《韩诗外传》五本，谓系仅存之纪念物矣）。李后人式微，张君今略聚书，皆十余年来所自购云。”②

山东海源阁的藏书散佚情况，陈训慈也有所记录：“聊城杨氏海源阁主杨益之先生以增无子，以从子为继，甚悖妄，欲售书为庶母阻，其后遂运津，押借欲三十万。以此，大批书皆分散，其一部分尚押在三银行，闻在济一部分，曾以五千元议价与鲁馆而未能收，亦太可惜。闻杨戚某君尚有一箱，凡宋元本三十种左右，惟系窃取，不敢露面云。”③陈训慈所记海源阁藏书流散之命运，让人叹息。

在这二日间，陈训慈见到了藏书家赵录绩（1875—1939）：“赵孝陆先生（名录绩），年六十余矣，甚康强（尝官翰林院，有‘清流党十怪之一’之号），而豪迈不拘，一见即问来多日矣？旋问嘉业楼、天一阁及《四库全书》现状，论及八千卷楼书。渠谓

---

① 李艳秋：《张镜夫及其千目庐藏书》，载《山东图书馆季刊》1998年第2期。

② 陈训慈著，周振鹤、周旸谷整理：《运书日记》（附《胶海逭暑日记》），中华书局2019年版，第230页。

③ 陈训慈著，周振鹤、周旸谷整理：《运书日记》（附《胶海逭暑日记》），中华书局2019年版，第230页。

‘非端午桥，此书亦早散归东瀛矣！’余告以来意，慕名来谒，且图观书。”[①]赵录绩为王献唐之岳丈，有藏书楼“模𢈪阁”。通过赵录绩，陈训慈了解了很多隐秘史事，还在赵录绩处目验了宋开庆元年刻本《西山先生真文忠公读书记》等珍罕古籍10种，并一一为之记录。

这一次青岛之行，只有10个省立图书馆参加，陈训慈因之感慨各馆联络之不易。但陈训慈的一个重要收获是见到了山东省立图书馆馆长王献唐。《王献唐师友书札》有陈训慈致王献唐书札四通，其中一通为陈训慈托属下代致，文云：“此次中华图书馆协会举行第三次年会于青岛，慈决出席参与，藉雅聆诸公教益。济南与青岛相距不远，而先生主持省馆又为协会会员之一，谅当如期出席，果尔则晤教当在不远矣。闻先生自主馆政以来，对于馆务多所兴革，仰慕之私，与日俱深，南下之便当过济来贵馆聆教并冀获他山之助，用先奉闻。”[②]陈训慈7月20日记王献唐：“曩曾通信，未见其人，今始后识年三十余，温文沉默。”[③]8月3日复记：“山东省立图书馆辑印《齐鲁先哲遗书》，而不就商于人，仅出篇帙甚轻者二种。王献唐君好古物，于佳书不多购，凡购得捐得者（如《柳堂遗书》）亦不好事整理云。”[④]此处记载了王献唐更偏重收文物的倾向，后王献唐果然亦执掌山东省博物馆馆务。陈训慈自青岛返程过济南时，又拜访王献唐，再记：“鲁馆系王献唐先生任馆长，在北方各省立图书馆中为较胜，时有通讯，声应气求，相见良欢。亟出馆藏珍

---

① 陈训慈著，周振鹤、周旸谷整理：《运书日记》（附《胶海逭暑日记》），中华书局2019年版，第230～231页。

② 杜泽逊：《王献唐师友书札》，青岛出版社2009年版，第1646～1647页。

③ 陈训慈著，周振鹤、周旸谷整理：《运书日记》（附《胶海逭暑日记》），中华书局2019年版，第182页。

④ 陈训慈著，周振鹤、周旸谷整理：《运书日记》（附《胶海逭暑日记》），中华书局2019年版，第234页。

本,与近年收致之古字画相视。余于字画殊外行,然传闻王君所收不少赝品也!旋偕出同游趵突泉。晚献唐先生款宴余于酒家,孔令灿(教厅主任秘书,曾来杭参观得识)同席,孔君圣裔别支也。"[①]二人相见甚欢,一同观书、游览。后山东省立图书馆为浙江文献展览会提供了宋刻本《慈溪黄氏日抄分类》九十七卷(残存一册)等珍稀善本 4 种参展。

陈训慈在青岛期间还考察了山东大学图书馆(时在青岛)、青岛公共图书馆两馆,对二馆的情况亦有所记录。

(二)读经看书——陈训慈的个人阅读史

在湛山精舍避暑休假期间,陈训慈结识了天台宗第 44 代传人倓虚法师(1875—1963)、杭州招贤寺主持宏伞法师(一般写为"弘伞法师"),在他们的指导下,先后阅读了很多佛学相关书籍,现列表如下:

陈训慈青岛度假期间阅读日程一览表[②]

时间	阅读活动
7 月 26 日	请教倓虚法师《十戒略解》
7 月 27 日	在宏伞法师指导下购《净土十要》《净土辑要》,录苦行居士《净土辑要》上篇之"警语"及"常识语"。阅《崇俭主义》《劝戒录节本》《素食主义》
7 月 28 日	读《净土辑要》龙舒净土文,兼阅陈熙愿《净土切要》第一篇,别阅吴倩节辑《八福田》一小册。宏伞法师持示《袁了凡先生四训》,录龙舒《净土起信论》警语数则(《净土辑要》中篇)

① 陈训慈著,周振鹤、周旸谷整理:《运书日记》(附《胶海道暑日记》),中华书局 2019 年版,第 250 页。

② 陈训慈著,周振鹤、周旸谷整理:《运书日记》(附《胶海道暑日记》),中华书局 2019 年版,第 203～249 页。

续表

时间	阅读活动
7月29日	读完陈熙愿《净土切要》，读《袁了凡四训》，续阅《净土辑要》，晚阅李泰棻《方志学》和罗曼·罗兰《托尔斯泰传》之绪言，录《了凡四训》“积善之方”之后半段
7月30日	读《净土辑要》飞锡、永明、宗赜、有严、虎豂、天如诸师法语，并莲池大师法语，阅讷堂老人撰《果鉴释十界略解》，阅李泰棻《方志学》，向宏伞法师请教净土佛法之疑念及不解处
7月31日	续读《净土辑要》莲池大师法语并录
8月1日	看净土五经之一节，读《净土辑要》憨山大师、紫柏大师法语，又阅净土五经中之《普贤行愿品》，阅江易图《佛法讲演录》，阅罗曼·罗兰《托尔斯泰传》论艺术、论社会、论自由主义各节
8月2日	续阅《净土辑要》蕅池大师法语
8月3日	读唐诗律诗，阅《净土辑要》蕅益大师、省庵大师法语，阅王搏今《海外杂笔》，阅王季同著论佛法者，阅《大公报》
8月4日	阅《净土辑要》截流大师净土警语八页，阅李泰棻《方志学》方志之体例资料各章，读《不可录》，阅《大公报》，录《健身要旨》
8月5日	阅《青年修养》等小册二种，读《净土辑要》《西方公据》说袁列星、陆士铨、彭二林居士法语，读净土五经《普贤行愿品》，草《青岛短简》一文，读唐人律绝句
8月6日	读《净土辑要》澈悟禅师语录十二页，读其下篇《佛说阿弥陀经》，读完《净土辑要》，撰草《青岛短简》第二节“街头风光”

续表

时间	阅读活动
8月7日	阅《东南日报》
8月8日	读净土五经《普贤行愿品》,阅《护法论》《大公报》,写《青岛短简》“海水浴场”一节
8月9日	读净土五经《华严净行品》四言偈,阅王搏今《海外杂笔》及报纸

可见,自7月26日至8月9日这15天内,虽名为休假,却是陈训慈集中阅读的时间。在两位佛学大师的指导下,其在净土五经,即《佛说无量寿经》《观无量寿佛经》《阿弥陀经》《大势至菩萨念佛圆通章》《普贤菩萨行愿品》上花费时间较多,亦同时阅读了其他书籍。在阅读佛经之时,陈训慈亦在饮食上进行了约束,适度戒荤。今可见陈训慈题杭州灵隐寺药师殿之对联“十二药叉荷负有情渐修梵行光辉一心一世界,七千眷属盛陈大愿护念神力证得三藐三菩提”,其与佛教亦算颇有渊源。以现代阅读理念观之,其在休养身体之时,亦采用了“阅读疗法”进行自我疗愈。不免让人联想,其后陈训慈得享高寿,或与其此一段时间的茹素习经相关。

四、结语

张剑曾提出:从文体学角度看,日记是应用文的最为常用的文体之一;从史料学角度看,因其亲历者身份,常被视为第一手史料;从文化学角度看,因其内容包罗万象,又具有百科全书性质。① 一般而言,日记作为一种特殊的文献,被视为研究者不可或缺的直接史料,可补史之缺,详史之略,证史之误。我国

① 张剑:《中国近代日记文献研究的现状与未来》,载《国学学刊》2018年第4期。

图书馆学人的日记并不多见，更显可贵。陈训慈《胶海逭暑日记》以其生动之笔，记会议，品人物，为我们记录了当时图书馆界的多个面向，展现了一幅鲜活的民国图书馆史画卷。其《运书日记》亦有极高的史料价值，还有待更深入地研究。陈训慈日记中记录的“中华图书馆协会第三次年会”，参与学人众多，产生了很大的影响。笔者还将在第四章予以专节论述。

第三章 图书馆学人的往来信札研究

第一节 化私为公得归所

潘景郑(1907—2003),名承弼,字良甫,以号行,别号寄沤、盉宀,江苏吴县(今江苏苏州)人。自潘亦隽(1740—1830)的三松堂开始,潘家世代书香,最有名者为潘祖荫(1830—1890)的滂喜斋。传至潘景郑这一代时,其与兄潘承厚(1904—1943,号博山)继承祖父潘祖同(1829—1902)竹山堂藏书4万卷。自1922年始,兄弟二人致力于藏书,1929年因收得南宋大字本《后山居士文集》而将藏书楼更名为"宝山楼"。经多年积累,宝山楼藏书达到30万卷,石墨2万通。抗战期间,宝山楼藏书开始散佚,或毁于战火,或失于被盗,或被子侄论斤卖出。1949年后,潘景郑将宝山楼藏善本佳椠,以及清代缙绅录朱卷等捐给上海图书馆;后又"将所存六朝、隋、唐墓志,六朝造像,宋辽金元经幢,汉砖汉瓦百余种,以及唐代残石、唐代井栏的拓片等统统捐赠苏南文管会"①。1956年,镇楼之宝《后山居士文集》20卷被售归北京图书馆(今国家图书馆)收藏。

笔者收集了潘景郑与学人往来书札200余通,其中有13

① 徐小蛮:《版本目录学家潘景郑先生》,载《文教资料》1995年第1期。

通是潘景郑致陈鸿舜的手札。陈鸿舜(1905—1986),图书馆学家,江苏泰州人。1926年毕业于燕京大学经济学系,留校担任图书馆秘书。1941—1946年,先在美国哈佛大学汉和图书馆工作1年,后赴哥伦比亚大学图书馆学院学习,毕业后任该校东亚图书馆研究员。自1947年回国到1952年,任燕京大学图书馆主任。[①] 后燕京大学并入北京大学,任教于北京大学图书馆学系,为藏书采访与组织研究专家。潘景郑这13通手札即写于陈鸿舜担任燕京大学图书馆主任期间。经陈鸿舜之手,宝山楼部分珍藏得以售归燕京大学图书馆(以下简称"燕大馆"),后并入北京大学图书馆(以下简称"北大馆")。二人关于购书往来书信当极多。现据搜集情况,考释其中13通手札及相关的另两通手札,以窥见部分史实。由于大多书札未标年份,只能依据其内容和手札上部分年月标记进行排序。

一、潘景郑致陈鸿舜手札十三通辑释

(一)约2月中旬[②]

鸿舜先生大鉴:

日前曾上快械,谅先达记室。兹因前函曾询有无戏剧罕本,因忆敝笈藏有瑞鹤山房杜步云(当是咸同间内府之伶工)所抄曲本四十一册,内容详载扮演摇步、工尺,当是当日脚本。每本均有全套。自来曲谱所载均不完善,此集最为详备,可以布之梨园。钱南扬先生曾为弟编校各本,知所收最胜。弟素以此为珍秘,当时先师吴瞿安先生曾劝弟订正付印,可较诸集成曲谱为完美。今则无力为之考订,倘贵馆有意收藏,弟仍愿割爱以存书林佳缘。惟当时

① 《陈鸿舜同志逝世》,载《图书馆学通讯》1986年第2期。

② 雅昌拍卖网上第2215号拍品,潘景郑致陈鸿舜信札。

颇以重价收之，颉刚先生亦知此书之精善，曾劝弟归诸公有而未成。兹弟愿以人民币四百万元让去，如有意当即寄奉，附呈钱南扬先生亲笔校目，即祈鉴校。倘无意得之，则钱目希寄还为感。专此，即颂公绥！

弟潘景郑顿首

按：此函未标注日期，但有"FEB 24 1950"印记及一模糊方印。英文日期当是燕京大学收信后所印。据此推测该函大约是2月中旬之信件。此函提及的杜步云旧藏瑞鹤山房戏曲抄本，价值极高。吴瞿安即戏曲理论家吴梅，潘景郑曾从其学习词曲。钱南扬(1899—1987)亦为著名的南戏研究者，现还能见到此函中所提及的钱南扬之亲笔校目和鉴校。钱南扬在详细列目之后跋云："瑞鹤山房抄本戏曲四十六种附《明心宝鉴》四十一册，伶工杜步云编，杜伶为咸同间内府伶工，所收曲本皆为全套。今传曲谱所录俱非全帙，此本工尺扮演均细录无遗，所附《明心宝鉴》皆论演唱之要诀，为道光中内府伶人陈金雀著，殊为可贵。实价四百万元。"今北大馆藏钤有"曾在潘景郑家"印的清同治间瑞鹤山房抄本《戏曲四十六种》，已被整理成《北京大学图书馆珍藏瑞鹤山房抄本戏曲集》出版。郑志良在《杜步云与瑞鹤山房抄本〈戏曲四十六种〉》中谓不知瑞鹤山房抄本《戏曲四十六种》何以入藏北大馆①，今当可解惑矣。

(二)3月1日②

鸿舜先生赐鉴：

上月十三、十七、廿一三上芜缄并开奉第十三、十四及另开曲本等目谅达签掌，春假伊始，谅仍能得贵馆继续采

① 郑志良：《杜步云与瑞鹤山房抄本〈戏曲四十六种〉》，见中国艺术研究院戏曲研究所、《戏曲研究》编辑部编《戏曲研究 第68辑》，文化艺术出版社2005年版，第230～255页。

② "北京百衲中国书画微拍第六十九期"第30号拍品。

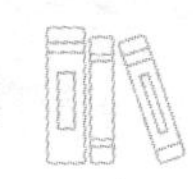

录也。弟已来沪,兹续开奉第十五次书目二纸,皆敝藏明本时下所罕睹者,谅可采纳也。此间物价较前又高出一倍以上,故所列之价只能略为增起,非敢居奇也。种种劳神,感激不尽。前寄之书四件当已早到,以后书款请改汇"上海北京东路三百号茂华商业银行入潘景郑户"为感。因弟近来居沪时间较多耳。专颂大安!

弟潘郑九顿首

三月一日

赐复可仍寄"苏州南石子街十五号"弟收。

按:此手札落款时间为"三月一日",又提到"上月十三、十七、廿一"均有书札,内容是第13、14次书单及曲本书目。而此函开奉的是"第十五次书目",为"敝藏明本时下所罕睹者"。里面还提到"前寄之书四件",推测该函时间是1950年3月1日。因1950年初物价尚不稳,潘景郑只得将书价略增,并请陈鸿舜将书款汇至潘景郑在上海的账户。

(三)3月7日[①]

鸿舜先生赐鉴:

日昨由大陆银行转下惠款陆百万元照收勿念。上月叠上四函并附四次书单,谅已达览,未卜贵馆购书委员会已否核定,敝箧所有甚愿以所有精善名椠全供采录,庶他日尚有泥鸿踪迹,不负二三十年搜罗之苦心耳。惟以物价仍在逐渐高涨,弟赔累颇重,以能了去债务以轻负荷,故不得不屡次奉烦,种种渎神之处,惟有中心感戴于无涯耳。祈候佳音,不具,敬颂公绥!

弟潘景郑九顿首

三月七日

① "北京百衲中国书画微拍第六十九期"第29号拍品。

按:此函提及上月“叠上四函并附四次书单”,推测该函时间为1950年3月7日。抗战胜利后,潘景郑常居上海,不时售书易米。1945年在《顾锡祺手校本读书敏求记》跋中称:“余以苏人年来佣书沪上,重以食指多累,笈中所藏易米殆尽,与顾氏跋称‘年来为家累心棼如丝,百忙中犹未忍抛卷也’云云,正如一辙矣。循览斯帙,不禁惘然!”[①]此函亦为售书,且收到此前所售书款600万元。潘景郑表达了希望“精善名椠”供燕大馆采录,以不负“二三十年搜罗之苦心”愿望,也可以了去债务。因本函已是开具“四次书单”之后的一通,顾谓“屡次奉烦”,并希燕大馆购书委员会早日核定。燕大馆设有购书委员会,决定每年预算案及由图书馆主任提议之各种事项;早期成员由洪业、顾颉刚、邓之诚、容庚、郭绍虞组成,后成员有所变动。

(四)3月26日[②]

鸿舜先生赐鉴:

叠上芜椷并两次清单暨邮包,在沪寄出乙件,在苏寄出十七件,谅均可早达。弟仍以母病留申,敢恳书到即为惠款,以待亟需。又弟十六次书目亦乞早为核定。敝笈在苏所有精善之本,兹将最后一批计二十种续开。第十七次书目奉采,其中如《盛世新声》《古今法书苑》《艳异编》等皆为绝无仅有之品,虽非宋元,然早为藏家所重耳。现弟留苏之书除清刻有一部份罕见之品外,其他精本已皆奉让贵馆矣。除在沪尚有一部份善本,留在亲戚处,只可稍缓开奉矣。屡屡渎神,殊为不安。专此,敬颂公绥!

弟潘景郑九顿首

三月廿六日

---

① 潘景郑:《著砚楼读书记》,辽宁教育出版社2002年版,第216页。

② 方继孝:《旧墨三记——世纪学人的墨迹与往事》,北京图书馆出版社2007年版,第235～238页。

按：该函有“MAR 29 1950”印记。首次整理该函的方继孝将“鸿舜先生”误认为北京图书馆赵万里先生。赵万里(1905—1980)，字斐云，别号舜盦、芸盦，并非“鸿舜先生”。潘景郑在《宋元明清精刻善本书影集锦》题跋中提到赵万里，谓：“建国以后，同门赵君斐云，遍搜国内各图书馆所存善本，博览精选，辑成《中国版刻图录》一书，断代分域，秩序井然，集版刻之大成，存千年来雕椠之型式，昭古信今，无间然矣。”①可见潘景郑对赵万里其人其学极为了解，二人曾从吴梅习词，为同门。1956年潘景郑致函赵万里谈及出售《后山居士文集》事，二人亦有书信往来，不可能称其为“鸿舜先生”。此函提及“仍以母病留申”“最后一批计二十种续开”“十六次书目亦乞早为核定”“第十七次书目奉采”“已皆奉让贵馆”等信息。潘景郑所开“第十六次书目”可能就是被认为“芜杂”的那一批，燕大馆方久决未下。但“第十七次书目”已奉采，并已寄出邮包。从“最后一批计二十种续开”之语，或可确定潘景郑共售出18批书给燕大馆。查北大馆书目，今有明万历二十四年(1596)刻本《盛世新声》12卷(12册2函)、明玉茗堂刻本《新镌玉茗堂批选王弇州先生艳异编》正40卷续19卷(16册1函)和《艳异编》(24册4函)两种，《古今法书苑》未能查到。

(五)4月15日②

> 兹因三月二十日由沪寄出《昆新两县志补遗订讹》及《钮匪石日记遗文遗诗》二种，为邮递所延误，未能到达，敢恳贵馆于本次清单内书价二千四百五十万元内暂行扣付一百万元，先予汇付人民币二千三百五十万元，俟两书到时再行补汇，以清手续，特此先行书据作证，此上燕京大学

---

① 仇家京：《〈宋元明清精刻善本书影集锦〉——顾廷龙、潘景郑等题跋述略》，载《图书馆理论与实践》2013年第11期。

② 2021惠民文化季孔网拍卖夏季文物拍卖会第2216号拍品：潘景郑信札。

图书馆公鉴。

潘景郑启

一九五〇年四月十五日

按:此函有“APR. 17 1950”印记和“潘景郑”钤印。因潘景郑所寄两种书延迟到达,为此请燕大馆方暂行扣付部分书款。因此函起到凭证作用,潘景郑留下了完整的年月日及姓名钤印信息。

(六)4月25日[①]

鸿舜先生赐鉴:

前上快械,度早达记室。今日由人民银行颁到惠款二千四百五十万元,照收无误。诸多费神,心感无既。弟自去冬即承吾公鼎助,得告无匮,铭心之感,永永不忘。上月为贾人所流言,几以累及爱吾者,益令弟惶疚于无尽也。至敝藏善本,虽未必全为珍品,然屡承贵馆采录,亦几及二三百种。将来编目亦差足以傲岸公私藏家也。其第十六、十七两单内所开各书亦颇多名贵难得之品,此皆为飞凫人夺利所误。弟虽不足自惜,然贵馆尚属有力之日,能得多增若干珍本,亦未始惟一机缘。在弟则所藏已冉冉殆尽,留此余烬,亦只自增枨触而已。倘贵会诸公尚有意采购而嫌值太昂者,尽可示以最短折扣,弟决不计较也。区区至诚,敢布腹心。再前闻贵馆所藏《中国版画史》尚有缺帙,未知所缺第几集。弟所藏为三集,愿以奉赠,候示当寄奉。又敝印《陟冈楼丛刊》,如贵馆未有,亦可奉赠也。统候裁覆,不尽万一。专此布谢,顺颂公绥!

弟潘景郑九顿首

四月廿五日

---

① 中国嘉德2013年秋季拍卖会第2523拍品:潘景郑致鸿舜书札。

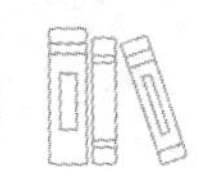

按:此函接上函,或燕大收到延迟的邮包,仍将书款汇给潘景郑。潘景郑在此函中继续表达愿将所藏书籍售归燕大愿望,价格略低亦无关系。为表示感谢,潘景郑愿捐赠自印藏书如《陟冈楼丛刊》等。《陟冈楼丛刊》为潘景郑"取先泽之未刊,及师友遗著之有待名山者,与其他罕传秘帙有资考索者,凡若干种,次为若干集,积以岁月,传诸墨版"(见《陟冈楼丛刊》跋)。查《中国丛书综录》,该丛书于1943—1945年刊刻,石印本,共分甲集24种、乙集2种[①]。查北大馆馆藏,有《陟冈楼丛刊》13种8册,与此函所说8册相符。此函用笺是"宋绍兴婺州刊本嘉祐集书影,吴县潘氏珍藏,辛巳春日制笺"。"辛巳"为1941年。此书影笺潘景郑之姐丈顾廷龙在致刘咸(字重熙)手札中亦曾用过[②],可见此书影笺制成后亦曾赠给亲朋使用。

(七)5月10日[③]

鸿舜先生赐鉴:

奉读本月二日手教,敬悉一是。敝藏《中国版画史》三函(计十二册)、自印《陟冈楼丛刊》八册及《明季吴中三老手札》印本一册(尚有其他自印本及所藏冷品甚多,拟日内检出,悉以奉赠贵馆,不再计值,藉留纪念),谨由邮寄呈贵馆收录,聊尽鄙衷。前闻书贾蜚语伤人,弟虽不屑置辩,尚祈先生推爱解释误会,始终感戴,永永无既。弟今春一困母病,再以主持家乡银行业务,受累无穷,亟思摆脱后别谋生计,尤将远离故乡,俾不致重遭去岁之困厄耳。前开之十六、十七两次书单,已是敝笈之最后善本。既承贵馆尚

---

① 上海图书馆编:《中国丛书综录(一)》,上海古籍出版社1982年版,第468页。

② 燕爽主编:《百年复旦:复旦档案馆藏名人手札真本·典藏本》,上海人民出版社2005年版,第169页。

③ 西泠印社(绍兴)首届艺术品拍卖会"中外名人手迹专场"第0435号拍品:潘景郑有关藏书信札二通。

有采录之可能，可否恳请先生商诸购书委会诸公，先行确定拟购何种及愿出价格，俾弟可先将各书邮奉。至书款一节，不妨俟诸七月以后再行见惠。好在近来币值已趋稳定，即迟付一二月亦无出入，而弟则可自了心愿且可安心离乡，不再有牵系胸怀耳。其他敝藏清代刻本之稀见及清人文集之罕购者虽多，然检理尚需一时期，能否容我从容检取亦不能自定耳。区区不情之恳，非亟于求售，实愿寒斋精本物归得所，留此鳞爪，徒增怅触。而贵馆异日编目有成，即此区区数百种，亦稍足以生色万一耳。戆愚之言，尚祈曲宥。鳞鸿有信，乞惠佳音，不胜翘企之至。专复，敬颂大安！

弟潘景郑九顿首

五月十日

赐复请寄苏州南石子街十五号弟收，因暂时不离苏也。

按：此函亦用宋本《嘉祐集》书影笺写就。再次提及除售书外，亦愿捐赠部分自刻书籍。《明季吴中三老手札》，为潘兄潘承厚辑，北大馆藏亦有此民国间影印本《明季吴中三老手札》。在此函中，潘景郑希望燕大馆尽快确定“拟购何种及愿出价格”，以便早日邮寄，即便迟些汇款亦能接受。

由于燕大馆购书委员会需时日商议，为尽快促成对“十六、十七两次书单”的采录，潘景郑又致函给燕京大学教授聂崇岐，信函[①]内容如下：

筱珊先生教席：

月前叠上芜椷，谅达签掌。弟厄运频仍，春间老母病笃，医药检料，所费不赀，比幸转危为安。而又以家乡所主持之银行，飘摇风雨，被累綦重，精神殄伤，痛困交迫。人

① 中国嘉德 2014 春季拍卖会“翰墨华章——慧鉴堂藏珍”专场第 1969 号拍品。

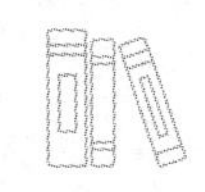

间何世，嗟生不辰而已。去岁辱荷鼎助，勉度艰境，中心感戴，永永无既。前以飞凫中伤，致起误会。弟虽不屑置辩，而流言所及，难免有市虎之疑。虽承贵馆诸公错爱相助，而弟自顾歉疚，有负高谊耳。近拟待此间行务结束后，遄离故乡，别谋生计。箧中长物不再留恋，昨已邮赠贵馆《版画史》三函及自印丛刊等书，聊表寸衷。尚有清代冷品多种，可决定为贵馆所未有者，亦拟陆续检出邮赠贵馆，以留纪念。此区区之私，诚敢陈诸左右耳。敝箧善本留苏烬余无几，仅最后所开之十六、十七两次书单。前鸿舜先生函示，须七月后再行商洽。弟意如贵馆尚有采录之可能，或嫌值不称，尽可开示出价，弟亦决不为此最后之计较。惟以离苏后寄书跋涉，可否商请购委诸公先行决定，由弟将书先寄，书款尽于下半年度七月以后见惠。好在近日币值稳定，决无出入。而弟则弃此余烬，不再有所牵恋矣。区区私情，能烦吾公再为最后一臂之助耶？除另函请鸿舜先生转达外，特再上陈无厌之求，叨荷怜悯，不胜感铭之至。专此，敬颂撰绥！

弟潘承弼九顿首

五月十一日

赐复请寄苏州南石子街十五号弟收。因弟暂不离苏也。

按：此函嘉德拍卖图录将“筱珊先生”错认为缪荃孙(1844—1919)。缪先生于1919年逝世，其时潘景郑12岁，不可能致函。此“筱珊先生”只可能是聂崇岐(1903—1962)先生。聂崇岐，字筱山，又作筱珊，为宋史研究专家、目录学家。聂于1921年考入燕京大学，1928年从历史系毕业，曾任燕大引得编纂处编辑、副主任和燕大馆代理主任等职。1949年2月起代理燕大教务主任，或为燕大馆购书委员会之一员。潘景郑致陈鸿舜、聂崇岐之书札内容基本一致，时间亦为前后一天，只为促成第16、17次书单购书事宜。

此函用“田业银行用笺”，即潘当时主持之银行。该银行全称“吴县田业银行”，1922年成立，由潘侣虞所办，总行设于苏州。潘景郑为董事之一。1937年停业，1946年11月14日复成立，潘景郑为经理。1947年财政部同意复建“吴县田业银行”，但去掉“吴县”二字，为“田业银行”，并增设无锡分行。1950年5月因亏损再次停业。此书札提到“家乡所主持之银行，飘摇风雨”，又提到“待此间行务结束”，当写于此时。因潘景郑担任该行经理，负有主要经营责任，须偿还因倒闭引起的债务，这也是其售书的主因。陈鸿舜告知潘景郑对“第十六、十七次书单”的确定，须在7月后再行商洽。潘景郑因往返苏、沪二地，十分不便，希望早日确定，以便邮寄，哪怕书款晚些汇款亦无不可。1950年后，币值渐趋稳定，这是潘景郑愿意先邮寄书再收书款的时代背景。

(八)6月5日①

鸿舜先生大鉴：

昨复□□并邮赠贵馆书三十种计包札乙件，兹复检奉宋刻残本《吕氏读诗记》六册，宋刻元修本《欧阳文忠公内制集》奉贻贵馆，聊志纪念。另附拙编《明代版本图录》四册奉赠吾公教正。计邮乙件，即希查收，清人文集目续检出四十种□□□极为希见之文集并为索引中所未有□□□，希转达为荷，屡屡渎神，□□感之。专颂公绥！

弟潘景郑再顿首

六月五日

按：该手札也印有“JUN 1950”字样，用笺也是宋版《嘉祐

① 墨笺楼“纸墨之缘—倪瓒、程千帆、沈祖棻、潘景郑、夏仁虎、张广达等名家墨迹专场”之“著名藏书家、版本鉴定家潘景郑致陈鸿舜毛笔信札一通一页”。

集》书影笺。由于该函已被拍卖,网络照片有"墨笺楼"水印遮挡了部分文字,只能仅就现有文字进行识读。函中所提的《吕氏读诗记》全称是《吕氏家塾读诗记》。《欧阳文忠公内制集》全称应为《欧阳文忠公全集》,中有"内制集八卷"。《明代版本图录》全称应是潘景郑、顾廷龙所编《明代版本图录初编》,1941年上海开明书店影印本,署"吴县潘承弼、顾廷龙同纂",今北大馆有藏,衬叶墨笔题"鸿舜先生指正/潘景郑谨赠",钤印"景郑持赠"。潘景郑售书时,也向燕大馆和陈鸿舜捐赠书籍。

(九)6月20日[①]

鸿舜先生惠鉴:

昨上芜缄并由邮寄上赠书二件,当可先达。今日已将贵馆采购书六十一种分八件即日由邮挂号寄奉,到祈查收,清单正副本亦附奉,七月份惠款可与上次之书并汇"上海长乐路七四六号弟收",因届时弟恐已离苏,由起潜兄转交最为妥当也。另开敝藏剩余书单乙纸,除清人文集十一种外,其他皆为难觏之书,敢祈鼎力玉成。至弟所开之价,业已较前减低,后如荷贵馆采购,仍愿以对折计算,所希能多为拣选,俾弟免再求得主耳。至上项价目以对折计算后,谅洞鉴弟之并非居奇耳。沪上亲戚处尚有寄存善本多种,当俟暑期到沪再行检出也。尚有赠书甚多,陆续可检出奉赠。惟邮资较贵,每件约在二百左右。他日再以奉恳耳。专颂公绥!

弟潘景郑九顿首

六月二十日

① 北京匡时2007年秋季拍卖会"百年遗墨:二十世纪名家书法专场"中第0351号拍品:潘景郑致鸿舜信札五通。

按:此函有“JUNE 23 1950”印记,仍为售书事。潘景郑请陈鸿舜将汇款由其姐丈顾廷龙(起潜)代收,并请燕大馆继续采购所开之书。售书外,亦拟奉赠多书。

(十)6月23日①

鸿舜先生大鉴:

昨函并邮赠书廿三种,计挂号乙件,谅可早达。兹又续检出抄稿冷本多种,日内当即付邮。内容可决定为贵馆所未有,故不再开目征询,以省时日。弟日来正加紧整理藏箧,拟于一个月内料理完毕,即拟离苏。故忘其烦渎,屡屡函达,幸洞鉴鄙悃为幸。顷又检出清人文集一批,又罕传本数种,即开目备采,敢恳鼎力玉成,并希早为示及。连前数次呈目一并采录,希望愈多愈好,弟则亟求脱累。至价值方面,仍愿对折计算,藉以收还廿年来搜罗之心血,非敢以谋利也。书款尽于下届拨付,并不亟亟。又清代诗集,弟约有二三千种,未知亦能采录否。又郡邑诗文总集,弟当年亦颇搜求,以其关于文献颇重,且多罕见,未知亦能见采否?敝藏十年前颇能与伦明所藏相颉颃,今则万念俱灰,聚散真如浮云矣。匆颂公绥!

弟潘景郑九顿首

六月廿三

按:此函有“JUNE 26 1950”印记。潘景郑继续整理藏书求售。所藏清代诗集及郡邑诗文总集较多,原可与藏书家伦明(1875—1944)争胜。在遭遇困境后,不得不对折出售还债,其心迹表露无遗。

---

① 中贸圣佳2021年春季拍卖会“万卷——名人信札 古籍善本专场”第3130号拍品:潘景郑致鸿舜先生信札。

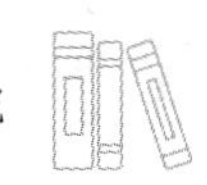

(十一)6月26日[①]

鸿舜先生大鉴：

昨上一缄谅到。兹续检奉单种罕传本廿二种，谅为贵馆所未备，即日内邮挂号寄上乙件，到祈查收。逐日检选已壹百余箧，择其罕见者，以单册悉举赠，其能易米者，则不得不略以求售也。续附上一目，敢祈采录，各书皆为罕觏之品，或能备一格耳。惟琐琐渎神，实抱不安，幸公有以恕之。暑假渐至，假期即临，故不得不从速检理，以事休沐也。专颂公安！

弟潘景郑九顿首

六月廿六日

按：此函仍述售书事，因暑假渐至，潘景郑恐燕大馆假期暂停购书工作，故在家乡"逐日检选"，供燕大馆购书委员会采录。

(十二)7月5日[②]

鸿舜先生惠鉴：

上月廿七日上一缄并赠书等单，谅荷察及。日前由邮挂号寄上《明清画苑尺牍》一部（该书如馆中未备亦可奉赠），藉奉清览，谅可早达。弟料理俗务，已将逐渐告竣，尚有赠书一部份，亦拟续行开呈。惟拟于七月杪离苏，前开奉采诸目敢恳鼎力转达购委诸公早予拣定，并恳多为采录。至价值方面，弟亦决不计较也。（尽诸公酌裁，惟希多采为原则。）贵馆购藏预算充足，好在下半年度尚未开始而敝箧所有似可以补所未备。在弟则以物得其所，而贵馆则

① 北京匡时2007年秋季拍卖会"百年遗墨：二十世纪名家书法专场"中第0351号拍品：潘景郑致鸿舜信札五通。

② 四川瀚瀚2020秋季艺术品拍卖会"名人手札专场"第0308号拍品：刘惜闇墨迹1页、潘景郑信札2页、柳非杞墨迹5页。

同样购藏无所偏向耳。区区私衷，敢以布陈。至敝藏在沪者，则需俟暑期后到沪再行渎烦耳。不情之恳，尚乞鉴谅，甚感！专此，顺颂公绥！

弟潘景郑九顿首

七月五日

再屡承函询赠书十余件之邮札单费，业蒙玉助，不敢计较，毋用再赐也。弟又及。

按：此函仍提及部分赠书。此次售书，在潘景郑看来，实为双赢。宝山楼之书"物得其所"，燕大馆亦丰富了馆藏。燕大"购藏预算充足"，可以较快支付购书费，这是潘景郑愿意售给燕大馆的原因之一。之前潘景郑曾提及赠书的邮费问题，也因屡次受燕大馆帮助后，告知不需再付。

(十三)8月17日[①]

鸿舜先生赐鉴：

月前寄上赠书四件，谅可早达。比以母病危焉，匆匆来沪，获晤起潜兄，藉悉书贾又有流言，谓弟在沪买卖。弟半年以来，困于银行业务，岂得有此雅闲？不知何贾与弟隙深，若是播弄雌黄，务使敝箧无地可容，而得售于樊笼。弟固不敢置辩，亦不欲自辩。是是非非，当可立白。所深愧者有负先生，一年来助我之深，以此口舌之累耳，甚愧甚疚。弟素性伉爽，利欲本置图外。特以一年来，税捐交逼，而银行又为大累，遂不得不典书还逋。此情此景，言之欲泪而已。

先生推起潜兄为深交，爱屋及乌，自不敢忘之肺腑，故敢略陈鄙悃，俾知我者谓我心忧而已。上次所开书单所望

---

① 中国收藏家协会书画收藏委员会编：《凝聚的历史瞬间：庆祝新中国成立60周年——熊光楷、袁熙坤、张忠义特藏汇报展图集》，新华出版社2009年版，第196页。

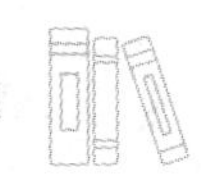

先生在可能范围中助我一臂。倘有为难，弟决不敢以此贻累左右。即希惠我数行，俾得他图而已。顾影彷徨，不尽欲言。顺颂公绥！

弟潘景郑九顿首

八月十七日

赐复仍寄苏州南石子街十五号弟收可也。

按：此函有“AUG 30 1950”印记。内中提及“月前寄上赠书四件”，即7月寄出赠书4件。陈鸿舜此前曾告知7月商洽第16、17次书单购书事，可能到了8月仍未有结果。潘景郑可能认为久拖贻误，再次希望陈鸿舜念及对姐丈顾廷龙（起潜）“爱屋及乌”之情，请其帮忙。顾廷龙于1933年毕业于燕京大学研究院，曾担任燕大馆采访部主任。陈鸿舜与顾廷龙曾为燕大馆同事，二人交好。顾廷龙日记中曾记陈鸿舜赴美前为之饯行，邀潘景郑作陪。此1年来，加上母病和银行业务之累，潘景郑困顿不堪。又谈及“一年来助我之深”，可见二人就售书之事已通信1年有余。

除了给聂致函请求臂助售书事宜，潘景郑还向孙楷第致函，也提出同样的请求。其写给孙楷第的信函①内容如下：

子书先生教席：

顷奉上月二十日手教，敬悉一是。弟童龄孤露，朴樕无成，惟生平积习所好图史金石而已，今则再罹天酷，长物自难嗣守，惟希廿余年精力所聚不致四散市廛，私心所愿惟此而已。去岁屡荷鼎力玉成诸书，感激非可言喻，惟明本精抄所余无多，故不得不续去于次者，即荛圃所言“去刻留抄”已恐不能如所愿耳。至弟当年收书范围自知极为芜

① 西泠印社（绍兴）首届艺术品拍卖会“中外名人手迹专场”第0435号拍品：潘景郑有关藏书信札二通。

杂，即医卜星相亦所不弃，小说弹词一类当年皆积累而得。虽皆习见，然间有一二，亦为孔德、西谛所无。贪多务得，此其病也。第念贵馆收藏自以广泛为宗旨，区区二百数十种亦可作为收罗小说之基础也。弟本收此类以娱老，今日困于环境，不得不恃此以偿逋耳。故希望能得全部归聚一所，倘稍有重本少数剔除则亦无不可也。敝目已于一星期前寄筱山先生转奉鉴定矣。种种渎神之至，容后泥谢不尽。祈候佳音，不尽万一，先此复谢！敬颂著绥，不具！

弟潘□□承弼稽颡

十月一日

按：孙楷第（1898—1986），字子书，古典文学研究专家、敦煌学专家，时任燕大教授，或亦是购书委员会成员。潘景郑亦曾与其相交，1944 年潘景郑在《丁芝孙古今杂剧校语》中称："幸得孙子书先生详稽源流，撰为考证，海内外并知此书之珍贵……余既幸此书之获传，又钦子书之阐述多能，即检以为赠，聊供参稽之一助。并志颠末，藉当书林之谈助。"[①]可见二人早有来往。据"去岁屡荷鼎力玉成诸书"，该函时间当为 1950 年 10 月 1 日。潘景郑 12 岁丧父，常自称"薄祜""孤露"。"朴樕无成"是谦辞，在《寄沤剩稿自跋》中亦称"仆赋性愚暗，垂老朴樕，学无所成"。可能其时购书委员会认为潘景郑该批书极为芜杂，不愿采录。潘景郑不得不请孙楷第说项，并表示希望自己的藏书能"全部归聚一所"，"稍有重本少数剔除则亦无不可也"。函中提及"荛圃所言'去刻留抄'"，是指黄丕烈晚年售书时将刻本先行处理，留下抄本，潘景郑有意仿之，却已为不可能之事。此处亦可看出潘景郑更为珍视抄本。1945 年其在《景明正德本青阳集》跋中亦曾提及："余之收此，诚如荛翁晚年'去

① 潘景郑：《著砚楼书跋》，上海古籍出版社 2006 年版，第 340 页。

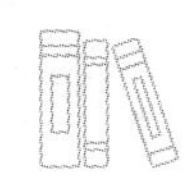

刻留钞'之况，自笑亦复自怜矣。"(见《著砚楼书跋》)潘景郑编有《宝山楼通俗小说目录》2卷，抄本，今藏国家图书馆[①]，可见其藏通俗小说亦复不少。今北大馆藏潘景郑之书亦有部分小说钤有"潘景郑所收说部秘籍"印。札中提及"孔德"，指孔德学校藏书，为俗文学研究者马廉一手经营，以收藏戏曲小说文献著称。"西谛"为郑振铎，亦雅好收藏小说弹词等俗文学书籍。潘景郑曾代郑振铎购书，二人信函亦极多，今日可见潘景郑整理之《郑振铎先生遗札》[②]13通以及潘景郑弟子林申清整理的郑振铎致潘景郑论书尺牍[③] 14通。

二、手札内容与北大馆藏文献的比对验证

(一)北大馆藏潘景郑相关文献

在对手札的考释过程中，笔者已对部分藏书与北大馆藏进行核对。现再以"景郑""潘承弼藏书记"在"学苑汲古"数据库内搜索，将馆藏地限定在"北大"，并结合其他文献检索途径，可查询到北大馆藏中有潘景郑藏书不下161种。这些书籍钤有"景郑藏本"印100种，钤有"曾在潘景郑家"印13种，钤有"景郑藏书"印11种，钤有"潘承弼藏书记"印6种，钤有"潘景郑所收说部秘籍印"3种，钤有"丁丑以后景郑所得"印2种，钤有"景郑持赠"印2种，有燕京大学藏书票且著录"潘景郑赠""潘景郑先生赠"等45种。如清光绪八年(1882)刻本《光绪府厅州县歌》钤有"景郑藏本"印，题跋印记有"潘景郑先生赠书"字样；1927年影印本《椒山先生遗著》一卷之书目题跋印记栏标有"潘景郑先生赠燕大馆书，钤印'景郑藏本'。燕京大学图书馆

---

① 中国古籍总目编纂委员会编:《中国古籍总目 史部 8》，上海古籍出版社2009年版，第4988页。

② 潘景郑:《郑振铎先生遗札》，载《社会科学战线》1984年第1期。

③ 林申清:《郑振铎致潘景郑论书尺牍》，载《历史文献》2001年第4辑。

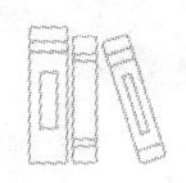

藏书票上钢笔书'潘景郑先生赠'"。此外,《咫进斋丛书》第4辑校本13种,卷端钤"景郑藏本"白文印,函套内粘燕大馆藏书票。潘景郑在手札中述及奉赠自刻之书多种,除了《陟冈楼丛刊》,潘承厚辑《元明诗翰》《蘧庵遗墨》《瞿忠宣公蜡丸书、侯忠节公绝缨书合璧》等亦在内。可见潘景郑致陈鸿舜13通手札中关于售书、赠书的内容与北大馆现存潘景郑藏书可以基本对应,其所赠之书占其全部之书28%。

(二)潘景郑藏书的价值

这些藏书中,多晚清民国书籍,以今日之古籍鉴定眼光看,清乾隆六十年(1795)以前刻印善本有10余种,多钤有"曾在潘景郑家"印。也有极为珍贵者,如"宋人小集五十一种"中第1种清康熙十三年(1674)佑启堂抄本《雪矶丛稿》5卷钤有"佑启堂印""孙星衍印""渊如""潘承弼藏书印""丁丑以后景郑所得"印,可见该书为佑启堂抄本,经清代藏书家、经学家孙星衍后递藏至潘景郑,实为善本。多部古籍亦钤有"元和胡氏玉缙所藏"等印,可知这些书曾由近代文学家胡玉缙(1859—1940)存藏,其逝世后书散,由潘景郑收得。潘景郑所售之书中,价值较高的还有清瑞鹤山房抄本《戏曲四十六种》。后之馆员对这些藏书进行整理编目时,亦标识了出处,有助于后人开展更为深入的研究。从手札以及这些馆藏文献可看出,潘景郑收书范围广泛,医卜星相、小说弹词之书亦所不拒,但更重视对郡邑诗文集、抄本的搜集。在售书时,潘景郑曾以黄丕烈晚年售书"去刻留抄"作比。其所售书籍及捐赠书籍的价值,还有待于更深入的揭示。

三、结语

基于所见资料,笔者对潘景郑致陈鸿舜的13通手札进行排序与考释。可以看到,1950年,潘景郑因母亲病困以及主持

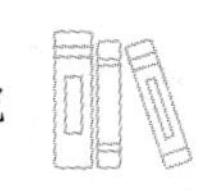

的田业银行倒闭，不得不将宝山楼的精善之本前后计18次通过陈鸿舜售给燕大馆。前面的15次较顺利，到第16、17次及最后一批，燕大馆方久决不下，不得不向聂崇岐、孙楷第致函，请求帮助。最后3批是否售成，限于史料，尚难确知；但可以看到，潘景郑亦将珍藏的45种藏书，尤其是家刻之本，捐赠给了燕大馆。

潘景郑与兄爱书、聚书多年，宝山楼藏书甚富，但在遭遇人生困境之时，亦不得不出售以“还逋”，充满了人生的无奈。后潘景郑似很少提及此事，1952年只在《残明建文本元音》跋中略提及：“祇愧比岁困于家累，衣食之不遑，卖书买书，积习未改，抚卷之余，犹不禁惘然有失矣。”（见《著砚楼书跋》）学界也更关注其将藏书捐赠给上海图书馆及苏南文管会之举。通过这13通手札，可以得知宝山楼藏书之化私为公的又一去处——燕大馆（今之北大馆）。随着这些历史碎片的拼接与还原，揭示该史实有助于增进学界对现代古籍保护史的认识。

第二节　礼聘人才成美谈

2018年12月20日，图书馆学家、目录学家、参考咨询专家邓衍林先生（1908—1980）之女邓少筠女士代表邓氏家属向天津师范大学图书馆与古籍保护研究院捐赠了大部分藏书、手稿和信札。在整理过程中，笔者发现了北京大学图书馆学系（今北京大学信息管理系）创始人王重民先生写给邓衍林先生的信札5通。王、邓二人均是我国著名的图书馆学家、目录学家，并曾于20世纪30年代共事于国立北平图书馆。在该馆工作期间，二人均编制了较多的书目索引，王重民有《清代文集篇目分类索引》(1935)等,邓衍林有《中文参考书举要》(1936)等。1947年,王重民在北京大学创办图书馆学专修科,即后来的图书馆学系。1956年年底,邓衍林辞去在美国的联合国秘书处职位,携全家返国服务。身为系主任的王重民诚挚邀请邓衍林到北大任教,又开始二人共事并共同服务于图书馆学教育事业的时期。现结合部分资料、档案,对这5通信札予以考证,以便促进对王重民、邓衍林以及中国图书馆学史的研究。

一、第一通:聘约

对于邓衍林自美返国服务,研究者多认为时间在1956年底,具体语焉不详。在王重民给邓衍林的第一封信中,我们可以看到:

衍林兄:

我们北大请求聘请吾兄的公函,今天下午已经签好了。大约明后天可送到专家局。(已先有电话告知专家局)吾兄和嫂夫人何日能来北大看看,均极欢迎。

敬礼!

弟王重民顿首

十二、十七日

想今日下午又有人纠缠吾兄,但对情报工作,我们一定协助。又及。

考释:

(一)本信札未标年份,信封上标“送北京西河沿二七七号永安饭店邓衍林同志 急件 504# 北京大学回执第11895号”。根据前后5通信的逻辑关系,可以判定本信件落款时间当为1956年12月17日。这是邓衍林初回国时,正联系工作单位,尚住在永安饭店。当时回国人员多安排住在此饭店,如1956年8月自美回国的郭慕孙(1920—),11月抵达北京后也被安

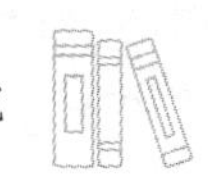

排住在了前门附近的永安饭店[①]。王重民此封信告知了礼聘邓衍林的进程，表达了排除困难聘用邓衍林的决心。信中的“嫂夫人”指邓衍林的夫人钟韶琴同志。

（二）“明后天可送到专家局”可以看出20世纪50年代国家引进海外人才的政策和方式。邓衍林之所以能顺利回国工作，除了王重民等个人的大力推动，也与时代背景密切相关。据学者统计，1950—1953年间，回归祖国的留学生就有约2000人[②]，从事科研工作的海外华人对于回国服务的热情空前高涨。信中的“专家局”，正反映了当时政府对于海归热潮的积极应对措施。“专家局”，全称“国务院专家局”，是由时任国务院总理的周恩来提议，并在1956年5月12日第一届全国人大常委会第四十次会议上批准设立，主要负责人才与其他高级知识分子相关工作，其中就包括“争取在资本主义国家留学生回国”和“派遣留学生计划和分配”[③]。因此，北大聘请邓衍林的公函需通过成立不久的专家局办理相关手续。

（三）信中的“情报工作”，应该是指邓衍林希望以后开展的工作。据邓衍林之子邓少林口述，邓衍林当时还有一个单位备选项是中国科技情报所（今中国科学技术信息研究所）。按：中国科技情报所是在周恩来总理等领导人关怀下，于1956年10月成立的，是科技部直属的科技信息研究机构。此一新机构成立不久，也在大力延揽人才，所以才有“又有人纠缠吾兄”的情况发生。邓衍林对科技情报工作也很有兴趣，其后在北大开设了相关课程。本次捐赠中亦发现有其所编的教研资料稿本，如

---

① 《追求卓越：郭慕孙传》编写组：《追求卓越：郭慕孙传》，中国科学技术出版社2015年版，第40页。

② 李涛、周全：《对建国初期吸引海外留学生归国工作的回顾——兼论其对我国文教事业的影响》，载《党史文苑》2004年第4期。

③ 苏尚尧主编：《中华人民共和国中央政府机构1949—1990》，经济科学出版社1993年版，第509页。

《关于科技情报的相关材料》(3页,年份不详)、《科技情报学文献工作课程引论》(47页,1974年12月)等。还发现有1959年12月23日中国科技情报所情报方法组为收资料致邓衍林的往来信件,可见他们的联系还是较为紧密的。

(四)通过查阅北京大学档案可知,高等教育部于1957年1月12日发出同意邓衍林到北京大学工作的介绍信[综(57)高人介字002号][1]。从1956年12月中旬开始办理相关手续,到次年1月中旬发出公函,可见整个聘用手续还是相当快的。

二、第二通:开课

在基本确定聘请邓衍林任教北京大学图书馆学系后,身为系主任的王重民很快为邓衍林即将开始的新工作做出了安排和建议,这在王重民致邓衍林第二通信中表现无遗。

衍林兄:

听说北大已经给兄借到一处房子,算是暂时有了保障,大约不久请兄办了手续,即可回家了。

弟决定下礼拜一晚车赴南京,一月一日准能回家。回京后,还想与兄见一面。(日期以一月五六日最好,不知尚能赶得及否?如走得早,二三日见面亦可。)

"目录参考"的教学工作方在开始,故待准备之课颇多,前日曾面谈三种。关于"工具书"一部分,两年前,曾独立开课,后停止。今又有独开或与"普通目录学"合开两说,目前尚在讨论,还未作出决定。但不论如何,一定要开,就是独开则讲授时间较多,合开则较少,差别仅仅在此而已。

兹送上北大旧讲义"参考书与参考工作"一份,就是三

---

① 《介绍信》,北京大学档案馆,档号:20557019。

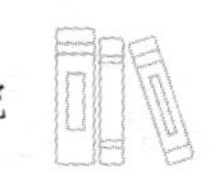

二年前我和目录学教研室的同志们编的，今天看来，很有一些缺点；①过于见长，有过多的空论。②那时候着重思想批判，有些不正确，对今天说更不正确；由于这些不正确，就缩小了参考书的范围，有些可用的，那时候就没敢介绍。③内容不平衡，不但多少不平衡，轻重也不平衡，请兄一阅便明。

附上武大讲义一份，基本上是依照北大的改编的，对上述缺点，已作了一些修正，但不好的地方还不少。

这两个文件，仅供兄作参考，在旅途中有时可用打破寂闷。将来如何修改，如何布置，等兄回京后再说。

兄离家二十余年，这次回家，望能好好玩玩，不必多以教学为念，因我们的来日方长，兄留家之日短也。

总之：弟一月一日大约能返京，兄如在此以后离京，一定能够见到。

还有什么问题，请写信寄弟家中：北京大学，燕勺园四十四号，为感。

敬礼　并问

阖家安好

小妹妹的病好了么？

弟王重民上

十二、廿三

如来信，请附带写明您的电话号码。

考释：

（一）本通信函未标年，信封上标“送北京西河沿 277 号永安饭店邓衍林同志 外讲义两册 北京大学”，根据五通信札的先后逻辑关系，可判断落款时间当为 1956 年 12 月 23 日。

（二）王重民给邓衍林分配的教学工作任务是承担“目录参考”的教学工作，其中之一为“工具书”，即后来邓衍林承担的

“中文工具书使用法”这一课程[1]。在这通信中，王重民介绍了课程的开设情况，提供了两份讲义，并说明了讲义的不足之处，以便邓衍林早做准备，做到心中有数。虽邓衍林曾在国立北平图书馆工作多年，但后来也一度远离了相关的工作，尤其是对国内大学图书馆学专业的教学工作，邓衍林应该是较为陌生的。王重民此举为邓衍林顺利开展其后的教学工作提供了极大的方便，也是很有必要的。

信中所提及的武大讲义，应是此次捐赠藏书中的吕绍虞所编的《武汉大学讲义参考工作》，该书由武汉大学教务处出版科于1955年编印。书中有邓衍林的圈画与批注，可见对于王重民的鼎力支持与任务安排，邓衍林给予了高度重视，并对现有教材进行了深度研读。邓衍林藏书中，尚有王重民用钢笔写于个人稿纸上的《参考书与参考工作》一份，考其内容特征，与信中描述的“北大旧讲义”有颇多相符之处。但是否即此版本，仍需参核更多的佐证。

（三）从信中看，邓衍林在确定任教北京大学并等待正式报到之前，携全家回乡省亲。王重民则希望在邓衍林省亲之前再面谈一次，交代好具体的工作，因此表达了一月一日后迫切见面的期望。文中的“小妹妹”应指的是邓衍林之女邓少筠。

三、第三通：讲学

大约在上一通信所要求的一月一日二人面谈后，邓衍林携带妻子儿女返回福州岳丈家探亲，到福州后给王重民致信一封报平安，遂有王重民再致邓衍林这一信。

衍林兄：

接来信，知与嫂夫人及令郎令爱平安抵福州，已享天

---

① 在本次捐赠中，还有20余份1959—1960年间学生在学习“中文工具书使用法”后的心得报告。

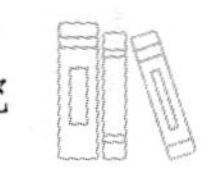

伦之乐，令弟欣羡不置，弟尚未一到福州也。

吾兄回国不久，即以这样重的课程倩兄担任，真是有点不好意思。然兄回祖国目的，正是得英才而教育之，所以就是吃点苦，亦所乐意。吾兄南行时咱们所讨论的工作，与来信中所考虑的办法，皆极妥善。

自兄行后，校内外所得消息，尚愿为兄述之，在义不容辞的时候，就只好准备一二课题，以在多方面应用也。如：文化部决定从三月十五日在南京办图书馆学进修班，他们早已决定请兄去讲课。时间大概是四月二十日稍后，内容是关于中外参考书与参考工作问题，要讲三四次以至四五次。我想这些准备就可与咱们的"参考书与参考工作"结合起来。（因有外文，也可利用一些准备专题报告的资料。）又高教部大概要在暑假期内在北大办进修班，到时怕吾兄也逃不了，大概也要作几天关于参考的讲授。

这些外务，固然要花费一些时间，但对于修正讲稿或扩大讲稿，都有帮助。

由于南京讲课问题，兄在归途，便不必在南京耽搁（甚而在上海不参观亦可），以便四月间再去时再参观。（北大课或提前一周上，或减为九周，都可。）因从北京到南京来回车票，都由文化部买好送上，事务并无其他麻烦，而更有多余时间参观。（每天上午讲课，下午无事可参观。）

校内情况，是1958年五月四日为北大六十周年纪念，决定为国际上的活动日，要邀请全世界代表、科学家都来。而我们各系要在今年准备论文集，而且今年五四的科学讨论会要多少大一些，以给明年打基础。因此，吾兄论文越多越好，而在今年五四，若能结合专题讲授，把讲稿扩充、修改，成为一篇论文，在今年五四科学讨论会宣读，更好。

上面说了那些大事情，再要说的就是向达、梁思庄极盼嫂夫人早日工作。您们的房子——在第三公寓的暂由别人住了。三月初，大驾来时，当然平房(即佟府乙号房)能空出最好，如不能空出，需还要第三公寓住几天。这事当由魏香文秘书注意交涉。敬祝

健康，快乐！

嫂夫人均此，不另！

弟 王重民上

2、6

考释：

(一)本信件同样未标年份，信封上标："福建省福州仓前山对湖可园钟韶琴邓衍林同志北京大学燕勺园44号"。信封上邮戳为"北京57.0.7.20(支54)""福建57.2.12/9福州(甲)"，因此本信件落款时间当为1957年2月6日。仓山位于福建省闽水之中的南台岛上，据称原名藤山，古时曾是福州府布置江防之地。到明洪武年间，山北麓始建盐仓，该地被俗称为盐仓前，藤山也遂被称为仓前山，简称仓山，沿袭至今。仓山有多条街道，其中有对湖路，附近多别墅洋房，以"园""庐"命名的旧宅不少。"可园"，现为"仓山区康山里5号"，建于1928年，据说林徽因唯一一次返乡时曾寓居于此，租住了两个多月。邓衍林岳丈为钟景竹，曾担任清末至民国盐务系统官员。在1959年80岁时撰写《中华人民共和国成立十周年庆祝诗七律四首》以示庆贺。其与邓衍林通信的地址亦是此处，钟家居住于此。

(二)邓衍林回国后，即受各方礼聘，应邀讲学。1957年3月15日—5月15日，文化部在南京图书馆举办"省市图书馆工作人员进修班"，近20位专家受邀讲学，共有来自全国各地的78位学员参加了进修班。根据课表可知，邓衍林于4月23—26日为进修班讲"参考工作与参考书"，并有讲义《参考工作与

基本参考书》[①]。其讲课时的情形，当时的学生张德芳有相关回忆文字[②]。王重民也于4月15—19日为进修班讲授“普通目录学”。

（三）信中所称“高教部大概要在暑假期内在北大办进修班”，邓衍林1957年8月在高等教育部图书馆工作人员进修班也做了讲授，并有讲稿《参考工作与基本参考书讲授提纲》（油印本），该提纲在《参考工作与基本参考书》的基础上有所缩减，尤其是后半部分，一些内容只保留标题。

（四）信中所提的“1958年五月四日为北大六十周年纪念”，需要提交论文以供讨论，则是北大的学术传统之一。“五四”科学讨论会始于1955年，目的在于促进科学研究的风气，明确科学研究的目标与方向，借此提高教师水平及教学质量[③]。最初每年举办，规模也较大，1957年的“五四”科学讨论会北大也做了周密的部署。本年“五四”科学讨论会图书馆学系进行的是“什么是图书馆学”的讨论[④]，由王重民主持，主要围绕刘国钧《什么是图书馆学》一文进行讨论，影响较为深远[⑤]，此处不赘。或因准备不及，邓衍林未提交论文，但在讨论目录学和图书馆学的关系这一问题时，他发表了“目录学研究的书不受时间、空间限制，图书馆学研究的书受到时间、空间限制”“目录学是研究记载人类文化知识和生产知识的总结资料的知识，图书馆学则是研究记录与整理这些资料的理论和方

---

① 皮高品编，邓衍林讲：《图书分类法/参考工作与基本参考书》，国家图书馆出版社2013年版。

② 周余姣：《邓衍林之生平、著述与贡献》，载《中国图书馆学报》2017年第1期。

③ 谢义炳、陈文琦：《北京大学五四科学讨论会气象分会讨论会》，载《气象学报》1955年第3期。

④ 公缪：《我校本年度“五四”科学讨论会（人文科学）简况》，载《北京大学学报（人文科学）》1957年第3期。

⑤ 王子舟、朱荀、蔡箐、魏成刚、张丽、宋亚娟：《衡旧如新立意高 遗篇一读想风标——纪念刘国钧先生〈什么是图书馆学〉发表50周年座谈》，载《图书情报工作》2007年第3期。

法”的观点①。

（五）信中称“向达、梁思庄极盼嫂夫人早日工作”。据邓少筠女士回忆，邓衍林夫人钟韶琴在美期间曾于纽约参加过图书馆相关工作的培训班。而当时向达为北京大学历史系一级教授并兼任北京大学图书馆馆长，梁思庄则担任北京大学图书馆副馆长，可见北大方最初安排的是钟韶琴女士到北大图书馆工作，后未成，钟女士最后到北京图书馆全国图书联合目录编辑组工作。

（六）作为系领导，王重民对邓衍林的住房问题极为关心，数次提及。

四、第四通：安居

邓衍林南下省亲后北归，住房的问题再次提上日程。还有邓衍林子女入学的问题、搬家的问题，王重民一一在致邓衍林的信中提及。

衍林兄：

计日大驾即将到京，请通电话为感。

给兄之房，三月十五日可空出，经兄指示，在十五日前便可动工修理，所以至迟二十日稍后即可搬入，或十日即可搬入一部分，所以不需到第三公寓住了。

入小学事，大致无问题，只第二年级不大好办，再和您们商议变通。

永昌转运公司有信来，好像东西已到了。

重民

三月七日

① 朱天俊：《北京大学图书馆学系1957年科学讨论会上关于“什么是图书馆学”一文的讨论情况》，载《北京大学学报（人文科学）》1957年第3期。

考释：

（一）本信件同样未标年份。信封上标“北京前门外西河沿277号永安饭店□□邓衍林先生 北京大学燕勺园44号”，邮戳为“北京57.3.8.18”，可知本信件落款时间当为1957年3月7日。

（二）北京大学最后给邓衍林安排在佟府乙号住，在住之前，王重民向其通报了修缮计划。据钟世舟在《忆大姑父邓衍林》一文中回忆：“邓衍林一家是1956年下半年回国的，工作安排在北京大学图书馆学系任教授，住处安置在北京大学佟府8号乙，有卧室四间，客厅、饭厅、厨房、书房各一间，漱洗室两间，住房条件是非常好的。”[①]可见，北京大学给邓衍林提供的住宿条件非常之佳，也符合当时吸引人才归国服务的政策。

（三）“入小学事”，应是邓衍林之子邓少林、女邓少筠入学事，时邓少林约10岁，邓少筠约9岁，均值学龄。二人自小在美国长大，在国内需插班上学。此事虽有一定的困难，王重民仍表示想办法解决。

（四）“永昌转运公司有信来，好像东西已到了”应是指邓衍林之托运回国的东西。据钟世舟称：“大姑钟韶琴和姑父都是纽约联合国办事处的雇员，搬家费公出，故回国时，所有的衣物、家具、杂物等都装在两个四立方米的大木箱内运回国。他们家中的东西几乎全是洋货。”[②]由于在美生活十余年，东西自是不少，恰遇联合国秘书处有承担雇员搬家费的福利政策，邓衍林一家遂将家底悉数运回国内。在邓衍林先生捐赠给天津师范大学的藏书中，有不少珍贵的联合国英文书刊和内部资

---

① 钟世舟：《忆大姑父邓衍林》，见天津师范大学古籍保护研究院编《邓衍林先生诞辰110周年学术研讨会纪念文集》，天津师范大学，2018年，第21页。

② 钟世舟：《忆大姑父邓衍林》，见天津师范大学古籍保护研究院编《邓衍林先生诞辰110周年学术研讨会纪念文集》，天津师范大学，2018年，第21页。

料,应归功于此次的整体搬迁工作。

五、第五通:求书

在邓衍林安居任职之后,王重民、邓衍林二人的通信应该趋少,更多的应为同事之间的面谈交流。1965 年王重民尚有一通致邓衍林的信件,内容如下:

衍林兄:

耿大夫信中,对《辞源》修订本,还是希望"设法得到"或"购得",没有明确审稿一节,所以还未与周云青及兄写信。似应答应"审稿"在先,方能设法,而"得书"应在后也。吾兄以为如何?并应如何处理?

敬礼!

弟王重民 顿首

65.2.15

据邓衍林之女邓少筠称,本信件是王重民托耿鉴庭大夫 1965 年 2 月 15 日带给邓衍林的。此前有耿鉴庭致邓衍林信一通:

邓教授:

《箧书剩影录》三册奉赵,即乞查收。本拟亲自送来,因有顺义之行,不克分身。

《辞源》乞与王教授一读,若能设法得到一册尤妙。弟虽临时外出,大约每月可回一次,若能购得,乞赐一函,信封写宿舍二栋一组,当由内子持款来取也。此致

敬礼

弟 耿鉴庭上

乙巳人日

重民教授前乞代致意

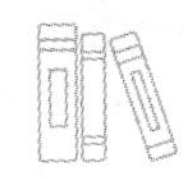

考释：

(一)乙巳年当为1965年，查1965年的“人日”(正月初七)，当为2月8日。

(二)耿鉴庭(1915—1999)，著名耳鼻喉科专家、医史学家、文献学家。耿鉴庭出生于中医世家，在目录学、训诂学、金石学、古器物学、文物考古方面均有相当研究。在耿鉴庭致邓衍林的此信中，当是将《篋书剩影录》三册还给邓先生，故曰“奉赵”，以示完璧归赵之意。《篋书剩影录》，据相关目录记载：“篋书剩影录二卷总目一卷林钧藏并编，1963年(笔者按，一说1962年)闽侯林钧宝岱阁油印本。”[①]该书为福州藏书家林钧所刊印，二卷三册。林钧(1891—1972)，字亚杰，号石庐，福建福州人，藏书以金石类为最著，故颜其室“三万金石文字室”。其所著《石庐金石书志》二十二卷(1924年闽侯林氏宝岱阁家刻本)，素为学界重视，身为目录学家的邓衍林也不外如是，曾将该书收入其于1936年所编《中文参考书举要·古物学·书目》中，可见邓氏对林氏所学所藏的重视。

(三)《辞源》之事，该书始编于1908年(清光绪三十四年)。1915年以甲乙丙丁戊五种版式出版。1931年出版《辞源》续编。1939年出版《辞源》正续篇合订本。1958年开始修订工作，修订稿第一册于1964年出版。修订《辞源》的任务由商务印书馆承担，吴泽炎任修订小组组长，时任商务印书馆编辑的周云青为《辞源》修订组的成员之一。周氏师从丁福保，熟于版本目录之学，丁氏所编著之《四部总录》中的《天文编》《算法编》《医药编》《艺术编》都经其补辑出版，《辞源》编纂他也用力甚多。1965年3月19日，他给王重民的一封信(上海图书馆馆藏)中也表达了对《辞源》编纂的看法：

---

① 福建省图书馆编：《福建省图书馆藏稀见书目书志丛刊》，国家图书馆出版社2016年版，目录。

> 溯自光绪末年《辞源》开始编辑，即我诞生之一年后约廿余年，参加编辑《辞海》，修订《辞源》工作，并至去年第一册修订稿出版，中间断续因循了二三十年，过去总以为集体工作很难编好，索性希望多些人编出就算。这种不正确的想法，最近才扭转。只有依靠自己多负责任，多加把劲，才真能有希望。因此这几年只能全力致身于此矣。

（四）据前录信函，《辞源》审稿一事，有可能是周云青请王重民审稿，王重民有些部分拿不准，再请耿鉴庭审稿；或周云青委托王重民请耿鉴庭审稿。为此王重民送了一册给耿鉴庭审阅，耿鉴庭托邓衍林还回，但只表示想要《辞源》一册，未表达是否愿意审稿的意向。王重民认为应先明确审稿一事，这样顺理成章即可向周云青求得一册。由此也可以看出，周云青当时应负责或参与《辞源》医药类条目的编纂。前述丁福保以医学专长并曾有医学书目问世，这一安排与周氏的师承学缘也颇为匹配。

（五）笔者手中有一封王重民写于 1965 年 1 月 20 日致负责同志的信（影印件）中提到了《辞源》审稿的意见，大体可以佐证他确实参与了《辞源》的审稿工作，内容如下：

> 阅《毛泽东选集》第三卷第 930 页，有“连一个附笔或一个但书也没有呢？”“但书”应该说没有注，可是《辞源》“但”字下也没有这个词条，旧《辞海》有之。我以为像这一类的地方——即《毛泽东选集》和主席的诗词内所用的典故，都应该收入修订本的《辞源》内。

对于本次“求书”后之事，限于材料，不便妄自揣测，且已逸出本节之外了。

六、结语

以上分别以“聘约”“开课”“讲学”“安居”“求书”5个主题对王重民给邓衍林的5通书信作了简略考证。前4通主要围绕北大图书馆学系聘请邓衍林任职及教学科研、住房之事，后1通为耿鉴庭求《辞源》一书之事。如有考释未尽之处，还请学界予以指正。限于条件，目前尚不知道王重民是否还有更多致邓衍林的书信，也没能看到邓衍林给王重民的回信，还有待更多的史料发现。

从以上5通信可以看出，1949年后，各教育机构对海外人才的延揽与礼聘工作，也可看出身为系主任的王重民在礼聘人才方面尽职尽力。这些信件，对于了解北京大学图书馆学系的对海外人才的延揽与聘用、课程设置、社会讲学、人际交游均有助益。目前《王重民全集》正在加紧编纂，对于其个人书信、人物交往、学术成就方面的研究已发表了不少成果，邓衍林相关的研究也获得了极大的推动。如何进一步深化北京大学图书馆学系机构史、中国图书馆学史的相关研究，似还有更多的工作要做。

第三节　老骥伏枥犹未悔

邓衍林(1908—1980)先生是我国知名的参考咨询专家，为我国图书馆事业做出了突出的贡献。前面笔者及学人围绕其生平、著述以及贡献作了较多的探讨[①]，亦对王重民致邓衍林

① 周余姣:《邓衍林之生平、著述与贡献》，载《中国图书馆学报》2017年第1期。周余姣:《“图写边疆”——邓衍林〈中国边疆图籍录〉研究》，载《国家图书馆学刊》2018年第3期。蔡成普:《邓衍林对我国参考咨询事业的贡献》，载《山东图书馆学刊》2018年第6期。

书札作了考察①。邓衍林晚年致力于《情报学/文献工作教程引论》(其译稿中的目次又题为“科技情报学及文献工作的课程引论”)的翻译和引进,惜未能如愿出版问世。2023 年为邓衍林诞辰 115 周年,笔者对搜集到的邓衍林与钟元昭、徐献瑜、马龙璧、陈余年、辛希孟、周竹英的往来书札 9 通及其附件予以辑释,揭示其这一晚年未竟的学术心愿,以为专门纪念。

一、不辞辛苦,积极翻译

邓衍林晚年尽管体弱多病,仍积极跟踪国际学术资讯,试图翻译与引进 *An Introductory Course on Informatics/Documentation*(《情报学/文献工作教程引论》)一书。该书出版于 1971 年。笔者在邓衍林后人捐赠给天津师范大学图书馆的藏书与手稿中,发现有数通书札,涉及该书翻译事。

(一)1974 年 9 月 23 日钟元昭致函邓衍林为翻译事

姐夫:

第二章已译出,今寄上请查收。

这一章涉及了一些业务问题,加上有几张图不在我手中,所以译的时候,遇到了不少困难,虽然译出了,但不一定都理解得很确切,好在你是行家,误译的地方,一看就能看出。希望你校阅时,对原文仔细校一遍,免得出错误。有一些专门术语,更是没有把握,也请你重新斟酌。

元昭

74.9.23

按:此书札用的是科学出版社的绿色方格纸,附有所译的手写稿。钟元昭(1917—2003)为邓衍林夫人钟韶琴之弟,据其

① 周余姣、顾晓光、凌一鸣:《王重民致邓衍林信札五通考释》,载《图书馆论坛》2020 年第 6 期。

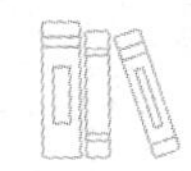

子中山大学教授钟世舟《记念、缅怀双亲已故十周年》(未刊)一文记载,钟元昭曾在中国人民大学和科学出版社专门从事科技翻译工作,翻译作品多种,曾主编对外发行 *History and Development of Ancient Chinese Architecture*(《中国古代建筑史》)一书。此书札是邓衍林请求钟元昭帮助翻译该书的部分章节,钟元昭完成第二章翻译之后的回复。

(二)1974 年 11 月 17 日邓衍林致函徐教授为请教英文翻译事

徐教授:

在《文献工作》一文中,有一段英文,其中涉及数理及情报学的术语,我不懂,恐译错,特抄陈请教并请在百忙中改正。多次麻烦您,感激之至。

这段英文有几个术语,如 Semiotics 一词,中文应译作什么?查不出。Semantic information 可否译作"语义情报",又 Sematic(信号论)这三个词的译名应如何区别?

Informatics 译作"情报学"妥否?"科学"二字是根据原书所论关于科技情报工作或文献工作,译作"科学情报学"妥否?按照原文解释 Informatics 是情报科学(Information Science)。

另外一个术语:artificial language 译作"模拟语言"或"人为语言"何者较妥?

敬礼

邓衍林敬上

74/11/17

燕东园 22 号

此外与该书札内容比较接近的还有一通,疑为此书札的草稿,现亦录文如下。

徐教授：

在《文献工作》有一段英文，我不懂数理逻辑和电子计算机的术语，恐译错，抄陈请改正。

这段原文的一个术语"Semiotics"是一个新名词，查不出，不知中文如何译，请教。

又在这篇文章中，还有几个术语，中文译名妥否，一并抄录如下，请指正。

①semantic information 语义情报

②logical information 逻辑情报

③artificial language 模拟语言(?)人为语言(?)

Natural language 自然语言(?)天然语言(?)

④Informatics 情报学(或作情报科学) 这个新术语，是这本书的著者新造的术语，有别于"文献工作"(documentation)和图书馆学。译作"科学情报学"不知妥否?

按：从这两通书札可以看出邓衍林给他人写信时，有录副备份的特点。这也是为什么在其藏书与手稿中能发现较多其写给他人的书札底稿。此两函中的徐教授，据邓衍林次子邓少林告知，应为著名计算数学专家、北京大学教授徐献瑜(1910—2010)。其时，徐邓两家均住在北京大学燕东园，距离不过百米。1934 年，徐献瑜毕业于燕京大学物理系。1938 年，徐氏获美国华盛顿大学哲学博士学位，曾是第一个在该校获得博士学位的中国留学生。徐献瑜在计算数学研究方面深有造诣，加之为邓衍林近邻，又同为自海外留学归国人员，可能多有学术交流。此两通书札的内容均是邓衍林向他请教部分单词的翻译。

(三)1974 年 11 月 20 日马龙璧致函邓衍林回复咨询事

邓衍林同志：

来信收到了。您身体不好，还孜孜不倦地努力工作，

使人钦佩。所问的问题，我不是内行。我调来搞加拿大政府出版物，他们把信给我，我就答复您，不对处，再商量。

1.BioNICS 一般字典查不到，可能是仿生学。1965 年科普出了本仿生学，苏 Крайзмер（注：译为“克拉伊兹密尔”）原著，俄文见 Бионика（注：译为“仿生学”），大概不差吧！

2.Third rev.ed. of Engels'Dialectics，1964.我馆有，您的信上写了一个 297，又写了一个 207 页码。297 页上没有那一段，207 页是影印的德文原稿，字小又草，不好辨认，何况又是德文，从您所引的一段英文来看是别人的口气，那页手稿下面英文题字是：“First Page of the golden on Dialectics of Nature.”（该书我馆所编的号码是：A819，您可以通过北大图书馆借。）恩格斯的原话在那一页，或是否在这本书中，不知道。您看看还要怎样进行。

我们住得相隔太远了，不便时时前去就教。天冷了，保重身体。

马龙璧

74.11.20

按：马龙璧（1933—2001?），字仲芳，北京图书馆（即今之中国国家图书馆）参考部馆员，译有《叙词表结构、编制和使用规则（美国国家标准）》（与孙国辉合译）等多篇。此书札应是邓衍林向北京图书馆参考部去函，信函分给了马龙璧答复，为此马龙璧进行了回复。*Dialectics of Nature* 即《自然辩证法》的英译。天津师范大学图书馆所藏的邓衍林手稿中还有一封马龙璧于 1964 年 12 月 30 日写给邓衍林的书札，仍是回答邓衍林关于 brushes 和 duster 的材料以及真空吸尘器的相关问题。信封上题“联合目录组钟韶琴同志转邓衍林同志”，可见是通过邓衍林夫人钟韶琴转来的,当时钟韶琴在北京图书馆联合目录工作组任职。

(四)1974 年 11 月 25 日钟元昭致函邓衍林再回复英文翻译问题

姐夫:

1.关于 down,一般是从古到今,例 down to the present,直到现在,或 come down to modern time,直到近代,因此,Since the year down,应该是从那年以后。

2.关于 sematic,我没有什么意见。在字典中,这个词既有语义之解,也有符号之解,"That Science dealing with the relation between Symbols("Signs") and what they refer to."

3.第六章中涉及许多图书馆业务,不知你手头有没有关于各种分类的中文书,特别是十进制分类法,最好能寄一、两本给我,否则有许多名词实在伤脑筋。如有请即寄来,以便参考。祝

健康

弟

元昭 上

74.11.25

按:该书札另有一信封,邮戳日期是 1974.11.17。信封上标"本市西郊北京大学燕东园 22 号邓衍林同志 科学出版社钟元昭 三里屯中七楼一单元钟缄"。此书札仍是钟元昭致函邓衍林讨论具体的翻译问题,如英文单词 down、sematic 的翻译。此时,钟元昭已翻译到第六章。但由于其中涉及很多图书馆专业术语,如十进制分类法等,钟元昭请求寄一、两本书籍供其参考。

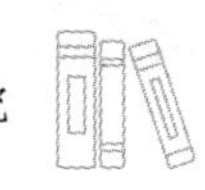

(五)1975年4月1日陈余年致函邓衍林为翻译问题事

衍林同志：

上星期六接奉来示，还来不及回信给您，你们的同学韩哲元和富平两位就在第二天（星期日）早晨来了，这叫“突然袭击”，我毫无准备。既来了，也只有接待。我们搞电子计算机，刚开始，只准备搞计算，不搞自动化那一套。因编目自动化问题，我们也是外行，全不懂。本拟将此情况函告您，以免你们同学空跑一趟。我把这情况对你们同学讲了，而且北大电子计算机硬软件专业都有，北大内部的力量很雄厚，自己解决这问题，想不会有多大困难。

Zipf's Law 试译如下：

一种将字、音节及字母按其秩而出现的频率的经验法则。

对于此 Law 我了解不多，手边有一本书 D.E.Knuth “The Art of Computer Programming，Vol.3，Sorting and Searching”1973（影印本），其中 pp.397—9 上讲到 Zipf's Law，P.397 上并指明其出处，把 G.K.Zipf 原书名也注明了。Zipf 经过大量观察，发现一般语言文字中，一句话或一段话中最常用的字出现的机会是与该字的秩（rank）成反比。例如，英语中最常用字 I，to be，a，student，按照人们讲话用这几个字的次数多少来排列，假定 to be 排第一（即 rank 为 1），a 排第二，I 第三，student 第四。因此，即可知随便碰到一个句中，to be 出现的机会最大，a 次之，I 再次之，student 更次之。此例是我杜撰的，不一定是实际情况，仅为说明 Zipf's Law 的要点。此 Law 在电子计算机中的应用，是为查寻资料而用的。例如在圕编目中，要查寻一本书，都希望顺书目查寻到该书的时间愈少愈好。譬如把最常用的编排在最前面，最不常用的书放在最后，

查寻就快。我不懂编目，此例也是随意杜撰，企图结合圕专业，说明一下 Zipf's Law 的应用。

电子计算机中所谓字(WORD)是广义的，字母和数字组成的均叫字，“VALUE”“C35”“1975”均称字。另外，字也是计算机中运算单元，一单元的位数114字长，来函图示“18位”即为一个字的字长，即包括二进制数18位，半字长者即为18的一半，即9位。我这里无《105机简介》，猜测 D_1，D_{16}，D_{17} 等等，D 是 Digit 的缩写，D_1 代表第一个 Digit，等等。

刚搞电子计算机，自己还是一知半解，以上所述，可能谬误，仅供参考！

匆复，顺致

敬礼！并向

嫂夫人问候！

陈余年上

4.1.

按：信封上写“本市西郊 北京大学燕东园22号 邓衍林同志启 西郊陈寄”。邮戳上的时间是“1975.4.2”。陈余年(1913—2004)，江苏泰州人，先后在中国人民大学计划统计系、北京经济学院、中国人民大学经济信息管理系任教，长期从事数理统计学、计算机数据处理的教学与研究。从信件内容可看出，邓衍林致函陈余年咨询 Zipf's Law(现译作“齐夫定律”)以及计算机语言 word 的翻译问题，后还特意派出了两位学生韩哲元和富平登门请教。“齐夫定律”是文献计量学基本定律，1949年由哈佛大学 George Kingsley Zipf(G.K.齐夫)提出，他认为：若把一篇较长的文章中每个词出现的频次从高到低进行递减排列，其数量关系特征呈双曲线分布。陈余年对这个翻译也把握不准，但还是作了回复。笔者在邓衍林子女捐赠给天津

师范大学图书馆的手稿中也找到了两张稿纸，上面写着“Zipf's Law”的字样，上有很多朱笔批校，下还有蓝黑笔记录：“另外 请教：电子计算机术语 半字长＝英文？何谓‘半字长’？请举个例说明。(《怎样用算法语言编程序》一书看了，不懂)”“《105 机简介》，D_1，D_{16}，D_{17}”“为他时间太多，就请免了”等。此书札当是对这次请教的回复，为便于理解，陈余年将咨询函一并邮寄给邓衍林。从中可以看出邓衍林虚心求教的严谨态度。

二、谋求修订出版，终未如愿

(一)致力研究，向中国科学院图书馆求书

邓衍林晚年仍孜孜矻矻致力于学术研究，集中表现在其经常向书店购求和向图书馆借阅书籍。在其往来书札中，有致中国科学院图书馆辛希孟的一通，内容如下。

希孟同志：

哈哈！我又做“伸手派”了。你馆出版的《中国科学院图书馆情报工作会议参考资料》内容很切实，出了很多本。如有存本或以后出版的，可否商请各寄给我一份。藉资学。

敬礼

邓衍林敬上

七八、十二、十六

按：辛希孟(1938—2022)，河北定州人，1962 年毕业于北京大学图书馆学系。曾任中国科学院图书馆(后改名为中国科学院文献情报中心)副馆长、研究馆员，著名图书情报学家、书法家，著有《图书情报工作概论》等 10 余部专著。辛希孟长期负责图书情报期刊编辑事，先参与编辑《图书馆工作参考资料》，后参与创办《图书馆工作》，后改名为《图书情报工作》。邓衍林书札中所提及的《中国科学院图书馆情报工作会议参考资

料》,为该馆所编的内部资料,全称为《中国科学院图书情报工作会议参考资料:一些国家主要图书馆和情报机构概况》。此书札的内容是邓衍林向辛希孟提出赠阅书籍,以便促进自己的学术研究。

笔者在邓衍林藏书与手稿中,还见到一通周竹英致邓衍林的书札,内容如下:

邓老师:

您好!所要我所文献出版社寄上一份。

“科技情报刊物简介”是通过邮局订购。

“一九七九年情报刊物内部征订启事”可按规定与我所联系。British Standard No 4148—1970 Pt Ⅱ是16开本的,连封面共七十三页,静电复制只允许一次卅页,为此73页只能先拍缩微胶卷然后再静电放大,这样一页就一角钱,要七元多钱。因为价钱较多,不敢给您复制,先写信问问您。

Periodical Title Abbreviation 2nd. ed.我所未入藏,请与科图联系一下,是否入藏。

关于化学英语汇集专利部分,我没看过,所复制部分如您来所可就便带来,不必着急。

外文期刊缩写资料,您可给我所编委会写信一封或给杨沛霆(他说认识您)同志询问一下,效果可能更好,他们会较为重视。祝

您身体健康

周竹英

三.五.

按:周竹英为中国科技情报研究所咨询服务部工作人员。该书札信封上写“西郊北大公寓301号 邓衍林同志收 中国科技情报所寄”,邮戳的时间是“1979.3.7”。内附《科技情报刊物

简介 1979》一本,科学技术文献出版社印行,另有《一九七九年情报刊物内部征订启事》《一九七九年情报刊物征订单》。因此确定此书札为 1979 年 3 月 5 日周竹英致邓衍林的,主要内容是回复邓衍林关于求书的询问。书札中提及的杨沛霆(1931—)是中国情报科学家、管理科学家,其时也在中国科学技术情报研究所工作,主要从事情报学研究和情报分析研究工作。

《一九七九年情报刊物征订单》上有邓衍林的批注标记,并填写了汇款日期、汇款方式和合计金额。此外邓衍林还写有一段话,现亦录文如下:

> 订阅 1979 年(内 36)《科技情(报)工作》月刊一份。(北京大学六公寓 301 号 邓衍林订)
>
> 注:①我在北大图书馆学系任教学科研工作。(系)你"科技情报工作"专业刊物老订户。文化大革命以后"复刊"或"试刊"(1978 年以前出版的),我因病致失订未收到,如你处尚有 1978 年此"刊"的存货(零本也可以),请示知存本费邮费共若干?以便将款寄去。(恕我古稀老人,出门行走困难,请邮寄)。
>
> 注:②《国外科技情报工作》一书(1978 年 9 月出版),感谢你所"赠阅",对我了解国外科技情报工作的发展和动态帮助很大。请将我的姓名及住址,记录在你们"情报工作专业书刊"通知档内,如有类似"专业"专书专刊请寄来订单,以及时订阅为感。敬礼!订户:邓衍林 79/4/25 日。

可见,即便是在晚年多病、出门行走困难的情况下,邓衍林也积极订购期刊并求书,对失订的期刊,试图补订完整,以便继续从事学术研究。

(二)托付修订,壮心不已

笔者还见到了邓衍林写给辛希孟等人的另一通书札,此札内容丰富,现不惜辞费,转引全文如下:

请辛希孟同志费神另转

《国外书讯》编辑部 负责同志

《图书馆工作》编辑部 辛希孟同志

中国科技情报研究所咨询服务部 周竹英同志

希孟同志：

我写这封信给您的目的，是要求您和三个单位的同志或负责编辑工作的同志们，相互协商联系帮助我解决一个问题：我在1975—1976年期间所译国际文献联合会(FID)出版的一本《资料学＊/文献工作教程引论》英文本第二版，1971年本(Mikhailov, A. I. et al. "An Introductory Course on Informatics/Documentation". Hague, International Federation for Documentation. 2nd ed. 1971. 202p. 附图表40页。)

这本"教材"是国际文献联合会根据苏联Mikhailov教授等所著的俄文本第二版的英译本(俄文初版1968年)，它的目的是国际组织和苏修企图用这种教材向第三世界各国图书馆界和各国科技情报工作培训施予资本主义和修正主义相结合的文化渗透影响。＊(但这本书取名"Informatics/Documentation"作为书名，可见所谓"情报学"和"文献工作"的含义是含混而不明确的，至今亦然。我国科技情报工作和图书馆学论著中对于"情报学"一词采用者多。我个人认为所谓"情报学"的内容实际上是属于"资料学"这一生疏的概念，而在工作中科技资料工作实际内容比较情报工作更为确切些。不知您们认为如何？这还是我写这封信(给)您们(的)次要目的。)

主要目的：我在1974年冬收到这本由友人寄来的新书，认为建设科技资料学或文献资料工作还有一定的参考

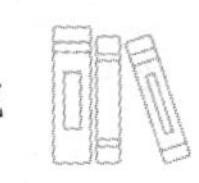

价值，同时我们这一行业教材尚缺乏。因此请示了我系党总支和工军宣队领导同意，进行翻译。北大是林彪、“四人帮”反动集团摧残的重灾区。我在1975—1976年那两年乌云黑暗心境沉重的岁月里，怀着对党对伟大领袖毛主席和敬爱的周总理的热爱忠心，在我系党的领导同志鼓舞下，在重病卧榻住院的情况下进行这一翻译工作，聊尽我晚年余力，为社会主义图书馆事业做点点滴（滴）工作而已。

这本译作，在1975年五月我完成了1—4章(译文200多页)连同英文本原文交给我系负责“教改组”的同志，也汇报了党总支和工宣队负责师敷，希望系教改组负责同志帮助修订，为了向革命负责向工农兵学员负责，提高“译文”质量；第五—六章也有了二译草稿；第七章“叙词”我自己进行第三次修订稿。因为身患心脏病重病，一至七章译完就病入西苑中医院住院七个月；1976年一月敬爱的周总理逝世，我在春节后住院心境不安，要求出院，将第八至十章和图表四十幅在我的家属作坊帮助下也搞完了。回忆1976年天崩地裂的那一年，朱总逝世、唐山大地震、九月伟大领袖毛主席巨星陨落，我也病重。在那“四人帮”干扰北大的灾难岁月，老教授们都在“夜不燃灯”，晨曦即起，大家心境沉重，仍然为党为国家的需要努力工作，各尽晚年余力，不愿把自己的所知的点滴知识带去“见上帝”，而要留给社会主义祖国的后代继续前进。“四人帮”可以摧残我们白发老人的肉体和伤害我们精力，但是磨灭不了我们热爱祖国老年知识分子在英明伟大的党和伟大导师毛主席和敬爱的周总理感召下的忠诚意志。我们北大许多老年教授老教师都是在这种心境沉重下，不畏艰苦，不为重病困扰，不畏“四人帮”害人帮的淫威而艰苦工作。我们

这些爱国老知识分子明知自己快见“上帝”，更加“快马加鞭”各尽所能继续革命。我个人能力有限，也是在这种心境和精神感召下做点力所能尽的滴水劳动。“活到老，学习到老，改造到老，工作到老”！

想不到：我们北大在“四人帮”摧残下，在他们那一伙反动的“两个估计”罪恶影响下，个别的人对我们老年人旧知识分子的辛勤劳动重视不足。有的系和单位将在这一时期交给“手稿”著作或“译作”的稿件，部分地或全部地丢失了，不见了，找不到了。我的拙译也同遭了这个不幸的“命运”，夫乎(复)何言！

1976 年冬月我在“四人帮”快灭亡的尾声中被批准退休了。也好。系里领导上的好意照顾我这个人，确是(实)“病重”，退可休息多活几年，这是实情。但是我的“译稿”要求发还给我自己重加修订。不见了。时间失去了三年，我还活着，还可以抢回来，“蔽(敝)帚自珍”！想不到找了两年多，石沉大海。系总支说：你一番好心，付诸东流！事已至此，无法追究。周林党委书记也知此事，要力加整顿云。并鼓励我将译文草稿整理，交学校设法帮助修订或帮助究研(研究)一下出版问题。

我也汇报了系总支，自己设法“修补篱笆”！

在我自己准备“修补篱笆”过程中，遇到一个问题。1—4 章草稿家属替我保存了，也初步整理了。其他 5—10 章初译和二译稿也完成了。问题是：第一至四章的英文本找不到，修订有困难。(同时在 1976 年底启发我们一些老人退休之前)我要求将译文和英文本请他们找一找，我不相信将近三百页稿件会丢进“字纸篓”，总在人间。可是至今仍然找不到，奈何！这 1976 年底，1977 年一月批准退休时，有一位负责改教组的同志告诉我说：你那本“教材”

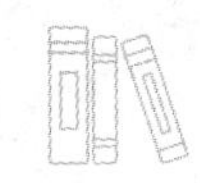

译稿，中国情报所已有了“第三版”，正准备组织人员翻译中，你那本第二版旧东西就没有用了吧！我信以为真。1977年去南方探亲养病，心安理得。但1978年初我回京后，写了一封信，给中国情报所咨询服务室查询此书英文本第三版的情况和翻译情况。承该室周竹英同志(北大老同学)替我查了，该所没有第二版，也未见第三版英文。北京图书馆可能有该书的俄文本第一版。此信是由该所服务室回复的。(周竹英附了一个电话，问我已译的情况。)

我又写了两封信先后寄去《国外书讯》编辑部的负责同志。回信的结果相同。国内从未进口该书英文本第二版，查了1971—1975年的“在版书目”也未见登载有出版第三版英文本的记录。进口公司热情已去信向FID查询该会出版目录，但至今仍未见回复。因此我就不再(抱)“守株待兔”之望了。

最近我的健康，日见衰老。目前我又想正在进行另外一个更为国家向四个现代化的急需的需要。全国要大力开展图书馆学培育人才的方针大计，听说计划要在最近创建十个新的图书馆学专业学系。学校和系总支领导示意急需要了解国外图书馆学和科技文献工作或情报学专业的课程规划或课程设(实)施情况。我们要迎头赶上去！因此我个人认为“党的需要就是命令！”我已开始进行找这方面的有关资料进行探索和调查研究。这项规划关系大计方向，比修订一本“教材”更为急需。而我一个病人精力有限。因此我个人准备将这本《情报学(或译作“资料学”)/文献工作的教材引论》初译稿全部交给您们三个编辑部加工修订。发挥群众力量比我一个人的力量大，质量也更有把握，时间也快的多。学术工作不是“个人私产”，因此我写这封信给您们三个编辑部同志们协商研究一下。

如果你们同志们认为有必要就请你们来我家取稿。同时通知北大图书馆学系总支阎光华同志就可以了。我素来的作风坚持党的领导,相信群众是英雄。如何,请酌。这封信写的很啰嗦。因为写了一些真实的过程。请谅。

敬礼

北大图书馆退休教师 邓衍林敬上

1978 年 12 月 16 日

按:此通书札与前一封致辛希孟的信札落款时间相同,均为 1978 年 12 月 16 日,只有一个信封,当是两封同时合在一个信封内邮寄。此信封题有不少文字,内容如下:“本市王府大街中国科学院图书馆《图书馆工作》编辑部辛希孟同志启,北京大学六公寓 301 号(图书馆系邓衍林寄),内函公事,如希孟出差,请编辑部负责同志收阅转知亦可,寄者附言。”这一通书札非常长,前后共 8 页,主要为邓衍林译稿修订事。原书札上标有页码,但邓衍林标序部分有误,今据文意排序整理。后还附了请对方来取,如何接洽的三段“又及”补充叙述的文字,此处省略。在此书札中,邓衍林介绍了 *An Introductory Course on Informatics/Documentation*(《情报学/文献工作教程引论》)这本书的基本情况及学术价值,告知了其在社会和个人的双重艰难困境中翻译的过程,以及谋求校订出版的种种曲折经历。其个人更倾向于用“资料学”的名称,但也认为可用“情报学”。在“全国要大力开展图书馆学培育人才的方针大计”的背景下,邓衍林重新燃起希望,表达了“聊尽我晚年余力,为社会主义图书馆事业做点点滴(滴)工作而已”的心愿,并愿意将此稿托付给中国科学院三个部门加工修订。整通手札表现了邓衍林急迫激动的心情和试图在学术困境中寻求冲出牢笼禁锢的心态。笔者在邓衍林子女捐赠给天津师范大学图书馆的手稿中发现,此一译稿现可见有第一章至第四章的稿本,仍是用科学出版社

的稿纸写成，前有“序言”，列有目次如下：

1.科技情报工作——科学工作的一个有机组成部分

2.科学文献——知识的来源和传播知识的方法

3.科技情报和书目出版物——文献的资料来源

4.科技情报机构和专门图书馆——辅助性的科学机构

5.情报检索的要点

6.普通(传统)的情报检索制度

7.各种专门(描述)的情报检索制度

8.情报检索的技术设备

9.科学文件的复制

10.科技情报的使用

这10章，与书札的内容可以完全对应。但此译稿现附在邓衍林藏书与手稿中，可见后来并未能交给辛希孟等人主持的三个部门进行修订，也最终未能出版，具体原因未知。

三、结语

通过对以上9通邓衍林往来书札及其附件资料的考察，可见邓衍林晚年致力于翻译工作，试图将西方欧美信息管理领域的最新研究成果翻译引入国内；在其身体每况愈下之时，仍积极组织身边的亲友、师生力量，投入翻译工作中；遇到难题，亦积极向其他学人求教。后因身体不佳，又欲从事更为重要的研究任务，欲将此译稿托付给辛希孟等主持的《国外书讯》《图书馆工作》编辑部、中国科技情报研究所咨询服务部等加以修订。虽最后未能如愿，仍可以见出邓衍林晚年积极从事学术研究，烈士暮年、壮心不已的学术心态。

第四节　一生辛苦缥缃里

缪廷梁(1896—1957),亦写作缪廷樑,字镇藩(亦写为"镇蕃",常自署为"鋴楙"),又字全春,晚号蟫盦(庵),室名笛倚楼,江苏常熟人。其父缪作霖(? —1951)长于医术,为常熟城内小有名气的收藏家,与吴谷祥、胡公寿、翁同龢、邵松年等多有交往,世居常熟维元坊4号(亦称会员坊,今常熟中巷74号)。缪廷梁1922年毕业于省立苏州第二中学,1923年考入国立北京大学中国文学系,与蒋复璁(1898—1992)等人同学。1927年毕业后留学美国,获芝加哥大学(一说威斯康星大学)硕士学位,1931年又获哥伦比亚大学文学硕士学位。1932年回国后曾担任上海《大晚报》外文部编辑,后应金陵女子文理学院吴贻芳教授之邀,任中文系主任、教授,任职5年之久,并与金陵女子文理学院图书馆馆长吴光清(1905—2000)等人同时担任该校图书馆委员会之委员。抗日战争爆发后,1938年缪廷梁应贵州医学院之聘,后又任贵州大学、四川大学、国立女子师范学院等校教授。1940年国立中央图书馆在重庆正式成立,蒋复璁任馆长。1942年缪廷梁应蒋复璁之邀任该馆总务组主任。1945年,缪廷梁代行南京中央图书馆负责人之职,对抢救、保护、整理古籍文献做出了贡献。1950年国立中央图书馆改为国立南京图书馆,缪廷梁曾短暂担任代馆长,并担任南京市文物保管委员会委员。1957年初,缪廷梁病逝于南京。

缪廷梁工书善诗文,曾为虞社社员,著有《镇藩诗稿》,如《湘黔道中杂咏》多记其抗战西迁时之情景。《南京图书馆同仁

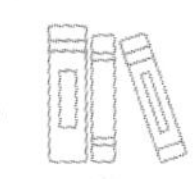

文集》收录其《顾亭林的经世思想》一文。今人对缪廷梁生平介绍，除了其幼子缪含所撰《诚挚的友谊，永久的怀念——回忆陈中凡教授与先严的交往》(《文教资料简报》1985年第1期)，还有其女公子缪景湖和幼弟缪廷杰(1924—2016)所撰写的《阚庄派徐墅支廿一世缪廷樑传略》《缪廷梁教授事略》二文，以及马嘶《学人藏书聚散录》对其藏书“450册书籍于1939年在南京金陵女大被劫”的记录，其他尚未多见。笔者在北京保利拍卖公司2015年图录《简素文渊——香书轩秘藏名人书札·下册》见到刘国钧等人写给缪廷梁的7通手札，特加以考释，以增进学界对其人的了解。

一、刘国钧致缪廷梁

镇藩先生左右：

月初奉惠教，适以胃出血卧病床褥，几及兼旬。阙然未报，歉仄奚如。病小愈，闻慰堂兄行将赴美，曾泐笺送行，兼及宋版书事，未审得见及否？宋刊及汉简照片均蒙允惠赐，实本馆之幸也！何日颁下，日企望之。慰兄行后，左右代理馆务当更辛劳，幸多珍卫为盼。复有恳者，本馆现又由沪运京西文图书大小六箱，拟一并存储贵馆仓库以待运输，尚乞惠允寄存，不胜感盼之至。闻部长有月中来兰之说，便乞探询行期见示为幸。专此顺颂

著绥

弟刘国钧手启

七，卅一

按：刘国钧是我国著名的图书馆学家，与杜定友被誉为图书馆界的“北刘南杜”。加强对刘国钧其人其学的研究有着重要的意义，现北京大学正加紧从事国家社科基金重大项目“《刘国钧全集》编纂”，并开展了对刘国钧史料的征集工作。此札用

的是“国立兰州图书馆用笺”，据此可知写于刘国钧先生主政国立兰州图书馆时期。刘国钧于1943年到兰州筹备国立西北图书馆。1944年6月该馆成立。此为当时除国立北平图书馆、国立中央图书馆外的第三家国立图书馆。刘国钧任该馆首任馆长，同时兼任兰州大学哲学系教授。1945年7月该馆因经费支绌停办，1946年9月又恢复办馆，1947年2月更名为“国立兰州图书馆”。1951年刘国钧调至北京大学图书馆学系任教。因此，首先推测此信大约写于1947年至1951年间。此一通手札顾烨青等人《刘国钧先生著译系年目录(增订版)：文书公牍与来往通信》一文曾作了目录提要式的介绍，信中内容提及“闻慰堂兄行将赴美”，顾烨青等人据蒋复璁受聘联合国文教组织，于“1948年7月赴美考察图书馆事业，10月回国”判定此函写于1948年。

函中提及宋版书、汉简以及西文图书六箱寄存之事。关于汉简，据刘国钧《跋裘元善旧藏汉简》(笔者注：应为《跋裘善元旧藏汉简》，刘国钧此跋文内未误，标题误植)一文显示：原北平历史博物馆馆长裘善元(字子元)藏有汉简30枚，1944年裘善元在重庆逝世后，时教育部收归国有，并“以其为西北旧物也，遂令国立西北图书馆保存之。简凡三十，完好者十九简，余或断烂残破，字不尽可辨。其可辨者有征和、甘露、初元、元始、延寿等年号，盖西京以后物也”。其时国立中央图书馆在重庆，国立西北图书馆在兰州，此批汉简购买后因战争期间或不便运输，故可能寄存在国立中央图书馆。为了尽快加以整理并揭示，沈子善(1899—1969)拍摄了照片，即函中所谓的“宋刊及汉简照片均蒙允惠赐”，并期盼汉简及宋版书早日存藏入国立兰州图书馆。刘国钧曾编有《馆藏汉简简目》《馆藏汉简初释》加以揭示。1948年6月，国立兰州图书馆编制了馆藏善本书目。该馆也成立了西北文物研究室，收罗西北出土之古物如汉简等

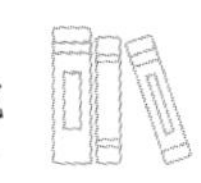

亦是该馆的任务之一。由于蒋复璁赴美，为此刘国钧致函给担任该馆总务主任的缪廷梁，请其予以协助。

缪廷梁在馆工作期间，亦参与古籍购买工作。如1947年顾颉刚曾经缪廷梁之手，将“吴氏所藏元版《吕氏春秋》”售予国立中央图书馆。1947年2月，该馆成立图书馆事业研究委员会，缪廷梁为委员之一，刘国钧亦被聘为委员。

二、黄云眉致缪廷梁

镇藩吾兄史席：

前月惠复并示大作，笔飞墨舞，书诗两得。丧乱以来如吾兄之能精进于学者盖寡矣，佩甚慨甚。兹步韵奉和一首，聊志所怀，明知一肚皮不合时宜，措词未免太率，然于故人之前自为个性写实当亦无妨，幸加裁正。慰堂先生方戎事之殷，抢购江南珍帙，其功过于二丁之力兴文澜远甚，想重光后之贵馆亦更呈鼎盛之象，便中并望详示。专肃敬问

冬安！

慰堂先生处乞代致意。

弟黄云眉顿首

十一月廿七日

按：黄云眉(1898—1977)，原名鋆鍴，字子亭，号半坡，浙江余姚人。黄云眉为著名历史学家，明史、清史专家和史学教育家，在文学、音韵训诂、版本目录、书法艺术等领域造诣很深。其雅好撰写诗作，陈衍《石遗室诗话续编》卷六对其诗作有介绍：“余姚黄子亭云眉学问优长，著作丰富，盖其乡谢山、二云一流人。诗不多见……”黄云眉曾编《邵二云先生年谱》，著有《古今伪书考补正》等。此函中谈及二人往返和诗，黄云眉“步韵奉和一首”，并请“裁正”。缪廷梁雅擅诗词，曾与邓振瀛(1883—

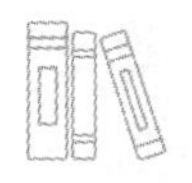

1958)、陈中凡(1888—1982)、陈方恪(1891—1966)等人多次唱和。邓振瀛,字诗盦,湖北江陵人。此拍卖图录也有缪廷梁致邓振瀛的书札,虽显示不全,但有其奉和之诗三首,记为"乙未中秋前十日登景阳楼同仲子诗厂两丈录奉诗盦先生吟坛諟正""寿海上钱隽达先生七十即请诗盦仁翁道长諟正"等。陈中凡,号觉玄(元),1935年任金陵女子文理学院中文系教授,为缪廷梁的同僚,二人交谊颇深。缪廷梁曾有《奉和觉玄学长〈五十生日自述〉原韵》《奉酬觉玄学长见寄〈蜀游吟草〉》等诗。陈中凡亦有《缪镇藩自青阳转徙湘潭,得书寄慰》《题缪镇藩〈湘黔道中杂诗〉》之作。陈方恪,字彦通,陈三立之子,陈寅恪之弟。1950年陈方恪入职南京图书馆,与缪廷梁同事。1954年8月5日,陈方恪邀诗友雅集,有《七夕与诗庵、镇藩、洗斋后湖茗坐》。洗斋为苏昌辽(1922—?),时为青年学子,其亦有词《鹊桥仙·甲午七夕彦通师邀邓诗庵、杨仲子、缪蟫庵集屯云馆寄怀陈器伯运城用秦淮海韵》以记之。当年中秋陈方恪又组雅集,苏昌辽有词《拜星月慢·甲午中秋同商藻亭、太史陈彦通师、杨仲子、邓诗庵、王秋实、缪蟫庵、谈月色扫叶楼茗话》记之。缪廷梁与他们唱和极多,汪辟疆亦有《同诗庵、彦通、诵洛、镇藩、器伯集桐影小筑为咖啡之会归途戏成二绝,似访虚五用前韵》(《汪辟疆诗学论集》)一诗记之。

从此函中看出,黄云眉亦是与缪廷梁往来唱和之人。其中提到蒋复璁先生"抢购江南珍帙,其功过于二丁之力兴文澜远甚",是指抗战期间,蒋复璁等人于1940年参与组织"文献保存同志会",大力抢救藏书家散出之珍贵文献,被誉为"抢救下了一座国立北平图书馆"之珍贵典籍,因此功过于"二丁"。"二丁"即丁申、丁丙,八千卷楼主人。丁氏兄弟二人在太平天国战争期间文澜阁《四库全书》散出后加以抢救,后又组织补抄工作,对文澜阁《四库全书》的"复完"做出了重要贡献。蒋复璁曾

有《涉险陷区访“书”记》一文，记录其由港赴沪涉险求书，被特务跟踪之事。此函未标注具体年份，但应是缪廷梁在国立中央图书馆担任总务主任且蒋复璁抢购善本书期间及“重光”前，大约为1942年至1945年间。黄云眉还参与1933年“国立北平图书馆”与“国立中央图书馆”就影印《四库全书》之争，曾在《国立北平图书馆馆刊》1933年第5期上发表了《从学者作用上估计四库全书之价值》一文。

三、曾昭燏致缪廷梁

镇藩先生：

本院在筹备一展览会，急需一能写小字兼能写一寸见方字的人，写各种说明，不知中央图书馆有此种人否？如有，能否请其来本院帮忙一星期？本院当供给其膳食与交通费，工作完毕后并致薄酬。如能住此尤佳，只须自带蚊帐，铺盖此间具有。如有人愿来，盼于今日下午能来。费神之处，容面谢！敬请

著安！

曾昭燏谨启

廿九日

按：曾昭燏(1909—1964)，湖南湘乡人，为曾国藩的大弟曾国潢的曾长孙女，中国杰出的女博物馆家、考古学家。1939年初，曾昭燏任国立中央博物院筹备处专门设计委员，参与多处考古遗址发掘，获得大量文物资料。曾昭燏筹办过远古旧石器考古展览会、汉代文物展览和院藏青铜器展览。1950年3月，国立南京博物院正式成立，曾昭燏任副院长兼南京大学历史系教授。1955年任南京博物院院长，1964年离世。此函只标了具体的日期，且说“盼于今日下午能来”，说明两个单位距离不远。因筹备一展览会，曾昭燏问询缪廷梁国立中央图书馆是否

有擅长写小楷之人，并请其到国立中央博物院或国立南京博物院帮忙一星期。

四、萧一山致缪廷梁

镇藩学长吾兄赐鉴：

顷奉手教，欣慰奚如。去岁即拟奉约，因当时文旌在滇，往返不便，今署弟并曾以庚款讲席推荐校方及庚管会，叠电征询，迟未得复。后接咸丰一电始悉尊况，不胜怅惘，倘兄如能体念此间殷望，惠允俯就固好，否则只好期诸来年矣。弟一切如恒，尚乞时赐教言。即颂

著祺！

弟萧一山敬上

九、廿六

按：萧一山（1902—1978），原名桂森，号非宇，字一山，以字行，江苏徐州人。中国历史学家，一生专治清史，有“清史研究第一人”之称。1921年萧一山自山西大学预科毕业，考入国立北京大学政治系。1925年应聘到清华大学任教授，为梁启超所器重。1929年，萧一山创办“北平文史政治学院”，担任院长。1931年，应南京中央大学之聘，为清史教授。1935年，他应聘为河南大学文学院院长。1938年，萧一山转任东北大学文学院院长，后改任西北大学文学院院长。1944年，萧氏正任教于内迁四川三台的东北大学。1948年冬，萧一山携眷赴台。

此函未标年，根据“体念此间殷望，惠允俯就”等内容，当是萧一山主政各大学文学院时期，聘缪廷梁任教。因二人都曾在北京大学求学，但缪廷梁年长，故萧一山称缪廷梁为“学长”。此函时间当在1935—1948年间，用“非宇馆用笺”专用笺纸写就。

五、张遵俭致缪廷梁

镇藩先生：

久未通候，极念。欣闻馆务多有开展，添聘新人甚为得力，深以为慰。此间暑假毕业学（生）十数人，工作问题急待解决，为是专函奉商，倘蒙录用，自再负责正式推荐或宁沪一带，有他处需人，亦祈赐示。春去夏来，白下风光如何？学校业务奇忙，向所未有，寒假学习方竣，暑假学习又将开始，不胜紧张之至，特烦。顺致

敬礼！

旧属张遵俭 上

一九五〇年六月三日

按：此函所标时间是1950年6月3日，内容是张遵俭请求缪廷梁帮忙解决或推荐学生的就业问题。张遵俭（1915—1990），直隶（今河北）南皮人。1938年毕业于武昌文华图书馆学专科学校，时任国立武昌文华图书馆学校讲师。张遵俭曾在国立中央图书馆任职，作为年轻一代，故自称旧属。在1946年10月5日张遵俭致柴德庚的信函中，称“缪公全春九月廿五日到京，因办本馆复员事极吃力，已回故乡常熟小住，尚未回京”（《柴德庚来往书信集》）。武昌文华图书馆学专科学校创办于1920年，是我国创办图书馆学教育最长的学校之一。其毕业生就业问题，是该校的一项重要工作。张遵俭身为教师，亦不免为学生谋出路，为此写下此函给缪廷梁，请求予以帮助。武昌文华图书馆学专科学校教学严格，于此函中亦可见一斑。

六、陈中凡致缪廷梁

镇藩兄：

前托代借高平子著《史日长编》及郑鹤声《近世中西史日对照表》，未识已借到未？关于此间任课一节，得暇仍拟与兄鲁谈一次，八日吴校长到京，即为转达。又方玉润著《诗经原始》，云南原刻，上海亚东图书馆翻印，贵馆当有是书，可否祈为暂借前五本一阅？又于省吾著《诗经新证》，并乞代为一查(有无是书)。此颂

公安！

弟中凡顿首

八、四

按：此函落款人难以识别，最初不知是何人所写。本节文字在澎湃网发表后，王江鹏曾在《陈中凡、郑晓沧致缪廷梁书札小考》一文中指出此函落款人为陈中凡。内中提及请缪廷梁代借书事。查高平子《史日长编》出版于 1936 年。郑鹤声《近世中西史日对照表》也出版于 1936 年。方玉润《诗经原始》有 1914 年《云南丛书》本，后由亚东图书馆翻印。于省吾《诗经新证》，亦名《双剑誃诗经新证》，出版于 1935 年。为人借书，当是缪廷梁到国立中央图书馆工作之后，此函应写于 1942 年至 1957 年间。

缪廷梁亦常为学者代查图书。如商衍鎏(字藻亭)曾致函请其查询《江苏通志》稿本。

七、郑晓沧致缪廷梁

镇藩学长赐鉴：

前承惠书，久稽作复，至深歉怅。农历重九，教系师生

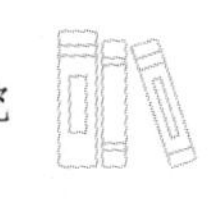

曾登宝石山游黄龙洞，令郎同行并为摄团体小景，技术殊佳。浙大上课才一星期，以后趋势似将注重工农。各院现逢苏联十月革命纪念，闻将又召一番学习。尊处或亦相同也。秋雨之夜，半笺寄愫，不尽一一。祈颂

康泰！

弟海顿首

十一月七日灯下

按：此函落款人署名“海”，应为浙大人。同样，本节文字在澎湃网发表后，王江鹏亦在《陈中凡、郑晓沧致缪廷梁书札小考》一文中指出署名为“海”的人即为郑晓沧。郑宗海（1892—1979），字晓沧，以字行，浙江海宁人。郑晓沧提到“令郎同行”。缪廷梁有子女三人，长女为缪景湖（1918—2013），曾为复旦大学附中（后又调至上海交通大学附中）教师。一子为缪志长，曾在抗日战争期间从军抗敌，后赴我国台湾地区，并在台湾澎湖定居。一子缪志涵，后更名为缪含，浙江大学毕业，后在南京文史馆工作，1994 年病逝。此函中的“令郎”应即是毕业于 1950 年毕业于浙大教育系的缪含。函中提及“注重工农”“逢苏联十月革命纪念”“又召一番学习”，当时 1949 年后新中国之气象。缪廷梁逝世后，缪含多受父亲好友陈中凡之照拂，撰写了《诚挚的友谊，永久的怀念——回忆陈中凡教授与先严的交往》一文以纪念父辈交谊。

此拍卖图录还有书法家黄绮（1914—2005）、戏曲研究学者宗志黄、丁遐龄等人致缪廷梁之手札，或首尾展示不全，或难以识别，暂略。缪廷梁身具多种才能，能弹古琴，喜好昆曲，擅长诗词，写得一手好书法。因特殊的机缘，入职国立中央图书馆，开始了其图书馆职业生涯。今人对其了解甚少，笔者认为其图书馆职业角色颇类似于国立北平图书馆的王重民之于袁同礼，

王重民在袁同礼离开北平后担任代馆长，缪廷梁亦在蒋复璁不在国立中央图书馆期间行代馆长之责，差异在于一为师生，一为同学。其后人回忆他在1945年后，“与同乡王季玉（版本专家）等相互研讨，不但将馆藏古籍逐项整理编册，同时在市井旧书店、旧书摊上的乱纸废堆中发掘出一本本有价值的文献、书籍，为国家挽救了不可估计的文化财富”。苏昌辽在写给缪廷梁的挽诗中曰“一生辛苦缥缃里”。缪廷梁对图书馆事业所作的贡献，或还有待于更多的楬橥。

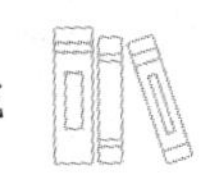

第四章 图书馆学人群体研究

第一节 舍己造就异地才

一、国立北平图书馆学人海外访学概况

20世纪30—40年代,国立北平图书馆派遣了10余名馆员赴海外访学。学界一般多关注王重民、向达等人的海外访书经历和成就[①],对其他学人的访学经历语焉不详。现详细梳理国立北平图书馆学人海外访学的经历,以见出国立北平图书馆在人才培养方面的功绩。

1936年5月23日,国立北平图书馆致函中央研究院评议会,报告与国际学术界合作情况,其中"七、交换馆员"[②]部分内容如下:

本馆以建设大规模之图书馆首需专门人材之协助,而国外所藏中国书籍均需吾国人士为之整理,爰与国外各图

① 荣方超:《"交换馆员"王重民、向达欧洲访书考》,载《国家图书馆学刊》2013年第3期。

② 北京图书馆业务研究委员会编:《北京图书馆馆史资料汇编(1909—1949)》,书目文献出版社1992年版,第1254~1265页。

书馆订有交换馆员之办法，自一九三〇年起，与本馆发生交换关系者为下列各处：

本馆馆员赴国外各图书馆参加工作者有：

机关	职员姓名	服务年月
哥伦比亚大学	严文郁	一九三〇年至一九三二年
仝前	汪长炳	一九三二年至一九三四年
仝前	岳良木	一九三四年至一九三六年
德国国立图书馆	严文郁	一九三二年至一九三三年
美国国会图书馆	汪长炳	一九三四年至一九三六年
仝上	李芳馥	一九三六年至一九三七年
法国国立图书馆	王重民	一九三四年至一九三七年
牛津大学图书馆	向　达	一九三五年至一九三六年

欧美图书馆馆员来馆参加工作者有：

德国国立图书馆　西门(Dr. Walter Simon)　一九三二年至一九三三年

法国国立图书馆　杜乃杨(Mlle R Dolleans)一九三四年至一九三七年

以上是1936年的交换馆员情况，出国的有8位，此后还有部分馆员参与了访学，共有10余人出国留学。虽然部分馆员留学归国后未返馆服务，但实现了袁同礼馆长所称的“我宁愿舍己，将种籽散播出去，将来所获得的果实一定更多”①。通过委派馆员出国访学，国立北平图书馆培养了一批杰出人才，实现了为本馆甚至为全国异地造才的目的。

① 戚志芬：《袁同礼先生与中日战争史料征辑会》，载《国家图书馆学刊》1989年第1期。

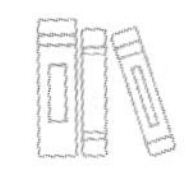

二、北平图书馆交换馆员访学考略

(一)严文郁访美访德

1930年开始，国立北平图书馆与美国哥伦比亚大学图书馆建立馆员交换关系。具体办法是："每二年内由本馆派馆员一人，前往服务，藉资增进经验，而谋彼此互益。"[①]第一个去的是严文郁。严文郁1925年入馆，颇受袁同礼之器重。1930年6月13日，教育部令准严文郁办理赴美护照。9月6日严文郁由日本神户赴美[②]，赴美国哥伦比亚大学图书馆访学。1932年，严文郁又作为中德图书馆交换馆员前往柏林，在普鲁士国立图书馆及大学图书馆工作。《国立北平图书馆馆务报告》中"交换馆员"部分对此有详细记载："本馆与各国联络，以求互助起见，前年曾派馆员严文郁赴美国哥伦比亚大学服务，去岁夏季已满两年之期，改派汪长炳前往接充。又与德国普鲁士国立图书馆约定交换馆员，即改派严文郁赴该馆服务，彼处则派西门华德博士(Dr.Walter Simon)来本馆服务，均以一年为期，西门博士在馆十月，对于本馆德文部之发展贡献实多，本馆至为感谢也。"[③]1932年6月9日，国立北平图书馆委员会议决"严文郁补助费每月六十七元五角"[④]。1933年6月22日，袁同礼向委员会提出"馆员严文郁本年十月在德国服务期满，请求给予考察费"，委员会议决"由馆补助国币一千五百元"。[⑤]

---

① 《馆讯(十九年三四月)：与美国哥伦比亚大学交换馆员》，载《国立北平图书馆馆刊》1930年第2期。

② 《馆讯(十九年七八月)：馆员留学》，载《国立北平图书馆馆刊》1930年第4期。

③ 国立北平图书馆编：《国立北平图书馆馆务报告：民国二十一年七月至二十二年六月》，国立北平图书馆1933年版，第33页。

④ 北京图书馆业务研究委员会编：《北京图书馆馆史资料汇编(1909—1949)》，书目文献出版社1992年版，第336页。

⑤ 北京图书馆业务研究委员会编：《北京图书馆馆史资料汇编(1909—1949)》，书目文献出版社1992年版，第339页。

在美交换2年,在德交换1年,极大地开阔了严文郁的眼界。严文郁撰写的《德国联合目录概述》一文,也介绍了此次交流情况,内中提及:"二十一年秋,中德圕交换馆员,德国派柏林大学汉文教授兼大学圕购置部主任,西门博士来华,在北平圕办事。中国方面则请严君绍诚前往柏林,在普鲁士国立圕及大学圕工作。"①在交换这段时间内,严文郁积极介绍海外图书馆事业的发展概况,发表《美国图书馆概况》②《美国之华文报纸》③《柏林普鲁士邦立图书馆》④等文章,翻译了《世界民众图书馆概况》一书,并为文华图专学生介绍德国图书馆事业的情况⑤,确实起到了学术交流的桥梁作用。严文郁回国后,继续担任国立北平图书馆编纂、阅览等部主任。1935年6月,严文郁受国立北京大学之聘,离开了国立北平图书馆。其访学学术交流经历,为其日后的图书馆生涯奠定了坚实的基础。其后,严文郁虽在中美多个单位任职,但未曾离开过图书馆事业。1986年,美国华人图书馆协会将"杰出服务奖"颁给了他,他在获奖感言中表示:"从事图书馆工作是我一生最正确的选择。"⑥

(二)汪长炳访美

第二个去哥伦比亚大学任交换馆员的是汪长炳。汪长炳1926年入馆,亦为毕业于文华图书馆学校的图书馆学专才。1932年5月31日,国立北平图书馆函外交部为汪长炳办理护

---

① 严文郁:《德国联合目录概述》,载《图书馆学季刊》1934年第3期。

② 严文郁:《美国图书馆概况》,载《图书馆学季刊》1932年第3—4期。

③ 严文郁:《美国之华文报纸》,载《中华图书馆协会会报》1932年第5期。

④ 严文郁:《柏林普鲁士邦立图书馆(德国国立图书馆,原名皇家图书馆)》,载《文华图书馆学专科学校季刊》1935年第3—4期。

⑤ 刘子钦:《校闻:严文郁讲德国图书馆事业之现势》,载《文华图书馆学专科学校季刊》1933年第3—4期。

⑥ 周莲:《一位在书海中辛勤耕耘六十年的老人——记美籍华人严文郁先生》,载《国家图书馆学刊》1989年第2期。

照，事由是“赴美国留学，就便考查美国图书馆状况”，“并于七月二十二日乘胡佛总统号轮船由沪放洋”。[①] 后据汪长炳本人回忆：“我是第二批去美国哥伦比亚大学留学的，时间是1932年。我的硕士论文是《中国大学图书馆述评》，是用英文写的。1934年两年学满后，当时北平图书馆馆长袁同礼把我介绍到美国国会图书馆东方部，东方部有一部分中文书，也有一部分日文书，在那里两年，与人合作编了一本《清代名人著作》。这本书出于众人之手，作者都是中国去美国图书馆工作的学生，我写了两篇，用英文写的。”[②]1935年汪长炳参加国际图联大会，宣读了论文——《中国图书馆事业概说》，随后参观了欧洲各大图书馆。汪长炳在欧美访问交流的时间亦长达3年，并获得了硕士学位。1935年返国后，即被母校武昌文华图书馆专科学校借用，聘为教务主任。

（三）岳良木、李芳馥访美

1934年6月13日，教育部受国立北平图书馆呈请，指令岳良木、李芳馥赴美考察图书馆行政及教育，并转请外交部核发护照[③]。岳良木也毕业于武昌文华图书馆学专科学校，1928年入馆，当时为文书组组长。他接替交换期满的汪长炳，在哥伦比亚大学图书馆担任交换馆员。1934年6月22日，国立北平图书馆委员会议决“王重民、岳良木二君在留学期内准照现在薪额各支半薪”[④]。岳良木于1936年获图书馆学硕士学位，硕士学位论文为“The Methods of American Public Library

---

① 北京图书馆业务研究委员会编：《北京图书馆馆史资料汇编（1909—1949）》，书目文献出版社1992年版，第365～366页。

② 柯愈春：《文华师长访谈录》，载《图书情报知识》2010年第4期。

③ 北京图书馆业务研究委员会编：《北京图书馆馆史资料汇编（1909—1949）》，书目文献出版社1992年版，第397～398页。

④ 北京图书馆业务研究委员会编：《北京图书馆馆史资料汇编（1909—1949）》，书目文献出版社1992年版，第342页。

Extension and Their Possible Application in China"(岳良木自译为《美国公立图书馆推广方法如何应用于中国》)。1936 年秋季返国后,岳良木被派至南京任工程参考图书馆主任,后转职国立中央图书馆。

李芳馥 1927 年入馆,也是文华图书馆学专科学校的毕业生,出国前为西文采访组组长。1934 年李芳馥获洛克菲勒奖学金,到哥伦比亚大学图书馆学研究院留学。1935 年李芳馥进芝加哥大学图书馆研究院深造,修完博士课程。1936 年至 1938 年到国会图书馆实习,从事中文图书编目工作。1941 年回国,李芳馥在国立北平图书馆上海办事处工作。其在外留学工作共 7 年,修完了博士课程。

(四)王重民、刘修业游学欧美

1.王重民欧游

王重民,亦是 1928 年入馆工作,出国前为索引组组长。1934 年 8 月 8 日,教育部为王重民赴法国国立巴黎图书馆访学考察备案①。其出国的情形是:"国立北平图书馆应法国公使馆之请求,与巴黎国立图书馆交换馆员一人,藉资联络,前经派定该馆编纂委员会委员兼索引组组长王重民前往。王氏奉派已于昨日下午搭平沪通车离平,闻在南京略有耽搁,即转沪于八月二十五日乘法国邮船放洋。又闻法方亦已派定德蕾昂女士来华,刻正在来华途中。"②

王重民遵照袁同礼指示,在海外访书颇丰,先后在《大公报》上发表《海外稀见录》《巴黎敦煌残卷叙录》《记巴黎国家图书馆所藏太平天国文献》《罗马访书记》等。其学术成绩的取

① 北京图书馆业务研究委员会编:《北京图书馆馆史资料汇编(1909—1949)》,书目文献出版社 1992 年版,第 399~400 页。

② 国立北平图书馆:《与法国图书馆交换馆员 王重民奉派昨南下放洋》,载《大公报(天津版)》1934 年 8 月 18 日。

得，实有赖于多次海外访学访书。正如《巴黎敦煌残卷叙录》(第一辑)自记中所说：“……知余访书所应注意之点，约有四端：一曰敦煌遗书，二曰明清间天主教士华文著述；三曰太平天国史料，四曰古刻旧钞四部书罕传本……然余第一步所最致力者，厥在敦煌佚书，故所记亦较他项为多。”①编辑在前言中介绍也称：“王有三先生现供职巴黎国家图书馆，该馆所藏我国敦煌卷子、明清之际耶稣会文献及太平天国史料等，为国内所不能得见者甚多。欧游观书于该馆之士，时钞录寄归国中，今王先生即居‘近水楼台’之便，当更有以餍吾人之望。兹承慨允将国人所未见者陆续寄本刊发表，此为敦煌残卷经部之属，以下将依四部分别刊之。”②

王重民在罗马访书也有收获，其访书工作非常紧凑：“二十七日谒德礼贤神父(P Pasquale d' Elia)求得华谛冈图书馆(Bibliothique Vaticane)介绍信。并探知十月一日方开馆，乃于次日赴那波利，游邦贝古城。三十日再来罗马。十月一日办阅书手绪(续)，二日开始阅览。十一日又往谒华嘉教授(Prof. Giovanni Vacca)知国立图书馆(Bibliothique national centrale)亦藏有天主教华文书；因得华先生介绍函，自十二日以后，下午则又在国立图书馆阅书。日尽数百册，辄簿而录之。罕传者手钞，珍贵者摄影。处名城之中，而踞蹴一室之内，然无异置身于琅嬛，阅异书以游目，辑坠简而骋怀，积年勤苦之余，得此甚乐也。十五日上午十二时，阅尽华谛冈华文书籍，乃晋谒教皇。十六日下午，又阅尽国立图书馆所藏。次日游览古城一日，当晚离罗马，北游佛罗伦斯。”③

2.王重民访美

① 王重民：《冷庐文薮》，上海古籍出版社 1992 年版，第 777 页。

② 王重民：《巴黎敦煌残卷叙录(一)》，载《大公报(天津版)》1935 年 5 月 23 日。

③ 王重民：《罗马访书记》，载《图书季刊》1936 年第 4 期。

1939年8月，王重民又奉袁同礼之命，前往美国。其赴美情形为："余旅居欧洲五载，赖吾师袁守和先生之介绍，于海外所藏敦煌经卷、天主教、太平天国史料等，浏览一过。奇书异帙，或摄影或手钞，盖已拔其萃而撷其华矣。去年八月又奉守和先生之命，由欧来美，任职于美京国会图书馆，为簿录所藏善本书。爰于稀见之本，撰一提要，呈师审阅，并为《图书季刊》补白焉。二十九年一月记。"①

在美国的王重民，与国内也保持了密切的联系。1940年他给国立北平图书馆上海办事处寄去《苗疆图说》照片并跋文。而印出其《敦煌叙录》后，由大同书店寄给上海办事处15部。根据袁同礼的安排，10部存沪，5部分配给：叶玉虎（叶恭绰）、张菊生（张元济）、叶揆初（叶景葵）、陈寅恪、香港大学中国学院各一部。1942年2月23日，国立北平图书馆为王重民向管理中英庚款董事会事务所代发其印照敦煌写本生活费的收据。②1947年王重民自美返国后，为国内介绍美国的电影图书馆。③

王重民在海外长达13年的访学经历，对其一生之学术研究产生了重大影响。王重民在给胡适的信中，有总结："我是民廿三到欧洲去的，名义是'教育部派考察图书教育'的官员护照（民廿八遗失护照，三月三十日又补发同样护照），可是生活费是由在巴黎国家图书馆作工来维持。居英法凡五年，北平图书馆、清华大学公寄我六千元，中英庚委会寄八千元，我一共选照了敦煌及其他佚书照片三万余张。民廿八的秋天来美，即在国会图书馆谋生。民卅年一月，蒙先生在驻美大使任内，派赴上海搬运陷于沪上之善本书，五月返美。留上海三月，选最善者

---

① 王重民：《国会图书馆所藏善本书叙录》，载《图书季刊》1940年第4期。

② 北京图书馆业务研究委员会编：《北京图书馆馆史资料汇编（1909—1949）》，书目文献出版社1992年版，第735页。

③ 王重民：《美国的电影图书馆》，载《大公报（天津版）》1948年9月6日。

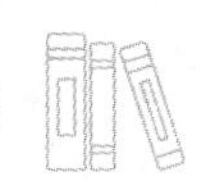

百箱，十一月间，均寄来美国寄存。至今年春，又选出二千七百二十种(用四年多时间)，全已制好 microfilm[缩微胶卷]，并撰提要及写书片，今又蒙先生聘请作北大教授，拟于八九月间，押运此百箱善本及北大寄存之木简十一箱回国。”[①]刘修业在《王重民 1935—1939 年英德意诸国访书记》[②]中对其海外访学之经历也有所追忆。王重民海外访书成果较多，其单篇成果多发表于《大公报·图书副刊》和《图书季刊》等。后也结集出版，如《巴黎敦煌残卷叙录》(1936)、《伦敦所见敦煌群书叙录》(1947)等。其海外访学经历为其学术成就的取得奠定了厚重的基础。

3.刘修业游学欧美

刘修业较王重民晚出国，随王重民赴海外访学，并与之结婚。刘修业在海外期间，1937 年 10 月转伦敦大学图书馆学校肄业[③]，也如孙楷第一样致力于搜集中国小说戏曲，其《海外所藏中国小说戏曲阅后记》中记录了部分她在海外的访书读书生活：

> 我国学者观书海外，著有专文报告国内者，有郑西谛(振铎)先生《巴黎国家图书馆之中国小说与戏曲》一文(《中国文学论集》四〇九——四六二)。孙子书(楷第)先生亦将其博访旁搜结果，撰成了《中国通俗小说书目》十卷，为研究此道者有用之书。我来欧二年，每于课余之暇，至各图书馆阅读。法之巴黎国立图书馆，英之大不列颠博物院图书馆，所藏中国书籍颇夥，而戏曲小说两类，尤投宿好，间得读珍本残编，如获珠玑，辄试为考证，每移晷刻。

---

① 北京图书馆业务研究委员会编：《北京图书馆馆史资料汇编(1909—1949)》，书目文献出版社 1992 年版，第 1327～1328 页。

② 刘修业：《王重民 1935—1939 年英德意诸国访书记》，载《文献》1991 年第 4 期。

③ 《会员消息》，载《中华图书馆协会会报》1938 年第 1 期。

寄居异域之中,犹得摩娑故国文学小品,亦至乐事!因不自弃,搜集成篇,非敢云补孙郑二先生所未及,聊以志海外生活之片段云尔[①]。

到美国后,她还曾向国内翻译介绍恒慕义的《中国活字印刷术之检讨》[②]一文。

(五)向达访英

向达于1930年入馆,担任编纂委员。1935年,国立北平图书馆向管理中英庚款董事会以向达“赴英国牛津大学协助整理该校中文图书,事关中英两馆文化合作”为由,向该会申请“每年补助英金一百五十镑,以两年为限”[③]。此次申请虽未获支持,但向达英伦之行最终得以成行。《向达的自传》[④]中记载:1935年,向达受国立北平图书馆之派,到英国牛津大学图书馆作交换馆员,替该馆整理中文图书。1936年秋,牛津工作结束后,向达至伦敦大不列颠博物院内研究敦煌卷子和太平天国文书。1937年冬,又由伦敦转赴巴黎,在巴黎的法国国家图书馆继续研究巴黎所藏的敦煌卷子以及明清之际天主教的相关文献。还曾于便中到德国柏林普鲁士科学院看吐鲁番出土的古文书等。其用小楷抄写了200万字的敦煌卷子,被赵万里、王重民称为“向抄本”。有了这些作为文献基础,向达1936年至1939年写出了《记牛津(英国)所藏的中文书》《记伦敦所藏的敦煌俗文学》和《伦敦所藏敦煌卷子经眼录》等重要论著。

---

① 刘修业:《海外所藏中国小说戏曲阅后记》,载《图书季刊》1939年第1期。刘修业:《海外所藏中国小说戏曲阅后记(续)》,载《图书季刊》1939年第4期。

② [美]恒慕义撰,刘修业译:《中国活字印刷术之检讨》,载《图书季刊》1948年第1/2期。

③ 北京图书馆业务研究委员会编:《北京图书馆馆史资料汇编(1909—1949)》,书目文献出版社1992年版,第413～414页。

④ 向达:《向达的自传》,见沙知编《向达学记》,生活·读书·新知三联书店2010年版,第1～2页。

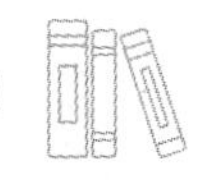

通过阅读其自述在海外交流的文字,可以了解其当时的访学情况:

> 在牛津九月,困顿不堪,来时意兴为之索然。兄处遂稽上候,尚祈谅之。牛津工作于八月廿九日交代,三十日休息一日,三十一日即赴伦敦。二日,博物馆院看书交涉办妥,于是又随班随队日日过其铁板式之生活,劳人草草,莫可如何也。弟现住所离博物馆十分钟可到,尚属方便。自来此至今,逐日阅览卷子,计汉文卷子已阅五十余卷(自十六日开始),回纥文、粟特文、东伊兰语、藏文等,亦查过百余号,不久即开始摄影。西域古文字拟择完整者全部照回。在目前虽少知音,然我国学术界如欲在东方学上卓然所有自立,则此等材料固不可少也。汉文卷子就目前所已阅者而言,其足以补罗氏影印诸书之缺者,为数不少。弟看卷子,先从非宗教文献看起,以次及于佛道诸家。此间所藏亦以佛经为多,总数七千卷,是否可以翻阅一遍,全无把握,将来拟每日最少以十卷为率(佛经亦加速度进行),两年以后,重要者或可全部照回。惟经济方面,目前最多维持至廿七年四月,尚须过起码生活,即是否能至廿七年四月,亦在未可知之列也。伦敦所藏西域古文字诸残卷,公开阅览,已有数年,而吾国知之者尚不多。原有一目,名 Premilinary List of Mss in Languages of Central Asia and Sanskrit, from the Collection made by Sir M. Aurel Stein K.C.Z.E.约记各卷内容,弟拟俟稍暇将其译汉,参以弟所记录,寄呈左右一览。国事蜩螗,不知如何了局,海外阅报,每每热血愤腾……①

---

① 《海外消息:向觉明君留英整理敦煌卷子近况》,载《大公报(上海版)》1936 年 12 月 3 日。

此段引文颇长，但可完整看出向达访学期间的心境。由于经济上捉襟见肘，加之国内正面临抗日战争，其在国外忧心如焚之状跃然纸上。但为了将来我国学术界“在东方学上卓然所有自立”，就必须得通过自己的努力，将这些材料完整地介绍回国内，以便我国将来在东方学等学术上占一高地。可见向达对海外敦煌残卷的学术价值认识极为深刻。1940 年，袁同礼将部分敦煌遗籍照片编成简目，并述其原委如下：

> 四年前，国立北平图书馆商得巴黎国家图书馆、伦敦大英博物馆之同意，摄取伯希和斯坦因二氏携去敦煌古经卷影片，随摄随寄。迨卢沟桥变起，遂将继续所摄者，暂存巴黎东方语言学校，旋又在欧战爆发前，运往美国国会图书馆寄存。总数均在万片，刻正在编目中。兹先将卢沟事变前收到者，编成简目，披露如右。民国二十九年七月编者识。[①]

向达海外访书成果还有《瀛涯琐志——记牛津所藏的中文书》[②]等。其在敦煌学上取得的学术成就，实大得益于此次海外交流。正如后人所评价的那样，“向达如今以中国最重要的敦煌学学者之一而为人所知。也许对他来说，有机会访问伦敦并查阅斯坦因的敦煌收集品才是有可能成为他访问英国的个人经历中的亮点，尽管他显然严肃认真地对待他在牛津的工作”[③]。1938 年 8 月，向达从法国回国，因国立北平图书馆南迁至昆明，向达去职。1939 年 3 月，向达受迁至广西宜山的浙江

---

① 袁同礼：《国立北平图书馆现藏海外敦煌遗籍照片总目》，载《图书季刊》1940 年第 4 期。

② 向达：《瀛涯琐志——记牛津所藏的中文书》，载《国风》1936 年第 12 期。

③ 吴芳思：《向达在英国》，见樊锦诗、荣新江、林世田主编《敦煌文献 · 考古 · 艺术综合研究：纪念向达先生诞辰 110 周年国际学术研讨会论文集》，中华书局 2011 年版，第 20 页。

大学之聘，担任该校教授。

(六)吴光清访美

吴光清 1930 年获卡耐基基金(Carnegie Foundation)资助，入美国哥伦比亚大学攻读图书馆学专业，1931 年获得学士学位；后入读密歇根大学图书馆学系，1932 年获得图书馆学硕士学位。1932—1935 年，担任金陵女子大学图书馆馆长，1935 年 8 月在国立北平图书馆担任编目部主任。1938 年，《中华图书馆协会会报》“会员消息”称吴光清“任职北平图书馆已满三年，近承该馆之推荐，前赴美国国会图书馆担任编目工作，已于八月五日偕其夫人乘亚细亚皇后号轮赴美，于 9 月 1 日在华京开始工作云”。吴光清确于该年进入美国国会图书馆东方部(Division of Orientalia，Library of Congress)工作。时国会图书馆东方部主任恒慕义(Hummel，Arthur William，1884—1975)聚集了一批中国学者开展相关研究工作，吴光清协助恒慕义完成图书采访和编目工作。1941 年吴光清获洛克菲勒奖学金(Rockefeller Foundation)的资助，入芝加哥大学攻读博士学位，师从西方印刷史权威、图书馆学家巴特勒(Pierce Butler，1886—1953)。1944 年他完成题名“Scholarship，Book Production，and Libraries in China(618－1644)”(《初唐至明末的中国学术、图书与图书馆》)的博士论文，顺利获得图书馆学博士学位①。获得博士学位后，吴光清继续在美国国会图书馆工作，后欲再回国服务而未能成行。

其时有多位华人在美国国会图书馆的工作，据称：“王重民先生负责善本书籍专著提要，兼管善本照相，杜联喆女士继续清代传记校对。吴君杂事太多，大人物买一古书，即电召伊到私邸鉴定。上月并北至某省代编某大人物私藏汉画目录，在馆

---

① 周余姣：《图书馆界的林语堂：吴光清》，载《图书馆论坛》2016 年第 12 期。

编目时间实在有限，国会图书馆既不能添人，编目就序尚无日也。”[①]可见，王重民为国会图书馆撰写善本书提要，并为运美的国立北平图书馆善本拍摄缩微胶卷，杜联喆校对《清代名人传略》(Eminent Chinese of the Ching Period)，吴光清则承担了古籍与书画鉴定的部分工作。1944 年，美国国会图书馆成立东方图书部，国立北平图书馆念及“与该馆素常相互提携，共为国际间之合作”，拟赠给“玉海珠渊”匾额一方。确乎如此，中美两国图书馆间建下的友谊，吴光清、王重民在其间发挥的作用不可忽视。

(七)钱存训访美

钱存训 1937 年入馆，任职于国立北平图书馆上海办事处，曾参与善本运美等事务。1946 年 1 月 10 日，国立北平图书馆上呈教育部“为本馆寄存美国善本书一百余箱，拟于春间运回，请拨运费及装箱费美金五千元”。教育部照准“派编纂钱存训赴美运回寄存善本书籍并赴英美法等国考察”，为此袁同礼还专门致函蒋梦麟：“敝馆存美书籍近经部中决定运回并发下美金三千六百元在案，兹因该项书籍亟待装箱，拟派敝馆编纂钱存训君前往协助，其所需旅费在部款拨付，拟请通知主管部门对于此案加以注意，不胜感祷。”[②]在钱存训的回忆中，“一切手续都已办妥，但因国内政局变化，交通断绝而未果”[③]。1947 年秋，钱存训由国立北平图书馆馆方推荐，以交换馆员的名义到芝加哥大学远东图书馆工作。两年后延期，此后留美未再回国工作，但一直致力于中美两国图书馆事业的交流。

---

① 程焕文编：《裘开明年谱》，广西师范大学出版社 2008 年版，第 289 页。

② 北京图书馆业务研究委员会编：《北京图书馆馆史资料汇编(1909—1949)》，书目文献出版社 1992 年版，第 814～818 页。

③ 钱存训：《我和国家图书馆——在北图工作十年的回忆和以后的联系》，载《国家图书馆学刊》2009 年第 3 期。

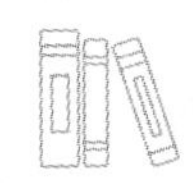

三、国立北平图书馆对学人访学交流之规划

(一)服务时间须达一定年限

1934 年 12 月,馆长袁同礼考察欧美回国,在欢迎茶话会上,袁同礼再次申明其关于交换馆员的设想:"将来如有机缘,本馆人员服务五六年以上,知国内图书馆情形,且对外国语言稍有准备者,派选至国外攻读,并在各大图书馆实习,如本年派出赴美之李芳馥,及赴法之王重民,将来成绩优良时,此种进行当可顺利。"①从以上可以看出,严文郁、汪长炳、岳良木、李芳馥、王重民、向达等人确系在本馆服务 5—6 年后奉派出国访学交流。服务短者为 3 年,如吴光清;长者如 10 年,如钱存训等。均以工作达到一定年限,对国内图书馆事业情况较为熟悉,又有英语等语言方面的准备,才能获准去往海外访学交流。

(二)海外交流须身体康健

在外派交换馆员时,馆长袁同礼非常注重员工的健康,认为健康是做好工作的前提。国立北平图书馆很早就开始了员工体检的工作,在馆委会的第十二次会议上,曾经议决凡该馆职员,均须于每年春间举行体格检查一次,委托北平协和医院于周四、日进行②。袁同礼在 1934 年 12 月接受采访时谈道:"如本馆最近与法国巴黎馆交换之馆员王重民先生,及派往义国服务之馆员李芳馥先生,余均虑其身体不康强,或不能胜任,以上两先生为本馆最初与世界各图书馆交换之馆员,如彼二人能有优良成绩,以后自可源流遣派,否则与外国之关系困难殊多,所谓天助自助,吾人应有自助之能力,天方助我也。"③王重

① 《袁同礼昨报告考察欧美经过 盛赞欧美图书馆设备完善 望馆员合作增加工作效率 北平图书馆馆员昨欢迎袁氏》,载《大公报(天津版)》1934 年 12 月 11 日。

② 《馆员体格检查》,载《北平北海图书馆月刊》1929 年第 3/4 期。

③ 苏健:《北平〈华北日报〉有关袁同礼的两则史料》,载《山东图书馆学刊》2016 年第 4 期。

民确也曾论及在外访学时的身体状况，其谓："余身体素弱，又海外佣书，每日六小时正式工作，已感罢（疲）倦，而又嗜书成癖，暇则无时不在考索中，亦无时不在病态中，无余力以顾其他，至今未能创通一种文字，何论拉丁等语，瞻望前途，以为有负吾师所期望者多多矣。"①异地访学交流，健康的身体才是成功访学的保证。

（三）海外交流须有充足的资金保障

每派出一名交换馆员，均须解决其资金方面的后顾之忧。这些学人或受基金资助，或获得海外奖学金的支持。在袁同礼1938年3月19日致管理中英庚款董事会的信中，我们可以看到王重民等人出访的资金来源和预算。该信函内容如下：

> 上年二月承贵会补助国币八千元作为影照英法所藏敦煌写本之用，曾由敝馆拟定暂以内中四千元为影照复本费，以三千元为出版费，以一千元为补助经管人维持费，当承贵会核准施行在案。自上年六月开始工作以来，迄本年二月，法国部分大致告竣，惟陆续发现重要资料，故影照费因之增加，预计四千元方能敷用。英国部分自本月起开始影照，预计一年以后始能竣事，参照在法经验，复经详细估计，此项影照费至少需三千元，用特函达，拟请准予将原拟定之出版费三千元移作此项之用，事关变更用途，即希核定示复，俾有遵循，无任感荷。又经管人王重民君之国外生活费每年需国币三千元，上年除由贵会再补助费内拨付一千元外，余数则由敝馆担任。自北平沦陷以来，敝馆经费锐减，下年度王君生活费已无力担任，拟请贵会再救济科学研究机关及工作人员专款内予以补助，俾能继续维持

① 王重民：《罗马访书记》，载《图书季刊》1936年第4期。

其工作而收驾轻就熟之效，专此布达，即乞查照惠允见复为荷。①

由此可见，为影照敦煌写本事，管理中英庚款董事会拨款8000元，其中4000元为影照复本费，3000元为出版费，1000元为补助经管人在欧生活费。而王重民每年所需的3000元生活费，除1000元由管理中英庚款董事会提供，其余2000元由国立北平图书馆提供。这是其在欧访学时的资金来源和预算。抗日战争全面爆发后，国立北平图书馆经费锐减，只得申请管理中英庚款董事会补助一部分。多方的资金补助确保了学人访学的顺利进行，尽管仍不宽裕，但保证基本的生活却无大碍。

四、国立北平图书馆学人海外交流之意义

作为该馆的主事者，袁同礼亦曾多次出国访问。其最早曾于1920年到美留学，深知参与中外交流的学术意义。抗日战争期间，为寻得国际的支持，袁同礼亦曾再出国访问。1942年上半年其从昆明到美国华盛顿，嘱朱士嘉复制中美关系档案胶卷②。其又于1944年11月从重庆飞印度，经埃及转美国，于12月下旬到达美国，去往温泉城参加太平洋学会，然后视察图书馆和博物馆事业，又在各大学演讲多次，4月25日赴旧金山参加联合国国际组织会议，5月底获匹兹堡大学赠予名誉博士学位③。

国立北平图书馆学人中，出国访学的还有：蒋复璁、童世纲、曾宪三、于道泉、徐家璧、丁濬等。曾宪三受洛氏基金会支持，于1937年夏自哥伦比亚大学毕业后，曾至哈佛大学图书馆

① 北京图书馆业务研究委员会编：《北京图书馆馆史资料汇编（1909—1949）》，书目文献出版社1992年版，第568～569页。

② 朱士嘉：《我所了解的袁同礼先生》，载《图书馆学通讯》1985年第3期。

③ 《会员消息》，载《中华图书馆学会会报》1945年第1—3期。

实习，自九月起在国会图书馆实习，1938年夏返回国立北平图书馆服务[①]。蒋复璁是“受浙江教育厅派赴德国考查图书馆事业，兼在彼研究图书馆学”[②]，于1930年8月4日抵达柏林。其他学人出国途径各异，交流时间不等，但均实现了异地造才的目的。如王重民和向达之访学，“带回了大批研究资料，极大地推动了敦煌学等学术领域的研究。尤其是他们抄录、摄制的敦煌遗书资料与照片，成为我国敦煌学发展的基本研究资料。同时，他们二人也成为中国敦煌学研究的重要人物”[③]，被誉为“交换馆员的突出成绩，是敦煌学领域出现的一个双子星座”[④]。于道泉1934年奉派赴欧留学，也拍摄了敦煌古书胶影片一箱。其他学人之访学经历，限于篇幅，不再展开论述。当然部分人员因受到抗日战争的影响，海外交流未能完成。如1937年，刘节由国立北平图书馆推荐，本拟接受加拿大多伦多图书馆之聘，受战争影响而中辍。但总体上看，如严文郁事后评价：“选派学有专攻人员分赴美、英、法、德或入图书馆学院深造，或在大图书馆协助工作，多达十余人，占全馆总人数十分之一强。”[⑤]民国时期国立北平图书馆人才济济的现象，与该馆积极派遣馆员海外访学，实行异地造才的举措是分不开的。

---

① 《会员消息》，载《中华图书馆协会会报》1938年第1期。

② 《馆讯(十九年七八月)：馆员留学》，载《国立北平图书馆馆刊》1930年第4期。

③ 李致忠主编：《中国国家图书馆馆史(1909—2009)》，国家图书馆出版社2009年版，第72页。

④ 孟昭晋：《读王重民致向达书信》，载《图书情报工作》2001年第4期。

⑤ 岳良木：《七年回忆》，载《国家图书馆学刊》1982年第3期。

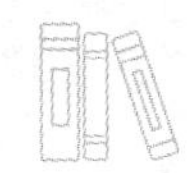

第二节 四库再生谋新篇

民国期间,学界和政界曾四次动议影印《四库全书》,但均中辍。20 世纪 30 年代,国立北平图书馆与国立中央图书馆筹备处就影印《四库全书》一事引发的学术之争,现已经引起了研究者的注意①。此事发起者为国立中央图书馆筹备处,该馆占有先机,且有来自教育部的强力支持。1933 年 6 月 17 日,国立中央图书馆筹备处与商务印书馆签订合同,又经教育部部长王世杰与代理故宫博物院院长马衡呈行政院《故宫博物院修正影印四库全书珍本合同》②一份,此事遂大局已定。1935 年 7 月,《四库全书珍本初集》成功完成影印。现试从国立北平图书馆学人(简称"平馆学人")这一群体视角出发,探讨这一群体参与《四库全书》影印讨论的相关史实,并进行评议。

一、精挑细选——基于五份影印选目的考察

(一)《景印四库全书未刊本草目》的公布

1933 年,国立中央图书馆筹备处试图通过影印《四库全书》未刊本,一方面扩大该馆的社会影响,另一方面通过《四库

---

① 林夕:《十年和廿年——影印〈四库全书珍本初集〉始末》,载《读书》1993 年第 6 期。姜文:《1933 年关于影印〈四库全书〉之论争平议》,载《历史教学(高校版)》2011 年第 20 期。马学良:《公心与私意之间:〈四库全书珍本初集〉影印始末考略》,载《中国出版史研究》2020 年第 2 期。

② 中国第二历史档案馆编:《中华民国史档案资料汇编 第五辑 第一编 教育(二)》,江苏古籍出版社 1994 年版,第 814 页。

全书》影印本与他国交换文献资料以充实新馆馆藏。该年的4月22日，朱家骅致函行政院，按照蒋复璁的报告，决定“拟暂定先印其最精未刊秘籍约三百种，每部限一千五百册”，并说明与商务印书馆商谈合作的具体情况[①]。4月30日，朱家骅致函行政院称：“拟将其中向未付印或已绝版之珍本约八九百种，先行付印，为发扬文化之一助。迭经本部派中央图书馆筹备处主任蒋复璁前往北平调查研究，并赴沪接洽印刷情形，大致尚属可行。”[②]为此国立中央图书馆筹备处专门编订了《景印四库全书未刊本草目》[③]，听取社会意见。

《景印四库全书未刊本草目》选经、史、子、集四部，共366种，后附质疑目录52种。在“例言”中提出了7个疑问，可见编目者内心是犹疑的，但也表达了可供商榷的意愿。以经部易类为例，该目著录《了翁易说》等31种。此目公布后，董康、傅增湘、叶恭绰联名致函教育部，称：“中央馆拟目中所收宋元人著述，如经部之《石鼓论语问答》《四书管窥》，史部之《太平治迹统类》《大金德运图说》《熬波图》，子部之《资政要览》，集部之《苕溪集》《山房集》《本堂集》等，皆有同光后单刊本或丛书本，何以悉行列入，殊难索解？应即日延聘通儒，从长考量，否则徒令外人齿冷也！”[④]知名学者对该目中入选的一些古籍提出质疑，认为《石鼓论语问答》等多部书籍均存在时代稍晚的通行本，既非“未付印”，也非“已绝版”之珍本，名不符实，实不必再列为“四

---

① 中国第二历史档案馆编：《中华民国史档案资料汇编 第五辑 第一编 教育（二）》，江苏古籍出版社1994年版，第805页。

② 中国第二历史档案馆编：《中华民国史档案资料汇编 第五辑 第一编 教育（二）》，江苏古籍出版社1994年版，第804页。

③ 国立中央图书馆筹备处：《景印四库全书未刊本草目》，载《国立北平图书馆馆刊》1933年第5期。

④ 编者：《最近关于影印四库全书之文献》，载《浙江省立图书馆馆刊》1933年第4期。

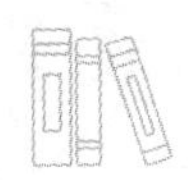

库全书未刊本"再影印。应另请高明,重新拟目。此后,争议蜂起,南北文化界就此问题开展了激烈的讨论。

(二)《景印四库全书罕传本拟目》的商榷

基于此,有"国家图书馆"之地位的国立北平图书馆自是不甘落后,于该年6月很快编出《景印四库全书罕传本拟目》①。在序中,袁同礼提出:"今兹影印,凡有旧本流传,应废库本""允宜采用原帙,以存其真,况书贵初刻,尤足以补库本之罅漏乎?"即提出应优先采用旧本、原帙、初刻本影印的主张。基于此种指导思想,此目由当时的青年学者赵万里参考同人意见编制,从《四库全书》和《宛委别藏》中选出300种,分别是经部24种、史部30种、子部36种、集部170种,《宛委别藏》40种,将"三百年来均未见刊本,拟辑为第一集",以征求学术界意见。同样以经部易类书为例,国立北平图书馆所编《景印四库全书罕传本拟目》只列了6种,分别是:《周易新讲义》十卷、《读易详说》十卷、《易变体义》十二卷、《厚斋易学》五十二卷、《周易详解》十六卷、《读易举要》四卷。除了第一种未标版本,其余都注明了是"大典本"(永乐大典本)。此目的选书范围跳出了《四库全书》,扩大至《永乐大典》等。与国立中央图书馆筹备处所编的《景印四库全书未刊本草目》中所著录的经部易类31种相比,数量虽少,但明确了版本,并明确是稀见的《永乐大典》本。在《景印四库全书未刊本草目》《景印四库全书罕传本拟目》两份目录中,除了《周易新讲义》十卷,确实有5种是重合的。

《景印四库全书罕传本拟目》中其他的古籍,也都详细注明了版本。如"名臣碑传琬琰集一百七卷 宋杜大珪编"下注"常熟瞿氏有宋刻本,此书宋版入明南监,明补本世多有之"。"淳熙三山志四十二卷 宋梁克家撰"下注"此书应据明万历本,库

① 北平图书馆:《景印四库全书罕传本拟目》,国立北平图书馆1933年版。

本不足道,常熟瞿氏有旧抄本”。不仅仅是选目,还增加了选目的理由,并对各种版本进行了比较,使选目更有说服力。这些版本,无论是宋刻本、旧抄本,确实可称为善本。而此目的版本著录信息也非常详细,蕴含了学者的部分考证成果,确出于行家里手。此目编制的高质量,一方面源于国立北平图书馆有丰富的古籍存藏,如文津阁《四库全书》以及卷数不少的《永乐大典》,又可就近利用故宫博物院图书馆的藏书,并与私人藏书家有着良好的关系,另一方面是因为古籍部工作人员均有丰富的版本知识。此书目的主要编制者是赵万里,其于 1933 年刚出版《国立北平图书馆善本书目》①,所编草目自然更有根基,更有说服力。

(三)《签注景印四库全书未刊本草目》的产生

陈垣对《四库全书》深有研究,后人称其在《四库全书》研究方面占了多个第一:“他是第一个见过文渊、文津两阁《四库全书》的学者,并绘制过文渊阁《四库全书》排架图;他是第一个主持文津阁《四库全书》清点工作的人,逐架、逐函、逐册、逐页翻检过全书;他是第一个发现《四库全书荟要》的人……”②该年的 8 月 20 日陈垣应中央图书馆筹备处之请,作《签注景印四库全书未刊本草目》,收经、史、子、集四部共 343 种,标注“此有”者均系国学图书馆所有之书③。该目在原有的基础上增加了一些版本信息。与《景印四库全书罕传本拟目》相比,《签注景印四库全书未刊本草目》中除《周易详解》十六卷外四种下均只注有“此有钞本”。由此可以说明国立中央图书馆筹备处先后所编的《景印四库全书未刊本草目》《签注景印四库全书未刊本

① 赵万里撰集:《国立北平图书馆善本书目》,国立北平图书馆 1933 年版。

② 陈智超:《从陈垣先生对〈四库全书〉的研究谈起》,载《四库学》2017 年第 1 期。

③ 陈垣:《签注景印四库全书未刊本草目》,载《国风半月刊》1932 年第 6 期。

草目》在版本著录信息上确实不如国立北平图书馆所编的《景印四库全书罕传本拟目》，偏于苟简。

(四)《四库孤本丛刊目录》的编定

与此同时，为平息争议，8 月 11 日教育部公布《编订四库全书未刊本目录委员会组织规程》，聘请陈垣等 17 人，成立“编订四库全书未刊珍本目录委员会”，计有：陈垣、傅增湘、李盛铎、袁同礼、徐鸿宝、赵万里、张允亮、张元济、董康、刘承幹、徐乃昌、傅斯年、顾颉刚、柳诒徵、张宗祥、叶恭绰、马衡。经商议讨论后，由赵万里拟出草目两种，“其一，无他本可替代者，如永乐大典辑本皆属之，应定名为四库孤本丛刊，由教育部委托商务印书馆办理。其二，为有善本可替代者，应废库本用其他善本，定名曰四库善本丛刊，由北平图书馆会同国内公私收藏家负责办理……计四库孤本丛刊拟目书共一百八十种，四库善本丛刊拟目书共二百种”①。即从原来的《景印四库全书未刊本草目》中选出一百四十三种，新增三十七种，总共一百八十种，定名为《四库孤本丛刊目录》。

《四库孤本丛刊目录》的具体情况是：经部 35 种（从未刊目中选出 34 种，加 1 种），史部 15 种（从未刊目中选出 12 种，加 3 种），子部 24 种（从未刊目中选出 23 种，加 1 种），集部 106 种（从未刊目中选出 74 种，加 32 种），总计 180 种，共 9 万余叶。此目是在《景印四库全书未刊本草目》《景印四库全书罕传本拟目》的基础上选出来的，虽有部分新增，但三者的先后源流关系十分清晰。据张崟将《景印四库全书罕传本拟目》《景印四库全书未刊本草目》与《四库孤本丛刊目录》进行比较，“盖三目所共通者，特一百零五种，而最后真为孤本丛刊拟目所新加者，则惟

---

① 编者：《最近关于影印四库全书之文献（续）》，载《浙江省立图书馆馆刊》1933 年第 5 期。

十有六而已”①。承担选目者换成了国立北平图书馆的青年馆员赵万里，并充分吸纳了京津两地委员的建议。此时开始拟道分两途，一为“四库孤本丛刊”，由教育部委托商务印书馆办理；另一为“四库善本丛刊”，由国立北平图书馆会同国内公私收藏家负责办理。

(五)《四库全书珍本初集目录》的问世

1933年10月，教育部所组织的委员会在《四库孤本丛刊目录》的基础上再次详加讨论，斟酌去取，最后形成了《四库全书珍本初集目录》。至于为何定名为“珍本”，据称“其后相持结果，卒用陈援庵建议，专印四库中由《永乐大典》中辑出各书，即名为四库珍本者”②。《四库全书珍本初集目录》前有“影印缘起”，下署商务印书馆，但后被收入《王云五序跋集》③，应是王云五所作。在“影印缘起”里王云五分析了《四库全书》之文献价值，以及影印《四库全书》之于保存文化之意义，并历数以往数次影印失败之原因。该目选书231种，较原约增2万叶，分装约2000册。此是本次影印所确定的最终目录，后商务印书馆按此具体操作，遂为定局。

从以上5份目录可看出，通过不断的增删讨论，最后编制了《四库全书珍本初集目录》，并最终按此目录完成了此次《四库全书》的影印。《四库全书珍本初集目录》是多方妥协推进的结果，每一种书的去取都经过了严格的讨论。1933年11月17日，商务印书馆举行了开印仪式。自1934年7月至1935年7

---

① 张崟:《最近景印四库全书三种草目比较表》，载《浙江省立图书馆馆刊》1933年第5期。

② 叶恭绰:《印行〈四库全书〉的一些逸闻》，见愚士选编《读书与消闲》，湖南人民出版社1998年版，第294～297页。

③ 王云五编:《王云五全集19序跋集编》，九州出版社2013年版，第26～28页。

月,《四库全书珍本初集》分四期先后出齐,共计 231 种,分装了 1960 册。

二、"平馆学人"的主要观点——基于"平馆学人"论著的考察

《选印四库全书问题文献目录》①一文汇集了 1933 年 52 篇就影印《四库全书》所发的文章。在这个基础上,我们可以从中筛选,并加以补充,进一步统计"平馆学人"就影印《四库全书》这一问题所发表的论著目录,共计近 20 篇。时任国立北平图书馆编纂委员会的委员,如赵万里、向达、谢国桢、谭其骧、刘节、王重民、王庸、孙楷第等基本都参与了,袁同礼发表相关的评论和论著最多,其次有谢国桢、王重民等。围绕影印《四库全书》这一问题,"平馆学人"的关注重点表现在以下方面:

(一)"以善本代替库本"的影印主张

"平馆学人"坚持"以善本代替库本,以罕传代替未刊"。7 月 5 日,蔡元培、袁同礼致函教育部,提出四点意见:"……今兹径印加刊以'未刊'二字,于名称上似觉未妥,此应请大部予以考虑者一也……今兹影印,凡有旧刻或旧钞足本,胜于库本,可用以代替者,允宜采用原帙,以存古书之面目,此应请大部予以考虑者二也……拟请大部延聘通人或组织委员会,详为审查,严定去取,藉收集思广益之效,此应请大部予以考虑者三也。又四库集部诸书,概无目录,翻检为艰。本馆近年以来,补辑此项篇目业已竣事,自应排印于每书卷首,以资检查。"②一方面

---

① 编者:《选印四库全书问题文献目录》,载《国立北平图书馆馆刊》1933 年第 5 期。

② 中国第二历史档案馆编:《中华民国史档案资料汇编 第五辑 第一编 教育(二)》,江苏古籍出版社 1994 年版,第 799～800 页。

对国立中央图书馆所编之目的质疑，另一方面则是提供建议，此外还汇报了该馆对四库集部篇目索引工作的进展[①]。该函还附了《四库罕传本拟目》(即《影印四库全书罕传本拟目》)一册。其所提出的意见，大体仍同《影印四库全书罕传本拟目》序中之意见。

赵万里 7 月 11 日又致函张元济，提出对此次影印的建议。张元济 7 月 13 日复函袁同礼、赵万里称："影印四库未刊本，二公主张拟用善本替代，并联合南北各学术团体及各地学者，即日草具公函，向教育部当局建议，甚盛(注：疑为'感')甚盛(注：疑为'感')。惟弟窃以为兹二事者，不妨兼营并进，而不必并为一谈。"另外又表明商务印书馆方"均以为于印行库本外，所有公私善本，允假敝馆影印者，苟于照相制版技术上，认为可能，极当勉力承印，与库本并行不悖，此则敝公司愿竭尽绵薄，而与各学术团体及学者通力合作者也"[②]。张元济认为库本和善本影印可并行不悖，同时进行。随后，袁同礼复函张元济，表明北平馆方此举的态度，他称："同礼职司校仇(雠)，而于文津、文渊两本，乂与孑民、叔海两君，共负典守之责，见闻所及，不得不图补救。区区苦衷，当为国人所共谅。诚以当局如有贻误，匪特在学术上为致命伤，于国家颜面，尤不能不顾到也。"[③]再次申明影印应谨慎从事，应从学术上更多地去考量，而自己此举是职责所在，不得不如此也。

(二)为影印《四库全书》提供具体方案

8 月 14 日王重民在《论教育部选印四库全书》一文中以袁

---

① 其时王重民等人一直在编《清代文集篇目分类索引》。

② 中国第二历史档案馆编：《中华民国史档案资料汇编 第五辑 第一编 教育(二)》，江苏古籍出版社 1994 年版，第 802 页。

③ 中国第二历史档案馆编：《中华民国史档案资料汇编 第五辑 第一编 教育(二)》，江苏古籍出版社 1994 年版，第 803 页。

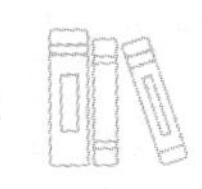

同礼学生之名，继续提出四点意见：(一)文渊文津二本当互校择善而从也；(二)四库残本宜换足本，辑本有原本者宜用原本也；(三)底本宜据以影印，善本宜据以作校勘记也；(四)序跋宜附，目录宜补也。[①] 冷庐主人(王重民之别号)又在8月28日所撰写的《评国立中央图书馆筹备处编景印四库全书未刊本草目》[②]中强调："此次重在选印，则四库全书中应选印何书，在合同订立以后，当为唯一而最大最切要之问题。"通过与《四库简明目录标注》相对照，"见其删补所余之三百四十三种种，尚有六十四种种已有新刊本，五种已刊未印，五种四库未著录"。这样做的目的是作者声称的"剔出一种通行本，即可多印一种罕传本，流通古籍之责任，于此所关系者甚巨也"[③]。不但提供了选书的原则，也对部分古籍做出了分析，在具体方案上提供了指导。8月14日袁同礼、向达在《选印〈四库全书〉平议》中也道："(一)现无传本，如从《永乐大典》辑出之书，应取文津文渊两本辜校，必要时取文澜原本作参考，如有异同，条记于后，为校勘记；(二)现有旧本影印，则以原本校库本，亦附校勘记于书后，其有库本卷数不足，旧本可补者取足本影印，附于库本之后，庶几读者可得完书，而库本谬妄，不致贻误后人。"[④]同时，也表达了对此次影印的支持："要之在今日能着眼及于此类保存民族生命文化根本事业，以为国家留一分元气，总属难能可贵。无论如何，当设法予以翊赞，以期其能底于成，不致再蹈前

① 王重民：《论教育部选印四库全书》，载《大公报》1933年8月14日。

② 冷庐主人：《评国立中央图书馆筹备处编景印四库全书未刊本草目》，载《国闻周报》1933年第36期。

③ 冷庐主人：《评国立中央图书馆筹备处编景印四库全书未刊本草目》，载《国闻周报》1933年第36期。

④ 向达、袁同礼：《选印〈四库全书〉平议》，见袁同礼著、国家图书馆编《袁同礼文集》，国家图书馆出版社2010年版，第221页。

人之失。至于枝叶方面之讨论，只要主持其事者能推赤心以待人，不是意外之企图，则解决固甚易易也。”①为说明问题，该文还附录了多个文档，有中央图书馆筹备处及商务印书馆所缔合同，以及故宫博物院理事会的修正条文，也有文津阁校勘之档案二则，以说明《四库全书》中确实讹误较多。此外，赵万里在编制《影印四库全书罕传本拟目》及其后面的《四库孤本丛刊》《四库善本丛刊》②草目上贡献甚巨，也为时人所熟知。

（三）对《四库全书》之学术价值进行全面评估

《四库全书》修成后，确实对我国传统文化产生了较大的影响，然其本身亦有较多可商榷之处。8 月 19 日，王庸在《四库全书的价值与影印》中提出《四库全书》的缺点在于“（一）所选书籍，偏而不全。（二）书本内容，未必完善”，认为“我们应当知道，这部书无论怎样伟大，亦不过对于中国历史、哲学和文学，有相当的用处，和其他学术上的关系，并不重大，所以，它在学术文化上的价值是有很大的限制的”③。8 月 21 日，萧璋在其《四库全书错讹删缺例证》一文中，以宋陈渊《默堂集》二十二卷、宋同孚《蠹斋铅刀编》三十二卷、宋董嗣《庐山集》五卷《英溪集》一卷、元滕安上《东庵集》四卷、明刘琏《自怡集》一卷、明董纪《西郊笑端集》二卷六书为例，证明四库遗缺、四库错讹、校官疏略、四库减删等误，从而提出应注意四库之篇章删缺、文字错讹的两点问题④。这是从具体层面比较研究库本与他本之优劣，为影印《四库全书》提供选择依据。

---

① 向达、袁同礼：《选印〈四库全书〉平议》，见袁同礼著、国家图书馆编《袁同礼文集》，国家图书馆出版社 2010 年版，第 221 页。

② 国家图书馆古籍馆有《四库善本丛刊拟目》油印本。

③ 王庸：《四库全书的价值与影印》，载《北平晨报》1933 年 8 月 19 日。

④ 萧璋：《四库全书错讹删缺例证》，见《北京图书馆同人文选》编委会编《北京图书馆同人文选 1912—1987》，书目文献出版社 1987 年版，150～153 页。

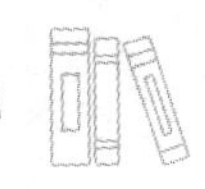

刘节在《四库本之评价》一文中谓："近年以来，交通发达，佚书层出。在昔日惟有《永乐大典》本或残本可据之书，时至今日，有明钞本或原本发现者，不下数百种，且当时原有之书，以较今日所见之本，其卷数不完，或序跋脱略者，亦不一而足。不第此也，四库之书，屡经删改，尤以史部集部为最。且七本皆出抄胥之手，亥鱼鲁豕，触目皆是，凡有刻本者，自当以刻本为据。"①刘节是从新发现的文献方面，指出此次影印应注意之点。谭其骧《由乾隆谕旨证四库本之不尽可靠》一文中提及："此书纂辑之时，实多所以意删改，非复原书真面目。吾人若但求无损于满清帝室之令誉，则四库本诚为善本；若以学术上求真之观点而论，则四库本绝非完善无疵之本。"②国立北平图书馆学人中，对此发表建议的还有孙楷第《论教育部选印四库全书》③等。

袁同礼还分析了《四库全书》中《永乐大典》辑本的由来，从而论述了《永乐大典》辑本之缺点：（一）乾隆时采辑之《永乐大典》，已非全书；（二）《永乐大典》引用之书，割裂全文，前后不易贯串；（三）《永乐大典》分韵编次，入韵之法，参差无绪，凌杂不伦；（四）四库馆臣，采辑大典，弃多取少，菁华未尽④。袁同礼对《永乐大典》素有研究，发表了多篇文章，这些看法是合于事实的。部分学人对《四库全书》的禁毁等问题也展开了研究，如赵录绰的《清高宗之禁毁书籍》即是因为"间尝考清帝修四库之往事，于其时关于修书之谕旨，及诸臣工奏折中，获见修书时毁

---

① 刘节：《四库本之价值》，载《北平晨报》1933 年 8 月 15 日。

② 谭其骧：《由乾隆谕旨证四库本之不尽可靠》，载《北平晨报》1933 年 8 月 15 日。

③ 孙楷第：《论教育部选印四库全书》，载《北平晨报》1933 年 8 月 22 日。

④ 袁同礼：《四库全书中永乐大典辑本之缺点》，载《国立北平图书馆馆刊》1933 年第 5 期。

书之举，爰汇集之”[①]。该文分绪言、禁毁之动机、搜集之开始、搜集之方法、禁毁之步骤、范围之扩大、禁毁书籍之统计、结论8个部分，论述了乾隆修四库而禁毁书籍之害。

以上即为国立北平图书馆学人在此次学术论争中的主要关注点，他们不但提出了北平图书馆方的影印主张，也为此次影印提供了具体参考方案，更是借此对《四库全书》之价值和不足进行了全面的评估，多为理性的研究和客观的评价。此次学术论争虽由《四库全书》影印而起，却也推动了《四库全书》研究的深入发展。

三、对“平馆学人”参与此次学术论争的评议

(一)参与个体多，参与面广，获得了来自版本目录学界的广泛支持

关于本次影印《四库全书》所引发的学术论争，涉及多家机构，有国立中央图书馆筹备处，有国立北平图书馆，还有故宫博物院、商务印书馆以及教育部等，因有利害关系，故盘根错节，至为复杂。各报刊媒体，如《国风》《大公报》《北平晨报》等，亦多设有专栏、社论，进行了全面的讨论。国立北平图书馆这边，确由袁同礼最为有力。不但屡次致信教育部、商务印书馆，也多次发文，申明自己的主张，遇有外界苛责之时，也只能出来辩解[②]。诸多“平馆”年轻学人如赵万里、王重民、向达、王庸、刘节、孙楷第、谭其骧等国立北平图书馆编纂委员会的委员[③]也

---

① 赵录绰:《清高宗之禁毁书籍》,载《国立北平图书馆馆刊》1933年第5期。

② 袁同礼:《袁同礼致时代公论记者书》,载《国风》1933年第6期。

③ 国立北平图书馆1932年7月至1933年6月编纂委员会人数是20人,1933年7月至1934年6月编纂委员会人数是21人,这两个任职年度也是该委员会人数最多的时候。见荣方超《国立北平图书馆编纂群体及其职能考(1929—1937)》,载《国家图书馆学刊》2018年第6期。

参与此次论争，应也是受到了来自袁同礼的鼓励。虽然主观上是实现袁同礼的主张，客观上也对年轻一代学人在学术上予以了极大的锻炼。

一些文化名人也表示了对国立北平图书馆方面的支持。6月26日，傅增湘致函张元济表达了自己的意见："未刻之书亦有不必印者，明刊罕见之品亦有宜加入者，非解人不知此中甘苦也。""又目中之书如有旧本胜库本者，似宜改用，亦望公主持之。"[①]张元济7月1日则回复："鄙意四库还他四库，善本尽可别行。此时公私各家能慨出所藏，畀以影印，弟必劝馆中竭力为之。"[②]后二人又多次书牍往返，讨论此事。据当时分析："董康、傅增湘、叶恭绰、李盛铎、徐乃昌、陈寅恪等氏等主张略同北平图书馆，以为与其取名'未刊'，不如宁用'罕传本'之'较合于逻辑'云，其主张他本替代亦同平馆，惟更举具体之例证，与所谓分甲乙编相辅而行，拟取名'四库萃珍'之办法为稍殊耳。"[③]8月11日，董康等25人致函教育部。8月13日，《申报》上刊载了董康等人致教育部王世杰部长的信，主张：(一)四库书有他本可用以替代者，应采用他本也。(二)四库全书未刊本名称及范围内容应重加考量也。签名者有长长的一串，共有董康、傅增湘、叶恭绰、朱启钤等25人[④]。《浙江省立图书馆馆刊》对

① 张元济、傅增湘：《张元济傅增湘论书尺牍》，商务印书馆1983年版，第298～300页。

② 张元济、傅增湘：《张元济傅增湘论书尺牍》，商务印书馆1983年版，第298～300页。

③ 编者：《最近关于影印四库全书之文献》，载《浙江省立图书馆馆刊》1933年第4期。

④ 编者：《最近关于影印四库全书之文献》，载《浙江省立图书馆馆刊》1933年第4期。

各方主要观点也都有记录报道①。虽然个别人立场发生了动摇，但大部分均始终支持国立北平图书馆的影印主张。

(二)为《四库全书珍本初集》的影印献策献力，实现了影印《四库全书》的部分主张

经过一番学术论争，四库全书未刊珍本的影印虽在教育部的支持下完成，但也充分吸纳了“平馆学人”的主张，在《编订四库全书未刊珍本目录会委员名单》中：“影印四库全书以本子之选择，学术界与教部意见颇有异同。教部乃函请陈垣、傅增湘、李盛铎、袁同礼、徐鸿宝、赵万里、张允亮、张元济、董康、刘承幹、徐乃昌、傅斯年、顾颉刚、柳诒徵、张宗祥、叶恭绰、马衡十七人为编订四库全书未刊珍本目录委员会委员，期以集思广益之效。”②其中“平馆学人”有袁同礼、徐鸿宝、赵万里，与“平馆学人”观点一致的有傅斯年、董康、叶恭绰等人。通过选目，“平馆学人”为此次影印《四库全书》提高了版本目录上的学术标准和价值，他们的主要观点——“库本与善本宜并重也，校记及目录宜补印并行也，丛刊各书宜抽印单行本也”得到了贯彻。此次论争还产生了一大副产品，教育部部长王世杰在回复蔡元培、袁同礼的复函中，即称：“现因印行四库未刊本已成定议，未便更改，而印行四库底本亦属要举，不妨并行。北平图书馆年来搜藏善本，蔚为巨观，又与各藏书家多有联络，可以商借付印，则关于筹印四库底本事宜，可否即请平馆担任？如荷同意，即请妥拟计划，报部备案。”③为解决此议，王世杰提出了由平馆另外印行四库底本的计划。商务印书馆亦同意这一新计划，即

① 编者：《最近关于影印四库全书之文献》，载《浙江省立图书馆馆刊》1933 年第 4 期。

② 中国第二历史档案馆编：《中华民国史档案资料汇编 第五辑 第一编 教育(二)》，江苏古籍出版社 1994 年版，第 814 页。

③ 中国第二历史档案馆编：《中华民国史档案资料汇编 第五辑 第一编 教育(二)》，江苏古籍出版社 1994 年版，第 801 页。

《四库善本丛刊》的选目。原拟议由国立北平图书馆及公私藏书家主持，已签有合同草本[①]。

经此次影印《四库全书》的“学术论争”，学界对善本得以有更深的认识。正如当时人所论，“主张有善本者，以为当此千载一时之机会，应当顾及学术上的福利，访求善本，作校勘记，就是稍延时日，也必须办的”[②]。赵万里在其后对《四部丛刊续编的评价》中仍然强调“应尽量多收宋元以前人的著述，行有余力，再及明清这个基本原则，无论影印四库全书珍本或四部丛编，似乎多应当考虑到的”[③]。此次论争的主要观点——主张以善本、旧本、罕传本、足本代替库本，也确立了学者对古籍善本价值的认识，那就是古籍的三性——历史文物性、学术资料性、艺术代表性。同时有识之士也注意到了采用古籍影印这样的再生性保护手段使古籍实现“再生与传播”。1935 年故宫博物院《选印宛委别藏四十种》交商务印书馆影印，也可以说是此次学术论争的推动所致。

(三)为后人提供研究之资，促成了《大公报·图书副刊》的产生

论争大体结束后，该馆也于 1933 年 9 月在《国立北平图书馆馆刊》第 5 期上刊登了《景印四库全书罕传本拟目》《景印四库全书未刊本草目》[④]《四库孤本丛刊目录》[⑤]《四库全书珍本初

---

① 编者:《最近关于影印四库全书之文献(续)》，载《浙江省立图书馆馆刊》1933 年第 5 期。

② 君羽:《郑鹤声先生〈对于影印四库全书舆论之评议〉的读后感》，载《独立评论》1933 年第 75 期。

③ 斐云:《四部丛刊续编的评价(上)》，载《大公报(天津版)》1934 年 4 月 21 日。

④ 国立中央图书馆筹备处:《景印四库全书未刊本草目》，载《国立北平图书馆馆刊》1933 年第 5 期。

⑤ 教育部编订四库全书未刊珍本目录委员会:《四库孤本丛刊目录》，载《国立北平图书馆馆刊》1933 年第 5 期。

集目录》[①]作为一段时间学术交流之结束。此外，还特别编了《选印四库全书问题文献目录》这份目录，并在前言中说明："自中央图书馆筹备处选印《四库全书》事起，一时议论，甚嚣尘上；二十二年之中国学术界赖此点缀，得不寂寞。自今视之，俱成陈迹，是非得失，毋烦重提。兹唯录目于此，以备好事者稽览。"[②]该目录将 1933 年就影印《四库全书》引发的学术论争相关的 52 篇文章篇目集于一编，也为今人留下了研讨之资。

在影印《四库全书》的学术论争中，国立北平图书馆学人表现出了有理、有力、有节的风貌。所提出的论据均有坚实的文献基础，非空穴来风。或有鉴于《北平晨报》的"北晨学园"副刊可以集中来讨论学术问题，也是为了促进学界对版本目录学的研究，袁同礼等国立北平图书馆学人在《大公报》上开设"图书副刊"专栏，以书籍介绍、学术通讯、介绍版本目录校雠之学为主。其"卷头语"称："近年来社会人士对于图书本身的学问，即所谓版本目录以及校雠的学问，似乎太隔膜了。即如最近关于四库影印的一场公案，各方的议论自然各有千秋，但是其中也有非常可怪之论……至于版本目录校雠之学，无非是历史方法的一部分，也就是科学方法中的一小支，只以求真为目的，并无炫奇立异之心！"[③]

可见专栏的内容确实是促进人们对"目录、版本、校勘之学本是历史方法亦即科学方法的一部分"[④]的认识。此后，国立北平图书馆青年学人成了该专栏的主要供稿者，王重民的《巴黎敦煌残卷叙录》、赵万里的《芸盦藏书题记》等都在该副刊

① 商务印书馆：《四库全书珍本初集目录》，载《国立北平图书馆馆刊》1933 年第 5 期。

② 编者：《选印四库全书问题文献目录》，载《国立北平图书馆馆刊》1933 年第 5 期。

③ 《卷头语》，载《大公报(天津版)》1933 年 9 月 28 日。

④ 袁同礼：《复刊词》，载《大公报(上海版)》1947 年 1 月 4 日。

连载。《大公报·图书副刊》成了一个重要的学术文化交流平台。

(四)完成《国立北平图书馆善本丛书第一集》之影印,推动了古籍保护事业的发展

1935年秋,《北平图书馆善本丛书》发出出版预志,谈及:"北平图书馆筹印善本丛书,已有年矣,因商务印刷馆印刷愆期,至今尚未出版,良用歉然。兹闻该丛书第一集共书十一种,皆明代边政边防及外国史料……以上共十一种,皆世所罕见绝无仅有之秘笈,于研究明代史事者,裨益至大……全书照四部丛刊版式,用本国手工连史纸石印。出版期,当在本年年底。"[①]但似未能在该年年底出版。至1937年年初,该馆已编订了《国立北平图书馆善本丛书第一集》,并由商务印书馆出版。《国立北平图书馆馆刊》中"馆讯"载:"馆藏各种善本书籍拟陆续影印以广流传,前与商务印书馆商洽委托印行。现第一集已出书十二种,计有关边防者四种,四裔者七种,苗猺者一种,类皆罕传之史籍,而《筹辽硕画》《三云筹俎考》诸书尤为世不经见之册。"[②]十二种书叙录由谢国桢撰写,在叙录之前,谢国桢叙其影印颠末为:"馆长袁守和先生,以吾国古籍日就沦亡,拟择罕见孤本,佳椠名钞,汇辑影印,编为丛书。商诸上海商务印书馆王云五先生,允为印行,以广流传。其为清廷毁禁,明史所遗,舆地稗乘,秘家载籍,可以审核地理之沿革,资边陲之考镜,淬厉民智,厥功尤伟。乃先选明代边防史乘凡十二种,题曰《国立北平图书馆善本丛书第一集》。"[③]

这十二种叙录,也以《国立北平图书馆善本丛书第一集序

① 《北平图书馆善本丛书 出版预志》,载《大公报(天津版)》1935年9月19日。

② 《馆讯:馆藏善本丛书第一集出书》,载《国立北平图书馆馆刊》1937年第1期。

③ 谢国桢:《国立北平图书馆善本丛书第一集叙录》,载《大公报(天津版)》1937年1月21日。

跋》为题分两次刊载于《商务印书馆出版周刊》[①]，并分三次刊载在《同行月刊》第五卷第一、二、三期[②]上，现也被收入《影印善本书序跋集录 1911—1984》[③]。第一集共 12 种，97 卷。这些古籍中，版本价值甚高，苏乾英认为："除《朝鲜史略》被收入四库外，《九边考》《西域行记》《行边纪闻》《安南图志》及《日本考》五种，只见诸存目而已。余六种连名目亦无之。久佚之书，今得重见，则兹集之刊行，有贡献于学术界，与便利于研究边疆问题者，岂浅尠哉。"[④]

《国立北平图书馆善本丛书第一集》因为底本的罕传，影印本的价值也随之上升，又成了后人再影印的底本，如《皇明象胥录八卷》，又被收入《四库禁毁书丛刊》再影印[⑤]。该丛书的影印，可谓是对以"继绝存真，传本扬学"为目的的古籍影印工作的一大推动。"平馆学人"在抗日战争全面爆发西迁至云南后，因地制宜，继续选取西南史地罕传之本十二种拟刊行善本丛书第二集[⑥]。职员李耀南曾遵袁同礼之命将第二集各书之叶数报送给张元济[⑦]，惜乎最终因受抗日战争影响的缘故，未能印成。

---

① 谢国桢：《国立北平图书馆善本丛书第一集序跋（上）》，载《商务印书馆出版周刊》1937 年第 222 新期。谢国桢：《国立北平图书馆善本丛书第一集序跋（下）》，载《商务印书馆出版周刊》1937 年第 223 新期。

② 谢国桢：《国立北平图书馆善本丛书第一集叙录（中）》，载《同行月刊》1937 年第 2 期。

③ 北京图书馆善本组编：《影印善本书序跋集录 1911—1984》，中华书局 1995 年版，第 808～822 页。

④ 苏乾英：《国立北平图书馆善本丛书第一集》，载《国立暨南大学图书馆馆报》1937 年第 2 期。

⑤ 《四库禁毁书丛刊》编纂委员会编：《四库禁毁书丛刊 史部 10》，北京出版社 1997 年版，第 551～683 页。

⑥ 《国立北平图书馆工作近况》，载《图书季刊》1940 年第 2 期。

⑦ 张元济：《张元济全集 第 10 卷》，商务印书馆 2010 年版，第 306 页。

四、结语

自国立中央图书馆筹备处倡议影印《四库全书》起，“平馆学人”在馆长袁同礼的带领下，对《四库全书》的影印作了全面深入的讨论，这一讨论推动了“平馆学人”对《四库全书》进行深入研究，加深了学界对于版本目录学的认识，促成了《大公报·图书副刊》的产生，也完成了《国立北平图书馆善本丛书第一集》之影印，推动了古籍保护事业的发展。1949 年后，迁台的商务印书馆员工继续影印《四库全书》珍本，至 1982 年，已增印至 13 集。后又于 1986 年将文渊阁《四库全书》全部影印。而大陆这边，一直到 20 世纪 90 年代，王绍曾等目录学家旧事重提，提议影印四库善本书①。当下影印《四库全书》及将其数字化在海峡两岸仍是热门的研究话题。回望这场学术论争，蒋复璁后来提及：“袁同礼看到后十分不高兴，因为他要出这个风头，觉得让我办成这件事很没面子，乃在北平找了许多人来反对此事，使我骑虎难下，而南方中央大学的一批人就帮助我，结果南北双方打起笔墨官司。”②由于国立中央图书馆筹备处倡议在前，“平馆学人”对此事之讨论确实不免尴尬，但更多的应是出于公心。他们依据深厚的版本目录校雠学知识，积极地发表观点，为推动古籍保护事业和学术研究的发展做了极大的努力。日后这批年轻学人，凭借所掌握的“本是历史方法亦即科学方法的一部分的目录、版本、校勘之学”，在各个学术领域均大有成就，当是这次学术论争最为影响深远的副产品了。

---

① 王绍曾：《编印〈四库善本丛书〉和续修〈四库全书〉刍议》，载《文史哲》1993 年第 1 期。

② 蒋复璁口述，黄克武编纂：《蒋复璁口述回忆录》，台湾“中央研究院”近代史研究所 1990 年版，第 53～54 页。

第三节　崂山盛会犹在眼

民国期间，中华图书馆协会所举办的6次年会在我国图书馆史上有着重要的历史研究价值。曾凡菊[①]、梁桂英[②]曾对这6次年会进行了整体研究，翟桂荣[③]对第一次年会进行了专题研究。1936年，中华图书馆协会第三次年会于青岛举办，我们在前面的章节中，通过陈训慈的《胶海逭暑日记》已有所了解。现拟就其中的一些关键问题继续考证，以纪念这次辉煌的会议。

一、会议概况

该会议原本定于1935年秋在中华图书馆协会成立十周年时进行，后因“敦请美国圕专家毕孝普及凯殴尔两先生来华指导，以收切磋之益，旋以时局不靖，而毕凯两先生亦无来华确讯，遂改无形停顿，兹改于今年举行”[④]，并与中国博物馆协会第一次年会联合举办。《青岛时报》对本次会议做了详细报道，并于7月20日、21日、22日、23日连续发表两会年会特刊。后时桂山将相关内容辑成资料[⑤]，《中华图书馆协会会报》《大公

---

① 曾凡菊：《中华图书馆协会与民国时期图书馆界的交流——以协会年会为中心的考察》，载《图书馆理论与实践》2008年第1期。

② 梁桂英：《中华图书馆协会年会述略》，载《图书馆理论与实践》2013年第9期。

③ 翟桂荣：《新图书馆运动的新纪元——中华图书馆协会第一次年会及其〈宣言〉的历史意义》，载《图书情报工作》2010年第7期。

④ 中华图书馆协会：《筹开年会》，载《中华图书馆协会会报》1936年第5期。

⑤ 时桂山辑：《1936年图书馆年会资料集锦》，见山东省文化厅史志办公室、青岛市文化局史志办公室编《山东省文化艺术志资料汇编 第二十二辑 青岛市〈文化志〉资料专辑》1990年版，第408～428页。

报》也做了全程报道，成了我们研究该会议的主要文献来源。

(一)会议筹备

1.筹备人员

良好的筹备工作是确保会议顺利进行的重要前提。本次年会筹备委员会委员多达38人，分别是：王文山、王云五、王献唐、田洪都、皮宗石、皮高品、沈祖荣、沈缙绅、杜定友、吴天植、吴光清、李文裿、李少缘、李长春、李小缘、何日章、洪有丰、施廷镛、柯璜、胡鸣盛、查修、俞爽迷、姚大霖、姚金绅、柳诒徵、秦光玉、桂质柏、袁同礼、马宗荣、陈训慈、董明道、谈锡恩、刘国钧、蒋复璁、欧阳祖经、谭卓垣、戴志骞、严文郁。一时俊彦，齐聚于此。

为了更好地各司其职，筹备委员会下又设了各分会及各组，有论文委员会，柳诒徵为委员长，严文郁等4人为委员；有招待委员会，雷法章为委员长，张熙等4人为委员。另按往年惯例，还设有5个专业组，分别是：图书行政组(洪有丰为主任)、图书馆教育组(沈祖荣为主任)、分类编目组(刘国钧为主任)、索引检字组(杜定友为主任)、民众教育组(王文山为主任)。各组在主任外，还设有副主任，以及书记等职。如图书行政组，洪有丰为主任，袁同礼为副主任，蒋复璁、田洪都为书记。其他组亦有类似人事架构，不一一详列。

由此可以看出，该次会议组织有序，职责明确，聚集了当时图书馆界的中坚力量，为会议的顺利举办奠定了坚实的人力基础。

2.会务筹备

(1)年会筹备会议

在年会召开前夕，1936年6月15日下午4时，协会在国立北平图书馆召开了一次筹备会议。出席者：田洪都、严文郁、何日章、袁同礼(主席)、吴光清(列席)、袁仲灿(记录)。袁同礼汇报了其提前去青岛考察的经过和达成事项，尤其是获青岛市市长沈鸿烈允诺招待一切及派舰游览崂山名胜等事。过济南时袁同礼又与山东省教育厅厅长何思源会晤，谈及年会应开办一民众图书馆讲习会，使该省同人可就近听讲。为了争取当地人士的支持，这次会议公推青岛市市长沈鸿烈为年会名誉会长，山东省教育厅厅长何思源、青岛市教育局局长雷法章为名誉副会长①。后又拟请山东大学图书馆主任及山东省省立图书馆馆长加入筹委。沈鸿烈经“崂山事变”后，1932 年被任命为青岛市市长，自主政青岛后，大力建设，积极支持学术文艺团体活动。据称：沈鸿烈重视崂山旅游开发中的名人效应，他规定凡全国学术组织在青岛开会者，均由政府招待游览崂山。本次会议正是在这样的背景下召开的。

(2)出版《中华图书馆 中国博物馆协会联合年会指南》

为了更好地导引各地会员参会，1936 年 6 月中华图书馆协会还出版了《中华图书馆 中国博物馆协会联合年会指南》。该指南共计 22 页。其目的是“惟各地会员，因所在地不同，舟车食宿以及会中情形，事先未免有探询之苦。本书即将年会内容以及游览地点、食宿状况，分别叙述，详为介绍，手此一编，不难按图索骥，内容计有到会须知、各路行车时刻表、铁道部优待学术团体年会会员乘车办法、联合年会职员名单及会务日程。末附游览青岛、济南各名胜古迹书目，及各学术机关一览等，可作旅行参考之用”②。

经过这一系列的筹备工作，确定：

会场：选在青岛山东大学举行。

---

① 中华图书馆协会：《第三次年会之筹备》，载《中华图书馆协会会报》1936 年第 6 期。

② 中华图书馆协会：《中华图书馆 中国博物馆协会联合年会指南》，载《中华图书馆协会会报》1936 年第 6 期。

交通:会员可持证明,按照《铁道部优待学术团体年会会员乘车办法》享受铁路乘车优惠,单程七五折,来回五折[1],可乘各路快车。轮船优待办法亦经函商。

食宿:住山东大学宿舍,由青岛方面负责所有会员的食宿费用。

展览:两会以所藏珍品,举行展览[2]。

最后,在会前,“各组职员均漏夜赶办筹备布置事宜,极为忙碌”[3]。

可见,该会进行了良好的筹备。筹备委员会中既有当地的负责接待人员,也有中华图书馆协会的主要组织者,并且各司其职,组织良好。地方图书馆协会积极支持年会活动,如上海图书馆协会主席杜定友就在6月初对于参加年会进行布置[4]。因此,有学者认为:“与前两次年会相比,此次年会筹备工作较为完备。”[5]

(二)会议进行概况

1.参会者概况

从参会者人数看,1927年中华图书馆协会所登记的机关会员是132名,个人会员是217名[6]。1929年的第一次年会参会个人会员109人,机关会员70人,共179人;1933年的第二

① 中华图书馆协会:《第三次年会之筹备》,载《中华图书馆协会会报》1936年第6期。

② 本报记者:《图书博物馆协会联合年会昨日开幕,在山大礼堂举行典礼,各界要人参加致辞》,载《青岛时报》1936年7月20日。

③ 本报记者:《图书博物馆协会联合年会昨日开幕,在山大礼堂举行典礼,各界要人参加致辞》,载《青岛时报》1936年7月20日。

④ 中华图书馆协会:《上海市图书馆协会谈话会》,载《中华图书馆协会会报》1936年第6期。

⑤ 曾凡菊:《中华图书馆协会与民国时期图书馆界的交流——以协会年会为中心的考察》,载《图书馆理论与实践》2008年第1期。

⑥ 中华图书馆协会:《中华图书馆协会第二周年报告》,载《中华图书馆协会会报》1926年第2期。

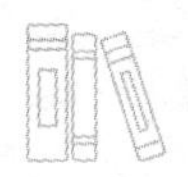

次年会参会人数200余人。据《中华图书馆协会第十一年度报告》[①],1936年中华图书馆协会共有:名誉会员26名,机关会员288名,个人会员536名。比往年大有增长,如该年度新入会员,机关5名,个人28名。但据《青岛时报》会前报道:“据悉该会个人会员五百八十二人,机关会员二百七十七位,名誉会员廿七人。及各省市教育局代表,及来宾,届时共有一千余人参加。”[②]关于第三次年会参会的人数,也有不同的记载,一说“参加全国图书馆学会年会的代表192人,列席代表20余人”[③],另说“到会150余人”[④],“到会会员及来宾百五十余人”[⑤],“出席两会男女会员、及中央各部代表与青市各界来宾三百余人”[⑥]。实际的中华图书馆协会会员名单总共是来自19个省市的121人[⑦](注:也有会员未注册,如刘国钧、杜定友、洪有丰等人)。因此,中华图书馆协会这边实际参会者大约为150人,人数较前两次较少,但与后面几次年会参会人数比起来,已算相当可观。

另博物馆协会这边称“到会来宾约百余人”[⑧]。开幕式时,因两会合并,到访嘉宾也多,“计到会者有沈市长、市府各局台

---

① 中华图书馆协会:《中华图书馆协会第十一年度报告》,载《中华图书馆协会会报》1936年第6期。

② 本报记者:《图书馆 博物馆定于七月间同时在青举行年会》,载《青岛时报》1936年6月9日。

③ 鲁海:《1936年的全国图书馆年会》,载《青岛晚报》2007年9月16日。

④ 陈源蒸、张树华、毕世栋编:《中国图书馆百年纪事(1840—2000)》,北京图书馆出版社2004年版,第68页。

⑤ 李文祷:《写在第三届年会之后》,载《中华图书馆协会会报》1936年第1期。

⑥ 记者:《图博两协会年会昨在青举行,山大礼堂一幕盛仪》,载《大公报》1936年7月21日。

⑦ 本报记者:《中华图书馆协会出席年会会员名单》,载《青岛时报》1936年7月20日。

⑧ 傅振伦:《旧中国博物馆协会忆往》,载《大自然》1981年第4期。

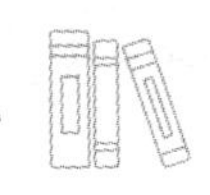

所长、胶路葛委员长，及各委员处长，叶总稽核，山大林校长，各机关团体代表、报馆通讯社记者，及该两会会员等，济济一堂，将近千人”①。第三次年会参会的知名学者众多。据称：“上世纪 30 年代，高等学校里，中文系、历史系大多开《目录学》，有的是必修课，有的是选修课，是图书馆学鼎盛时期，与会代表有许多著名学者，其中包括袁同礼、万斯年、沈兼士、邓衍林、严文郁、朱光潜、商如逵、金仲华、蹇先艾、王献唐、柳诒徵、李石曾、钱存训、毛坤、皮高品、李达……可谓名流云集，有些是国际知名学者。”②其时钱存训、邓衍林、蹇先艾等人都是年轻的学者、作家。除了以上人员，还有后来在大陆、台湾以及北美图书馆理论与实践方面做出积极贡献的诸多人员，那时他们正值青壮年，如：吴光清、沈宝环、梁思庄、孙心磐、钱亚新、喻友信、陈训慈等。

中华图书馆协会到会会员须缴纳年会会费 5 元，机关会员同。

2.会议议程

据该会的《联合年会日程》③，7 月 19 日为注册日。该日中午 12 时，举办了两会执委联席会议。下午 3 时，提案审查委员会分开进行。两会分开进行时，图书馆年会主要在科学馆大讲堂举行，博物馆年会在科学馆举行。

李文裿《写在第三届年会之后》一文，为我们详细地记录了该会的全部过程，大体如下：

---

① 本报记者：《图书博物馆协会联合年会昨日开幕，在山大礼堂举行典礼，各界要人参加致辞》，载《青岛时报》1936 年 7 月 20 日。

② 鲁海：《1936 年的全国图书馆年会》，载《青岛晚报》2007 年 9 月 16 日。

③ 时桂山辑：《1936 年图书馆年会资料集锦》，见山东省文化厅史志办公室、青岛市文化局史志办公室编《山东省文化艺术志资料汇编 第二十二辑 青岛市〈文化志〉资料专辑》1990 年版，第 408～428 页。

20日上午9时开幕典礼，会场在山东大学大礼堂。主席叶恭绰，司仪李文裿。青岛市市长沈鸿烈、山东大学校长林济青、青岛市教育局局长雷法章等致辞，马衡代表中华图书馆协会、中国博物馆协会联合年会致答词。下午2时，叶恭绰主席，沈鸿烈市长汇报《青岛市政各项建设》。然后分开讨论，田洪都主席，议决各案。关于一般者议案5项，关于人事者3项，关于经费者3项，关于购书者7项。晚6时半，青岛市政府宴请参会者于迎宾馆，馆舍华丽，在青岛市为第一。

21日上午8时，会场在科学馆大讲堂，严文郁主席。沈祖荣讲《公立图书馆在行政及事业上应有之联络》，陈训慈讲《天一阁之过去与现在》，侯鸿鉴讲《漫游青甘宁之感想》，皮高品讲《关于分类之几点意见》[①]。9时半，两会联合，主席为叶恭绰，李石曾讲《中西文化与国际图书之关系》。11时至12时，宣读论文，这些论文将在《图书馆学季刊》上发表。会后，两协会在科学馆前分别摄影。下午2时至4时，主席为沈祖荣，议决案有：关于图书馆教育者5项，关于民众教育者6项，关于推广事业者10项，其他提案4项，关于划一分类法6项，关于编印各种书目7项，关于目录排检及索引2项。下午4时至6时，两会合组讨论会，沈兼士为主席，讨论中国档案整理问题等。晚6时，山东大学校长林济青宴请全体参会代表于第三校舍。饭

---

① 博物馆协会这边的演讲是：刘节、庄尚严、胡肇椿等人分别作了题为《中国博物馆事业之前途》《在欧洲所见之中国古物》和《博物馆标签之改良》的学术报告。参会人员还有：上海市博物馆馆长胡肇椿、馆员郑师许，山东省立图书馆馆长王献唐，河南省博物馆馆长王幼侨，河北第一博物院院长严智开，天津美术馆馆长姚彤章，还有古物陈列所、西湖博物院、青岛科学馆、广西博物馆、中国国民党党史史料陈列馆的代表及专家、学者。见刘书龙《在青召开的中博协会第一次年会》，载《青岛晚报》2007年9月30日。另称博物馆这边的演讲还有：王幼侨讲《博物馆与民族复兴》，刘衍淮讲《考古学中之气候学上的问题》。见《图博两协会年会昨下午闭幕》，载《大公报》1936年7月23日。

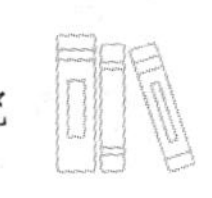

后仍讨论至午夜。

22日9时，地点为科学大讲堂，沈祖荣主席，讨论教育部交议各案7项。下午4时，袁同礼主席，提出报告，涉及：协助会员留学或进修；维持免费生办法；出版中英文刊物；汇报经常费情形；出席国际会议；美国图书馆专家来华视察事宜。另还有讨论执行委员会各议案等。下午4时，举行闭幕式。叶恭绰致闭会词，严文郁报告中华图书馆协会讨论经过，马衡报告中国博物馆协会讨论经过，袁同礼、沈祖荣报告教育部讨论经过。并临时议决两会下届年会仍联合举办，地点拟在西安、武汉、南京、北平等城市择一。

23日全体会员参观青岛市区建设，游览，6时，会员公宴回请青岛市政长官。24日，参观乡区建设，并游崂山。

(3)会议提案

李文裿《写在本届年会之前》曾提出“本届年会有‘注意实际问题之商讨，一班提案过于理想者不必提出，以期节省讨论时间’之声明”[①]。他还提出了其他三件需要注意的事项，即以民众图书馆事业为侧重，注重图书馆人才之培养，商讨翻印书籍事宜。因此其提案也主要围绕此标准进行。

《中国图书馆百年纪事(1840—2000)》一书记载：“重要提案有：(1)划一图书馆分类法案……(2)呈请教育部筹备经费补助协会负责编印全国图书馆藏书联合目录。(3)本会编印出版月刊，并每年编印中国图书馆年鉴……(4)协会编印中文编目基本参考书目。(5)索引检字统一。(6)请教育部明令各级学校增设图书馆常识或专门图书馆课程。(7)请教育部在部内设立图书馆设计委员会或专员。(8)各省立图书馆担任编辑各该区内关于清代之著述交由协会汇为目录。(9)请中央设法于庚

① 李文裿：《写在本届年会之前》，载《中华图书馆协会会报》1936年第6期。

子赔款中陆续拨款100万元以建设中央档案库。同时，通过临时提案，改执行委员会为理事会，监察委员会为监事会。”①这些提案均系从众多提案中择要列出的。

《青岛时报》自7月21日、22日、23日，将每日议案进行汇录，以求宣传②。《大公报》7月24日也有详载。每件提案，都有主旨，案后附有所提议的单位或个人。图书馆年会这边共收到提案80余件，博物馆年会这边收到提案35件。讨论的结果有：通过；照修正案通过；并入某案通过；交教部讨论；不讨论；撤销等。在这次年会上，还讨论了国内各学术团体提议在首都建筑联合会所的议案，联合会所建筑费每间800元，中华图书馆协会拟承担其中的2间建筑费计1600元。但多数提案，因后面爆发了全面抗日战争，多付诸东流，殊为可惜。

二、会议出版物

（一）Libraries in China

为纪念中华图书馆协会成立十周年，中华图书馆协会特意编纂了 *Libraries in China：Papers prepared on the occasion of the 10th anniversary of the Library Association of China*（《中国图书馆：中国图书馆协会十周年纪念论文集》）这一英文出版物，以向国际介绍中国的图书馆事业。虽第三次年会延迟一年至1936年举行，但该论文集于1935年按时出版。该文集收录了多篇论文，其中有吴光清（Wu.K.T）的“Ten Years of Classification and Cataloging in China”（《中国分类编目十年之

① 陈源蒸、张树华、毕世栋编：《中国图书馆百年纪事（1840—2000）》，北京图书馆出版社2004年版，第68页。

② 时桂山辑：《1936年图书馆年会资料集锦》，见山东省文化厅史志办公室、青岛市文化局史志办公室编《山东省文化艺术志资料汇编 第二十二辑 青岛市〈文化志〉资料专辑》1990年版，第408～428页。

进展》)“A History of Chinese Libraries”(《中国图书馆史》)、裘开明(A. K’ai-ming Ch’ou)“Modern Library Movement in China”(《中国的现代图书馆运动》)、沈祖荣(Samuel Tsu-jung Seng)“Professional Training of Librarianship in China”(《中国的图书馆学职业教育》)、查修(Lincoln H. Cha)“Library Legislation in China”(《中国图书馆立法》)、严文郁(Wen-yu Yen)“Cooperation between Chinese Libraries”(《中国图书馆馆际合作》)、蒋复璁(Chiang Fu-Tsung)“National Libraries in China”(《中国的国立图书馆》)、柳诒徵(Liu I-Cheng)“The Provincial Libraries in China”(《中国的省立图书馆》)、“Julie Rummelhoff Tai Medical Libraries in China”(《中国朱莉鲁梅尔霍夫台医学图书馆》)、杜定友(Ding U Doo)“Public Libraries and Adult Education in China”(《中国的公共图书馆成人教育》)。

这些作者都是国内知名的图书馆学者和馆长,具有良好的英文著述能力,他们的总结也较为全面,从内容上看,这些文章全方位地向西方展示了中华图书馆协会成立十年来中国图书馆事业的发展成就。该文集编订完成后,“出版后曾寄国外各学术机关,颇得好评,现本会复托国内外大书店代售藉广宣传,关于中文论文数篇,已改在《图书馆季刊》发表,其余尚有未交卷者,经本会函促赓续执笔,以便再版时增补俾成完璧”①。印制该论文集所费 322 元,占 1935 年中华图书馆协会出版费②(总计 1834 元)的 17.6%。

① 中华图书馆协会:《中华图书馆协会第十一年度报告》,载《中华图书馆协会会报》1936 年第 6 期。

② 中华图书馆协会:《中华图书馆协会收支对照表(二十四年七月——二十五年六月)》,载《中华图书馆协会会报》1936 年第 6 期。

(二)《中华图书馆协会会报》所登载的论文

在1936年6月底以前，该会就要求所征集的论文(论文约5000字，摘要200—300字)送交北京大学图书馆严文郁处①。

《中华图书馆协会会报》不但全程报道了该次会议，还将相关报告做了全文登载。

1.《中华图书馆协会第三次年会图书馆教育委员会报告》②

该报告是沈祖荣所做。主要汇报了该委员会三年来之工作。在北平举行的第二次年会时，该会所提的提案：在北平设立图书馆学专科学校；在国立大学设图书馆学课程；各省设图书馆学讲习所；每年送2名会员至国内图书馆学校肄业，经费由教育部指拨；应注重语言。这5项中，只有在国立大学设立图书馆学课程与送2名会员至国内图书馆学校肄业完成较好，其他未能实现。该文着重对举办图书馆学讲习会的安排做了计划，对于今后本会之事业，该委员会也做了详细的设想。

2.《公立图书馆在行政上及事业上应有之联络》③

该文是沈祖荣在会上所做的报告，由李尚友记录。主要说明了图书馆界存在的各自为政、不通声气的问题，认为：就行政上言，全国的图书馆应该有整个的行政；就事业言，关于分类编目、采购、流通、馆员的技术与学识，都应该加强合作，力求发展；就馆员友谊方面言，希望图书馆员养成与人合作的精神。至于在行政上及事业上如何联络，一是要有一个中心机关，中华图书馆协会就是这样的机构；二是明晰各自的管辖范围，行

---

① 中华图书馆协会执行委员会：《敬启者》，载《中华图书馆协会会报》1936年第5期。

② 沈祖荣：《中华图书馆协会第三次年会图书馆教育委员会报告》，载《中华图书馆协会会报》1936年第2期。

③ 沈祖荣讲，李尚友记：《公立图书馆在行政上及事业上应有之联络》，载《中华图书馆协会会报》1936年第3期。

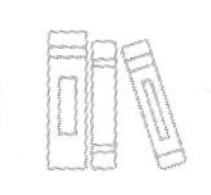

政归属和业务指导应有两条线；三是给予补助，各机关应给予一定之补助，并规定自筹之比例。总体而言，希望图书馆学界达到“多方合作”的理想状况。

这些会议的出版物既是中华图书馆协会成立10年来对中国图书馆事业的最好总结，也揭示了当时图书馆事业发展所遭遇的困境与问题，是进行图书馆学历史研究的重要参考。如从组织管理层面看，行政和业务双线管理已是常规，可见沈祖荣当时的高瞻远瞩。《图书馆学季刊》还发表有部分会议论文，不再赘述。

三、本次年会的特点

（一）两会合办

中华图书馆协会与中国博物馆协会有着很深的历史渊源。1935年9月中国博物馆协会在北平景山绮望楼举行了成立大会，时任国立北平图书馆馆长兼故宫博物院图书馆馆长的袁同礼大力支持。而此前的筹备工作也是由国立北平图书馆完成的，成立后两会又联合举办了这次年会。之所以合办年会，两会认为：“……惟事业之推进则不能不有赖于司其事者之集思广益、通力合作，此组织中华图书馆协会及中国博物馆协会之旨趣也。两会成立以来，规模各具，但今后设施尚有待于群策群力，互相惕励，冀以嘤鸣之诚，收切磋之益。”①叶恭绰在开幕式中也声明两会联合举办的意义：“在目前新建设的时期，这两种事业的地位如此重要而实际情况则如此落后，所以从此如何设法促进这两种事业，实是大家应负的责任，两会需要互相研

① 《中华图书馆协会、中国博物馆协会联合年会指南启》，载《中华图书馆协会会报》1936年第6期。

究促进的地方很多……”①

故宫博物院创始人李石曾(也是中华图书馆协会会员)在这次年会上还以“图书是文字的博物,博物是实物的图书”为主题说明了图书馆与博物馆的关系。在会前,两会印发了《中华图书馆协会 中国博物馆协会联合年会指南启》,还在1936年7月21日的《青岛时报》上登发了《对于中华图书馆协会、中国博物馆协会联合年会的希望》,再度申说:“两个协会虽各有其特殊的使命,但在注重专门学术之提倡,辅助国民教育之普及,并谋各馆间之协助与合作,宗旨则一。当共同策励!并愿政府与社会,时锡匡助,以期促进图书馆及博物馆事业,普及于民众,提高其标准……牖进民智,充实国力,以复兴民族文化与国运……以尽其推进学术文化最大之努力……”②在这次会议上,还仿照“圕”代表图书馆的办法,通过了用“𡈼”为博物馆的缩写字的提议。

中华图书馆协会与中国博物馆协会的渊源还体现在专业建制上。1941年创办的国立社会教育学院图书博物馆学系是我国第一所国立本科制图书馆学系,“旨在培养造就图书馆博物馆高级人员。当时,图书博物馆专业在国内大学及专科学校多设科办理,其有学系之设立,以社会教育学院为开端”③。该系开设了图书馆学、博物馆学两个专业,我国图书馆学家、教育家汪长炳担任系主任,培育了100余名高级人才。1942年,该校还创办了《图书馆与社会》的季刊,并于1944年出版了“图书博物馆学专号”。当时,一人兼为两会会员的现象也比较普遍。

---

① 本报记者:《图书博物馆协会联合年会昨日开幕,在山大礼堂举行典礼,各界要人参加致辞》,载《青岛时报》1936年7月20日。

② 傅振伦:《旧中国博物馆协会忆往》,载《大自然》1981年第4期。

③ 彭飞:《国立社会教育学院图书博物馆学系简史》,载《大学图书馆学报》2007年第3期。

惜乎后来在学科建制上，二者愈行愈远。窃以为“图博档”比“图情档”关系更为密切，现在的“公共文化服务体系”中，图书馆与博物馆也是其中重要的组成部分。历史上也出现了多个精通“三馆之学”——图书馆、博物馆、档案馆学的学者，如傅振伦、汪长炳等。

（二）会议与展览、游览同时进行

在该次会议上，还举办了图书博物联合展览。中华图书馆协会举办的是“图书馆用品展览会”，主要由国立北平图书馆负责，展览地为青岛市博物馆(筹备)。展览会于年会后的 7 月 25 日举行，会期定为 7 日。开幕式上袁同礼报告筹备经过，青岛市市长沈鸿烈致辞，阐述保存古物、发扬中国文化之重要①。展览的陈列物品有三大类：第一图书类，第二博物类，第三为参加伦敦艺展中中国古物流落在外之照片②。这种形式一直沿袭到现在，例如 2015 年中国图书馆年会——中国图书馆学会年会·中国图书馆展览会于 12 月 15 日至 18 日在广东省广州市举办，展览部分计有 5 个展览，分别是：迈向权利保障时代——广州地区公共图书馆事业发展图片展、千年古城的根和魂——《广州大典》展、广州地区公共图书馆儿童与青少年阅读推广案例成果展、2015 年中国图书馆榜样人物和最美基层图书馆展、世界图书馆建筑图片展。其中，“世界图书馆建筑图片展”又分为：天堂模样——国内外代表性图书馆、美丽书籍——广州图书馆、阅读城市——德国图书馆建筑 3 个展览。这些展览异彩纷呈，给参会者与参观者带来了视觉与知识的盛宴。而 2016 年中国图书馆学年会——中国图书馆学会年会·中国图

---

① 记者：《图博联合展览昨在青岛开幕，会期定为七日》，载《大公报》1936 年 7 月 26 日。

② 记者：《图书博物展览会在青岛时开幕之盛况》，载《大公报》1936 年 7 月 27 日。

书馆展览会于2016年10月26日至27日在安徽铜陵举行，国家古籍保护中心也举办了“我与中华古籍”创客大赛展览。

游览通常也是会议的附属项目，如第二届在清华大学举办的年会就设有游览活动，游览地为玉泉山颐和园、故宫博物院和古物陈列所历史博物馆。本次会议原定的“三日会议，两日游览”，计会后除了既定的青岛市区和崂山游览，会员还可报名参加济南、邹平、泰山、曲阜等地的游览，分组进行。

（三）会议和培训相辅相成

自1920年8月2日至20日，北京高师首次举办图书馆讲习班以来，图书馆界举办图书馆讲习班、暑期学校较为多见。本届年会闭幕后，也设一民众图书馆学讲习会，授课三星期。推定陈训慈到各处视察民众教育状况，以调查结果为参考。沈祖荣、刘国钧、严文郁、吴光清、莫余敏卿为讲习会委员会委员，拟具具体计划。讲习会自7月27日起，到8月15日止结束。非会员如临时参加，可现场加入该会，缴纳会费，即可享受会员同等待遇。会议期间，伙食自备，另缴杂费及讲义费3元①。借召开年会之机，举办讲习会，可获相得益彰之效，能够极大地促进当地图书馆员工的专业素养和服务水平的提升。

（四）接受募捐

民国期间，图书馆经费短缺，有赖于各机构和个人的捐赠。中华图书馆协会一直鼓励社会各种捐赠，1934年还订有《中华图书馆协会募集资金办法》②，并多次发布《中华图书馆协会募集资金启》，及时将获赠的金额与捐赠人名单向社会公布。这

---

① 中华图书馆协会：《第三次年会之筹备》，载《中华图书馆协会会报》1936年第6期。

② 中华图书馆协会：《中华图书馆协会募集基金办法》，载《中华图书馆协会会报》1934年第4期。

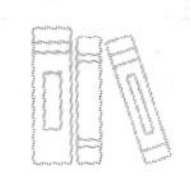

次年会接受了王文山先生捐赠的其著作《市公共事业与市政》50 本，所售书款将用来充季刊编辑费用。王文山是中华图书馆协会募集基金委员会委员之一，并是基金保管委员会委员，在任职清华大学图书馆主任时，协调了中华图书馆协会第二届年会的组织工作，担任“图书馆经费组”主席。在这次年会中也担任图书馆教育组的副主任，并积极捐赠，贡献突出。这次年会还组织了“圕协会建筑会所捐款委员会，委员人选国立省立市立圕馆长执行，并委员会监察委员会全体委员及各地方圕协会主席”①。

四、会议的影响

参与此次会议的名流俊彦众多，我们不妨从他们的事后追忆中考见出该会议的深远影响：

(一)“北刘”“南杜”带领下“西钱”的成长——钱存训的回忆

钱存训在其《留美杂忆——六十年来美国生活的回顾》一书中对该次会议有所提及，该书还保留有一张珍贵的照片，题为“作者(左)与杜定友(右)及刘国钧同车去青岛参加会议(一九三六年)”②(国家图书馆出版社 2013 年版《钱存训文集》中也收入该图片，但时间错题写为 1932 年)。关于此会，钱存训 2007 年 9 月 25 日在回复学人欧七斤的信中称：“我与杜定友乘车先到南京，会同刘国钧一同乘坐津浦铁路，再从济南转车青岛，参加在那里举行的第三届中华图书馆协会。”③本次会员参

---

① 康鉴英：《出席中华图书馆协会第三届年会报告(接上期)》，载《工读半月刊》1936，具体刊期不详。

② 钱存训：《留美杂忆——六十年来美国生活的回顾》，黄山书社 2008 年版，第 12 页。

③ 欧七斤：《钱存训与交通大学图书馆》，新世纪图书馆 2010 年第 3 期。

会名单中，记录着钱存训的参会身份是上海市“交通大学图书馆参考部主任”①。

中华图书馆协会在清华大学举办的第二次年会，有杜定友、何日章、刘国钧、李燕亭、刘纯甫、钱存训、吴子平联名提请的“请协会建议行政院及教育部指拨棉麦借款一部于首都设立中央图书馆专门学校案”②。第三次年会，钱存训时任上海交通大学馆职，已在身为馆长的杜定友治下工作 5 年，1936 年与钱亚新等人一起为杜定友编纂《杜氏丛著书目》。其时，杜定友已受中山大学图书馆之聘，几月后，钱存训也离开上海交通大学图书馆，转任国立北平图书馆南京参考图书馆职。这一次的会议，可视为杜、钱二人离别前的聚会。刘国钧曾是钱存训在金陵大学的老师，其讲授的《中国书史》课程对钱存训后期的学术道路影响至巨。巧合的是，刘、杜、钱三人同车前往青岛参加这次会议。日后钱存训在西方汉学界和图书馆学界享有盛誉，笔者不免揣想，正是中国后来被誉为“北刘”“南杜”的刘国钧和杜定友培育了日后的“西钱”——钱存训！一位给了钱存训深刻的学术影响，使其选择了书史、印刷史的学术道路，一位培养了钱存训高度的职业认同感，使钱存训以图书馆事业为终身志业。钱存训日后的学术成就，从这次会议似已早见端倪。这是青年钱存训参加的一次全国性的会议，意义深远。

王子舟的《杜定友和中国图书馆学》中的附录《杜定友年谱初编》中记载：“7 月 18 日，杜定友抵广州。24 日，到中大图书馆任职视事。”③可见杜定友没有参加后两日的游览活动，很快

---

① 本报记者：《中华图书馆协会出席年会会员名单》，载《青岛时报》1936 年 7 月 20 日。

② 王子舟：《杜定友和中国图书馆学》，北京图书馆出版社 2002 年版，第 244 页。

③ 王子舟：《杜定友和中国图书馆学》，北京图书馆出版社 2002 年版，第 247 页。

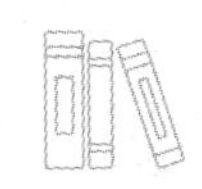

赶回了工作岗位，其为图书馆事业献身的精神可见一斑。

钱存训积极参加中华图书馆协会活动，《中华图书馆协会会报》还记录了钱存训缴二十七年度会费2元[①]。

(二)播下图书馆学的种子——沈宝环的回忆

被誉为“中国图书馆学教育之父”的沈祖荣不但在这次年会上承担了重要工作并发表主旨演讲，他还携带了他的一双儿女——沈宝环和沈培凤参加了该次会议。二人注册的单位是“文华公书林”。沈宝环在多年以后，追忆了此次会议。他说：“我第一次航海是随着先父祖荣先生和家人从上海乘着海轮到青岛，父亲是出席民国二十五年的中华图书馆协会的年会，他是主席团的一员，我的任务是替他提皮包，但是也见识了过去在大陆时期图书馆事业的各种活动，也看到了当时图书馆的大牌学人，如袁同礼、杜定友、刘国钧、洪有丰和现在仍然长青不老的严文郁先生，其他出身文华校友，如田洪都、汪长炳、徐家麟、毛坤、皮高品等图书馆界重要人物都在场自不待言，也无法一一列举，能有机缘结识这些对我国图书馆事业领导阶层是我独有的宝贵经验。这次年会一团和气，到了三十三年在重庆举行年会时，因为图书馆哲学的不同，导致学会分裂，这些经过我曾在严文郁教授的大作《中国图书馆发展史》沈序中略为说明。”[②]其时，沈宝环仅为16岁，并无意从事图书馆职业，但参加这次会议给他留下了深刻的印象，“结识这些对我国图书馆事业领导阶层是我独有的宝贵经验”，为其日后从事图书馆事业、成为台湾“图书馆学界巨擘”留下了伏笔。此后，他积极主张：“另外我觉得我们同仁应加入专业组织，作为图书馆学会之会员，在美国要任职图书馆专业管理员，就一定加入美国图书

---

① 中华图书馆协会：《会费》，载《中华图书馆协会会报》1939年第6期。

② 沈宝环：《在“图书馆哲学”的竹篱外徘徊》，载《图书馆论坛》1996年第1期。

馆学会成为会员。如不加入，便是一种耻辱，让人看不起。所以我们与专业组织，不要脱离关系，并希望各位青年才俊，多多参与，这样图书馆事业才会有前途，除了参加专业组织外，报多参加学术讲习以充实自己，将来有机会亦可出国研究，甚至深造等。”[①]这与其早期的这次参会经历是不无关系的。

沈宝环所提的“学会分裂”，是在 1944 年 5 月 5 日举行的第 6 次年会上。这次年会参会的会员共计 69 人，人数非常之少。第 5 次年会未能参加的袁同礼先生参加了本次会议。会议讨论并修改了协会组织大纲，在第 5 次年会上所争议的协会事务所归属地问题，在这次会议上得以确定为当时的国都所在地南京，并重新选举了以蒋复璁为首的 30 余名理事和以袁同礼为首的 18 名监事。协会事务所易地后，此后到 1949 年，未再举办全国性的年会。

(三)难以忘怀的学术之旅——邓衍林等人的追忆

邓衍林作为国立北平图书馆参考组职员也参加了这次会议。青岛知名文史专家、青岛市图书馆原馆长鲁海记述了邓衍林对这次会议的印象：“他知我来自青岛后盛赞青岛，并对 1936 年学术会议记忆犹新，还能描绘迎宾馆之美。”[②]

此外，还有一些其他学者对本次会议印象深刻。童世纲于 1935 年就写下了题为《年会之前》[③]的诗篇，用以表达他对这次年会关于“选购”“馆际合作”“统一分类编目法”等方面的热切希望。著名作家蹇先艾对由政府出面组织的崂山旅游留下了深刻印象。傅振伦参加了这次会议，并在《青岛日报》的联合年

---

① 沈宝环：《图书馆老兵的自述》，载《国立中央图书馆台湾分馆馆讯》1983 年第 12 期。

② 鲁海：《1936 年的全国图书馆年会》，载《青岛晚报》2007 年 9 月 16 日。

③ 童世纲：《年会之前》，载《中华图书馆协会会报》1935 年第 5 期。

会特刊上发表《现代中国应先事筹设的博物馆》的论文，在其晚年也撰有《旧中国博物馆协会忆往》①一文以为纪念。故宫博物院文献馆的方甦生也撰有《出席中国博物馆协会第一届年会日记》②以记录这次盛会。厦门市立图书馆馆长余超（字少文）亦撰写了专门的文章以纪念③。

五、结语

如前所述，民国期间中华图书馆协会总共组织了 6 次全国年会。继第三次全国年会后，抗日战争期间的后三次年会都在陪都重庆举行。第四次于 1938 年 11 月 27 至 30 日举行，第五次于 1942 年 2 月 8 日至 9 日举行，第六次于 1944 年 5 月 5 日至 6 日举行。如第四次年会，中华图书馆协会作为 12 个机构团体之一参与中国教育学术团体联合年会，主要参与 5 个分类组中第 3 组“社会教育、图书馆及电影”议案的讨论。从参与人数上看，“因时地之关系，大多居于四川，其中个人会员凡 61 名，代表机关会员 21 名，总计出席会员 82 名”④。与多个教育机构联合举办年会，虽有综合性优势，但因沦陷区的会员无法参加，会议议程减少，专业性被弱化，也就再无前几届年会的盛况。这也是学者普遍认为“年会的规模及质量大不如前，但仍然在一定程度上起到了沟通声气、联系同仁的作用”⑤的原因。

---

① 傅振伦：《旧中国博物馆协会忆往》，载《大自然》1981 年第 4 期。

② 方甦生：《出席中国博物馆协会第一届年会日记》，见国立北平故宫博物院文献馆编辑会编辑《文献论丛》，国立北平故宫博物院 1936 年版，第 365 页。

③ 余少文：《赴青岛出席中华图书馆协会第三次年会并参观各地方图书馆状况考察青岛济南上海的市政建设及游览崂山泰山历城曲阜诸名胜记》，载《厦门图书馆声》1936 年第 1/3 合期。

④ 中华图书馆协会：《本会第四次年会出席会员录》，载《中华图书馆协会会报》1939 年第 4 期。

⑤ 李彭元：《八年抗战中的中华图书馆协会》，载《图书馆论坛》2009 年第 5 期。

经过“新图书馆运动”(一般认为是从1917年至1936年)的发展,1936年正是到了一个总结、宣传、拓深的节点上。第三次中华图书馆协会年会集合了“天时地利人和”等条件,与中国博物馆协会勠力同心,将我国图书馆事业、博物馆事业推向一个高峰。有学者认为:“学术交流、研究和教育上的三馆会通,是近代文化资源整合的学术基础”“这次联合年会是近代图书馆、博物馆(含档案馆)界的最大盛会,促进了近代图书馆和博物馆界的联合”[①]。民国期间,图书馆事业比之博物馆事业,在诸多方面领先[②],中华图书馆协会在这次联合年会中发挥的作用相较而言更大一些。惜乎其后抗日战争全面爆发,我国遭受兵燹之厄,文教事业受到重创,第三次年会所定之图书馆、博物馆事业诸多议案(计百余案)多付之流水。尽管如此,该会所产生的深远影响力至今仍不能忽视,值得纪念。

---

① 梁继红:《近代中国文化资源整合的历史考察》,载《图书情报知识》2012年第5期。

② 中华图书馆协会建立于1925年,同年发行该会的会报,一直到1948年停刊;中国博物馆协会建立于1935年,随后也发行会报,但1937年3月发行到二卷四期即因战争停刊。从建馆的时间和规模上看,民国期间图书馆事业均领先于博物馆事业。

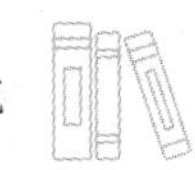

第五章 中西文化交流视野下的图书馆学人研究

第一节 辩章学术考镜忙

钱存训(1910—2015)是享誉海内外的书史、印刷史、图书馆专家,目前学界对其的生平、著述、贡献以及思想研究已较为多见。第二章中已对其代表作《书于竹帛》进行了探讨,现继续就其与目录学研究这一主题做一考察,以促进中西文化交流的研究。

一、钱存训对书目工作的早期认识和实践

(一)早期认识

钱存训求学金陵大学时,主修历史,副修图书馆学。在校期间修读过多门图书馆学课程,如刘国钧的"书史学"、李小缘和陈长伟等人所主讲的图书馆学类课程等。"目录学"也是其中一门重要课程,其课程介绍为"研究中西目录学原理及其范围,说明目录种类及实用目录之意义与编制法,辨别目录学与编目法之同异,目的在能运用原理而自行编制实用目录,参考

讨论及课外阅读，每周上课三小时，必修，三学分”[①]。钱存训在1931年《金陵大学文学院季刊》第1卷第2期上所发表第一篇学术论文——《图书馆与学术研究》[②]，据说就是1930年听刘国钧先生授课时所作[③]。其时先后师从刘国钧受“目录学”且日后在目录学方面造诣较深的还有曹慕樊(1912—1993)、程千帆(1913—2000)等人。钱存训在该文中不但表达了其对学术研究的看法，还对目录编制的相关问题做了阐述。

1.目录之作用——指示寻找材料之途径

在钱存训看来，“所谓学术研究，乃是搜集关于某一问题或某一事件之零碎事实，加以整理及解释，注重其原理与事实之学科的探讨，寻得其间之相当关系，使其事实贯串，成为一有系统之具体新产物，而有参考上之价值。此种散佚之事实，本无价值可言，若一旦加以整理解释，乃显然成为重要之资料。故学术研究有两点重要：(一)研究之结果乃系事实与原理；(二)以前未尝经人发现者”[④]。要达此目的，则需要进行资料之搜索，目录之作用则凸显出来了。钱存训还谈到，“利用目录可对于材料搜集上节省不少时间，目录之目录尤能指示寻找材料之途径”[⑤]。“材料搜集之第一步为编制目录，其意义在将图书馆中所有关于该题目之材料，均集中一处，依次排列，以便随时检

---

① 文学院院长室编：《私立金陵大学文学院概况 民国二十年至三十一年 第2号》，文学院院长室1930年版，第98页。

② 钱存训著，国家图书馆编：《钱存训文集 第3卷》，国家图书馆出版社2012年版。

③ 《北京图书馆同人文选》编委会编：《北京图书馆同人文选》，书目文献出版社1987年版，第165页。

④ 钱存训著，国家图书馆编：《钱存训文集 第3卷》，国家图书馆出版社2012年版，第5页。

⑤ 钱存训著，国家图书馆编：《钱存训文集 第3卷》，国家图书馆出版社2012年版，第7页。

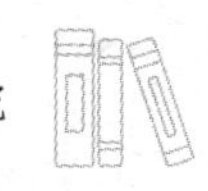

取参考，为研究之初步。”[①]这是其早期对目录的作用最直观的看法。

钱存训还提出，“学术研究之成绩与图书馆内容丰俭为正比，图书馆可供给丰富之材料，然后研究事业乃有丰富之收获”[②]。其最初所提之学术研究中的“图书馆方法”，包括图书编目法、图书选择法、图书分类法、图书参考法、出纳管理法等，均与目录有着不可分割的关系，这也形成了其对书目工作最基本的认识。

2.目录之种类及编制

钱存训对目录之种类及其利弊一一进行了分析：“目录之排列，通常有下列数种，或斟酌情形，合用两种或数种。(1)按书名或著者首字排列，其利在简单，其弊在未涉及目录之内容。(2)按出版时间或著作人之时代排列，以示一学科发展之程序，多用于历史的研究。(3)按照地理区域，依出版地或所用文字排列。此法多用于比较的研究。(4)按图书材料或文字体裁排列，如将专书、小册、杂志分列，或依诗、文、图书分别。(5)按书籍内容性质排列，此法常取某种分类法按其纲目排列。此法对于读者寻检材料颇为便利，如能附有著者或书名索引则更见完备。”[③]当然目录的分类标准不一，并非只有这几种。古代目录还多按是否有小序、解题等形式要件划分，钱存训所述这几种是从现代目录的分类标准着眼的。

3.评价目录之标准

对于所编目录之评价，钱存训也提出了他的评价标准：“故

① 钱存训著，国家图书馆编：《钱存训文集 第 3 卷》，国家图书馆出版社 2012 年版，第 9 页。

② 钱存训著，国家图书馆编：《钱存训文集 第 3 卷》，国家图书馆出版社 2012 年版，第 4～5 页。

③ 钱存训著，国家图书馆编：《钱存训文集 第 3 卷》，国家图书馆出版社 2012 年版，第 10 页。

一目录编成是否足供参考，应以四种标准为定：（一）正确，各项记载不能错误。（二）详细，关于本题目之范围不能遗漏，对于一书内容之记载尤应详尽。（三）一致，各项记载不得或详或简，前后互异。（四）条理，整个目录应分析清楚，排列有序。否则乖误迭见，遗漏更多，以之用为参考，定将影响于研究者所获得之成绩。”[①]这为评价目录提供了一个参照标准，也成了日后其编制目录的指南。

该文发表50余年后，有评论认为：“钱存训的文章是当年一个大学生的课程作业，但他对图书馆学术研究功能的论述经受了历史的考验，至今仍葆有很强的现实意义，足见作者远在青年时代，对图书馆学的研究已经颇具功力。”[②]我们也由此可知，钱存训在刘国钧等师长的指导下，通过对目录学课程的学习和训练，产生了基本的认识。

（二）早期目录索引编制实践

1932年，钱存训从金陵大学毕业后，被推荐到上海交通大学杜定友馆长治下服务，主管西文图书。他为交大图书馆编印了《西文图书编目规则》一册和《西文图书目录》五册[③]，继续应用其习得的目录学知识服务。在此期间，他所做的书目索引工作如下：

1.编制《东北事件之言论索引》

其早期编制的目录索引是1932年发表于《中华图书馆协会会报》的《东北事件之言论索引》[④]。该篇索引材料采用自

---

① 钱存训著，国家图书馆编：《钱存训文集 第3卷》，国家图书馆出版社2012年版，第10～11页。

② 《北京图书馆同人文选》编委会编：《北京图书馆同人文选》，书目文献出版社1987年版，序言。

③ 钱存训：《留美杂忆——六十年来美国生活的回顾》，黄山书社2008年版，第13页。

④ 钱存训：《东北事件之言论索引》，载《中华图书馆协会会报》1932年第5期。

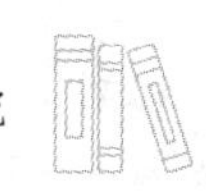

1931年9月18日至11月30日期间所出版之中文专书、小册、重要杂志及报纸39种，大纲分为中日关系剖析、东北事件纪述、国际情势观测、抗日救国方案四大类，每大类下再划分各子目，共收入324种论著。每款目中记入题目、著者及出处，以便检索，符号“：”代表“卷”。在此索引之后，编者在文后附注：“国人对于东北事件所发之言论极多，本篇所收材料有限，遗漏实多。编者当于相当时期后，收集以后材料，更加增订，以期完善。二十年十二月二十日金陵。”[①]其时“九一八事变”爆发甫3月，担任国立交通大学图书馆西文编目员的钱存训就已将“东北事件”之言论索引编出，体现了其特有的学术敏感和快速的应变能力，也使该索引成为日后研究东北问题的参考资料之一。大概由于后期事繁，其未再增补该索引。

2.参编《普通图书馆图书选目》

据潘铭燊所编的《钱存训教授著述目录》，可知钱存训与喻守真1935年合编出版有《普通图书馆图书选目》(中华书局)[②]。但笔者所查询的结果是该书目的编者为杜定友[③]。在向潘铭燊先生咨询后，其于2017年8月15日回复笔者的信件称，可能是职务作品，钱存训与喻守真在其中出力甚多，但署的是杜定友之名。这也在杜定友《六十退休》一文中找到了证据：“1936年与钱存训合编《普通圕图书选目》，凡340页，119000字。”[④]但此处时间记录应有误，应为1935年。

该目是指导县立图书馆、民众图书馆、通俗图书馆等普通

① 钱存训：《东北事件之言论索引》，载《中华图书馆协会会报》1932年第5期。

② 吴格编：《坐拥书城 勤耕不辍——钱存训先生的志业与著述》，国家图书馆出版社2013年版，第403页。

③ 杜定友：《普通圕图书选目》，见杜定友著，广东省立中山图书馆、中山大学图书馆编《杜定友文集 第六册》，广东教育出版社2012年版。

④ 杜定友遗稿，钱亚新、钱亮等整编：《六十退休(〈著书生活〉之六)》，载《图书馆学刊》1986年第1期。

图书馆购书的目录，如序中所言："我们要有一本经过比较详细选择而内容分配得当的图书目录，以供普通圕选购图书的参考。"编者从全国重要出版家书目、各图书馆书目及各类专门书目、四部要籍及新出版品中选出列中文书5000种，合价是5800元（折实约5000元）；更就其中选出次要者3000种，以星号为记，合价3600元（折实约3000元）；更就次要中选出最要者1000种，以双星号为记，合价1400元（折实约1000元）。所选之书，截止到1934年7月底，分别程度之高下，因此各图书馆可根据其财力按目选书。该目采用"杜氏图书分类法"分类，类目大纲列出，每一书籍均赋以一个详细的分类号码。每一条款目著录分类号码、书名、著者、出版处、丛书注、册数以及价格等信息。所选书之内容所占比例则考虑读者之需要而定，如文学一类占25%，自然科学与应用科学亦合占25%。书中还设有类目索引、书名索引、全国出版家指南，以备查考。虽然此书目也有不少瑕疵，浙江省立图书馆的陈豪楚在为该书目做书评指摘不少，但仍指出："然吾人仍信此书纵有若干缺点，要为今日极需要之作。各图书馆之选购图书，今仍多借报纸上之书坊广告为唯一之指导，而购置错误百出，毫无价值之读物者，则此书终为一比较忠实之选书标准也。"①这也是钱存训在杜定友先生指导下参编的第一部大型的书目。

3.主编《杜氏丛著书目》

1936年为庆贺杜定友四十初度（从业二十周年，以及杜太夫人六十寿诞，戏称"六四二"），钱存训等10余人为杜定友编制了《杜氏丛著书目》②一书，主编为钱存训。虽然部分索引著

① 陈豪楚：《[书评]普通图书馆图书选目》，载《浙江图书馆馆刊》1935年第4期。

② 钱存训主编：《杜氏丛著书目》，中国图书馆服务社1936年版。

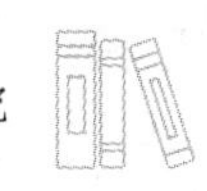

作误将之著录为钱亚新编，后承金戈（钱亚新）本人纠谬[①]，指出确为钱存训主编。该书前半部分有蔡元培先生题签，孙科、叶恭绰题词以及杜先生及友朋同人所撰写之22篇文章，共100页，后半部分为杜氏丛著书目，40页，还有 Lillian Thomson 所写的英文序文以及吴光清之《评杜氏图书分类法》（英文）。例言中说明：照杜氏图书分类法依次编并分为号码，以便索引；凡各种单行本均用大字排印，并注明出版年份、地点，以资识别；论文每条款目列出篇名、刊时、刊名、刊期、页数、字数；篇末附书名篇名索引，统照汉字形位法排列。该书目计收入中西图书36种，论文201篇。

该书中的“杜氏丛著书目”，为个人著述目录。钱存训所撰写《杜定友先生之著述》一文，就是依据后半部分之杜氏从著书目而作。该文对杜定友的著述从类别、种数、字数、书数、文数、页数等角度进行多方统计，从而客观评定杜定友先生的贡献及影响[②]。这也是钱存训较早在论文中使用文献计量方法，此种方法使研究结果较为直观，有很强的说服力。

1937—1947年，钱存训转职到国立北平图书馆南京、上海办事处。国立北平图书馆在馆长袁同礼的主持下，在目录编制上取得了突出的成就，这是学界所共知的史实。据全根先等人统计，该馆民国期间所编的目录学论著达339种（尚不包括其他个人学术著作），覆盖了多个领域，古今兼治，中西相融[③]。在该馆工作时，钱存训负责保管图书，担任英文《图书季刊》的

① 金戈：《〈图书馆学目录学书目索引〉评误》，载《宁夏图书馆通讯》1985年第3期。

② 钱存训著，国家图书馆编：《钱存训文集 第3卷》，国家图书馆出版社2012年版，第16～22页。

③ 全根先、陈荔京：《民国时期国家图书馆目录学论著编年》，载《国家图书馆学刊》2013年第3期。

编辑工作，还负责文献采购，曾经手购买《中国版画史图录》[①]等。虽此段时间未编制过书目，在这样的大学术背景下，其对同人的目录编制工作加深了了解。后其所编的《中国书目解题汇编》一书中也大量收入了国立北平图书馆员工所编制的书目。

二、钱存训的目录学教学与研究

（一）目录学之教学

1947 年钱存训赴美，在芝加哥大学整理图书馆藏书。自 1949 年起，兼任东方语文系教职，接替邓嗣禹（邓由芝加哥大学去往哈佛大学任教）讲授目录学和史学方法的课程[②]。华人前往外域，鉴于目录学对学术研究之大用，多讲授目录学之课程。如邓嗣禹在芝加哥大学讲授此课程，严文郁 1964—1971 年在俄亥俄州立大学中文系也讲授过该课程。据钱存训称，其"中国目录学"的授课方法是："'中国目录学'的内容分为三大部，第一部分为'通论'，包括目录学的定义、范围和功用，图书印刷史，版本名词和术语，使学生了解图书的历史与文献资源的基本知识。第二部分为'研究方法'，包括：采访、分类、编目、检字法、资料组织、目录编排、写作格式；以图书馆作业的步骤，应用于搜集资料以及写作论文的标准格式等实际知识。第三部分为'参考工具书'，包括：各类目录、书报索引，字典、辞典、丛书、类书等主要参考资料，以增进学生对一般工具书的知识与使用能力。"[③]笔者目前见到了钱存训 1977 年《中国目录学

---

① 北京图书馆业务研究委员会编：《北京图书馆馆史资料汇编（1909—1949）下》，书目文献出版社 1992 年版，第 897～898 页。

② 钱存训：《美国汉学家顾立雅教授》，载《文献》1997 年第 3 期。

③ 钱存训：《留美杂忆——六十年来美国生活的回顾》，黄山书社 2008 年版，第 74～75 页。

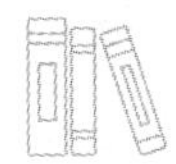

导论(通论)》(Introduction to Chinese Bibliography)的大纲散页,主要分两部分,第一部分为目录之历史和技术,第二部分为参考书与书目,每部分下各分十章阐述。虽结构有差异,但内容应较近似。

在课堂教授外,钱存训还让学生进行实习,如版本鉴定以《战国策》为题,考察历代版本。教学相长的结果是,钱存训不但为英文版的《战国策》写了书评①,还发表了一篇关于《战国策》的书评——《〈战国策〉析评》②。钱存训所讲的"中国目录学""中国史学方法"课程,因为运用目录和索引较多,对学生开展学习研究大有裨益,大多数的论文选题由此而产生,因此被列入远东系博士班的必修课程。其后图书馆学院也将这两门课程列入该学院课程。除此两门课程,钱存训还开设了"中国参考书概论""古籍选读"等课程。

1958年夏,钱存训担任夏威夷大学"亚洲研究暑期讲习班"教授,也讲授"现代中国文化史""东亚图书目录学"两门课程③。在教学和研究中,钱存训逐渐构建了自己对目录学的独特认知体系。

(二)目录学之研究

开展目录学之教学活动,还须有目录学研究作支撑,钱存训在教研活动中不断深化了其对目录学的应用能力。

1.目录学中计量方法的运用

钱存训在芝加哥大学工读期间,受到了时为芝加哥教师艾

---

① T.S.Tsien,"Review on Intrigues:Studies of the Chan-kuo Ts'e",*The Journal of Asian Studies*,no.25(1966):328-329.

② Tsien, Tsuen-Hsuin. "*Chan kuo ts'e*" *in Early Chinese texts: a bibliographical guide*, edited by Michael Loewe, 1-11. Berkeley: Society for the Study of Early China and Institute of East Asian Studies, University of California, 1993.

③ 钱孝文:《钱存训教授百岁年表》,见吴格编《坐拥书城 勤耕不辍——钱存训先生的志业与著述》,国家图书馆出版社2013年版,第1~18页。

西汉(Lester Asheim,1914—1997)的影响。艾西汉是美国著名图书馆学家,其于1953年撰写的《非审查,而是选择》(Not Censorship, But Selection)一文所提出的图书馆馆藏发展观点被誉为是与阮冈纳赞所提的"图书馆学五定律"一样深刻的图书馆职业理念。其时艾西汉所讲授的"大众传播""读物研究""内容分析"等课程,尤其是在指定参考书中,指导学生阅读英国学者休姆(E.W.Hulme)1924年的"统计目录学"(Statistical Bibliography in Relation to the Growth of Civilization),给钱存训以深刻启发,遂采用计量方法分析近代译书对中国现代化的影响。1952年,钱存训芝加哥大学硕士毕业,其论文为《译书对中国现代化的影响》(Western Impact on China through Translation: A Bibliography Study)。其硕士论文摘要后发表于《远东季刊》[①],后文还将对此展开论述。

2.中西目录分类思想之比较

1952年,钱存训发表首篇英文论文《中国图书分类史》(A History of Bibliographic Classification of China[②])。该论文是谢拉(Jesse H.Shera,1903—1980)讲授的《图书分类的理论与实践》的学季论文,撰于1948年,正式发表时有修改。该文回顾了中国分类法的缘起和发展、七分法、四分法、其他分类体系以及现代分类体系,指出了中国分类法的特征和问题,如无标记法、无法扩充等,并述及:"西方分类法的理论基础是十六世纪英国哲学家培根(Francis Bacon)所倡导的《三分法(Triad Classification)》,将人类知识分为哲学、历史和诗歌(Philosophy, History, Poesy)三大类;这和中国自三世纪晋代

---

① Tsuen-Hsuin Tsien, "Western impact on China through translation: a bibliography study", *Far East Quarterly* 14, no.3(1954): 305-329.

② Tsuen-Hsuin Tsien, "A history of bibliographic classification of China", *The Library Quarterly* 22, no.4(1952): 307-324.

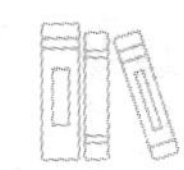

以来所采用的经、史、子、集，除中国特有的经部外，完全相同。他在哲理之下再细分为神道、自然、人文（Divine，Natural，Human）三项，这更和中国《易经》中天、地、人三才的说法完全相同。因为培根的著作中对中国的各种发明和事物多所征引，以此，我认为他的分类思想可能是受到中国文化的影响。"①这篇文章获得了谢拉的激赏，并得到他的推荐予以发表。这是钱存训从纵向历史的角度较为系统地探讨书目分类等问题，也是其横向运用中西比较之方法所取得的初步成果。

3.对华人所编目录的评价

(1)高度评价袁同礼的《中国留美同学博士论文目录》等书目

目录之最大的作用就在于提供一本"总账本"，可供查考。钱存训在国立北平图书馆的上司袁同礼馆长晚年在美国编制了十余种书目，树立了目录工作的典范，所编目录具有工具价值、线索价值和学术积累价值②。钱存训曾数次评价袁同礼的《中国留美同学博士论文目录》，并予以高度赞赏："袁先生所编辑的目录涵盖了1905—1960年间中国学生在美国所撰写2789份博士论文……其中列举了6份图书馆学的博士毕业论文，来自芝加哥大学的就有4个……这份目录是一份珍贵的中美文化交流和关系的记录。"③"袁先生的调查和著录，是中国现代史中一项最详细而最重要的记录。其中不仅可查到中国的风云人物当年在校时研究的专题，即使一些冷僻、传奇名士，翻查亦可得知其详。譬如美国的皮蛋博士，在国内久闻大名，却不

① 钱存训：《回忆在芝加哥大学工读的岁月》，载《图书馆杂志》2007年第1期。

② 潘梅：《袁同礼晚年的目录著作及其价值》，载《大学图书馆学报》2011年第4期。

③ Tsuen-Hsuin Tsien,"Book review: a guide to doctoral dissertation by Chinese students in America 1905-1960 by Tung-Li Yuan", *The Library Quarterly: Information, Community, Policy* 32, no.3(1962): 241-242.

悉其人，如检阅袁目，即可知道是芝加哥大学化学系王季茝所作《中国皮蛋及食用燕窝之化学分析》……袁先生对此种资料穷搜博访，著录详明，尤其对每一作者皆加注中文姓名及生卒年月，其功力实非他人所可及。”①

目录看似无用，但在检索关键问题时，则有大用。如胡适何时取得博士学位的问题，曾引起学界论争，就有赖于两份目录作为佐证材料。一份是哥伦比亚大学东亚图书馆馆长林顿先生所编的一本《哥伦比亚大学有关亚洲研究的博士硕士论文目录》，里面没有胡适的名字。另一份则是袁同礼这一份目录。袁同礼曾委托唐德刚查询，最后列出两个时间，“1917(1927)”②，为后人留下线索。后经学者考证，胡适获得博士学位有两个时间点：1917 年博士学位口试和 1927 年正式授予博士学位③。笔者也曾在做图书馆学家沈宝环的研究时，借此目录查到了沈宝环 1953 年的博士论文信息④。其他在美获得博士学位的著名学者，如蒋梦麟、金岳霖、朱士嘉、刘国钧等人之博士论文信息，均可在此目录中查到。钱存训也据此目录，断定自己是华人在芝加哥大学获得图书馆学博士学位的第四人(前有桂质柏、谭卓垣、吴光清)。

(2)推介彼得·波顿(Peter Berton)和吴文津等编的《当代中国：研究指南》

彼得·波顿和吴文津等编的《当代中国：研究指南》出版于 1967 年，包含 2300 条解题目录，收录大陆 1949 年、台湾 1945

---

① 钱存训：《留美杂忆——六十年来美国生活的回顾》，黄山书社 2008 年版，第 305～306 页。

② Tung-Li Yuan, *A guide to doctoral dissertation by Chinese students in America* 1905-1960(Washington, D.C.: Sino-American Cultural Society, 1961), 27.

③ 易竹贤：《胡适传》，湖北人民出版社 2005 年版，第 83～90 页。

④ Tung-Li Yuan, *A guide to doctoral dissertation by Chinese students in America* 1905-1960(Washington, D.C.: Sino-American Cultural Society, 1961), 49.

年后的文献，时间截止到1963年，偏重于社会和人文科学。钱存训对该目录进行了推介①，认为该书目是一份重要的参考资料，解题非常到位，也设有互见，书后还附有两个独立索引。其特点在于“全”(全面)、“精”(到位)、“便”(便利)，总体上看是一部精心组织的书目，也是从事当代中国研究不可或缺的工具。同时，钱存训也指出了其缺点，即主题索引的不完备和不系统——主题索引更多是从文献形式上着眼而不是将主题作为考察重点，并建议如果有一份详细的、分析性的、关联性强的索引将会使该书目使用起来更为便利。

通过开展目录学的教研活动，以及对相关目录论著的分析和研究，钱存训对目录学的作用产生了更为深刻的认识。其所负责的芝加哥大学图书馆也随时编印书目，供读者参考，如不定期的《新书目录》，1969年的《中文地方志目录》(收该馆所藏地方志1840种)，由其学生潘铭燊校补的《芝加哥大学中日文藏书书本目录》(1973年出版，1981年增补)以及1973年的善本特藏展览《远东书展目录》，1977年《远东期刊目录》(内收中日、朝鲜文和西语期刊5000种)和日文《池田文库目录》等②。除了这些工作目录，钱存训还产出了几份有代表性的目录学论著。

三、钱存训代表性的目录学论著

(一)《译书对中国现代化的影响》

1952年，钱存训获得硕士学位，其硕士论文《译书对中国现代化的影响》(Western Impact on China through Translation: A Bibliographical Study)即是学习“统计目录学”的产物。该文分8

---

① Tsuen-Hsuin Tsien, “Book review: contemporary China: a research guide by Peter Berton, Eugene Wu, Howard Koch”, *The Library Quarterly: Information, Community, Policy* 38, no.3(1968): 276-277.

② 钱存训:《东西文化交流论丛》，商务印书馆2009年版，第168页。

章，约10万字。这一研究成果是采用计量法搜集中外文目录中所记载的16—18世纪耶稣会教士的著作，19世纪基督教传教士的译述以及20世纪政府机构、各种团体和个人的译书，共约8000种，分析其原作的来源、类别、数量、动机以及影响，反映当时中国知识分子一般思想的趋势①。钱存训在该文中提出："中国学者对于目录学的观念，向来重视其中著录的内容。所谓'辨章学术，考镜源流'，实际是一种内容分析，这与现代所谓统计目录学的理论十分相似，即从分析书目的内容进而追溯文化的长成。"②该文之摘要首发于1954年的《远东季刊》，1974年中译文发表于香港的《明报月刊》，内地可见的是1986年发表于《文献》的文本③。

此文的资料也是钱存训在图书馆学术研究活动中悉心收集的，来源有：王韬所著的《泰西著述考》、韦利（Alexander Wylie）所著的《追思集》（*Memorials Protestant Missionaries to the Chinese*, Shanghai, 1867）、《全国总书目》、英文《图书季刊》以及其他西文目录和学术期刊等④。通过对这些书目的分析，借用计量方法，钱存训总结出译书的基本规律，并挑选代表性的译著进行内容分析，得出了较为令人信服的结论。这是他以英文写作和发表的第二篇学术论文，是一篇基于书目分析而成的学术成果，这为他以后编制其他书目奠定了坚实的基础。

（二）《中国书目解题汇编》

《中国书目解题汇编》（*China: An Annotated Bibliography*

① 钱存训：《回忆在芝加哥大学工读的岁月》，载《图书馆杂志》2007年第1期。

② 钱存训：《留美杂忆——六十年来美国生活的回顾》，黄山书社2008年版，第50～51页。

③ 钱存训著，戴文伯译：《近世译书对中国现代化的影响》，载《文献》1986年第2期。

④ 钱存训：《留美杂忆——六十年来美国生活的回顾》，黄山书社2008年版，第51～52页。

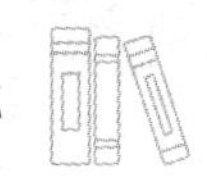

of Bibliographies)[①]出版于 1978 年。从该书目所汇总的状况看，在美国的汉学研究者非常注重书目之编制，如大名鼎鼎的费正清博士，此书可见他参与编制的书目著作就有 10 种。晚年的袁同礼在美国所从事的也是书目编制工作，该书目也汇集了其所编制的书目 14 种。与此同时，其他国家的书目解题汇编也有出版，如《泰国书目解题汇编》[②]等。可知为促进区域研究，在美国编制书目的学术风气较为浓厚。

1.《中国书目解题汇编》的编制缘起

该书目的编制据说是源于钱存训在芝加哥大学所开设的“中国书目和历史研究”课程中所编制的参考资料，是从钱存训的“中国参考书概论”讲义中分出[③]。1975—1976 年，选修该课程的学生将该书目的专科书目款目进行了更新，并给部分款目做了解题。1976 年起，在郑炯文的协助下，该书目得以大幅扩充。郑炯文借助芝加哥大学图书馆的资料，在原有的范围上增加了许多款目，并撰写解题，在细节上予以完善。钱存训做了最后的筛选、编辑和分类工作。但据笔者所见，该书目似最早可追溯到 1959 年纳恩·雷蒙德(G.Raymond Nunn)[④]与钱存训发表的《美国图书馆中的东亚资源》一文，该文罗列了涉及美

① Tsuen-hsuin Tsien and James K M Cheng, *China: An Annotated Bibliography of Bibliographies*(Boston:G.K.Hall & Co.,1978).

② Hart Donn Vorhis, *Thailand: an annotated bibliography of bibliographies* (DeKalb:Northern Illinois University,1977).

③ 钱存训:《留美杂忆——六十年来美国生活的回顾》,黄山书社 2008 年版,第 89 页。

④ G.Raymond Nunn(1918—2009),曾任密歇根大学亚洲图书馆馆长,美国夏威夷大学东西方研究中心的第一任馆长,后成为该中心主任,亚洲历史研究荣誉教授,曾任美国图书馆协会美国图书馆远东资料委员会(Committee on American Library Resources on the Far East,CALRFE)主席,曾编有 *South and Southeast Asia: A Bibliography of Bibliographies*(1966)、*East Asia: A Bibliography of Bibliographies* (1967)、*Asia: A Selected and Annotated Guide to Reference Works*(1970)、*Canada and Asia: A Guide to Archive and Manuscript Sources in Canada*(1998)等书目多种。

国和加拿大的14个东亚馆藏的59种目录和其他出版物①，这是钱存训较早参与和美国目录学家、汉学家合编的英文书目。

钱存训的十余位学生参与了《中国书目解题汇编》的专题子目的编制，做了文稿的打印和索引的准备工作。其中，马泰来进行了校订审阅，并提供了建议。在致谢②中，钱存训表达了对芝加哥大学远东图书馆、远东研究中心所有成员的感谢，并在扉页题写：献给芝加哥大学著名汉学家顾立雅夫妇(Lorraine and Herrlee G.Creel)。

2.《中国书目解题汇编》的编制方法

(1)书目的范围和选取标准

钱存训二人在该书中引用了王鸣盛"目录为学中第一紧要事"来说明目录的重要性。在他们看来，既然寻找有记录的文献是任何学习和研究开始的第一步，那么目录控制的需求则是显而易见的。而书目数量繁多，种类各异，价值不等，没有一个系统的指导工具，学生将难以打开知识的大门③。

该书目列举了2616种关于中国的目录性文献和资料，主要的语种涉及西方语言(含英语、法语、德语、俄语及其他欧洲国家的语言)、汉语和日语。所收款目有独立的著作、期刊和丛书中的书目、目录学论文、关于特定时期或领域的文献调查以及专著中的书目综合列表等，收录资料时间范围截至1977年，少量到1978年。

该书目选取的标准主要依据目录的参考价值，同时也考虑

---

① Nunn, G, "Raymond and Tsuen-Hsuin Tsien. Far Eastern resources in American libraries", *The library quarterly: information, community, policy* 29, no.1 (1959): 27-42.

② Tsuen-hsuin Tsien and James K M Cheng, *China: An Annotated Bibliography of Bibliographies* (Boston: G.K.Hall & Co., 1978): acknowledgments.

③ Tsuen-hsuin Tsien and James K M Cheng, *China: An Annotated Bibliography of Bibliographies* (Boston: G.K.Hall & Co., 1978): introduction.

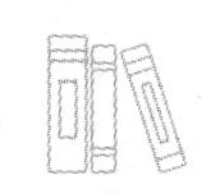

资料的可获取性。通常大部分时新的综合书目均被选入，部分年代久远的书目也在选择之列，是因为考虑到需要展现学科发展的历史状况。在语种选择上，西文文献是处于优先选择的地位，当没有足够的西文文献时，一些中文和日文资料也被替代性地选入，以更好地覆盖各学科种类。

(2)书目结构

本书目主要分为两大部分，第一部分为总类和特殊的书目，第二部分是专题书目。每一部分分为十章。第1—6章由总类书目构成，主要包括一般参考资料，汇编、选编和历史书目，期刊索引和图书馆目录。第7—10章是一些特殊书目。第11—20章包括根据主要的分类子项下的多种主题目录。郑恒雄曾将该书目的分类类目详细列译，并为每小类统计数目[①]，可参看。每一章按照语言、资料类型或主题以及文献大小和可获取的资料来划分，类目下子目和款目进一步按照主题和语言进行排列。一般而言，语言排列顺序是先西文，再中文，后日文。同一子目下的款目则主要按照编辑和出版的时间编年排列，不按时间先后排列的特殊情况是款目中有同一主题或同一作者的，这样通常会被放在一起。

每一条款目都有丰富的书目信息，包含作者、题名、版本、特征、页码，以及丛书编号。作者所处年代在1850年前的如果有具体时间则尽可能给出。相连款目的同一作者，为避文繁，用下横线表示，不再写出。一般作者在前，书名在后，也有书名在前，后用“Compiled(edited 或 translated 或 revised) by ×××”等形式。中文和日文的标题将给出音译、字符和翻译，中文用威妥玛氏拼音法，日文也用平假名，并进行一个简短的内容介绍或自由翻译。对于中文和日文标题，会写出汉字或日语，

① 郑恒雄:《中文参考资料》，台湾学生书局1982年版，第35～37页。

汉字部分由钱存训夫人许文锦题签，而日语部分则由 Yoko Kuki 书写。题写汉字的形式，类同袁同礼的《中国留美博士论文目录》，尽量考出华人作者的中文姓名。如果在原标题中有英文翻译，会直接打上双引号。所有的款目前都会标上数字序号，使款目具有唯一专指性，便于查找。每右页的右上角都会注明章节、子目、细目和该页的最后一个款目的序号，以便翻阅核查。如右上角标："V.D.a.386"①，即表示"第 V(5)章，D 类，a 小类，该页最后一条款目数是 386"。此外，为了便于检索，文后还附录了作者、题名、主题三种索引，极为方便。作者索引中，包含个人和机构名称，而主题索引中包括在标题和解题中出现的个人和地理名称，所有的主题索引均按字顺用互见注释进行了分析说明。这与钱存训对索引的认识有关，他曾在《对中国图书出版工作的几点建议》中提到，"不仅古籍需要索引，新书也应该附加索引，这是中国出版品中的一大缺陷"②。因此，在自己的著作中钱存训很注意编制索引。

(3)书目解题、互见和征引文献来源

本书目的一大特点就是属于解题目录。该书目除了少量款目不便核查或翻译已经非常明显的款目，几乎所有款目都有解题。解题一般包括简短介绍该书目的内容、构成、特点，是否有索引等，少部分还有对其价值的评价。如款目 22 邵瑞彭③编的《书目长编》的解题为："采用新分类法编制书目之书目之一，内有 1300 多个款目，分为 4 大类：贮藏、史乘、征存以及评

① Tsuen-hsuin Tsien and James K M Cheng, *China: An Annotated Bibliography of Bibliographies* (Boston: G.K.Hall & Co., 1978): 83.

② 钱存训著，国家图书馆编：《钱存训文集 第 3 卷》，国家图书馆出版社 2012 年版，第 24 页。

③ 本条书目漏掉第二作者阎树善。

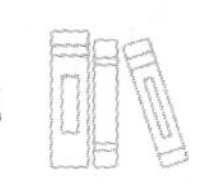

论，袁同礼曾在《北平图书馆月刊》1928 年 1 卷 1 期上有书评。"[①]第一次出现款目时会有较为详细的解题。部分款目直接引用他人的评价，再加编者对内容的简短介绍。

在该书目中，互见有类目互见和款目互见，用 Cf.(拉丁文"参见、参看"的缩略语)表示。在类目、子目和细目下一般会有解释性的说明或互见参考性的注释，以说明哪些入此，哪些参考其他类目等。款目互见时，第一次出现的款目解题会比较详细，第二次出现的款目解题则会相对简单或不再含解题内容。

除了少部分难以核查的，期刊和丛书中的书目和出处全部标出。该书目所引的中日文图书、期刊标题均按罗马拼音、字符、翻译以及出版事项等在文首排列，不确定的打上问号以存疑。

书末的附录部分，列举一些就近出版或遗漏的书目，部分附有解题。

3.《中国书目解题汇编》的学术反响

(1)简洁的重要参考资料

哈佛大学吴文津[②]认为对一本好书最直观的评价就是推荐购买，而钱存训此一书即属于此类，当属最为重要的参考工具书之一。在此之前，英文的中国研究参考书应用最为广泛的是邓嗣禹和毕乃德(Knight Biggerstaff)的《中国参考书目解题》(*An Annotated Bibliography of Selected Chinese Reference Works*)。该书初版于 1936 年，1971 年出了第 3 版，1974 年台北予以重印。而中文方面的参考书，则有何多源的《中文参考书指南》和邓衍林的《中文参考书举要》，但限于语

---

① Tsuen-hsuin Tsien and James K M Cheng, *China: An Annotated Bibliography of Bibliographies*(Boston:G.K.Hall & Co.,1978):5.

② Eugene W Wu, "Book review: China: an annotated bibliography of bibliographies",*The Journal of Asian Studies* 39,no.1(1979):159-160.

言，西方对此所知甚少。钱著有别于这三种参考书之处就在于它是书目的书目，并且没有包含这三种参考书所描述的其他参考书类型，如百科全书、年鉴、字典等。钱著最突出的特征或许是其所包含的书目选自期刊、丛书出版物和专著。其中期刊来源有147种中文期刊和105种日本期刊，这提供了很重要的文献线索，因为这些期刊在单一图书馆馆藏中很难被注意到。

关于该目的解题，吴文津认为是简洁的、编写良好的。大部分客观描写，带有少量的评价。由于该著篇幅较大，不难发现些许错误。如该著款目1421是Anne B Clark的《中国军事领导人书目选》(*Selected Bibliographies of Chinese Military Leaders*)，但Clark和Klein的《中国共产主义传记词典》(*Biographic Dictionary of Chinese Communism*)却未被收集在内，而前者似并不属于该目。款目244是P.K.Yu的《20世纪中国研究资料：CCRM出版物注释表》(*Research Materials on Twentieth-Century China: An Annotated List of CCRM Publications*)，该书出自于《中国研究资料中心简讯》(*The Newsletter of the Center for Chinese Research Materials*)，如果再进一步指出这一书目信息将更为有益。吴文津还就其自有的知识背景，提出应将日本的几种关于红卫兵报的书目书籍列入。尽管有这些忽略，但钱存训无疑是可以与高第(Cordier)、袁同礼等其他重要的汉学研究书目编制者同提并列的。

(2)严格选书的产物

书目的编制工作，正如词典编纂家约翰逊博士(Dr.Samuel Johnson)说的一样，是一种“无害的苦工”(harmless drudges)。但此种工作通常不被视为“研究”，然而又非常有益，助力学术研究颇多。

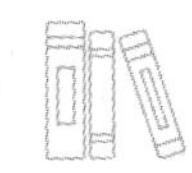

美国印第安大大学杰姆斯·M·哈格特(James M Hargett)[①]同样介绍了该书目的体例、内容和特点,并指出编辑目录最重要的因素是选择,例如通过剪裁和整合,选择最能有助于研究者工作的书籍。钱著制定了严格的选书标准,这些都是值得赞赏的。杰姆斯相信无论是专家还是业余的研究者都会对钱著这一有价值的参考工具表示欢迎,其所附录的索引——作者、题名和主题索引,对于传统汉学和当代研究者都大有帮助。该文的介绍较为简单,但肯定钱著之参考价值。

(3)留下补遗与增修的空间

美国旧金山州立大学的郑继宗于1980年也对该书以中文做了评介[②],首次发表于香港《开卷》1980年第6期。总体而言,郑继宗认为该编"各种皆备,中西兼顾",如该书与梁子涵先生的《中国历代书目总录》[③]并用,"则古今中外有关中国的书目虽不尽在其中,但所遗决不致太多矣","的确是从事中国研究的学人所不可或缺的宝典,此书对于中国研究方面的贡献虽非'绝后',至少算是'空前'了"。[④]

郑继宗对各章所含条数均做了详细的分类统计,并建议该书修订时补入《出版与研究》半月刊、张静庐的《中国近代及现代出版史料及补编》等11种文献,还对该书指出了较多的问题,如存在各章分类及每章英文名不够恰切、类名模糊、分类依据不明确、分类乱入、分类标准不一、文献失收、解题太简等问题,并提出建议,希望发行中文版或中英文对照版,并"年年有

---

① James M Margett, "Book review: China: an annotated bibliography of bibliographies", *World Literature Today* 54, no.1(1980):169.

② 郑继宗:《〈中国书目解题汇编〉评介》,见吴格编《坐拥书城 勤耕不辍——钱存训先生的志业与著述》,国家图书馆出版社2013年版,第375~381页。

③ 梁子涵:《中国历代书目总目》,"中华出版事业委员会"1953年版。

④ 郑继宗:《〈中国书目解题汇编〉评介》,见吴格编《坐拥书城 勤耕不辍——钱存训先生的志业与著述》,国家图书馆出版社2013年版,第375~381页。

补遗，数年有增修，使该书成为中外有关中国书目的总汇”。

(4)瑕不掩瑜的重要工具书

据笔者看来，该书目确存有不少问题。如部分款目前后不一致，如款目 233 和 282(与 1311 互见)的作者都是赵国钧，但款目 282 未标赵国钧之中文姓名。部分目录的华人编者未能标出其中文名，如王冀(Chi Wang)(款目 339 等)、杨联陞、裘开明、余秉权、周策纵、余英时、刘广京、吴文津、朱士嘉、刘修业、傅惜华等。部分题名标注不完全正确，如款目 1242 为王重民的《剑桥文献新录》，实为《记剑桥大学图书馆所藏太平天国文献》[①]，可见未能一一核对。这一点上看，似不如袁同礼的《中国留美同学博士论文目录》，袁目为找出作者的中文姓名付出了较多的心力。该书目部分文字也有印刷瑕疵，如款目 1858 中文题名倒错等。乔衍琯也曾道及：“本书所选，大体上很精审。唯版本项记载不够明确，尤其是重印本，仅有地方和年代，而不管底本如何。有些书目台湾地区有重印本而未注明。”[②]

总体而言，对该书目的评价，多从便捷查阅入手，评其为“收录最广”“详尽”[③]，并肯定其是很宝贵的工具书。但目录编制所费功力多，分类未安、文献失收、解题过于简单等问题也在所难免。词典研究者还常爱引用《英语词典》主编约翰森(Samuel Johnson，又译为约翰逊)的一段话来说明词典编纂之难：“追求十全十美，就像阿卡狄亚(Arcadia)的原始居民逐日一样，当他们追到似乎是太阳栖息的山顶时，却发现太阳依旧遥不可及。”[④]同样，书目著作不可能尽善尽美，但可以肯定的

---

① 王重民：《图书与图书馆论丛》，世界出版社 1949 年版，第 65～80 页。

② 乔衍琯：《书品——中国书目解题汇编》，载《图书与图书馆》1979 年第 1 期。

③ 郑恒雄：《中文参考资料》，台湾学生书局 1982 年，第 39 页。

④ 江蓝生：《学术自传：追回流失的岁月》，见中国社会科学院语言研究所《历史语言学研究》编辑部编《历史语言学研究 第六辑》，商务印书馆 2013 年版，第 373～386 页。

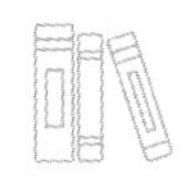

是，每一部书目著作都会提供一定的文献线索。这也是钱存训称该书为“成为研究中国问题的学者必需首先搜索的一部重要参考工具书”①的原因。

(三)中国印刷史系列书目

1.《中国印刷史简目》

此简目原系1972年钱存训在芝大讲授“中国印刷史”(曾是美国大学中唯一开设过的这一专题的课程)时，由其门生马泰来襄助编辑的参考书目。随时日陆续增补，为钱存训撰写李约瑟主编的《中国科学技术史》中的《纸和印刷》提供了重要的参考资料，并附录在该书英文本的参考文献中。其后继续增补至1989年底，并由张琏女士补录六十余条，张树栋先生补录三十条。该简目曾发表于《“国立中央图书馆”馆刊》1990年第1期，后又刊于《中国印刷》1992年第2、3期，并被收入《中国印刷年鉴》中②以及1993年的《中国印刷史史料选辑》第4册中。

该简目选择近人对中国印刷、刻书及其相关之版本目录学的著述约五百种，依性质分为十五类，其分类大纲如下：

> 一、通论：(1)专著(2)论文集(3)论文(4)书影、图录；二、发明、背景；三、唐代印刷；四、五代印刷；六、辽、金、西夏、元代印刷；七、明、清印刷；八、地方印刷；九、活字印刷；一〇、版画、年画；一一、套色印刷；一二、形制、装订；一三、传播、影响；一四、新发现古印刷品；一五、外文著述：(1)西文(2)日文(3)朝文

其中专著著录作者、书名、出版地、出版处及最初出版年代，论文记入刊物名称、卷期、年代及页数。每类之下，大致按

---

① 钱存训：《留美杂忆——六十年来美国生活的回顾》，黄山书社2008年版，第209页。

② 钱存训：《中国印刷史简目》，见中国印刷技术协会、中国印刷及设备器材工业协会编《中国印刷年鉴1993—1994》，印刷工业出版社1994年版，第313～323页。

相关专题及最初出版或发表之年代序列，可略窥各类专题著述之渊源及进展。专著重版或翻印以及论文转载者大都未收。选录范围以编者知见可供参考者为限，报纸及期刊论文不易查阅者亦多未收[①]。“通论”下细分四种，外文著述又分为三种。由此可知，该目录是一份知见目录，是辅助研究所用，并不以收全为直接目的。不设解题，确如其名，是为“简目”。

2.《中国印刷史简目》续编

为成系列之作，中国印刷科学技术研究所张树栋(1937—)接受钱存训委托，为其原刊之《中国印刷史简目》续写了1990—2001年部分，即成“续篇”。该续篇分3期在《中国印刷》2002年第5—7期上刊出，后收入《中国印刷年鉴2002》[②]中。续篇体例基本沿袭旧目，只标注经钱存训审阅、定稿，未标共收多少种著作。据笔者计数，共收入1990至2001年间384余种论著。原“十五、外文著述(1)西文(2)日文(3)朝文”部分空白，一种未收，可能是因续编者张树栋无法查得其他语种的文献所致，这是较为遗憾的地方。

3.《中国印刷史书目》

《中国印刷史书目》原附录在钱存训著、郑如斯编订的《中国书和印刷文化史》[③]中，后又整体收入《钱存训文集》第2卷[④]中。所收论著约1000种，原因在于后又经张树栋重加增订，并由潘铭燊、周原、威廉·艾斯伯(William Alspauph)、奥泉荣三

---

① 钱存训:《中国印刷史简目》，见中国印刷技术协会、中国印刷及设备器材工业协会编《中国印刷年鉴1993—1994》，印刷工业出版社1994年版，第313～323页。

② 张树栋、钱存训:《中国印刷史简目(续篇)》，见中国印刷及设备器材工业协会、中国印刷年鉴社编《中国印刷年鉴2002》，中国印刷年鉴社2002年版，第405～414页。

③ 《中国印刷史书目》，见钱存训著、郑如斯编订《中国纸和印刷文化史》，广西师范大学出版社2004年版，第367～422页。

④ 《中国印刷史书目》，见钱存训著、国家图书馆编《钱存训文集 第2卷》，国家图书馆出版社2012年版，第443～522页。

郎、曹炯镇等诸友好提供最近港台出版及外文项目，将截至2003年所见的资料约500种又加入。分类大纲由原来的十五大类改为五大类，具体如下：

一、印刷通论

1.专著 2.论文集 3.论文 4.书影·图录

二、历代印刷

1.发明·背景 2.唐代印刷 3.五代印刷 4.宋代印刷 5.辽·金·西夏·元代印刷 6.明·清印刷 7.近代印刷

三、印刷分论

1.地方印刷 2.活字印刷 3.版画·年画 4.彩色套印 5.形制、装订 6.传播·影响

四、古印刷品

1.新发现古印刷品报导 2.唐·五代实物 3.宋·辽·金印本 4.早期活字印刷品和版画 5.早期雕版及活字实物

五、外文著述

1.西文 2.日文 3.韩文

据此大纲可见，其体例得到较大的改动，由十五大类缩减为五大类，同时细目上划分更加详细。笔者认为该体例大类、细目上更为清晰，更有条理。第四大类“古印刷品”一项“系郑如斯教授所编订，将现存中国古代稀见印刷品实物以及新发现的早期活字印刷品和版画，加以介绍，使读者对现存稀见的古印刷品实物增加了解”。但目录形式还是照旧，没有加解题，也无小序。学界评价还不错，如有学者认为“非常珍贵”“该《书目》中就既搜罗研究中国印刷史的著作书目，也同样收入研究中国书籍史、出版史的著作书目，所收研究成果大致反映了近百年来中国书籍史、印刷史、出版史研究的情况”①。

---

① 张仲民：《出版与文化政治：晚清的“卫生”书籍研究》，上海书店出版社2009年版，第2页。

四、钱存训之目录学思想

由钱存训之书目论著看，其所编撰之目录含有无解题的简目，也有解题目录；既有个人著述目录，也有供选择的购书目录；既有论著之目录，也有书目之书目；有综合性目录，也有专门目录；还有知见目录。其目录编制先后受到了来自刘国钧、杜定友、袁同礼、艾西汉、休谟等中西图书馆学家、目录学家的影响，现试总结其目录学思想如下：

（一）目录是学术研究之万能钥匙

钱存训治学之重要特征，为目录学思维的全面渗透。在晚年，他曾总结其治学方法，谈到："必须阅读大量有关的参考资料""对于资料，凡与主题有关的著述，我都全部收集，再加选择，编成参考书目，以供阅读"。[①] 对于目录之利用，钱存训更是运用熟稔，经验独到，他说："利用目录是作任何研究的第一步。从选题、拟定大纲、搜集资料、写作，以至编制参考书目，都必须首先检查目录，确定前人有无做过相同或相近的著作，如此可以避免重复，并据以改定主题或调整范围。在拟定大纲时，目录可以提供相近的著述，丰富内容。至于搜集资料，更必须依靠各种目录的帮助，否则就无法求其完备。目录的利用，首先应该检查'目录之目录'，因为目录是治学的基础，研究的指南，对检查任何有关目录，当然要先求教于目录的提示，才不致有所偏失。……我的写作资料能够比较完备，充分利用目录，可能是一个主要的原因。"[②]这与其对目录之早期认识是分不开的，也可以说是其学术生涯中一以贯之的看法。如在其撰

① 钱存训：《留美杂忆——六十年来美国生活的回顾》，黄山书社 2008 年版，第 208 页。

② 钱存训：《留美杂忆——六十年来美国生活的回顾》，黄山书社 2008 年版，第 209 页。

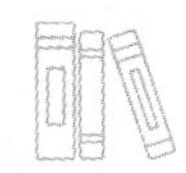

写《纸和印刷》时，曾油印了一份65页的大纲和书目资料，包括6个报告提纲和一系列中文、日文和西文书目[①]。后发展为收集和整理插图约二百幅，编制参考书目约二千条[②]。正是因为对目录之重视，1978年钱存训退休时在芝加哥大学东亚图书馆所设立的“钱存训图书基金”，即每年以专款购置目录学及善本图书。

(二)目录学应为图书馆工作者之必备素养

钱存训在《美国东亚图书馆员之教育》一文中曾谈到，东亚图书馆工作人员“需要很多特殊知识，例如书史、书业、印刷、出版、著录、索引、书目和工具书等。特别是在一个庞大的研究图书馆中，馆员常常需要解答有关目录、版本、校勘以及关于图书馆的各种内在外在问题。在这些问题上的无知或浅见，时常引致学术圈内对图书馆员的轻蔑。因此东亚图书馆学作为一门学问，不单要融合远东研究和图书馆学，还要在两者之外有更深的专精研究”[③]。在其1976年9月提交给美国学术团体协会东亚图书馆指导委员会的报告《东亚图书馆员工之学术培训：需求、问题和展望》中，同样提出要培养称职的图书馆员工需要从3个方面着手：一是对该地区语言和文化的胜任能力，二是接受过图书馆学的基本教育，三是对东亚目录学和图书馆学科的特殊知识……如果缺乏关于书、购书、印刷、出版、编目、索引、书目和参考工具书的基本知识就无法胜任东亚馆藏的日常管理工作。[④] 可见其对图书馆员目录学素养的重视。

---

① Tsuen-Hsuin Tsien, *History of Chinese paper and printing: outline and bibliography* (Chicago Graduate Library School, University of Chicago, 1977 Mimeographed ed.).(油印本)

② 钱存训:《留美杂忆——六十年来美国生活的回顾》，黄山书社2008年版，第85页。

③ 钱存训:《东西文化交流论丛》，商务印书馆2009年版，第145页。

④ Tsuen-Hsuin Tsien, *Training library personnel for East Asia studies: needs, problems and prospects* (University of Chicago, 1976 Mimeographed ed.).(油印本)

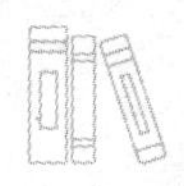

为了进一步培养东亚图书馆员相关的素养，芝加哥大学于1969年6月23日—8月1日举办了为期六周的远东图书馆人员讲习班(Institute for Far Eastern Librarianship)，包括三个主要科目，分别讲授中、日文图书的历史、图书管理以及参考书概要。参考书部分，涉及目录、工具书、原始文献、研究方法，该暑期班特编印中日参考书目各一册，各含参考书约1000种，其中只有甚少部分为参加者熟习。学习者应当熟悉该书目中的至少100种工具书，方能应付工作所需。[①] 该研修班的讲师有裘开明、吴光清、万惟英、吴文津等中外图书馆学、目录学专家15人，阵容可谓强大，可惜后来因经费问题未能续办。

(三)目录编制者应具有奉献精神

书目汇编之作本是"为人之学"，钱存训在推介《袁同礼中国考古艺术目录》中说："编制这样一个综合性的主题目录既需要语言能力、目录素养，也需要专业水平，很少学者能同时具备这样全面的才能，更少人愿意为他人受益而甘心奉献自己。"[②] 编制一份目录需积累多年，下不少苦功，钱存训在编制《中国书目解题汇编》之前，已有多种草案。如其中之一为《中国学研究参考资料指南》(草案)，即 *A Guide to reference and source materials for Chinese studies*(*Preliminary draft*)[③]，油印出版于1970年，共114页，并于1977年增订28页。在目录编制的要求上，钱存训主张从细从全，如其主张编制古籍联合目录，认为联合目录至少应该包括"善本"和"特藏"两大类，而著录方面，"譬如善本，不仅传统目录中的基本著录项目，如书名、著

---

① 钱存训：《东西文化交流论丛》，商务印书馆2009年版，第149页。

② Harrie Vanderstappen. T. L, *Yuan bibliography of western writings on Chinese art and archaeology*(London: Marshall, 1975): foreword.

③ Tsuen-Hsuin Tsien, *A guide to reference and source materials for Chinese studies*(*Preliminary draft*)(Chicago: Graduate Library School, University of Chicago, 1970 Supplement, 1977 Mimeographed).

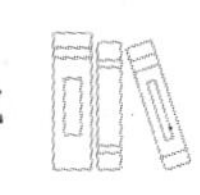

者、年代、行格、尺寸可以录入，即刊行者、刻工、刻印地点、字体、插图、纸张、装订、印鉴，以及过去和现在的存藏处所都可输入，分别制成索引，作出统计，一检即得”①。没有长期的学术积累，没有对学术的奉献精神，没有“成事于细、于细求实、于实求效”的工作风格，就难有高质量书目著作的产生。

在其倡导下，其学生多受其影响。马泰来编制了《林琴南所译小说书目》(1967 年)，卢秀菊参与编制了《芝加哥大学远东图书馆藏中文地方志目录》，谭黎宗慕编制《杜牧研究资料汇编》②，潘铭燊还编制了《近百年来各国汉学研究书目索引》(1975 年，油印本)、《钱存训教授的著述》等多种书目，郑炯文更是协助钱存训编著了《中国书目解题汇编》一书。正如许倬云所评：“六十年来，美国学术界的中国研究，发展迅速。在美国高等学府，将中国目录学融入西方图书馆学，钱先生正是这一代学者中的重要人物。”③与钱存训一样，裘开明、邓嗣禹、吴光清等华人目录学家也做出了不凡的贡献。

五、结语

1979 年，钱存训跟随美国图书馆访华代表团参观北京图书馆(今国家图书馆)时，特赠其珍藏的高士奇蓝格写本《江村书画目》给北京图书馆，作为其曾在该馆(前身为国立北平图书馆)工作十年的纪念。在为该书目所撰写的题记中，钱存训称：“其中书画大部皆评定真伪、等次以及当日售价，为研究书画鉴赏及美术经济的重要参考资料。”④着重强调的是该书目的艺

---

① 钱存训著，国家图书馆编：《钱存训文集 第 3 卷》，国家图书馆出版社 2012 年版，第 121～122 页。

② 谭黎宗慕编纂：《杜牧研究资料汇编》，艺文印书馆 1972 年版。

③ 钱存训：《留美杂忆——六十年来美国生活的回顾》，黄山书社 2008 年版，许倬云序。

④ 钱存训：《精写本〈江村书画目〉题记》，载《文献》2002 年第 3 期。

术和经济参考价值。正是其所具有的目录学素养，才能做出这样的学术判断，而将自己所珍藏多年的书目献出，也体现了其一片赤诚之心。

目录学在我国曾一度为显学。1939 年，何多源在《教育杂志》第 8 期上发表《论“目录学”及“参考书使用法”应列为大学一年级必修课程》一文，声援严文郁在 1938 年 11 月中国教育学术团体联合会上通过的《请教育部指定“目录学”及“参考书使用法”为大学一年级必修课程案》。近年来却有衰退之趋势，诸多高校已很少开设，或已非其必修课程。但目录学作为一种“治学之舟楫”一直未曾缺位。从钱存训之为学经历就可以看出来，目录学方法是其治学方法中的一个重要组成部分。在国家大力呼吁弘扬中华优秀传统文化的今天，重新提起目录学之教学和研究问题，或许值得我们更多地深思。

第二节　“图书馆界林语堂”

我国早期赴美留学的图书馆学人中，吴光清是在芝加哥大学获得图书馆学博士学位最早的学人之一，并在中美两国的图书馆事业中做出了积极的贡献。按钱存训对吴光清先生的介绍：“吴光清先生是中国学者以西文写作中国图书目录学的第一人，是中国早期取得图书馆学博士学位的少数学者之一，也是唯一曾在中美两国国家图书馆担任主要职务的人物。他学识渊博，思路严密，精通外文，在国际上宣扬中国文化，对西方学者了解中国学术、出版和图书馆发展的历史，贡献良多。”①

① 钱存训：《吴光清博士生平概要》，载《国家图书馆学刊》2005 年第 3 期。

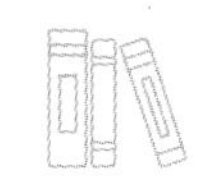

目前仅有王冀所写的一篇英文纪念文章《纪念吴光清先生》[①]、钱存训撰写的《吴光清博士生平概要》介绍其生平和贡献以及宫宏宇介绍吴光清所编的《中文音乐图书》[②],国内外对其人其学的研究尚不多见。本节拟补充其生平相关资料,修订其论著目录,并简析其博士论文,以丰富对其人其学的研究。

一、吴光清生平

(一)吴光清生平简介

吴光清(1905—2000),字子明,江西九江人。1923 年,吴光清就读金陵大学,主修教育与英文,同时选修图书馆学专业,曾与钱存训的大哥钱存典同学(钱存典在金陵大学主修政治,副修英文)。1927 年,吴光清毕业,获文学士学位,后担任了 3 年的中学教员。1930 年,吴光清获卡耐基基金(Carnegie Foundation)的资助,入美国哥伦比亚大学攻读图书馆学专业。1931 年获得学士学位后,又入读密歇根大学图书馆学系,并于 1932 年获得图书馆学硕士学位。1932 至 1938 年间,吴光清回国后先担任金陵女子大学的图书馆馆长 3 年,1935 年,受聘在国立北平图书馆担任编纂及编目部主任。1936 年 6 月 15 日,在第三次中华图书馆协会年会筹备会上,吴光清曾担任年会总委员会委员和分类编目组副主任(刘国钧为主任)。在该会上议决设一民众图书馆讲习会,由沈祖荣、刘国钧、严文郁、吴光清、莫余敏卿五人,组织一委员会,拟具计划。讲习会由 7 月 27 日起开课,8 月 15 日结束。[③] 在《中华图书馆协会会报》呈报政

---

① Chi Wang,"In Memoriam:K. T. Wu", *Journal of East Asian Libraries*, no. 124(2001):96.

② 宫宏宇:《美国国会图书馆所藏十九世纪以前的中国音乐图书》,载《音乐探索》2016 年第 1 期。

③ 《第三次年会之筹备》,载《中华图书馆协会会报》1936 年第 6 期。

府的报告中，吴光清仍是中华图书馆协会“理事15人，监事9人”中的一名监事①。1938年，吴光清又获洛克菲勒奖学金(Rockefeller Foundation)的资助，入美国国会图书馆东方部实习。时国会图书馆东方部主任恒慕义(Hummel, Arthur William, 1884—1975)聚集了一批中国学者开展研究，吴光清协助恒慕义进行图书采访和编目的工作。1941年，吴光清入芝加哥大学攻读博士学位，师从西方印刷史权威、图书馆学家巴特勒(Pierce Butler, 1886—1953)，完成题名为《初唐至明末的中国学术、图书与图书馆》[*Scholarship, Book Production, and Libraries in China*(618—1644)]的博士毕业论文。1944年，吴光清顺利获得图书馆学博士学位。

获取博士学位后，吴光清继续在美国国会图书馆工作。1945年，编定《中文图书分类法》②。1966年，吴光清接任埃德文·比尔(Edwin G.Beal)担任中、韩文部主任。1975年6月30日，吴光清退休，由王冀接任。吴光清为美国国会图书馆工作了38年，退休后被聘为该馆中国目录学荣誉顾问3年。其主要学术领域为图书馆史、印刷出版史、目录学等，在中美图书馆事业上以及促进海外汉学研究方面做出了突出的贡献。他被视为“著名的汉学家，对目录史和印刷史深有兴趣，也是善本书和地方志研究的权威”“2002年亚洲学会年会上将为他举行纪念会”③。

---

① 中华图书馆协会:《本会呈报中央党部会务进行概况》，载《中华图书馆协会会报》1938年第3期。

② 该分类法得到试用，超过10万册的中文图书采用该分类法编目排架，但1957年美国国会图书馆全部采用《美国国会图书馆分类法》而终止使用吴光清的分类法。

③ Chi Wang, “In Memoriam: K. T. Wu”, *Journal of East Asian Libraries*, no. 124(2001): 96.

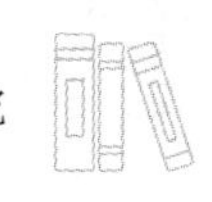

1949 年,吴光清与其第二任妻子[①]陈汝霖(Amy Wu.C)经钱存训与其妻许文锦撮合结婚。据 2008 年 1 月 28 日《华盛顿邮报》(*The Washington Post*)上的《陈汝霖讣告》(*Amy C.Wu. Notice*)可知:陈汝霖在美国联邦政府从事教育工作,于 2008 年 1 月 22 日去世,二人应该未留下子女。吴光清堂侄女为汉学家周策纵的妻子吴南华,其在美国国会图书馆的同事还有徐亮、曾培光、张君劢[②]等。

(二)吴光清生平事迹考补

1.参与平馆"善本运美"后的古籍接收与整理

1941 年,为保护北平图书馆的善本古籍,避免毁于日军战火,胡适找到美国国会图书馆麦克利什(Archibald Macleish,1892—1982)馆长,请求将国立北平图书馆善本古籍暂存于美国国会图书馆。在麦克利什馆长同意后,胡适找来王重民和吴光清商议,最后派王重民回国办理。当然此事还有很多细节,牵涉多个图书馆学人,最后由钱存训运送上船,运至美国[③]。吴光清在其中承担的工作,主要是"善本运美"后在美国国会图书馆的古籍检核和清点工作。

林世田、刘波通过研究国家图书馆藏吴光清于 1947 年 10 月 16 日致国立北平图书馆的信件和附件[④],说明了"善本运

---

① 据邓嗣禹 1944 年 7 月 6 日致胡适信函:"吴光清夫人吴女士闻在 O.W.I.作事,妖艳异常。光清得一博士,失一老婆。所谓'门外打一个茅山鸟,屋内换一只老鸡婆',令人啼笑皆非之叹,不知先生以为如何?"(邓嗣禹、彭靖:《家国万里:邓嗣禹的学术与人生》,上海人民出版社 2014 年版,第 191 页。)因此吴光清 1949 年与陈汝霖女士结婚应属再婚。

② 周策纵:《忆己怀人》,世界图书出版公司 2014 年版,第 55 页。

③ 见钱存训《留美杂忆——六十年来美国生活的回顾》之"善本运美"一节。

④ 信末有吴光清和另外两位国会图书馆工作人员的签名。据此函,当时供职于美国国会图书馆的吴光清等三人仔细检核国立北平图书馆的善本书并重新装箱,他们发现部分善本书有书而清单上没有目录,并强调这些书箱中没有美国国会图书馆的藏品。

美”时的善本检核与接收的问题。通过吴光清的信件和附录清单，还揭示了一个久被忽略的事件——1941 年，国立北平图书馆与美国国会图书馆曾经筹备合作举办一次中国古籍展览①。可见，吴光清参与了“善本运美”后的清点和检核工作，且因其细致的工作解决了 102 箱善本书中部分善本与清单不一致的疑难问题。这一问题曾使我国台湾地区相关人员在接收这批古籍时质疑涉事人对其中的善本做了手脚，林世田等人据吴光清此信件才得以澄清事实。

对于善本和古籍的界定，吴光清也有自己的标准。王冀称“根据北京图书馆的标准，也是根据吴光清博士制定、被各大中文图书馆广泛采用的标准，在清代（1644 年）以前制成的书籍都算为善本书，主要是宋元明三朝，之后的古书为古籍书”②。这是当时盛行的善本界定标准，不过随着时代的发展，这种界定也在发生变化，清代乾隆六十年（1795）以前的书也逐渐被视为善本书，但吴光清那时的观点是符合其时代特征的。

2.在美国国会图书馆的工作

在 1943 年 8 月 10 日陈鸿舜致裘开明的信中，他对吴光清在国会图书馆的工作有所揭示，陈鸿舜道：“国会中文图书馆先后共有三种分类法，同类书籍至今仍分列三处。吴光清先生不拟再编新分类法，只就最后分类法斟酌应用目录。（中日文）排列概用笔画，既无拼音又无分类，纷杂情形与哥大相伯仲。王重民先生负责善本书籍专著提要，兼管善本照相，杜联喆女士继续清代传记校对。吴君杂事太多，大人物买一古书，即电召伊到私邸鉴定。上月并北至某省代编某大人物私藏汉画目录，

---

① 林世田、刘波：《关于国立北平图书馆运美迁台善本古籍的几个问题》，载《文献》2013 年第 4 期。

② ［美］王冀：《我在国会图书馆的岁月》，北京师范大学出版社 2009 年版，第 33 页。

在馆编目时间实在有限，国会图书馆既不能添人，编目就序尚无日也。”[1]可见吴光清在美国国会图书馆从事的是图书分类编目等工作，附带着承担一些善本的版本鉴定工作。该信函中的两位“大人物”不知何指，吴光清所编的私藏汉画目录亦难考见。

3.与胡适、王重民等人的学术交往

吴光清与王重民是至交好友，二人往来较多。王冀虽未曾与王重民谋面，但听吴光清说起诸多王重民的往事，并认定其为“中国善本书的第一专家，无人可比，他对善本书、敦煌学以及碑帖研究的造诣颇深”[2]。而王重民又与胡适交好，因此吴光清也与胡适有一些往来。如 1943 年 4 月 12 日王重民在与胡适的信中记载：“今早已与吴子明兄查出重复书三十余种，《玉函山房辑佚书》亦在内。”[3]李墨《王重民年谱》中记载：“1944 年 4 月 7 日，托吴光清把自己从《清儒学案》中录出的林颐山、董沛的小传转交给胡适”[4]，等等。1952 年 9 月 27 日，受胡适委托，吴光清将美国国会图书馆所藏的所有《水经注》找出。胡适 9 月 29 日到美国国会图书馆读书。共计查了有 7 种《水经注》相关古籍。胡适记载从九点半到下午四点，工作很有趣[5]。可见吴光清为胡适提供了热情周到的服务。

4.与钱存训先生的交谊

吴光清与钱存训的大哥钱存典是同学与好友，因有这层关系，吴光清对钱存训多加照顾。1936 年钱存训从上海交通大

---

① 程焕文编：《裘开明年谱》，广西师范大学出版社 2008 年版，第 289 页。

② [美]王冀：《我在国会图书馆的岁月》，北京师范大学出版社 2009 年版，第 29 页。

③ 杜春和等编：《胡适论学往来书信选》，河北人民出版社 1998 年版，第 63 页。

④ 李墨：《王重民年谱》，河北大学 2008 年硕士学位论文，第 44 页。

⑤ 胡适：《胡适日记选编：离开大陆这些年》，新世界出版社 2013 年版，第 117 页。

学转职到国立北平图书馆南京分馆工作，即是出于吴光清的介绍。1941 年 4 月 22 日，吴光清也曾致函裘开明："得知汉和图书馆似乎将有一个空缺，故欲推荐正就职于国立北平图书馆上海办事处的钱存训（Tsuen-hsuin Tsien）应聘，兹附寄钱存训简历一份。"①虽未能推介成功，亦可见吴光清对钱存训的关爱。据王冀称："芝加哥大学邀请在国会图书馆中文部的第一个华人图书馆学博士吴光清到其图书馆任职，但吴光清博士不想离开国会图书馆中文部，于是推荐了金陵大学图书馆的钱存训博士。"②虽然此处相关信息不确，吴光清非第一个华人图书馆学博士，其时钱存训是在北平图书馆上海办事处工作，但为我们提供了一个信息，即 1947 年钱存训来美工作也是出于吴光清的推荐。吴光清还帮助钱存训多次审阅其学术论著，如钱存训的《纸和印刷》就将吴光清列为三位指导人之一。1978 年，钱存训退休时，吴光清的贺电为："也许是巧合，我们的生平和事业有四同：同学（金大、芝大），同事（金女大、北图），同行（图书馆工作），同兴趣（图书印刷史）。"③其他都可理解，"同事"指的是钱存训曾代理金陵女子大学图书馆馆长 3 年，后吴光清接任。二人先后在国立北平图书馆工作，吴光清在国立北平图书馆任职 3 年，钱存训在国立北平图书馆上海办事处任职 10 年。

1969 年 6 月 23 日，钱存训组织的芝加哥大学图书馆学院"远东图书馆员暑期训练班"开学，吴光清应邀到班讲课。

2005 年是吴光清的 100 周年诞辰，钱存训嘱咐其学生美国国会图书馆潘铭燊（Poon，Ming-sun）为其编订纪念文集。据笔者与潘铭燊先生联系，潘先生于 2015 年 9 月 1 日回复称：

---

① 程焕文编：《裘开明年谱》，广西师范大学出版社 2008 年版，第 257 页。

② [美]王冀：《我在国会图书馆的岁月》，北京师范大学出版社 2009 年版，第 117 页。

③ 钱存训：《吴光清博士生平概要》，载《国家图书馆学刊》2005 年第 3 期。

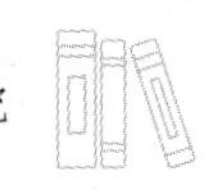

“吴光清博士学密功深，英文造诣极高，我在芝加哥读博期间，几乎遍阅吴著。2004 年我曾经倡议翻译他的英文论文，编成一集，但一手一足之烈，无法独力完成。当时有两位年轻学者志愿参加，可惜她们水平不够，译文不能采用。我自己有其他研究项目，无法专注于此，所以《吴光清博士论文集》并未译成。如您有意赓续，当所欢迎。”可见，该文集未能译成。

5.扶持后进

美国国会图书馆前中文组主任王冀是吴光清的继任者。王冀出生于 1932 年，其父王树常是东北军高级将领，与张学良、蒋介石、宋美龄、张群、陈立夫、韩复榘等国民党政要，以及周恩来、毛泽东、林彪、聂荣臻、杨尚昆等中共领导人往来密切。1949 年 11 月，王冀到美国国会图书馆借阅图书，见到了恒慕义和吴光清，他称：“我还见到了另外一位就职于国会图书馆的中国学者——吴光清博士，他的主要工作是协助韩慕义（即恒慕义）采购和整理中文书。他是第一个在芝加哥大学取得图书馆学博士学位的中国人①。吴博士是一位很典型的中国知识分子，学识渊博、为人谦和，对人和蔼可亲、无微不至，总是很热心地帮助每一位前来阅览的读者。”②1958 年，王冀进入美国国会图书馆工作，1975 年他担任美国国会图书馆中文部主任。在其回忆录中，他回忆了与吴光清一起工作的点滴，如：“我到中文部之初，对线装书、善本书完全外行。在工作过程中，我向吴光清博士和其他同事前辈们学习到很多鉴定古书的知识，对后来的工作大有帮助。”③王冀本科专业为农科，后在乔治敦大

---

① 据钱存训先生分析，吴光清是第三位在芝加哥大学获得图书馆学博士学位的人。前有桂质柏(1931)、谭卓垣(1933)。

② [美]王冀：《我在国会图书馆的岁月》，北京师范大学出版社 2009 年版，第 2 页。

③ [美]王冀：《我在国会图书馆的岁月》，北京师范大学出版社 2009 年版，第 37 页。

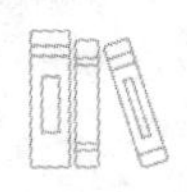

学研究院攻读历史，获历史学博士。其未曾接受图书馆学专业的科班训练，后能执掌中文部主任，实有赖于吴光清等人对他的后期职业指导。

6.与其他华人图书馆学家的交往

吴光清与裘开明也有一定的往来，如1945年1月8日裘开明致函吴光清，祝贺其博士论文出版，并告知国会图书馆索要的《汉和图书分类法》汉和图书馆已没有库存，可向出版单位——美国学术团体协会（ACLS）索取。在该函中，裘开明还说道："最终出版的《汉和图书分类法》仍旧和我想象的相去甚远。我相信里面有很多错误和矛盾之处。如果你发现了任何错误，请写信告诉我，我将不胜感激。在你将此部分类法与中国现行的各种分类法，如刘国钧分类法、皮高品分类法进行比较研究后，我希望你能给我的分类法一个中肯的评价。"①就在该年，吴光清在《远东季刊》（*Far Eastern Quarterly*）上发表了对裘开明《汉和图书分类法》的书评文章，对《汉和图书分类法》作出了中肯的评价，即是对该信函的回应。吴光清此文也是对《汉和图书分类法》的一份重要研究，为后人研究裘开明的《汉和图书分类法》提供了参考②。

二、吴光清著述考略

吴光清的研究范围涉及图书馆史、分类编目、版本目录、印刷史等领域。钱存训所撰的《吴光清博士生平概要》中附有美国国会图书馆采访专家潘铭燊所编的《吴光清博士著作目录》。该目录按年份排列，汇总了吴光清共计16种论著，为后人开展相关的研究提供了线索。笔者经过搜索查找，在潘铭燊的基础

---

① 程焕文编：《裘开明年谱》，广西师范大学出版社2008年版，第307页。

② 周余姣：《裘开明〈汉和图书分类法〉研究》，载《国家图书馆学刊》2016年第3期。

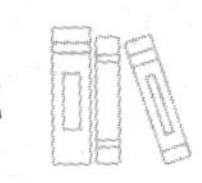

上增订了23条吴光清的中英文论著条目。现对其博士论文《唐代至明末的中国学术、图书出版及图书馆发展史》[*Scholarship*, *Book Production and Libraries in China*(678—1644)]作一分析,以管中窥豹,考见其学术大略。

(一)《唐代至明末的中国学术、图书出版及图书馆发展史》主要内容

该文共十章,计十余万字。在前言中,吴光清认为:"尽管中国学术、图书出版和图书馆历史悠久,但说来也奇怪,对于它们的发展史尚没有系统的研究。"为了弥补缺憾,吴光清说明自己的主旨:"该研究试图对自唐代到明朝的中国学术、书籍出版和图书馆做一综合研究,重点放在图书馆事业的发展上。那是因为在一个国家文化生活中,这三个要素是互相关联的,当然他们也毫无疑问受到了经济和政治的制约。因此每个朝代的学术和书籍出版特点都会大体上反映文化生活的样貌,而图书馆更是一面镜子。"对于该论文的定位,吴光清在前言中说明:"该研究不以穷尽相关的材料为宗旨,也不欲声称发现了一些不为人知的材料,它仅仅是一个初步探索,试图强调中国文化发展中这三个要素的重要性,以便后人对特定的一个方面或特定的朝代做更进一步的目录学研究。"①

第一章是序言,吴光清认为尽管中国历史上出现了各种书厄,但中国人的爱书传统,还是保证了纸本书在历史上的存续。在这章中,他主要探讨了中国书写方式的演变、书写材料的沿革、书籍物理形态的变化、重要的书籍形式——石经、学术的内容、儒家经典、佛教和佛教文化、中国早期与西方的文化交往、在唐之前重要的写作和编纂工作以及教育和考试系统等。该部分相当于一个总论。

---

① Kwang Tsing Wu,"Scholarship,Book Production,and Libraries in China(618—1644)".Chicago,Illinois,December,1944.

第二章介绍先唐时期图书馆发展史。前五小节按照时代先后探讨唐以前的中国文化发展脉络,分别是先秦时期和秦代的中国文化破坏和幸存、汉代书籍的集聚、黑暗时代——晋和南北朝、隋代——黄金年代的前奏。后五小节以主题的形式,探讨唐以前的图书馆学的发展,分别是图书馆学领域分类和编目的发展、官书目录艺文志和经籍志等的编纂、书籍校勘和文本批评、汉和隋代的图书馆建筑、先唐的私人藏书家等。

第三章探讨唐代的文化繁荣和五代十国的分裂和倒退。该章主要涉及以下方面:印刷术的发明及其对知识传播所产生的巨大影响、科举考试及与之相适应的教育发展、文学的繁荣和出版、佛教与佛教经典、重见天日——被历史封存的敦煌图书馆、皇家图书馆的发展、图书馆学的进展、私人藏书家、五代十国的新纪元——冯道和经典的第一次印刷、分裂时代的图书馆发展状况。

第四章论述宋代——新儒学和大编纂的时代。具体内容包括:思想背景;综合儒学;政治改革;大编纂:百科全书、文选、历史研究、地理著作、金石学;纯文学的文学;文本批评;文化南移;印刷术的广泛运用和改进;书院发展;教育和考试系统。

第五章论述宋代——对图书馆活动和私人藏书家贡献的考察。具体分为:北宋的官府藏书;南宋的官府藏书;私人藏书家及他们的贡献;解题目录的编制;书籍珍藏;学习和归档的方法;郑樵——图书馆法的创始人。

第六章论述少数民族王朝——学术、书籍出版和图书馆。涉及:契丹和辽代;西夏;金代;蒙古或元代;元朝时印刷业的发展;蒙文的创制和教育;元代的文学——戏剧和小说;其他文献编纂;蒙古统治下的中国文化;在异族政体统治下的私人藏书家及他们的贡献。

第七章论述明代的时代背景——迟暮与暗弱。具体包括:

政治背景;基督教对中国文化的影响,东堂图书馆;《永乐大典》的编纂和出版;其他的编纂和著述;印刷术的进一步发展;王阳明和他的哲学;书院和学习俱乐部;考试体制与八股文。

第八章论述明代官府藏书的稳步发展和私家藏书的繁荣。又分为:皇家图书馆概况;半官方图书馆;两座皇家建筑——文渊阁和皇史宬;王侯藏书;天一阁——现存最古老的私人藏书楼;其他私人藏书;宋濂和胡应麟的文本批评;关于书和收藏书的手册;流通与馆际互借;重要的目录学著作。

第九章为藏书杂谈。内容包括:图书馆建筑,图书馆和书房之名录;印章的运用;书籍保管;书籍使用之规定;宋版《汉书》的流传。

第十章为学术、书籍出版和图书馆之结论。内容为:前因之评说;书厄之原因和结果;书籍主题及四部分类之内容;写本书和印本书;皇家图书馆;私人藏书家及他们的贡献;私家藏书楼的数量和地理分布;中国学术的重要特征;中西书籍出版和图书馆发展之比较;对未来的启示。

文后还附有附录和参考文献,附录包括:附表1《先秦至明代的主要"书厄"》、附录2《历史文献所记载的汉至南北朝皇家图书馆的卷数》、附录3《主要分类法之分类表及他们在四部分类法的位置》、附录4《中国分类系统的演变》、附录5《1782完成的〈四库全书〉的44类》、附录6《皇家图书馆管理机构(据武英殿所编〈历代职官表〉)》、附录7《晚明时期天主教传教士著作》。参考文献计有51种著作,18种期刊文献以及15种关于书厄和藏书总体发展的参考文献。

(二)《唐代至明末的中国学术、图书出版及图书馆发展史》之特色

1."要素说"在图书馆史中的运用

1957年,刘国钧在《什么是图书馆学》一文中,提出图书馆

事业的5项组成要素:图书、读者、领导和干部、建筑与设备、工作方法。① 该学说被誉为图书馆学的“要素说”,广受学人称誉。在吴光清的这一图书馆史博士论文中也运用了“要素说”。在他看来,“学术”“图书出版”“图书馆”三者互为促进,缺一不可。为此,必须将三者结合起来撰写图书馆史,否则都是有所欠缺的。关于图书馆史的著作,较为重要的如谢灼华的《中国图书和图书馆史》和来新夏的《中国古代图书事业史》和《中国近代图书事业史》,都是结合图书和图书馆二者来写的。基于此,笔者认为吴光清的这种著史方法可以称为“大图书馆史”书写方法的第一次尝试。所谓“大图书馆史”,就是图书馆史结合印刷出版史、学术史一起书写。这种方法将相互关联的“三大部分”结合在一起,并重点放在图书馆史上,综合性极强。且其于1944年就在著作中体现了“要素说”,吴光清实可称为图书馆史“要素说”的先驱。

2.“十进制”分类理念在章节安排中的体现

美国图书馆学家麦威尔·杜威(Melvil Dewey,1851—1931)的《杜威十进分类法》(DDC)将全部图书分为十大部,每部再分为十大类,每类再分为十小类,逐级细分,依次类推。从事分类编目工作多年的吴光清,不知是有意为之还是巧合,在该论文中,“十进制”的分类理念得到了集中体现。如该文共分为10章,进而第1、2、3、4、6、8、10章等7章均分为10小节,占到了总数的70%。只有第5章为7小节,第7章为8小节,第9章为6小节三个特例。我国老一代图书馆学家们,在撰文过程中,非常注意一些细节的把握。如钱存训“自称写作的文体是从每日读报的新闻体裁中所得到的启发和领悟,先是主题和摘要,其次是事实说明,最后做出结论和批评。这种三段式的体

① 刘国钧:《什么是图书馆学》,见刘国钧著,史永元、张树华编辑《刘国钧图书馆学论文选集》,书目文献出版社1983年版,第133页。

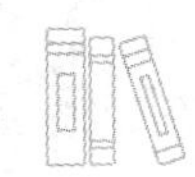

裁，使他‘无意中学到了字句简洁、行文流畅、避免重复，使文字的组织有层次、有条理和有系统等，因此成为写作的习惯’”①。笔者猜想，吴光清亦是有意为之，力图在结构上体现专业特色，否则章节安排上诸多的“十进”特征实难理解。

3.中西资料的比较和应用

因吴光清有着中西两方的学术背景，在其论文中很自然地运用了比较方法。如在说明商朝人利用甲骨来占卜时，就以希腊德尔菲神谕(Delphic oracle)来比拟，以帮助西方读者更好地了解。在说到商朝人所使用的书写载体不仅仅是甲骨文和青铜器，可能还有竹简和木牍时，吴光清引用了美国汉学家顾立雅(Herrlee Glessner Creel)和艾尔克斯(Edward Erkes)的成果予以说明(页 9—10)。在谈到写本书中的书法是分辨书籍所属时代的重要手段时，吴光清也用了欧洲中世纪的手稿来作比较(页 247)。此外还有多处引用海外汉学家的研究成果，不胜枚举。在最后一章的结论部分，还有专门一小节论述中西图书出版和图书馆的异同，体现了其广阔的学术研究视野和自如运用中外资料的能力。

4.辨章学术，考镜源流

在该文中，吴光清对图书出版和图书馆的探讨是建立在对学术史的考察与分析上的，为此他对中国各历史阶段的主流学术都进行了概括和总结。梁启超《明清之交中国思想界及其代表人物》一文将中国学术分为 6 个阶段，在此基础上，吴光清又增加民国这一时期，同时将这 7 个阶段的学术概括为：先秦哲学，两汉经学，三国南北朝佛学，隋唐学术大繁荣，宋代新儒学，清代朴学等。吴光清还引用王国维的观点，将各代文学分为楚辞、汉赋、六朝骈文、唐诗、宋词、元曲等。清代目录学家章学诚

① 周余姣：《经典是怎样形成的——基于〈书于竹帛〉的考察》，载《大学图书馆学报》2012 年第 1 期。

所提的"辨章学术,考镜源流"是我国传统目录学的优秀遗产,对学者治学有着重要的意义。笔者曾提出:"'辨章学术'是偏向于'横'的一方面,'考镜源流'是偏向于'纵'的一方面,所谓的'通达'应该包含这两个方面。"①吴光清对这种方法的熟稔应用,才使其著作具有了"通达"的特质。

5.独特的学术创见

在印刷术发明后,公私藏书中为什么手写本还是占了绝大多数?吴光清在前言中试图回答这个问题。在明代印刷术盛行后,文渊阁中的藏书印本书只占到30%,手写本占70%。而这些印本书中,十分之九是宋版书,而此前,印本书的比率应该会更低。那么,为什么会出现这种情况呢?吴光清给了以下解释:一是当时的中国有廉价的劳动力,手写稿能被方便简易地全文抄写和制作,尽管会花掉更多的时间,复制一本书的成本与现在的影印和缩微基本一样;二是一些手稿并没被印刷也不准备被印刷;三是在官府藏书中,多是帝王口述,大臣们记录,形成了手写稿;四是中国学者欣赏书法艺术,多不太愿意将自己的作品交付手民;五是抄写书籍可以增进对书中内容的理解,古代文人有大量的空闲时间,而读物却比现在少,这种抄写方式能使他们的注意力集中且合于他们的生活节奏。由此,吴光清从经济条件、出版意愿、文献生产方式、书法审美、文人学习习惯等角度来分析,全面阐释了这个问题。他还以苏轼抄写《汉书》的轶事说明:尽管印刷术发展到现在,中国图书馆中对手稿仍保持了特有的喜好。这与钱存训在《书于竹帛》中试图回答"为什么中国的书写方式是从上到下从右到左"的问题是一致的。可见,华人图书馆学家们对学术问题所保有的特殊敏感性,使他们能从一些习见不察的现象中发现重要的问题,从

① 周余姣:《郑樵与章学诚的校雠学研究》,齐鲁书社2015年版,第228页。

而予以解决。

在其所编的附表1《先秦至明代的主要“书厄”》中，吴光清统计了这1900年间官府藏书所遭遇的27次“书厄”，平均每70年就有一次“书厄”。而在吴光清所研究的唐代至明代这一阶段，则有不少于16次“书厄”，基本上是每62年一次，这是在早期图书馆史著作中实证计量方法的运用。

(三)《唐代至明末的中国学术、图书出版及图书馆发展史》之影响

该论文被钱存训评为“行文通畅、巨细弥遗，成为西文著述中的第一部中国中古学术通史，也是研究中国文化史的一部重要参考资料”①。正如吴光清前言中所说，该文是为引起学者的重视，以便学者就“学术、书籍出版和图书馆”任一方向继续深入研讨。嗣后，钱存训选择了书史为研究方向，其《书于竹帛》一书，又名《中国古代书史——印刷发明前的中国书和文字记录》，其下限恰好到唐，即印刷术发明前，与吴光清的“唐至明”的研究形成连续，是“接着讲”之作。众所周知，《书于竹帛》取得了很高的学术成就，已成为该领域的经典之作。

潘铭燊是钱存训的高足，他按照吴光清所称的“选择某一朝代”进行专深研究，1979年撰成了20万字的《宋代图书印刷史》[*Books and Printing in Sung China*(960－1279)]的博士毕业论文(芝加哥大学)，也称受吴光清影响极深，如前他自称“读博期间，几乎遍阅吴著”，在其所撰写的论文中，对吴光清的著作也多有引用。遗憾的是，吴光清的这一著作未能公开出版，影响只在学术同好之间，未能及远。该文也存在一些不足，如为求文简，在书中的人名或机构名称出现第一次后，便不再予以注释和翻译，这在一定程度上造成阅读上的不便。目录中

---

① 钱存训:《吴光清博士生平概要》，载《国家图书馆学刊》2005年第3期。

的标题与文中的相应标题稍有不同，未能细核保持一致。

三、结语

吴光清在金陵大学主修教育与英文，其英语书写水平较高，论著绝大多数为英文。其英文功底之深，被王冀认为堪与“两脚踏中西文化，一心评宇宙文章”林语堂的英文书写能力一比①。以中文为第一使用语言的学者用英文写作，固然可以及时与西方学者进行交流，但也容易阻断其在中文世界的影响力。如前所述，原计划在2005年吴光清百年诞辰时出版的《吴光清博士论文集》因翻译难度较大而搁浅。事实上，海外的华人汉学家均不得不面临这一问题。如余英时1967年出版其首部英文专书“*Trade and Expansion in Han China*：*A Study in the Structure of Sino－Barbarian Economic Relations*”后，开始在美国学界崭露头角。但“墙外开花”之“香气”难及“墙内”，余先生有感于自己的英文研究成果在东方学界读者有限，遂用中文撰述，以便自己的研究成果可以传布到西方汉学圈外。因这一转变，余先生著述之影响现已遍及海内外华人圈。而历史学家何炳棣，汪荣祖评价他：“学问极好——我认为他在中国学人中，在史学方面是最有成就的人。他在学术上的建树在哪里呢？第一，他的几部书都是研究极重要的议题，而且是极有成果的。可惜他这几本书都是用英文写的，所以在华语世界的影响好像没有那么大，有很多学者在中文方面写得很多，在华语世界就很有影响力，但在国际上的地位，就难与先生匹敌。”②

在这一方面，可与钱存训的论著做一比较。钱先生很注意用中文传播其学术，其大多数作品或由他人翻译成中文，或自己再写成中文。因此，钱先生的论著在华人世界有着广泛的影

① 潘铭燊致笔者2016年2月25日信件所述。

② 《汪荣祖忆何炳棣：学问极好，脾气极坏》，载《新京报》2012年7月7日。

响力。相较而言，吴先生的学术成果不为人所知，殊为遗憾！李钟履所编的《图书馆学论文索引第一辑》（清末至1949年9月）就未曾将吴光清在林语堂所编的英文刊物《天下月刊》中发表的英语图书馆学文章收入。尽管如此，吴光清仍是“写作中国图书目录学的第一人”。其在中国传统目录学相关术语的译介、版本学等方面的成就，对当代学术研究仍有着重要的参考价值。鉴于材料的欠缺，笔者英语阅读能力的有限，本节对吴光清的著述的解读还很不够。希冀借此节内容抛砖引玉，使学界能更为关注这一被忽略的“图书馆界林语堂”——吴光清先生。

第三节　中美交流新篇章

1925年，是中国图书馆史上的一个重要年份。1月8日，被黎元洪总统誉为“中国现代图书馆运动之皇后”的韦棣华女士（Miss Mary Elizabeth Wood，1864—1931）在黄炎培的介绍下到达上海，杜定友、孙心磐、邓演存等代表上海图书馆协会前往迎接[①]。而韦棣华女士此行的目的是报告其赴美运动庚子赔款发展中国图书馆事业的经过，并通知上海图书馆协会方面，负责迎接美国图书馆协会派来的图书馆学专家在中国考察的事宜。而这位美国的图书馆学专家就是亚瑟·厄摩尔·鲍士伟（Arthur Elmore Bostwick，1860—1942）博士，他的到来，揭开了中美图书馆交流史上重要的一页。

① 王子舟：《杜定友和中国图书馆学》，北京图书馆出版社2002年版，第224页。

一、鲍士伟博士其人

1860 年 3 月 8 日,鲍士伟在美国康涅狄格州的利奇菲尔德(Litchfield)出生。他出生时家境比较好,父亲大卫(David)是医生,爱好文艺,喜欢莎士比亚。母亲阿德莱德(Adelaid)喜好钢琴演奏,具备一定的学识。这样的家庭是典型的知识分子家庭,家境优裕,品位不俗。而鲍士伟又是家中的独子,享尽了父母的疼爱。然而,幸福难以长久。在他 12 岁时,父亲去世,母亲一人支撑他接受完高等教育。1881 年,鲍士伟在美国耶鲁大学获文学学士学位,后又获哲学博士学位。本可以继续从事博士后的研究工作,因经济困难,鲍士伟放弃了从事科学研究的机会。

鲍士伟从事了很多工作,最开始是高中教员,后担任百科全书的编辑。1890—1894 年,他甚至担任了好几种刊物的编辑。1895 年,鲍士伟开始涉足图书馆行业,担任由威廉·H·阿普尔顿(William H. Appleton)创办的纽约流通图书馆(New York Free Circulating Library)馆长。由于此前没有任何图书馆学背景,鲍士伟深知责任重大。他开始刻意自学图书馆学的相关知识,并形成专著——《美国公共图书馆》(*American Public Library*)出版,风行一时。后纽约流通图书馆与阿斯特(Astor)、鲁诺(Lenox)及蒂尔登(Tilden)三个私人藏书合并,形成规模更大的纽约公共图书馆,鲍士伟做了这个新馆的流通部主任。不久又被任命为布鲁克林(Brooklyn)公共图书馆的主管。鲍士伟一直积极进取,努力参与图书馆行业的活动。1906 年,他成为美国图书馆学院(American Library Institute)院士。1907—1908 年,他担任了美国图书馆协会主席,在图书馆领域可谓独领风骚。

鲍士伟任职最长的一个图书馆是圣路易公共图书馆。他

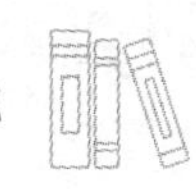

的有效管理，使该馆达到了最鼎盛的时期。在他的治下，圣路易公共图书馆内部组织分为美术、应用科学、市政参考、盲人、读者咨询、教师专室等部门。分馆由 4 个加到 19 个，藏书由 120 万增到 310 万册，馆员由 140 人加到 337 人，经费从 20 万加到 50 万美元，借书者由 79000 增到 140842 人①。他还带领整个图书馆度过了大萧条时期，尽可能地维持该馆的正常运作。

鲍士伟一生勤于写作，发表论文 200 篇，编著书籍 19 种②。最著名的是前文所述的《美国公共图书馆》(*American Public Library*)和他的回忆录《一生与书为伴》(*A Life With Men and Books*)。他被誉为美国公共图书馆的代言人，是 20 世纪二三十年代美国图书馆界炙手可热的人物，其锋芒直指国际图书馆界。

这样一位声誉极高的美国图书馆学家的来华，注定将成为中美图书馆交流史上的大事。

二、来华经过

鲍士伟来华的序幕是由韦棣华女士揭开的。韦棣华是美国人，1900 年来到中国后发现中国缺少对外开放的图书馆，于是立志发展中国的图书馆事业。她在武汉建立了文华公书林(Boone Library)，后来又创办了文华图书馆专科学校(Boone Library School)。然而，对于中国这样一个大国，文化需求很大，这显然是不够的。韦棣华开始积极奔走，为发展中国的图书馆事业而努力。1923—1924 年，韦棣华为将庚子赔款国际收支差额款项用于发展教育，竭尽全力争取美国议员的支持。在 1924 年 7 月 1 日的美国图书馆协会第二次全体会议上，韦

① 严文郁：《美国图书馆名人略传》，文史哲出版社 1998 年版，第 155 页。
② 严文郁：《美国图书馆名人略传》，文史哲出版社 1998 年版，第 157 页。

棣华做了题为《中国图书馆近来的发展》的发言，敦请美国同行支持派一名图书馆方面的专家到中国，证明为什么要优先考虑发展公共图书馆事业①。美国方面同意了这个请求，委派名重一时的圣路易公共图书馆馆长鲍士伟博士来华。

1925 年 4 月 26 日，鲍士伟抵达上海。上海图书馆协会②与图书馆界代表 30 余人前往百老汇路招商局总栈迎接。4 月 27 日下午，中方举办欢迎会。中华教育改进社陶知行（后来名为"陶行知"）、江苏省教育会沈信卿、中华学艺社郭沫若、武昌文华公书林韦棣华、上海圣约翰大学图书馆海斯女士、沪江大学图书馆汤姆生女士、北京图书馆协会袁同礼等数百人参加欢迎会，杜定友担任鲍士伟翻译。鲍士伟演说中盛赞中国文化，同时阐发图书馆有二定义："一多备书籍，一注意阅者，二者缺一，即不成为图书馆。"竭力强调近代图书馆为社会每个人服务的开放性。③ 4 月 28—29 日，杜定友等多次陪同鲍士伟参观上海各图书馆。30 日，鲍士伟赶赴杭州考察。5 月 4 日，返回上海。5 月 5 日又赴苏州、南京，其后还去了长沙、武昌、北京、天津、济南等共十来个城市和地区进行考察。鲍士伟行至各处，都受到了热情接待，他也称自己"像走进了《天方夜谭》一样的生活"。他接受了中华图书馆协会赠送的 16 世纪用于运输图书的瓦制微型牛车，并于 6 月 9 日经由日本取道回国。

三、此次中美图书馆交流的内容

季羡林先生曾认为："两种陌生的文化一旦交流，一般说来，至少要经过五个阶段：撞击——吸收——改造——融

---

① [美]D.G.Davis、P.C.Yu 著，初景利译：《鲍士伟与中国图书馆的发展：国际合作的一个篇章》，载《图书馆学刊》1993 年第 6 期。

② 上海图书馆协会成立于 1924 年。

③ 王子舟：《杜定友和中国图书馆学》，北京图书馆出版社 2002 年版，第 228 页。

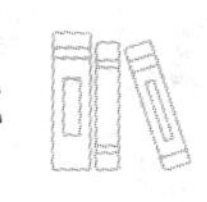

合——同化。”[①]鲍士伟的来华，作为中美图书馆事业的重要学术交流，也无可避免地经历了这样的一个阶段。中美图书馆交流的形式主要是通过演说和报告的形式进行的，而内容则涉及两国的图书馆事业理念。

(一)鲍士伟的演说和第一个报告

鲍士伟此次来华，到过中国 14 个城市 50 个图书馆，做了多场演讲。他发现中国图书馆与美国图书馆不同者有 7 点：(1)经费来源之缺乏或不足；(2)现代图书馆之缺乏或稀少；(3)图书不借出馆外之限制；(4)书架不开放；(5)编目法之不适用；(6)推广事业及加增阅读能力之薄弱；(7)适用建筑之缺乏。[②]对于一个现代图书馆事业起步较晚的国家，这些问题固然是客观存在的。在他所做的第一个报告中，他还建议：“中国可有美国式之公共图书馆，美中方法之采取，当视情形而定，非彼此不相关也。一组织完全新设之图书馆，不附属于任何机关；二就现存之图书馆改进而扩充之；三现存之图书馆，本体不变更，但多设立分馆及阅书社，施行新方法。”[③]关于图书馆的标准，鲍士伟提出希望中国图书馆界尽快统一。关于如何拨用庚子赔款的一部分，鲍士伟在报告中说：“中华教育改进社图书馆教育委员会所提出拨用美国退还庚款三分之一建设图书馆之提议，鄙人认为至当。”[④]在报告的最后，他提到：“重言之，鄙人考察所及，美国图书馆组织法如施于中国，可畅行无阻，而贵会、社

---

① 季羡林：《中印文化交流史》，新华出版社 1993 年版，第 4 页。

② 严文郁：《中国图书馆发展史——自清末至抗战胜利》，枫城出版社 1983 年版，第 229 页。

③ 严文郁：《中国图书馆发展史——自清末至抗战胜利》，枫城出版社 1983 年版，第 230 页。

④ 严文郁：《中国图书馆发展史——自清末至抗战胜利》，枫城出版社 1983 年版，第 231 页。

经营此种事业之成果，鄙人更抱无穷希望。”[①]可见，在演说和报告中，鲍士伟表现了对美国图书馆事业领先的无限骄傲之情，并认为“如施于中国，可畅行无阻”，透露着一种“自大”的情结和对中国国情的“盲视”以及对中国图书馆事业发展规划的“想当然”。

(二)中国图书馆学界的回应

中国图书馆学界的回应，以梁启超为代表。在 1925 年 6 月 2 日中华图书馆协会的成立会上，梁启超发表演说。梁启超先盛赞鲍士伟此次来华的功绩，“鲍博士到中国以来，在各地方，在北京，曾有多次演说，极力倡导群众图书馆——或称公共图书馆的事业及其管理方法等项，大旨在设法令全国大多数人能够享受图书馆的利益，以及设法令国内多数图书馆对于贮书借书等项力求改良便利，这些都是美国‘图书馆学’里头多年的重大问题，经许多讨论，许多试验，得有最良佳绩。鲍博士一一指示我们，我们不胜感谢”[②]，然后，话锋一转，梁启超指出，中国不能完全照搬美国，因为中国有独特的国情。他认为，在当时的中国，构成图书馆的两个要素，一是“读者”，二是“读物”，而这两者在中国都不完备。读者少，读物也更少，因此不适于紧随美国的“成例”。如果按照美国的方式，大量建馆，必将造成经费的浪费。然后，他指出了中华图书馆协会的责任，一是要建设“中国的图书馆学”，二是要养成管理图书馆人才。对于建设“中国的图书馆学”，他提出，“从事整理的人，须要对于中国的目录学(广义的)和现代的图书馆学都有充分智识，且能神明变化之，庶几有功”。中国书的分类，比如古籍，比较复杂，应

① 严文郁：《中国图书馆发展史——自清末至抗战胜利》，枫城出版社 1983 年版，第 231 页。

② 梁启超：《中华图书馆协会成立会演说辞》，载《中华图书馆协会会报》1925 年第 1 期。

用美国的分类法也并不完全适用。因此，梁启超认为，“这种事业是要中国人做的，外国学者无论学识如何渊博，决不能代庖”。为了做好中国的图书馆工作，中华图书馆协会下设的“分类”“编目”二组，必须“合群策群力共肩此责任”。关于“养成图书馆管理人才”，梁启超也提出，“培养之法，不能光靠一个光杆的图书馆学校，最好具有一个规模完整的图书馆，将学校附设其中，一面教以理论，一面从事实习。但还有该注意的一点：我们培养图书馆人才，不单是普通图书馆学智识便算满足，当然对于所谓‘中国的图书馆学’，要靠他做发源地”①。总之，梁启超在此表明了一个鲜明的态度，那就是中国不能建设美国式的图书馆学，一定要建设“中国的图书馆学”，体现了一种可贵的学术自由的思想，声言了中国图书馆学界的坚定立场。

（三）鲍士伟的第二个报告

在鲍士伟参观即将结束之前，参酌中国图书馆学界的“回应”，鲍士伟又做了第二次报告，以为第一次报告的补充。第二次报告涉及中国的善本书问题、书籍增加、图书馆的管理法、书籍的利用和传播、经费等问题，他在第二个报告的态度开始明显改变，开始着力赞同要用中国的方法，采取符合中国国情的办法，来办好中国的图书馆事业。他屡次提到：“凡此种种并不是要完全仿效欧美，乃是研究如何采取各种最合中国情形的改革方法。”“关于编目分类，必定要有一种完善的划一标准，这种标准之重要，尤以中国为甚；盖汉字排列的困难，在西洋文学内是没有的。中国的图书馆界，能公同决定一种划一方法，则将来图书馆事业，自然而然要发达。”②鲍士伟的第二个报告，增

---

① 梁启超：《中华图书馆协会成立会演说辞》，载《中华图书馆协会会报》1925年第1期。

② 严文郁：《中国图书馆发展史——自清末至抗战胜利》，枫城出版社1983年版，第232页。

补和修改了第一个报告的主旨立场，开始认为中国也应有自己的“图书馆学”，不能完全让中国仿效欧美的成例。他的这种转变，明显是在中美交流过程中受到了影响，做了合理的修正。双方达成一致，就是中国应该建立“中国的图书馆学”。

四、鲍士伟来华交流的影响和意义

美国的戴维斯(D.G.Davis)和余(P.C.Yu)从美方的角度总结了鲍士伟来华交流的影响。从短期效果看，他们赞同“虽然鲍士伟在中国只有两个月，但很显然他在新图书馆运动中占有一席之地。他的访问推进了韦棣华所开创的工作，也就是说，传播了西方图书馆的经验。新图书馆运动宣传了美国图书馆的事业，倡导建立更为面向大众的图书馆，冲击了图书馆只为少数特权者保管文献资料这一封建旧传统”[①]。他们还认为，从长远影响看，中国图书馆界“虽然许多现代思想来自韦棣华和鲍士伟的影响，但是由于后来的战争和动乱……现代图书馆事业的发展受到干扰。自 1976 年以来，中国的图书馆慢慢地接受了美国现代图书馆学与图书馆技术许多新的思想。目前最重要的是制定协议，打开两国图书馆员之间交流的大门，促动中国当代的图书情报学继续发展”[②]。

对我国而言，对鲍士伟来华此行的意义评价也甚高。自韦棣华在中国创办文华公书林以来，她还资助委派了沈祖荣、胡庆生等到美国学习图书馆学。无论是直接“上门求取真经”，还是鲍士伟此次的来华“宣教”，无疑，中国与美国在图书馆领域的交流不断加深，互为影响。而作为现代图书馆事业起步较晚

---

① Huan Wen Cheng.“美国图书馆对近代中国图书馆的影响”, Library & Culture 26(1991), 375－376。

② ［美］D.G.Davis、P.C.Yu 著，初景利译：《鲍士伟与中国图书馆的发展：国际合作的一个篇章》，载《图书馆学刊》1993 年第 6 期。

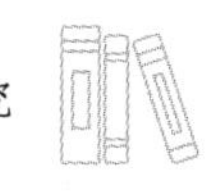

的中国，更是受到了美方更多的影响。我们需要承认的是，“中国近代图书馆事业和图书馆教育的产生、发展和完善，受到美国的影响最深”“获益甚多”①。我们也不能否认，“但应看到，在互动中，双方在输出与接收的位置上，或为对等，或为有主有辅，形成逆差。从中美图书馆关系史上看，美国为输出为主的一方，对中国影响的幅度大得多”②。而在实际中，鲍士伟的来华，催生了中华图书馆协会的成立，也深深影响了当时的中国“新图书馆运动”③，并形成了第二个“新图书馆运动”高潮。其标志是1925年的全国性宣传。由于有明确的目标（庚子赔款退款用于图书馆事业），有众多图书馆学家参加，范围也是全国性的，故1925年的高潮更像一场“运动”。④ 但笔者认为我们更应该关注的是，尽管深受美国影响，中国图书馆界开始发出了自己的声音，要“建设中国的图书馆学”。从此，中国图书馆学的本土化课题提上了日程。图书馆界的仁人志士为创建“中国的图书馆学”而筚路蓝缕，勇于创新。而这一点意义才是最为重要的。

五、结语

继1925年鲍士伟博士来华之后，诺伦堡博士（Bernhard Knollenberg）于1945年来华考察中国图书馆，沙本博士（Charles Shaw）于1947年来华调查教会大学图书馆，白朗博士（Charles Brown）及美国国会图书馆副馆长克莱普先生

① 李明华：《中美图书馆界扩大合作交流走向21世纪》，载《大学图书馆学报》1996年第4期。

② 杨子竞：《中美图书馆的互动》，载《图书馆学研究》2003年第1期。

③ 新图书馆运动起止时间尚有争议，笔者赞同其起止时间为1917—1937年。

④ 范并思、邱五芳、潘卫等编著：《20世纪西方与中国的图书馆学——基于德尔斐法测评的理论史纲》，北京图书馆出版社2004年版，第202页。

(Verner Clapp)于1948年来华考察图书馆事业[①]。一直到现代,中美图书馆交流始终不断。无论交流的形式如何,都是在建设"中国的图书馆学"的背景前提下开展的。而这个前提的宣示正是始于鲍士伟博士的来华。从这个意义上来说,鲍士伟的来华既是20世纪中美图书馆交流史上的一座里程碑,更是中国有意识地要建设"中国图书馆学"的推进器。

直至今日,在如何发展中国的图书馆学,如何正确对待中美图书馆学的国际交流方面,我国的图书馆学者仍在积极探索。吴慰慈认为:"在发展中国图书馆学的过程中,我们无疑需要努力借鉴和吸收西方图书馆学的理论、方法和研究成果。但是在这个过程中,我们必须立足中国本土社会的实际,最终的目的是建立一个自立于世界民族之林的中国学派,为中国人在国际学术界争得理应属于我们的一席之地。如果忽视了这个最根本的目标,只是盲目地追随西方的学术传统和规范,我们的图书馆学研究上就无法实现真正的创新与突破"[②]而我国的图书馆学者,如丁国顺[③]、王子舟[④]、刘兹恒[⑤]等都进行过建立"中国图书馆学"的相关研究。可以说,要建立中国学派的图书馆学,我们一直在努力。

---

① 严文郁:《中国图书馆发展史——自清末至抗战胜利》,枫城出版社1983年版,第236～239页。

② 吴慰慈:《图书馆学学科建设要本土化》,载《图书情报工作》1998年第1期。

③ 丁国顺:《图书馆学学科建设如何本土化》,载《图书情报工作》1999年第4期。

④ 王子舟、廖祖煌:《图书馆学本土化问题初探》,载《图书情报工作》2002年第1期。

⑤ 刘兹恒:《图书馆学研究的本土化思考》,北京图书馆出版社2007年版,第208页。

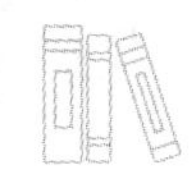

第四节 译文重光忆永安

一、导言

皮尔斯·巴特勒(Pierce Butler,1886—1953)是美国著名的图书馆学家,芝加哥学派的代表人物。1928 年,第一所设有图书馆学博士学位的学院在芝加哥大学成立,全称芝加哥大学图书馆学院(The Graduate Library School at the University of Chicago,简称 GLS)。此前的美国图书馆学校,奉行麦威尔·杜威(Mevil Dewey,1851—1931)的实用教育原则,聘请的教师均是来自图书馆管理第一线的人员,多没有接受过正规的大学教育,采用的教学方式也类似工匠"师傅教徒弟"的形式。这种教育模式浸淫日久,其劣势逐渐凸显。正如梁启超所说:"佛说一切流转相,例分四期,曰:生、住、异、灭。思潮之流传也正然,例分四期:一、启蒙期(生);二、全盛期(住);三、蜕分期(异);四、衰落期(灭)。无论何国何时代之思潮,其发展变迁,多循斯轨。"①"实用派"思想盛行之后进入了思想的"蜕分期",人们呼唤更多的理性科学思维出现。1923 年,威廉森(Williamson)报告促成了这一变革,随后,卡内基财团接受了威廉森报告,制定了《图书馆服务 10 年计划》(Ten Years Program in Library Service),计划里具体规定了对图书馆学教育的资助方案,芝加哥大学图书馆学院由此应运而生。

---

① 梁启超:《中国近三百年学术史》,岳麓书社 2010 年版,第 12 页。

为了脱离“实用派”图书馆学教育的窠臼，芝加哥大学图书馆学院最初招聘的都是非图书馆职员、非图书馆学专业的教师。巴特勒就是最初引进的教师之一，他和另外三个老师都具有社会科学的背景。这种从外学科引进人才，“援外入内”的方式，旨在建立“作为一门科学的图书馆学”。由于芝加哥大学图书馆学院的研究开创了崭新的研究风气，并形成了一种新的研究规范，对以后的美国乃至世界的图书馆学的研究产生了深远的影响。人们把这一时期在芝加哥大学图书馆学院所进行的研究以及所开创的研究规范称为“芝加哥学派”。[①] 巴特勒是芝加哥学派的代表人物之一，1933 年他出版的《图书馆学导论》(*An Introduction to Library Science*)更是他的经典代表作。该书对图书馆的性质和研究对象等提出了独特的见解。美国另一名著名图书馆学家谢拉(J.H.Shera，1903—1982)评论这本书是图书馆思想发展的真正里程碑。自出版后，该书成为图书馆学学生与图书馆工作人员必读的基本理论著作[②]。

二、《图书馆学导论》被忽略的最初中译文本

《图书馆学导论》成书后，开始在世界范围内的传播。我国学界对《图书馆学导论》传入我国的时间认定几度变迁。最初认为芝加哥学派传入我国是在改革开放后。1988 年卿家康撰文认为我国图书馆学家徐家麟在其《关于图书馆学的认识几点观察》一文中，“第一次向国人介绍了巴特勒(Butler)的《图书馆学导论》，认为它是科学化的典范”[③]。2004 年范并思在其《中

---

① 黄纯元：《论芝加哥学派(上)》，载《图书馆》1997 年第 6 期。

② 袁咏秋、李家乔主编：《外国图书馆学名著选读》，北京大学出版社 1988 年版，第 345 页。

③ 卿家康：《我国现代图书馆学基础理论奠基者事略》，载《图书馆界》1988 年第 1 期。

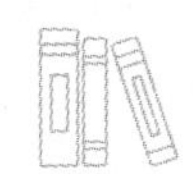

国理论图书馆学的先行者徐家麟》[①]一文中，沿用了这个观点："该文的第一个亮点是第一次向国人介绍了巴特勒的《图书馆学导论》……从这些可以看到，徐家麟不但了解并欣赏巴特勒的《图书馆学导论》，视其为图书馆学之'科学研究'的惟一专著，而且对它的思想有深入细致的研究。"[②]这个观点也进入了一些其他论著中。固然，巴特勒的《图书馆学导论》的经典地位已成共识，徐家麟对该书的独到认识也无可挑剔，可这言之凿凿的"第一次"却是值得商榷的。笔者在翻阅《文华图书馆学专科学校》的期刊时，偶然发现了李永安刊载于该刊 1936 年第一期的《图书馆学问题》这一译文，经过系列比勘、核对，认定这是《图书馆学导论》在中国的最初译文，而这一译文的发现，将再度刷新学界对芝加哥学派传入我国时间的认识。

李永安，男，字文钦，1929—1939 年在国立北平图书馆工作[③]。1933—1935 年到武昌文华图书馆学专科学校就读，1935 年顺利毕业。该年毕业同学 9 人，李永安是河北人[④]，与李景新等人是同学。该刊的"校闻"一栏还记载，"结果除李永安君仍回国立北平图书馆，彭明江仍回上海国立同济大学图书馆服务外，余均已介绍相当工作点"[⑤]。可见，李永安毕业后又返回国立北平图书馆工作，1935 年 8 月任职该馆西文编目部[⑥]。1936 年 2 月，李永安曾去往协和医院图书馆襄助此馆西文编

---

① 此文原载于中国图书馆学会编《中国图书馆事业百年》，北京图书馆出版社 2004 年版，后陆续收入其相关著作和个人文集中。

② 范并思、邱五芳、潘卫等编著：《20 世纪西方与中国的图书馆学——基于德尔斐法测评的理论史纲》，北京图书馆出版社 2004 年版，第 251 页。

③ 《工作人员名录》，见北京图书馆业务研究委员会编《北京图书馆馆史资料汇编(1909—1949)(下)》，书目文献出版社 1992 年版，第 1369 页。

④ 《校闻·毕业考试》，载《文华图书馆学专科学校季刊》1935 年第 2 期。

⑤ 《校闻·一九三五级毕业生均有出路》，载《文华图书馆学专科学校季刊》1935 年第 3/4 合期。

⑥ 《会员简讯》，载《中华图书馆协会会报》1935 年第 1 期。

目业务[①]。1937 年 3 月到 6 月，李永安被派往南京工程参考图书馆服务[②]。由沪返回后，他继续在北平图书馆从事西文编目工作[③]。1939 年后，国立北平图书馆的工作人员名录已没有李永安的名字，不知是否在抗战中牺牲，或是转往他馆。限于资料，我们无法找到有关李永安更多的个人信息。但从《文华图书馆学专科学校季刊索引》中，我们可以知道李永安在该刊上发表过两篇论文，一篇是《打字须知》(载该刊六卷四期)，另一篇就是他的《图书馆学问题》，也就是本节所认定的《图书馆学导论》的最初译文。

该译文只注明了"卜特勒(Pierce Butler)原著"，并没有注明译文原文的英文名称。译文前部是序言，后面分为五章，分别是：第一章学术问题；第二章社会问题；第三章心理问题；第四章历史问题；第五章实施问题。详细阅读其内容，正是《图书馆学导论》的全文翻译，只不过是书名不同。可见，早在 1936 年，即在巴特勒的《图书馆学导论》出版 3 年后，我国图书馆学界就已经关注到了芝加哥学派的代表人物和代表著作，并作了及时译介。由此可推知，中国图书馆学界当时是紧跟世界图书馆学界的思想潮流的，也正是严文郁所说的"民国 17 年到 26 年是中国图书馆最发达的时期"[④]。如果不是受到战争的破坏，中国图书馆学将发展得更加迅猛。

三、《图书馆学导论》最初译文被忽略的原因

除了一些政治原因，没有人会特意忽略和遮蔽历史。李永

---

① 《会员简讯》，载《中华图书馆协会会报》1936 年第 4 期。

② 《会员简讯》，载《中华图书馆协会会报》1937 年第 5 期。

③ 《会员消息》，载《中华图书馆协会会报》1937 年第 6 期。

④ 严文郁：《中国图书馆发展史——自清末至抗战胜利》，枫城出版社 1983 年版，第 203 页。

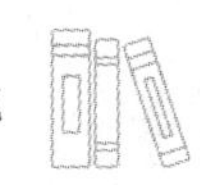

安的这篇《图书馆学导论》的最初译文被忽略存在着多方面的原因，大致如下：

（一）出处不明

可能最大的问题就在于译文没有注明原作的出处。该译文中只在著者栏注明的是“卜特勒（Pierce Butler）原著”，与我们现行的著者译法“巴特勒”并不尽相同。而译文的题名也成了“图书馆学问题”，与现行认可的“图书馆学导论”大有差异。最重要的是该文并没有说明该译文原文的英语原名，如果注明“An Introduction to Library Science”[①]，以及著者介绍——“Professor of Bibliographical History，The Graduate Library School，The University of Chicago”，或者出版责任者——“The University of Chicago Press，Chicago，Illinois”将会大大助于我们“认本归宗”。出处不明的问题在当时所见不鲜，那时还没有形成严格的翻译规范，由于翻译所导致的差异处处可见，如徐家麟也将巴特勒译为“白特勒”。注重现代科学研究规范的学人们似乎也不便于苛求当时的研究者。但这些问题，确实造成学术承传中人为的“隔膜”。

（二）译文古奥

翻译的两个重要内容，第一是从一种语言到另一种语言的转换，第二是保留或表达意义。事实上，英汉语之间“翻译行为”和“翻译结果”的核心都涉及“转换”和“意义保留”。[②] 意义保留的完整性表明了该篇译文对“原著中心论”的遵循程度。李永安的翻译是对《图书馆学导论》的全面翻译，基本上恪守以原著为中心的准则。然而从另一方面来说，翻译是对原文的重

---

① Pierce Butler，“An Introduction to Library Science”，The University of Chicago Press，Chicago，Illinois，1933

② 许钧、穆雷主编，王克非等编著：《翻译学概论》，译林出版社 2009 年版，第 2 页。

写(a rewriting of the original)[1],用词的技巧和风格又将决定了"重写"的大变脸。

该译文被忽略的一个原因还可能跟译者李永安的文风有关,也就是说李永安的"重写"色彩较为浓烈。纵观李永安的《打字须知》和《图书馆学问题》两文,文风偏重古雅。虽其时距1919年我国新文化运动早已过去十余年,白话文的影响遍于神州,然个人文风喜好亦不便过于苛责。《图书馆学问题》通篇古雅深奥,文气十足。如在序言中对图书和图书馆的定义[2]是这样译的:"书籍者,保存种族记忆之器也;图书馆者,所以传播此记忆人之具也。"[3]对美国图书馆界偏重技术而忽视理论的倾向的批评,李永安的译文是:"图书馆员与其职业之理论方面,不加重视,非若其他专家然。世人多为好奇心驱使,而努力于一定之目标,顾图书馆家则不然。图书馆家之所以不与众同者,在知行合一:合理之职业程序,在理智上已满足之。如使合理化之职业论,更复一般化,在图书馆家视之,不但无益且有害。"[4]而对巴特勒在序言中"对该书赶快过时的希冀"的译文则为:"是书行世,只望速失时效化为无用,此外,非敢妄冀也。"[5]此种文风,自是不如一般浅显易懂,从文本接受的角度,这可能也限制了其他学人对该译文的接受。

(三)译者的身份

该译文被忽略的原因还在于译者的身份。如果译者是一

---

① 王宏志:《重释"信、达、雅"——20世纪中国翻译研究》,清华大学出版社2007年版,第22页。

② 此句可参照现行的译文,试举一例做比较。现行的译文为:"所谓图书,是保存人类记忆的一种社会装置,图书馆是为把它移入活着的个人的意识的一种社会结构。"见袁咏秋、李家乔:《外国图书馆学名著导读》,北京大学出版社1988年版,第348页。

③④⑤ 李永安:《图书馆学问题》,载《文华图书馆学专科学校季刊》1936年第1期。

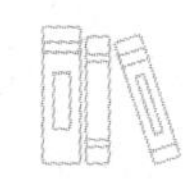

位多产的学者，在日后的学术史研究中，追本溯源，仍可发现这一译文。然而李永安在武昌文华图书馆学专科学校就读后只发表过两篇文章，毕业回国立北平图书馆工作后，多从事些业务性的工作，也未见其他论著问世。译者的身份不显，也导致了我们对这一译文的忽略。

可能基于以上种种原因，谢灼华在评价《文华图书馆学专科学校季刊》时，罗列评价《文华图书馆学专科学校季刊》上的重要论文，虽然注意到了该译文，将其列为一种，但也被其“蒙蔽”，评价其为“介绍了图书馆学理论之新热点（译文）”[①]，未能发现此文正是《图书馆学导论》这一最初译文。倒是2008年，范凡在其博士论文中提及此文：“1936年李永安翻译的巴特勒（Pierce Butler）的《图书馆学问题》一文，距离原著‘An Introduction to Library Science’发表时间也仅仅3年，而现在很多人还都不知道这本图书馆学的经典之作早已有了中文译本，仍在想办法找到原著来读。”[②]可见，范凡发现此译文比笔者还早，但未进行详细论述。

四、发现该译文的意义

这个译文的发现，如前所述，从一个侧面证明了1918至1937年是我国图书馆学发展最迅速的时期，同时也廓清了我们对中国图书馆学史的一些认识。

（一）将我国学人对“芝加哥学派”的认识又向前推进了近十年

翻译是为了沟通的需要而进行的，学术的发展尤仰赖于

---

① 谢灼华：《评〈文华图书馆学专科学校季刊〉》，载《图书情报知识》2007年第4期。

② 范凡：《民国时期图书馆学著作出版与学术传承》，北京大学2008年博士学位论文，第211页。

此。从清末开始，为了引进“新学”，我国学界翻译了众多的科学、文艺作品，涌现了严复、林纾等译坛巨子。译著加速了“新学”在我国的传播，给中国带来了新鲜的学术空气。对于图书馆学界而言，及时移植引进世界先进的理论成果，结合中国的实际情况，有利于图书馆学人建设中国的图书馆学。沈祖荣曾言:“图书馆学属世界性的科学，无畛域之分，无种族之异。如英美图书馆事业发达完善之国家，一切颇多足资我国借镜者。故凡有何英美新出版之图书馆学名著，或业已经人实验之改良新法，发表于英美图书馆学刊物者，当量力翻译介绍，以供大家研究。采用时，应择其与我国情相合者。”①《武昌文华图书科季刊》创刊后，成为发表图书馆学译作的又一学术重地，甚至设有两期翻译的专号，后面又一度设立“英文之部”，成为引进欧美等国家先进图书馆学思想的重要窗口。而李永安这篇译文正是《武昌文华图书科季刊》上众多译文之一。

该篇的意义就在于第一次向国人译介了巴特勒的学术代表作和图书馆学思想。前文已有所提及，按照一些论著的观点，20 世纪 30 年代美国“芝加哥学派”兴起之后，因为我国数十年处于内忧外患的时期，无法了解世界图书馆学的最新动向。直至改革开放时期，“芝加哥学派”的思想才被引入我国图书馆学界。为此，原有观点是直到 1980 年，我国才接触到芝加哥学派的理论观点。从这个意义上说，我国对芝加哥学派的认识落后了近 50 年。卿家康、范并思等人对徐家麟《关于图书馆学的认识几点观察》一文的发现，又将我国对芝加哥学派的认识提前到 1945 年，“表明芝加哥学派进入我国的时间比通常的

---

① 沈祖荣:《我对于文华图书科季刊的集中希望》，载《武昌文华图书科季刊》1929 年第 1 期。

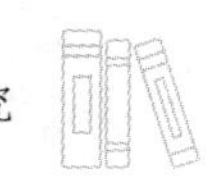

认识至少早了35年"[①]。而现在李永安的《图书馆学问题》这一译本的发现,可以将芝加哥学派进入我国的时间再向前推进近十年。从1933年巴特勒的《图书馆学导论》出版,至1936年李永安的译文《图书馆学问题》出版,时差只有3年,除去距离、出版时滞等因素,可以说当时我国图书馆学界是紧跟世界最先进的图书馆学思潮的。这一译文的发现,对于我们准确划分我国的学术发展进程提供了史实依据,同时对于正确评价我国图书馆学人的历史功绩也有重要的意义。

(二)对我国图书馆学学术著作传承的启示

在这个日益浮躁的时代,我们越来越意识到"守正创新"的必要性,那就是继承优良的学术传统,在扎实的基础上着意创新。然而,使人遗憾的是,我们在传统继承、学术积淀方面做得还不够,为此,王子舟教授曾提出"学术创新必先从学术史研究入手"[②]这一呼吁。回到本节的问题上来,我们推测徐家麟没有阅读过李永安这一译文。因为徐家麟于1935年出国,当年的"校闻"上记载:"本校教务主任徐家麟先生,已由本校资送赴美哈佛大学深造。徐先生由武汉动身系在八月廿七日。"[③]1939年徐家麟回到战火纷扰的祖国,而武昌文华图书馆学专科学校已于1938年迁至重庆,1940年夏校舍被炸,又迁至廖家花园。李永安这一译文的发表刚好在徐加麟出国后。即便徐加麟回国后,因为辗转流徙,文献多难保存,"兵燹过后,十不存一",他也未必能读到此文,何况1941年他就到了位于重庆璧山的社会教育学院图书博物馆学校任教。学术承传的问题,

---

① 范并思:《中国理论图书馆学的先行者徐家麟》,见《图书馆学理论变革:观念与思潮》,北京图书馆出版社2007年版,第195页。

② 王子舟:《学术创新必先从学术史研究入手》,载《图书情报工作》2007年第3期。

③ 《校闻·关于教员者二三事》,载《文华图书馆学专科学校季刊》1935年第3/4合期。

实不便苛求战争中人。而且徐家麟是对《图书馆学导论》的译述,比起李永安单纯的译介似乎又略高一筹。这也恰好展现了我国学人对国外图书馆学引进吸收、日渐进步的成长史。

这一篇被忽略了的译文还给我们以新的启示——图书馆学经典著作里还蕴藏着很多宝藏,有待于我们去一一发掘。近年来,国家图书馆影印了一批重要的民国期刊,如被誉为"民国图书馆学三大刊"的《图书馆学季刊》《中华图书馆协会会报》《文华图书馆学专科学校季刊》以及各大图书馆的馆刊,为学人的研究提供了极大的便利。从此被忽略的译文可以看出,只有深入地研究民国图书馆学论著和期刊,我们才能少走弯路,也才能谈得上"守正创新"。

第五节　国会山上一斗士

美国阿奇博尔德·麦克利什(Archibald Macleish,1892—1982,以下简称麦克利什)从事过多种职业,曾担任过律师、评论家,还是著名的诗人、剧作家。此外,他还有个广为人知的身份就是美国国会图书馆馆长。在美国图书馆学界,他被誉为"20 世纪图书馆界一百个最有影响力的人物之一"[①]。而在他的一部关于图书馆学的论文集(*Champion of a Cause*:*Essays and Addresses on Librarianship*[②],译为《一项事业的斗士》)中,他把图书馆事业认定是一项斗士的事业。尽管他任职美国

---

① "100 of the most important leaders we had in the 20th century(1999)". American Libraries,30(11),39.2009.

② Archibald Macleish, *Champion of a Cause*: *Essays and Addresses on Librarianship*(Chicago:American Library Association,1971).

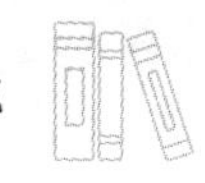

国会图书馆馆长只有5年(1939—1944),却留下了一位图书馆事业斗士的光辉业绩。

一、麦克利什的生平

1892年5月7日,麦克利什出生于伊利诺伊州。他的父亲安德鲁是一个成功的纺织品商人,在麦克利什出生时已经50岁了。安德鲁不怎么管孩子,并对孩子们比较严厉。在这样的多子的家庭中成长,又有严厉的父亲,麦克利什从小就有着很强烈的进取心。母亲玛莎在麦克利什的成长中起到了至关重要的作用。她是一所小型大学的校长,自己教孩子们学习,每天给他们读名著①。其他的孩子都比较听话,只有麦克利什较为叛逆。尽管如此,她还是很用心地培养麦克利什,而麦克利什也没让母亲失望。

1915年,麦克利什毕业于耶鲁大学。1917年,他的第一本诗集《象牙塔》出版。同年,因为第一次世界大战的缘故,麦克利什被召入伍。最开始他是一名救护车司机,后来成为一名野战炮兵军官②。在战争中,他的哥哥肯尼牺牲,这对他触动很大。1919年,他回国继续学习,取得了哈佛法学院的法律学位,成为波士顿的一名律师。为了能全力写诗,1923年他和妻子巡游欧洲,来到了巴黎。在巴黎,他们结交了很多名流。1928年,他们返回美国,麦克利什担任了《财富杂志》的编辑工作。1933年,他第一次获得了普利策奖(后面还获得了两次)。1938年他遇到了他的好友大法官菲利克斯·富兰克弗特,并通过他与罗斯福总统认识,为他提供了一个身为美国国会图书

---

① "ARCHIBALD MACLEISH: Man of many occupations", Lynette Teruya, LIS 610－Fall, last modified October 8, 2003, http://www2.hawaii.edu/～wertheim/amacleish.html.

② "Archibald MacLeish(1892－1982)", Academy of American Poets, accessed December 14, 2009, http://www.poets.org/poet.php/prmPID/47.

馆斗士的机会。1944 年,他从美国国会图书馆馆长职位卸任,担任了负责文化与公共关系事务的助理国务卿职务,1945 年,任联合国教科文组织美国代表团主席。1949—1962 年,他在哈佛大学任教,退休后仍然坚持写作。1982 年 4 月 20 日,即将快到他 90 岁生日的时候,麦克利什黯然谢世。

二、麦克利什坎坷的任职

麦克利什本没有想过要担任美国国会图书馆馆长,在罗斯福总统的任命下,好友大法官富兰克弗特的劝说才使他下定决心上任。即便如此,他的任命还是充满了坎坷。第一个问题是美国国会图书馆馆长赫伯特·普特南(Herbert Putnam,1861—1955)在这个职位上任职了 40 年,他为美国国会图书馆做出了很大的贡献,人们称他为"20 世纪的帕尼兹,图书馆事业的两个伟大造型人之一"①。1899 年,普特南担任第八任国会图书馆馆长后,将图书馆学专业人员的理念带入国会图书馆管理,使国会图书馆开始承担国家中心图书馆的职能,在国家宏观文献资源建设活动中发挥应有作用。图书馆学专业人员的理想,直到这时才在美国国会图书馆成为现实②。让这样一位有着极高威望的人退休,是个很大的问题。罗斯福总统为了让他退休,特别授予他荣誉馆长的称号。第二个问题是麦克利什在国外的经历,受到了美国共和党人的非议。他们怀疑麦克利什可能是个共产主义者。第三个问题是美国图书馆协会向罗斯福总统推荐了他们认为合适的国会图书馆候选人——米拉姆(Carl Hastings Milam,1884—1963)。米拉姆与普特南曾

---

① 袁咏秋、李家乔主编:《外国图书馆学名著导读》,北京大学出版社 1988 年版,第 308～309 页。

② 范并思、邱五芳、潘卫等编著:《20 世纪西方与中国的图书馆学——基于德尔斐法测评的理论史纲》,北京图书馆出版社 2004 年版,第 23 页。

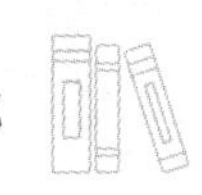

是同事关系，在华盛顿的图书馆战事服务处工作时，米拉姆担任过普特南的助手。米拉姆还是美国图书馆协会的第十二任书记，他任职的时期，是美国图书馆协会和图书馆事业蓬勃发展的时期。在这期间，协会成员从1920年的4464人增至1948年的18283人①。米拉姆的任职，被认为既是普特南管理美国国会图书馆传统的延续，也是美国国会图书馆与美国图书馆协会继续合作的最佳保障。然而，罗斯福总统拒绝了这一建议，使美国图书馆协会懊恼不已。最坏的是，麦克利什没有任何图书馆学学科背景和图书馆工作经验，这几乎成了众矢之的。美国图书馆协会成了最强烈的反对者，他们认为“国会与美国人民要的是图书馆馆长……一个不仅是正人君子和学者，而且也是目前最能干的图书馆管理专家”②。

麦克利什从哈佛大学校长那寻求帮助未果，却不期得到了芝加哥大学图书馆卢埃林·雷尼(M.Llewellyn Raney)的帮助。雷尼指出麦克利什与前任馆长普特南有着共通之处，都当过律师。麦克利什还是最具活力的诗人之一。尽管他一天也没有入过图书馆学的专科学校，也没有那么多占据国会图书馆职务的人支持他，他仍然是大有潜力的。罗斯福总统也认为麦克利什对文学的爱好以及出色的组织和领导能力适合国会图书馆馆长这一职务。他认为理想的国会图书馆馆长人选是“一位社会名流和学者……这样的人物应当在世界享有盛名才行”③。麦克利什的朋友大法官富兰克弗特也继续向罗斯福总统进言：“只有学术界的文人才能使异乎寻常的国家图书馆成

① 侯汉清、王先林、刘锦秀等编译：《外国图书情报界人物传略》，山西省图书馆学会1984年版，第225页。

② 侯汉清、王先林、刘锦秀等编译：《外国图书情报界人物传略》，山西省图书馆学会1984年版，第265页。

③ [美]约翰.Y.科尔编，姜炳炘等译：《美国国会图书馆展望》，书目文献出版社1987年版，第41页。

为学者专家的栖身之地。”这样，最后的投票选举结果是以63票赞成、8票反对、25票弃权通过了罗斯福总统对麦克利什的任命。1939年7月10日，麦克利什宣誓就职。

三、麦克利什的图书馆思想

20世纪30年代末，美国国会图书馆的行政管理越来越不景气，工作人员士气低下，工作上问题成堆，例如编目部图书的大量积压，管理显得越发糟糕。对于这些问题，普特南或是熟视无睹，或是无力解决①。这主要的原因，是普特南在任职后期，对全国性图书馆事业的兴趣下降②。麦克利什在上任后发现国会图书馆并不如他设想的那么组织有序，在管理上十分混乱。他首先请原馆长普特南共进午餐，表达了希望让他回来任职的意愿。普特南答应了，他的办公室就设在麦克利什的楼下，成为国会图书馆的名誉馆员，并继续为之工作了15年。所有的一切表明，麦克利什这个不被看好的新官，要开始烧他的三把火了。而他对美国国会图书馆的管理成就与他的图书馆思想是分不开的。

麦克利什的图书馆思想主要集中于他的一本关于图书馆的论文集——《一项事业的斗士》(*Champion of a Cause: Essays and Addresses on Librarianship*)中。该书由美国图书馆协会于1971年出版。因该书并没有被翻译入国内，所以国内学界不能看到它的全貌。但在谢拉的《图书馆学引论》多有引用，我们可以凭借那些引用以及该书的英文原版窥见他的图书馆思想。

---

① 侯汉清、王先林、刘锦秀等编译:《外国图书情报界人物传略》，山西省图书馆学会1984年版，第133页。

② 范并思、邱五芳、潘卫等编著:《20世纪西方与中国的图书馆学——基于德尔斐法测评的理论史纲》，北京图书馆出版社2004年版，第25页。

(一)对图书馆和图书的极度重视

麦克利什写道:“并不是因为图书馆矗立在那儿,背后一片黑暗,书架上的书摆放得整整齐齐,所以图书馆就变得滑稽可笑了。相反,在文化的伟大纪念碑当中,差不多只有图书馆一个站在那儿,显得比以往任何时候都更加高大了。图书馆永远在默认,伟大的作品永远在讲话,并且不是单独在讲,而是在某种程度上所有的作品一起在讲。”①可见麦克利什对图书馆和图书有着极为深刻的认识,并怀有深切的眷恋。同时他又对图书馆的工作怀有独特的敬畏,麦克利什曾对国会图书馆的工作人员说:“我们有了全部答案,这就是我们不知道的各种问题。”②

(二)对图书馆工作目的的认识

麦克利什对图书馆工作的目的有其独特的见解,至今在美国仍有相当影响。这就是:“国会图书馆的第一职责是为国会和政府机构及其工作人员服务,第二职责是为学术文化界服务。通过这两项职责的完成,国会图书馆为它自己所隶属并为之而存在的美国人民服务”。③

(三)认为各种图书只有相互联系,构成整体才有意义

麦克利什曾问道:“馆藏中的某本书,图书馆里的某本书对图书馆员意味着什么?”“它仅仅是藏书的基本单位,是或多或少代表了那些(如律师们所说的)用纸制成、经过印刷、装帧并按主题分类、按作者和书名编目后加以合理排架、完成了自己的编目使命的客体呢,还是与此很不相同的东西?经那样安排

---

① [美]杰西·H·谢拉著,张沙丽译:《图书馆学引论》,兰州大学出版社 1986 年版,第 306 页。

② [美]杰西·H·谢拉著,张沙丽译:《图书馆学引论》,兰州大学出版社 1986 年版,第 172 页。

③ 侯汉清、王先林、刘锦秀等编译:《外国图书情报界人物传略》,山西省图书馆学会 1984 年版,第 267 页。

之后,它还算是一本书吗?经过挑选而与其他书籍组成图书馆之后,它的确变成了超过一本书的某种东西了吗?如果确实如此,那么它变成了什么?"[①]这一系列的追问,充满了哲学意味,恐怕是那些自认的图书馆学家都难以回答的。麦克利什给出了自己的答案,他认为图书馆的各种书籍是相互联系的,每本书只有同其他书籍相互联系才更有意义。他的这一回答,极为接近辩证法中个体与整体、孤立与联系的相关论断。说明他对图书馆的藏书,是经过了一番深刻的思考和研究的。

从该书的目录上可看到麦克利什的《一项斗士的事业》还涉及了以下章节:当前危机中的图书馆、图书馆的义务、图书馆员与民主等。我们从相关的评论,亦可看出该书的价值。被美国图书馆协会誉为"学者、先知、圣人、哲学家、教育家,是图书馆事业史上最杰出的人物"[②]的谢拉声称经常翻阅麦克利什这本图书馆论文集。谢拉说:"我确实经常阅读这部选集,因为每个图书馆员都应这样。这部书包含了作者十分丰富的思想和见地,其文笔就象抒情诗一样的优美流畅。"[③]

四、麦克利什对美国国会图书馆的贡献

麦克利什主要的政绩是彻底改组并发展了美国国会图书馆工作方针,写成了最明晰的文本(图书选购规定、参考咨询和研究工作的目标等),这在该馆也是多年来第一次办到。[④]

---

① [美]杰西·H·谢拉著,张沙丽译:《图书馆学引论》,兰州大学出版社1986年版,第77页。

② [美]杰西·H·谢拉著,张沙丽译:《图书馆学引论》,兰州大学出版社1986年版,第317页。

③ [美]杰西·H·谢拉著,张沙丽译:《图书馆学引论》,兰州大学出版社1986年版,Ⅲ。

④ 侯汉清、王先林、刘锦秀等编译:《外国图书情报界人物传略》,山西省图书馆学会1984年版,第264页。

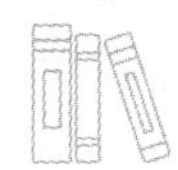

(一)调整美国国会图书馆的机构

1940年4月10日,麦克利什委任专设的馆长委员会对美国国会图书馆的业务工作,特别是编目加工工作进行一次周密的分析。馆长委员会在两个月后提交给了麦克利什一份详细报告。该报告主张把全馆分成三个主要部门——行政管理部门、采访和加工部门以及参考部门,并在"整个机构的各级"之间缩小管理上的间距。他们在报告的最后一章提出了八点计划。1940年6月2日,麦克利什收到这个报告之后,宣布建立三个新的服务机构:行政管理部门、采访和加工部门以及参考部门。可见麦克利什高效的工作效率。此后几年内,国会图书馆的机构逐步完善,形成了六个基本机构:参考部、加工部、行政管理部、立法参考部、法律图书馆和版权办公室,这一基本格局在以后的三十年内一直没有变动。①

(二)提出国会图书馆的方针任务

在日常生活中,麦克利什的女儿米米(Mimi)曾十分好奇自己的父亲在干什么,难道只是往外出借书籍?这给麦克利什以启发,他意识到了美国国会图书馆缺乏明确的方针和任务。1940年4月,麦克利什和助手们着手调查美国国会图书馆的方针任务,年底完成,并写进了1940年的年度报告。这份报告第一次试图为美国国会图书馆提出了一个明确的方针任务,并准确地反映了美国国会在图书馆业务工作中所处的优先地位。报告分两个部分:"有关藏书特点的",即称之为"选书准则"的目标和任务以及把美国国会图书馆视为"研究和参考工作机构"的目标和任务。② 这份报告与1886年的美国国会图书馆

---

① [美]约翰.Y.科尔编,姜炳炘等译:《美国国会图书馆展望》,书目文献出版社1987年版,第48页。

② [美]约翰.Y.科尔编,姜炳炘等译:《美国国会图书馆展望》,书目文献出版社1987年版,第49页。

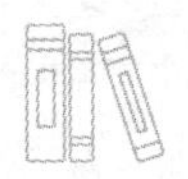

的第一份年度报告和1901年普特南提交的报告是当时著名的最具深远意义的三份年度报告。简而言之，麦克利什认为美国国会图书馆就是为美国国会和全国提供服务的，应该成为托马斯·杰斐逊一度说过的“美国的图书馆”，也就是人民的参考图书馆。

(三)改善了国会图书馆的各项管理

麦克利什上任时，该馆拥有藏书约600万册，工作人员1100名，当年财政预算约300万美元①。很多书买了却没来得及编目，管理组织也相当混乱。麦克利什凭借着他与罗斯福较为亲密的关系，为美国国会图书馆争取到了政策上的倾斜。在1940年的预算中，美国国会图书馆的总预算达到420万美元，另再增加287名编制。即在原来300万美元的基础上，再增加120万美元。最后拨款委员会批准增拨34万美元，增加130名职员的编制。尽管预算申请与实际审批的有距离，但增拨的经费和人员编制名额还是大大缓解了国会图书馆的困境。拨款委员会对“麦克利什先生负起馆长职责后所表现出来的兢兢业业的责任心和精明干练的工作作风是深表欣慰的”②。麦克利什还制定了与各部部主任每周一次的碰头会，自1943年起，又开始举行一月一次的与专业人员的非正式会议。从经费、人员和信息沟通等渠道麦克利什改善了国会图书馆的各项管理。

(四)坚定了图书馆员的工作信念

麦克利什是很优秀的演说家，他经常为总统罗斯福撰写演讲稿。他自己的演讲，辞令优美，情绪饱满，极能振奋人心。1940年他对美国图书馆协会讲演，强调“图书馆员必须主动、

① 侯汉清、王先林、刘锦秀等编译:《外国图书情报界人物传略》，山西省图书馆学会1984年版，第265页。

② [美]约翰.Y.科尔编，姜炳炘等译:《美国国会图书馆展望》，书目文献出版社1987年版，第42～43页。

积极地为民主和进步服务”。一年前坚决反对他的美国图书馆协会成员们，此时对他报以热烈欢迎。美国图书馆协会与美国国会图书馆的关系至此再度弥合。在1942年的美国图书馆协会年会上，主席布朗称赞麦克利什是“图书馆工作者引以自豪的人”①。麦克利什的讲演题都比较具有鼓动性，如“发起知识的攻势”等。就麦克利什的那部图书馆论文集标题——《一项斗士的事业》来看，他把图书馆员比作斗士，把图书馆事业比作斗士的事业，这种论断无疑美化了图书馆员的角色，确信了图书馆事业的价值，从而坚定了图书馆员的工作信念。

(五)加强了美国国会图书馆与学术文化界的联系

麦克利什本是学术文化界的活跃分子。他就任美国国会图书馆馆长后，利用自己的影响力，聘请了很多作家、诗人来美国国会图书馆充当顾问或者直接参与工作。在他的感召下，学术文化界的众多名人齐聚美国国会图书馆，使美国国会图书馆形成了“文人雅集”的局面。他吸引了许多著名作家和诗人来馆参加活动，其中包括战乱避难者亚历克西·圣莱热·莱热、托马斯·曼和美国诗人爱伦·塔特②。国会图书馆与学术文化界还特地建立了美国国会图书馆的学术委员会。该委员会的建立，进一步提升了图书馆的学术性。年轻的学子们将美国国会图书馆当成一个学术圣地，热切地希望加入进来。在诸多努力之下，美国国会图书馆构成了一个新的文化研究中心，在学者们心中占据了极其重要的位置。

(六)培养了下一任馆长埃文斯(Luther · H · Evans)

麦克利什是美国国会图书馆的第九任馆长。美国国会图

---

① 侯汉清、王先林、刘锦秀等编译:《外国图书情报界人物传略》，山西省图书馆学会1984年版，第266页。

② [美]约翰.Y.科尔编，姜炳炘等译:《美国国会图书馆展望》，书目文献出版社1987年版，第51页。

书馆的每任馆长的名字都会镌刻在 1897 年建成的第一座大楼——杰斐逊大楼[①]的墙上，以示国家对图书馆馆长工作的认可与尊重。第十任馆长是卢瑟·埃文斯（Luther·H·Evans），他的任期是 1945—1953 年，紧随麦克利什之后。而在麦克利什担任馆长期间，埃文斯是其助手，担任美国国会图书馆的首席副馆长并同时兼任参考咨询部主任。他们创办了面向图书馆工作人员的《情况通报》（Information Bulletin），组织了工作人员咨询委员会，做了大量的工作。麦克利什不在美国国会图书馆期间，由埃文斯担任代理馆长（1940—1945）。1945 年 12 月，埃文斯正式接替麦克利什的馆长职务，成为第十任馆长。从馆内工作人员中直接提升馆长，这在国会图书馆还是很少见的[②]。可以说，埃文斯的继任与麦克利什的提携是分不开的。而埃文斯离开美国国会图书馆，也是因为麦克利什的提携。1945 年 11 月，当时麦克利什已任助理国务卿，他提名埃文斯出席伦敦会议的联合国代表团团员，并由这个代表团负责联合国教科文组织的组建工作。1953 年 7 月，埃文斯当选为联合国教科文组织第三任总干事后，便辞去了美国国会图书馆的馆长职务，从而结束了国会对他把服务范围不断扩大到非国会成员和过多卷入国际事务的批评。埃文斯在美国国会图书馆的任职和离去，都脱不开与麦克利什的关系，真是“成也萧何，败也萧何”。

五、结语

麦克利什虽然在任职美国国会图书馆馆长前没有任何图

---

① ［美］王冀：《我在国会图书馆的岁月》，北京师范大学出版社 2009 年版，第 8 页。

② 侯汉清、王先林、刘锦秀等编译：《外国图书情报界人物传略》，山西省图书馆学会 1984 年版，第 313 页。

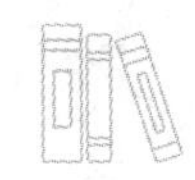

书馆学的背景，但他为美国国会图书馆做出了自己显著的业绩。他对美国国会图书馆的管理改革是美国国会图书馆历史上最有成效的一次改革。他凭着一种“斗士”的精神冲破阻挠，担任了美国国会图书馆馆长，也以这种“斗士”的精神鼓舞了美国的图书馆员，甚至照亮了整个图书馆事业。他以诗人的兴味和演说家的风采为美国图书馆界带来了虎虎生气。他没有把全副精力投入图书馆事业，因为罗斯福还派他代理事实和数据办公室主任，然而他的图书馆工作仍然高效而富有活力。1944年，麦克利什就任助理国务卿，负责公共与文化关系事务，辞去了美国国会图书馆馆长的职务。比较麦克利什前后的另两位馆长，如果普特南和埃文斯是以实际管理和切实工作来凸显自己的成就，笔者认为麦克利什则是用一种图书馆的精神来感召图书馆界，尽管他也做了很多有着深远影响的工作。直至今日，他的图书馆“斗士”精神还深深地刻印在图书馆的史册上，发出耀眼的光辉。

第六节　无纸社会费思量

预测，是人们根据一定的理论对其研究对象的未来发展图景和可能状态，事先作出的有根据的推知和判断。一切成熟的理论，无不包含着预测。经验描述、理论阐释、科学预测，既构成科学理论产生和发展的三个必经阶段，又成为一切科学理论必须具备的三个彼此密切相关的组成部分。① 科学的发展，社会的进步，一方面人类在描述过去、解释现在方面取得了前所

① 欧阳康、张明仓：《社会科学研究方法》，高等教育出版社 2001 年版，第 394 页。

未有的成就,而另一方面,社会的急剧变革,又使人们不得不将研究视域投射到人类共同关注的未来上。为此,以研究“未来”为专门任务的未来学、预测学也作为相对独立的学科在短短几十年里如雨后春笋般应运而生。[①] 这一切恰如被誉为“有史以来最伟大的未来学家”——阿尔文·托夫勒所说:“生活在正在变革的社会和文化之中,特别是处在今天那种革命性变革时期,用过去指导现在的决策和将来可能发生的事情,已经越来越不可靠了。面临这种情况,必须对未来可能发生的事情有明确的概念,还要想出新办法来对付他们;要想做人,非如此不可。”[②]受到这种学术大环境的影响,图书馆学界也在图书馆面临巨大的技术冲击之时,做出了一些预测性研究。笔者将着重研究兰开斯特(F.W.Lancaster,1933—2013)关于图书馆未来的预测性研究,以探讨无纸社会预测的相关问题。

一、兰开斯特生平

1933 年 9 月 4 日,兰开斯特出生在英国的达勒姆。1950—1954 年就读于英国纽卡斯尔的图书馆学院,1953 年在纽卡斯尔公共图书馆任高级助理,开始其图书馆学职业生涯。兰开斯特一生经历丰富,任职颇多。他担任过美国阿克伦公共图书馆的科技高级馆员、赫纳公司情报系统评估小组组长、美国国家医学图书馆情报系统专家、威斯塔特公司情报检索服务部主任等职,参与过 20 世纪 60 年代最早的一批机检系统的测试。1970 年起,兰开斯特在伊利诺伊大学图书馆情报学研究生院任教,1972 年任教授。1986 年后,他一直担任著名的图书馆学

---

① 欧阳康、张明仓:《社会科学研究方法》,高等教育出版社 2001 年版,第 395 页。

② 转引自[美]阿尔温·托夫勒:《预测与前提》,国际文化出版公司 1984 年版,第 187 页。

期刊《图书馆趋势》(*Library Trends*)的主编。[①] 丰富的人生经历,也使他的研究视域极为广泛,涉及情报存储和检索、情报服务评价、主题分析、词汇控制等方面。他被评价为"一位对美国图书馆学、情报学发展有影响的学者,在情报系统及图书馆服务评价的研究方面卓有建树"[②]。2013 年 8 月 25 日,兰开斯特去世,享年 80 岁。

兰开斯特学术之路的一个明显特点就是光荣与梦想俱在。一方面,他的勤于著述结出了丰硕的成果,一生著作等身。他的著作主要涉及三个领域:一是情报检索系统、图书馆技术方面的研究:《情报检索系统——特性、试验与评价》(1968)、《标引与文摘的理论与方法》(1991)、《图书馆和情报服务的技术与管理》(1997);二是图书馆及其服务评估研究:《图书馆服务的测量与评估》(1977)、《如果需要评估你的图书馆……》(1988);三是图书馆的未来研究:《走向无纸化的情报系统》(1978)、《电子时代的图书馆和图书馆员》(1982)。[③] 另一方面,由于他的高产,也收获了许多荣誉:最佳论文奖、多次的图书奖、杰出教师奖等。

二、兰开斯特预测性研究的思想来源

兰开斯特的预测性研究非无根之木,而是有着深厚的理论思想基础。1975 年,美国学者罗伯特·泰勒(Robert Taylor)首次提出了"无墙图书馆"的概念,这个提法影响了包括兰开斯特在内很多人的思考。汪冰认为,兰开斯特继承了布什、利克

---

① 范并思、邱五芳、潘卫等编著:《20 世纪西方与中国的图书馆学——基于德尔斐法测评的理论史纲》,北京图书馆出版社 2004 年版,第 106 页。

② 侯汉清、王先林、刘锦秀等编译:《外国图书情报界人物传略》,山西省图书馆学会 1984 年版,第 432 页。

③ 范并思、邱五芳、潘卫等编著:《20 世纪西方与中国的图书馆学——基于德尔斐法测评的理论史纲》,北京图书馆出版社 2004 年版,第 107 页。

里德、泰勒等人的思想并受贝尔、托夫勒、德鲁克等未来学家和社会学家观点的影响，根据他在美国国防部门和中央情报局开发无纸信息系统的经验，以及他在参与包括 MEDLARS（Medical Literature Analysis and Retrieval System，医学文献分析与检索系统）在内的计算机信息检索系统开发中取得的经验，提出了他对图书馆未来的判断和预测，这些预测集中体现在前述的两部著作中。[①] 汪冰的观点为我们了解兰开斯特的预测性研究的思想来源提供了一个门径。确乎如此，兰开斯特的预测性研究的思想来源有以下几个方面：

(一)以托夫勒为代表的未来学家的影响

1928 年 10 月 8 日，阿尔文·托夫勒（Alvin Tofler）出生于纽约。自纽约大学毕业后，1970 年出版《未来的冲击》，1980 年出版《第三次浪潮》，1990 年出版《权力的转移》等未来三部曲，享誉全球，成为未来学巨擘，对当今社会思潮有广泛而深远的影响。兰开斯特显然在托夫勒的第一部著作《未来的冲击》出版时，就受到了他的深刻影响。因为他的书《电子时代的图书馆和图书馆员》多处引用了《未来的冲击》这本书的观点，比如《未来的冲击》第一章就写“第 800 个世代”[②]，兰开斯特在《电子时代的图书馆和图书馆员》一书中也加以引用[③]。其他地方也多次引用相关的论述。

(二)以贝尔为代表的社会学家的影响

贝尔（Daniel Bell）出生于美国纽约一个东欧犹太移民家庭。他的名字和“意识形态的终结”、“后工业社会”和“资本主

---

① 汪冰：《电子图书馆理论与实践研究》，北京图书馆出版社 1997 年版，第 33 页。

② [美]阿尔文·托夫勒著，蔡伸章译：《未来的冲击》，中信出版社 2006 年版，第 3 页。

③ [美]F.W.兰开斯特著，郑登理、陈珍成译校：《电子时代的图书馆和图书馆员》，科学技术文献出版社 1985 年版，第 8 页。

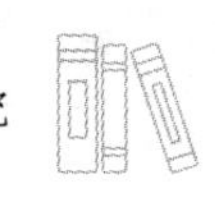

义文化矛盾”紧密地联系在一起。1973 年，他出版了《后工业社会的来临》一书。兰开斯特很明显地受到了影响，他在第一章就分析了贝尔的“后工业社会”的概念，借以来表达自己的观点。

(三)以本领域专家如布什、利克里德、泰勒为代表的图书馆学家的影响

自 20 世纪 60 年代后期以来，随着技术革命的兴起，图书馆所面临的技术冲击的日益强烈，英美图书馆情报学界纷纷出版了不少图书，大胆预测图书馆发展的未来，比如利克里德于 1965 年出版的《未来图书馆》(*Library of the Future*)、泰勒于 1972 年出版的《图书馆的创造》(*The Making of a Library*)和汤普森于 1982 年出版的《图书馆的终结》(*The End of Libraries*)等。这些图书的出版无疑加深了兰开斯特对未来图书馆的思考。在此之前，被称为“电子图书馆之父”的布什于 1945 年就发表了名为“*As We May Think*”的论文，兰开斯特在 1995 年撰写的一篇书评中曾指出：“将电子图书馆的最早思想来源追溯至 V.Bush(布什)显然是恰当的。”[①]可见兰开斯特也深受其影响。

在《电子时代的图书馆和图书馆员》一书中，兰开斯特引用了多人的观点，可见其知识储备极为深厚。广博的知识积累构筑了他对图书馆的未来预测性研究的思想来源。

三、兰开斯特预测性研究的内容

我们常见自然预测有多种形式，比如各种猜想、预测和假说。著名科学家牛顿有句名言：“没有大胆的猜想，便不可能有

---

① 汪冰：《电子图书馆理论与实践研究》，北京图书馆出版社 1997 年版，第 27 页。

伟大的发现和发明。"的确,科学猜想和科学假说是通向真理的桥梁。[①] 随着社会的发展,时代的进步,预测的方法也日渐渗透到社会科学研究领域。图书馆学是一门倾向于社会科学的综合科学,它以多种学科知识为后援和背景[②],因此我们也可采用社会科学研究性质的预测性研究来促进我们的研究。以兰开斯特为代表的图书馆学家们,正是大胆地运用了预测方法来勾勒图书馆的未来图景的。

(一)对图书馆的预测

在《电子时代的图书馆和图书馆员》第五章"无纸的通信系统"中,兰开斯特提出了这样一个预测:"从纸印刷社会向无纸通信社会转变是不可避免的趋势,我相信在今后几年内,这种转变速度必然更快。到 2000 年或者短于二十年的时期内,无纸通信系统能够成为现实。"[③]这个预测给出了具体或大致的时间,预测无纸通信系统的实现,体现了作者一定的预见力。

在第七章"纸印刷品的转换"中,兰开斯特预测"要到九十年代才能真正进入这个阶段"[④],即第三阶段:现有图书馆停订印刷品而转向联机存取。这个预测也给出了大致的时间,指明了一种发展趋势。但是在他所给出的时间内,我们现在可以证实虽然图书馆向联机存取迈进了很大一步,但却并没有停订印刷品。这个预测在现实面前,应该要得到修正。

在第八章"图书馆的未来:某些预测"中,更是做了很多预

---

① 姚晨辉、田廷彦编著:《猜想——不循常理的 20 大科学假说》,上海文化出版社 2008 年版,序。

② 王崇德:《图书馆学的社会科学研究方法》,载《图书馆工作与研究》1986 年第 4 期。

③ [美]F.W.兰开斯特著,郑登理、陈珍成译校:《电子时代的图书馆和图书馆员》,科学技术文献出版社 1985 年版,第 88 页。

④ [美]F.W.兰开斯特著,郑登理、陈珍成译校:《电子时代的图书馆和图书馆员》,科学技术文献出版社 1985 年版,第 123 页。

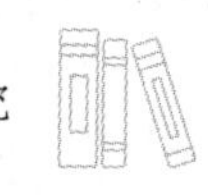

测，包括：技术处理自动化、向电子存取转换、图书馆服务的家庭传送、受忽视的图书馆、联机智能界、新功能等①。这些预测涉及了多个方面，有着很强的预见性，在技术层面我们现在基本上都实现了。

在第九章“图书馆的解散”中，兰开斯特预测了图书馆解散的过程和时间。“1995 年……这是图书馆继续处于解散过程中的情况。从逻辑上推理，其发展的结果必然要导致图书馆的消失。……2000 年……这些纸印刷的旧资料收藏在各个不同的图书馆里，这些图书馆基本上已变成了档案室。”②同时，还预测了图书馆员的未来：“应该注意，图书馆取消以后，图书馆员并不会取消。这意味着，在电子时代，相当于现在图书馆员的某些类型的情报专业人员仍将是非常活跃的。”③这种“悲观”的论调一经发出，就受到了学人们的广泛批评。而事实证明，在兰开斯特预测的时间内，图书馆并没有逐步解散和消失，图书馆员也依然存在。在将来的时间内，谁也不能完全肯定地预言图书馆一定会解散和消失，至少难以给出具体的时间。就目前而言，中国图书馆事业仍处于高速发展的时期，与兰开斯特的预测恰恰相反。

（二）对图书馆员的预测

在第十章“图书馆有前途吗”中，兰开斯特做出假设：“图书馆员的前途取决于他的能力和是否愿意走出图书馆”④，并在结论中说道：“我的意见是，从长远来看，图书馆员脱出机构和

---

① [美]F.W.兰开斯特著，郑登理、陈珍成译校：《电子时代的图书馆和图书馆员》，科学技术文献出版社 1985 年版，第 124～135 页。

② [美]F.W.兰开斯特著，郑登理、陈珍成译校：《电子时代的图书馆和图书馆员》，科学技术文献出版社 1985 年版，第 148～149 页。

③ [美]F.W.兰开斯特著，郑登理、陈珍成译校：《电子时代的图书馆和图书馆员》，科学技术文献出版社 1985 年版，第 150 页。

④ [美]F.W.兰开斯特著，郑登理、陈珍成译校：《电子时代的图书馆和图书馆员》，科学技术文献出版社 1985 年版，第 166 页。

对机构重组的过程对这个职业非常有利。……在电子时代，脱出机构的过程会大大地改善图书馆员的形象、身份并提高他们的报酬。”[①]这个设想很有意义，但假设也并没有现实的证据证实，就目前而言，图书馆员仍大量地固守在机构之内。

四、兰开斯特预测性研究的意义

预测的可取之处不外两点，其一，预测可以检验理论；其二，预测可以为行为及决策提供参考。哪怕是错误的理论也能满足第二条的迫切需求[②]。兰开斯特的预测性研究的意义也表现在两方面：

(一)预测性研究的首要意义是为验证理论提供了可能

在第十一章“结束语”中，兰开斯特指出了所有的预测，其实就是两个方案。“第一个方案是第五章所描述的一个可能的未来系统。这是一个在个人之间和在团体之间通信的大型电子网络，正式出版物就是这个系统的一个组成部分。第二个方案出现在第九章里，它是在第一个方案的基础上提出来的。它谈到在本世纪最后二十年内图书馆将逐渐解散。”[③]就目前的事实证明，兰开斯特对于第一个方案的预测是对的，但对于第二个方案的预测却大有失真之处。

当然，兰开斯特还指出了实现这个预测的条件，就是“只有当人类通信(如第五章所预测的那样)真正发生了更为广泛的变化时，第二方案中对图书馆和图书馆员所预测的那种变化才

---

① [美]F.W.兰开斯特著，郑登理、陈珍成译校：《电子时代的图书馆和图书馆员》，科学技术文献出版社1985年版，第176页。

② [英]利奥·豪厄、阿兰·韦恩编，黄秀铭等译：《预测未来》，华夏出版社2006年版，第71页。

③ [美]F.W.兰开斯特著，郑登理、陈珍成译校：《电子时代的图书馆和图书馆员》，科学技术文献出版社1985年版，第177页。

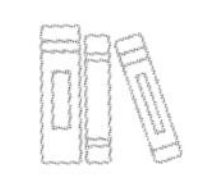

会发生”[①]。这个条件在兰开斯特看来，似乎合情合理，然而就现实的验证上看，这个条件只是个不充分条件。

兰开斯特也指出，“某些基本假设是构成本书所提出的方案的基础”，并提出了六个假设[②]。假设是一种有关变量间关系的尝试性陈述，或者说是一种可用经验事实检验的命题，假设是命题的特殊形式。假设就是尚待验证的命题，它是有关一定关系类型的尝试性解释。[③] 大量的假设是构成兰开斯特预测性研究的基本骨架。而这些假设为将来的理论和现实验证提供了参照物。

(二)为修正预测、寻求正确的发展方向打下了根基

在本书的最后，兰开斯特写道：“向电子系统转化的进展速度主要取决于‘电话技术、数据传输技术和计算机技术的综合力量’。这个综合力量受到政治因素、社会因素、技术因素和商业因素的强烈影响。有人认为，对情报需求有极大影响的政治因素和社会因素是阻碍转化的，而技术因素和商业因素则使之加速。下一个十年将揭示出技术因素和商业因素怎样迅速地克服由政治和社会因素造成的习惯势力。到本世纪末，无纸社会能占据应有的地位吗？看来似乎大有希望，让时间来告诉我们吧。”[④]从上述可看出，兰开斯特对于自己的预测的实现有着很清醒的认识，也表达了相当的自信。然而正如人们认为的一样，“政治因素和社会因素是阻碍转化的”，技术和商业因素没

---

① [美]F.W.兰开斯特著，郑登理、陈珍成译校：《电子时代的图书馆和图书馆员》，科学技术文献出版社 1985 年版，第 177 页。

② [美]F.W.兰开斯特著，郑登理、陈珍成译校：《电子时代的图书馆和图书馆员》，科学技术文献出版社 1985 年版，第 180～188 页。

③ 林聚任、刘玉安主编：《社会科学研究方法》，山东人民出版社 2004 年版，第 54 页。

④ [美]F.W.兰开斯特著，郑登理、陈珍成译校：《电子时代的图书馆和图书馆员》，科学技术文献出版社 1985 年版，第 204 页。

有冲决政治因素和社会因素构建的“城堡”，无纸化社会和“图书馆灭亡论”并没有在其所预测的时间来临。从而从根本上使其这种预测的信度和效度大为降低。但在将来，我们可以修正他的预测，从而使预测的方向更趋于社会发展的实际趋势。

五、结语

预测性研究是带有前瞻性质的社会科学研究，它的主要目的是说明研究对象将来的状态。预测性研究的基础是描述性研究和解释性研究，是在这两种研究的基础上的进一步深化。只有在对研究对象的现状、发展变化的规律及其因果链条有了一个比较明确的了解的基础上，才能对未来的状况进行科学的预测。① 科学的预测就是符合世界未来发展的趋势。另一个未来学家约翰·奈斯比特说过：“如果我们的观念、思维偏离了世界未来趋势的走向，不论多么劳心劳力，--切努力都将事倍功半，毋庸说预测趋势了。”②

然而，我们要看到社会事物与过程是非常复杂的，比起自然现象更是风云变幻，难以琢磨。因此用预测方法去进行社会研究充满了很多的变数，要想准确预测是很困难的。托夫勒曾说：“社会现象的预测，不论使用多少电脑资料，绝不可能避免主观的价值判断，也不可能是绝对科学的。《第三次浪潮》并不是客观的预测，也不冒充是科学实证的结果。”③就连未来学巨擘托夫勒都这样评价自己的代表作，可见，预测确实有不尽如人意之处。尽管如此，我们也要看到预测方法的积极一面，它

---

① 林聚任、刘玉安主编：《社会科学研究方法》，山东人民出版社 2004 年版，第 65～66 页。

② [美]约翰·奈斯比特著，魏平译：《世界大趋势——正确观察世界的 11 个思维模式》，中信出版社 2010 年版，简介。

③ [美]阿尔文·托夫勒著，黄明坚译：《第三次浪潮》，中信出版社 2006 年版，前言：Ⅺ。

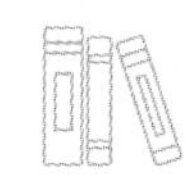

启发了人类的思考，给了人们想象的无尽力量。范并思就曾评价："兰开斯特的预测，对后来80年代，乃至90年代持续不断的未来图书馆研究都产生了极大的影响，也奠定了良好的基础。"[①]图书馆学的预测性研究也许就是在不断证实或证伪的过程中逐渐发展的，终究会呈螺旋式上升的节律向前迈进。

① 范并思、邱五芳、潘卫等编著：《20世纪西方与中国的图书馆学——基于德尔斐法测评的理论史纲》，北京图书馆出版社2004年版，第108页。

后　记

本书得以出版，首先需要感谢齐鲁书社的孔帅先生。自2015年合作出版我的第一部书《郑樵与章学诚的校雠学研究》开始，我们就建立了良好的合作关系。近10年间，加上这部书，我们共合作出版了3部书。孔帅先生的热诚、敬业让我感到十分信任、安心。这些学术书籍的出版，不能给出版社带来很大的销量和利润，我对他们坚持出版专业的学术书籍表示感谢！

本书的前身是笔者此前所发表的24篇文章，原题名及发表情况是：

发表于《中国图书馆学报》的是：《邓衍林之生平、著述与贡献》（2017年第1期）、《中美书缘——钱存训与目录学研究》（2018年第1期）。

发表于《大学图书馆学报》的是《经典是怎样形成的——基于〈书于竹帛〉的考察》（2012年第1期）。

发表于《国家图书馆学刊》的是：《裘开明〈汉和图书分类法〉研究》（2016年第3期）、《"图写边疆"——邓衍林〈中国边疆图籍录〉研究》（2018年第3期）、《陋室汲古伴芸香——潘天祯与古籍保护研究》（2019年第4期）、《王重民"北图"提要的整理与研究》（2024年第1期）。

发表于《图书馆杂志》的是：《试论兰开斯特的预测性研

究——以〈电子时代的图书馆和图书馆员〉为例》(2010 年第 11 期)、《一篇被忽略了的译文——巴特勒〈图书馆学导论〉在中国的首次译介》(2011 年第 1 期)、《身为斗士的美国国会图书馆馆长——阿奇博尔德·麦克利什》(2011 年第 10 期)。

发表于《图书馆论坛》的是:《图书馆界的林语堂:吴光清》(2016 年第 12 期)、《王重民致邓衍林信札五通考释》(2020 年第 6 期)、《历史碎片的拼接与还原——潘景郑致陈鸿舜手札十三通考释》(2023 年第 12 期)。

发表于《图书馆研究与工作》的是:《收拾余年作蠹鱼——论张宗祥在古籍保护事业上的贡献》(2021 年第 5 期)、《异地造才——国立北平图书馆学人海外访学考略》(2022 年第 1 期)、《单不庵与图书馆事业》(2023 年第 1 期)、《行走的阅读——陈训慈〈胶海逭暑日记〉述略》(2023 年第 10 期)、《壮心不已——邓衍林往来书札九通辑释》(2023 年第 12 期)。

发表于《山东图书馆学刊》的是:《20 世纪中美图书馆交流史上的一个里程碑——鲍士伟博士来华》(2010 年第 5 期)、《“平馆学人”与〈四库全书〉之影印》(2021 年第 3 期)、《范腾端生平与著述考略》(2022 年第 1 期)。

发表于《河南科技学院学报》的是《影响深远的一次盛会——纪念中华图书馆协会第三次年会 80 周年》(2016 年第 11 期)。

发表于《公共图书馆》的是《李文裿与古籍保护研究》(2021 年第 4 期)。

发表于“澎湃新闻 私家历史”的是《刘国钧等人致缪廷梁书札七通考释》。

在收进本书时,笔者做了题名以及文本内容上的部分修改。谨向以上期刊和网站表示感谢!部分论文的写作与发表时,有二作和三作的参与,如我的母系北京大学信息管理系的

顾晓光先生、我的同事凌一鸣副教授、我的好友内蒙古大学刘瑞忍副研究馆员、丹东市图书馆的曹阳副馆长、我的硕士毕业生山东日照港中学的任雪、南京万学教育科技有限公司的苑盛南、重庆大学图书馆的李丽,以及在读图书馆学学硕的殷雅琪、图书情报专硕的张馨月,感谢他们慨允收入本书。

我的研究生殷雅琪同学协助我做了参考文献格式的转换,张馨月同学协助处理了排版样式,并查询了部分资料。她们在入读我门下之后,在我需要帮助之时,常常第一时间站出来协助我处理各项事务,感谢她们所付出的辛劳!同时感谢本书责编李珂老师的辛勤编校。也感谢我所在单位的领导接励书记、姚伯岳常务副院长等领导以及同事们对我工作的支持!

2024 年 1 月于津门